国家社会科学基金重大项目资助

中华民族复兴社会心理促进研究丛书

混合网络下社会集群行为研究

THE RESEARCH ON SOCIAL CLUSTERING
BEHAVIOR UNDER MIXED NETWORKS

时勘 何军◎著

经济管理出版社
ECONOMY & MANAGEMENT PUBLISHING HOUSE

图书在版编目（CIP）数据

混合网络下社会集群行为研究/时勘，何军著，—北京：经济管理出版社，2018.5
ISBN 978－7－5096－5723－2

Ⅰ.①混… Ⅱ.①时… ②何… Ⅲ.①集群—社会行为—研究 Ⅳ.①C912.68

中国版本图书馆 CIP 数据核字（2018）第 059434 号

组稿编辑：赵亚荣
责任编辑：赵亚荣
责任印制：黄章平
责任校对：赵天宇

出版发行：经济管理出版社
　　　　　（北京市海淀区北蜂窝 8 号中雅大厦 A 座 11 层　100038）
网　　址：www.E－mp.com.cn
电　　话：(010) 51915602
印　　刷：三河市延风印装有限公司
经　　销：新华书店
开　　本：720mm×1000mm/16
印　　张：30.25
字　　数：496 千字
版　　次：2018 年 6 月第 1 版　2018 年 6 月第 1 次印刷
书　　号：ISBN 978－7－5096－5723－2
定　　价：128.00 元

项目资助声明

本书得到了国家社会科学基金重大项目
（项目批准号：13&ZD155）和国家 973 重大项目
（2010CB731400）的支持。

中华民族复兴社会心理促进研究丛书

国家社会科学基金重大项目（13&ZD155）成果

《混合网络下社会集群行为研究》编委会

前言

近年来，随着互联网的迅猛发展，人类的生存空间已经由原子构成的物理空间扩展到由数字符号和光纤电缆织构而成的网络虚拟空间，互联网已经成为连接虚拟世界与现实世界的桥梁。习近平总书记在其主持召开的网络安全和信息化工作座谈会上，论述了互联网、网络强国和网络安全的重要性，强调要"加强互联网内容建设，建立网络综合治理体系，营造晴朗的网络空间，增强改革创新本领，保持锐意进取的精神风貌，善于结合实际创造性推动工作，善于运用互联网技术和信息化手段开展工作"。根据中国互联网络信息中心发布的第 40 次《中国互联网络发展状况统计报告》的最新数据，截至 2017 年 6 月，中国网民规模达到 7.51 亿人，半年新增网民 1992 万人，全国互联网普及率为 54.3％，超过全球平均水平 4.6 个百分点。这表明，互联网已经成为当今时代不可缺少的一部分，逐渐成为世界上最庞大的群体集散地。

在这个虚拟的社会中，人们对热点事件、社会问题等相关信息的交流日益频繁，逐渐形成了有着共同心理特征、兴趣爱好的社会生活空间，展现出现实与虚拟相交融的生存环境。另外，由于网络具有规模庞大、动态性、匿名性、内容与数据丰富等特性，再加上计算机、物理、数学、图论、统计等学科在互联网的广泛应用，以微博、人人网、大街网、Twitter、Facebook、LinkedIn 等为主的混合网络媒介得到了迅猛发展。我们通过虚拟的桥梁，将人与人之间的关系建立起来，为公众提供了更为开放、快捷的话语平台。互联网的不断深入和传媒生产力的不断发展为传统意义上的社会运动和集群行为提供了新的生存空间，也为中华民族伟大复兴的事业发挥了重大的作用。

研究人类集群行为（Collective Human Behavior）从来都是自然科学和社

会科学共同关注的核心问题之一。我们目前正处在混合网络的新条件之下，网络社会更需要研究群体的协作关系，以便为个体的发展提供更具实效性的选择和帮助。从科学的角度来看，探索人类集群行为是人类认知世界的重要组成部分之一，就像我们探究物理世界粒子规律一样，具有重要的科学意义。从现实意义上来看，及时、准确地感知人类集群行为，不断把握其演化规律，将使社会发展更健康、更和谐，对于和谐社会的建设，特别是健康型社会的建设，具有非常重要的指导作用。当前，我国处于社会经济转型期，社会深层次的矛盾凸显，容易酿成突发的社会安全事件，从而对社会稳定造成威胁，开展混合网络下集群行为研究，对于应对大型活动管理、学习型社会建设和传染病防控等均具有重要的指导意义。

自"9·11事件"之后，美国将人类与社会动力学设为其自然科学基金委五个重点资助领域之一，全面开展了更好地理解人类行为和应对社会变化的基础研究。同时，美国 VACE 计划还专门侧重利用视频分析与内容理解的技术用于人群行为，这个计划有 20 余所著名美国高校和科研机构参与。我国《国家中长期科学和技术发展规划纲要》和国家自然科学基金委员会（NSFC）也设立了若干重要的研究计划，目前主要侧重于建设应急信息平台以及研究应急管理的处置方法，总体来说，系统性开展社会集群行为的基础研究和实证系统研究还比较少。近年来，国内外已经针对社会和信息网络模型、群体行为演化机理和系统决策等方面开展了许多很有意义的基础研究，互联网通信与交互的数据信息将对理解人类群体行为带来革命性影响。

国外学者在这方面已经开展了一些实证研究，代表性的有 MIT Reality Mining，在 2008 年被 *Technology Review* 评为十大未来技术之一。例如，他们通过记录 100 名志愿者的手机定位和蓝牙对周围群体的感知数据，分析挖掘志愿者的集群行为，其准确率最高可达 79%，这项研究成果正在推广之中。此外，还有研究尝试分析并预测非洲地区可能的流行性传染病暴发。我们认为，若在这些研究基础上，结合更充分的互联网、视频监控网等其他网络数据，开展社会学、心理学及疾病传播模型等方面的研究，针对符合国情的典型重要应用，非常有可能形成集群行为规律的、更有效率的系统性研究成果。

近年来，我们陆续申请获准"混合网络下社会集群行为感知与规律研究"（项目批准号：2010CB731400）和国家社会科学基金重大项目"中华民族伟大复兴的社会心理促进机制研究"（项目批准号：13&ZD155），根据这些项目确定的内容，展开了近八年的探索。我们基于计算智能与社会学实证方法，提出了社会计算的理论框架网络挖掘（Network Mining），并利用计算科学及信息技术挖掘网络数据来探索行为建模（Behavior Modeling）技术，为民众提供更好的选择与帮助，并试图提高在极度信息不对称环境下的适应性。在我国社会经济转型时期，为了建设和谐社会、实现中华民族伟大复兴，需要探索我国社会集群行为的特有规律，通过引导机制设计，特别在面向大型活动管理的集群引导实证研究方面，为网络环境下社会集群行为感知与引导提供基础理论及关键技术支撑，并最终建成智慧社会计算的示范基地。

我们知道，要实现探究混合网络下社会集群行为的感知规律和应用研究的目标，需要克服三方面的困难：首先，面临的难题就是数据整理的复杂性。如何整理不同时空、不同来源、不同表达形式和不同片段的数据，从而得到对个体直至群体行为的相对完整的语义描述，这在信息学上就是一个信息语义聚融问题。我们的思路是，主要整理志愿者及有主动参与意愿的用户的相关视频监控、手机和网上交流信息数据，先利用视频内容提取、手机运动推断和网上内容分析等信息技术，对单网数据进行一次语义提取，再利用信息融合技术对多网语义进行二次加工。其次，我们将面临行为分析的复杂性。其挑战性在于，其基本元素众多，相互作用涉及的因素多，现有研究一般都是基于静态网络分析，难以快速预测演化趋势。我们的思路是，由简到繁，挖掘在线社区、博客等语义网中核心结点及关键链接，逐步发现社会集群的涌现规律。最后，有了数据整理和行为分析，我们面临的第三个问题是系统决策支持的问题，也就是针对系统如何应用，即如何设计有序引导的机制，从而形成科学的对策。我们的研究思路是，利用机制设计理论、认知心理的前景理论、减压阀和疾病传播等原理，结合语义聚融与演化，设计出网上网下集群行为相互转化的优化机制。经过近年来的努力，我们基本上完成了这个目标。目前，我们已经进入混合网络时代，采取单向、过滤和屏蔽等方式来进行舆论导向已经不可能，因此，我们有必要深入探索混合网络（即电话、电视、互联网、微博、微信等多渠道的网络沟通）下如何获取民情民意，进而探索在社会网络媒体新背景下，如何实现"智慧社会"的梦想。在此背景下，本书主要包括如下四方面内容：

第一部分包括第一章至第六章，主要介绍了社会网络分析和执行意向研究取得的成就。我们首先对于社会网络分析的基本概念进行了介绍，然后，对于微博系统中的用户关系分类、用户关系图的生成、微博用户关系分类的应用以及不同的因素算法效率的实验分析方法进行了分析和介绍。在这些混合网络知识介绍之后，就对互联网集群行为意向的总体设计、互联网集群行为的文本挖掘与感知问卷的编制、互联网集群行为意向的影响因素进行了阐述，然后，对互联网集群行为意向影响因素及模型开展了实验研究，并介绍了取得的成就。最后，对基于混合网络下的社会集群行为意向，特别是网络集群行为执行意向的维度开展了进一步探索，并基于微博舆论传播的集群行为执行意向规律感知开展了研究，还介绍了基于扎根理论的微博集群行为类型研究的成果。

第二部分包括第七章至第八章，主要阐述了非常规突发事件的群际行为研究的理论研究成果，首先介绍了危险性识别、脆弱性分析和抗逆力研究的最新进展，并且提出了面对非常规突发事件的整体研究模型。然后，具体围绕认知与情绪对灾难事件后继风险决策的影响机制进行了介绍，这里包括灾难事件后继风险决策的特征、特质焦虑与过度自信对后继风险决策的影响，还详细地介绍了先前情绪和过度自信对后继风险决策的影响，并且对于预期后悔与过度自信对后继风险决策的特殊影响进行了分析，这些成果对于非常规突发事件的应对方法均提出了有价值的建议。

第三部分主要指第九章至第十章，我们把研究的视角扩展到了"一带一路"的周边国家，首先提出了基于社会网络大数据研究的整体构想。具体的研究成果包括：多源异构社会网络媒体大数据的高效获取、运用机器学习实现文化心理的特征抽取与表示、面向文化心理内容的社会媒体大数据的分析与挖掘，以及面向周边国家文化心理的数据可视化技术开发。然后，介绍了基于文化心理数据库的风险管理系统和展示平台的具体运用问题，这里包括基于"一带一路"倡议的文化心理指标的循环校验问题、文化风险管控体系的建立问题以及文化风险检测数据可视化问题，也就是如何将这些社会网络大数据完全地实现可视化服务。

第四部分主要指第十一章，介绍了如何将混合网络下的社会集群行为的规律通过面向大型活动的社会管理，真正转化为实际的应用。在对混合网络下社会集群行为的研究成果进行系统介绍之后，首先对世博会排队的集群行为进行了研究成果的报告，包括如何应对像世博会、亚运会和园博会这样大型的会议的集群行为管理；然后，介绍了志愿者服务评估与信息系统平台的建构和运行问题，特别是利用混合网络的优势，来全面感知群体的物理行为、网络行为、心理活动、情绪变化及其相互影响，这些研究丰富了集群行为交叉学科研究的理论框架，形成了模式导向和传播导向的两种集群行为研究范式。最后，参照国际研究中以志愿者绩效的动态研究和对于志愿者绩效反馈的影响机制展开探索，不仅在研究范畴、研究规模，而且在研究发现上取得了远远超过国外同类研究的成果，从而通过城市大型活动和网络热点事件两个代表性案例的集成示范，在实际应用中检验了混合网络下社会集群行为及规律的研究成果。

　　本书的写作除了著者时勘、何军之外，还要特别感谢黄宏、石密、顾忆民、王大伟、王林、宋照礼、祝金龙、戴文婷、顾基发、胡加、朱厚强、时雨、赵杨、赵轶然、刘子旻、杨鹏、彭申立、顾应钦、祝锐、王婷婷、唐姝、郭慧丹、李灵等，以及每章末尾所附的名单中的人员。此外，我们还要特别感谢上海交通大学张文军、杨晓康、宋利等的大力支持！对于本书研究的不足之处，希望读者们阅读后提出宝贵意见，以便我们再版时改进。

时勘

于北京市奥林匹克花园

2018 年 6 月 7 日

目录

| 第一章 |
社会网络分析概述

当前，人类进入了网络型社会，网络技术正在促进人类社会发生本质变化，人类已经生活在由通信网、互联网、视频网等相互融合所形成的混合网络环境中，目前，全世界有 70% 的人已经拥有了手机，我国手机用户数量超过 6 亿人，网民数量达到 3 亿人。在城市，视频监控无处不在，网上交流丰富多样，使人类活动在网络空间中留有各种数字轨迹，利用信息技术研究人类这些海量数据的流动蕴藏着巨大"能量"，使社会集群行为呈现影响范围更大、演化速度更快等特点。互联网通信与交互的数据信息将对理解人类集群行为带来革命性影响。如果利用好这些能量，将激发出集群智慧，促进社会繁荣和进步；反之，则将带来巨大破坏力，冲击社会稳定和可持续发展。

法国社会心理学家古斯塔夫·勒庞曾预言："我们将进入一个群体时代，当悠久的信仰崩塌消亡时，当古老的社会基石倾倒后，群体的势力就会成为唯一无法匹敌的力量，它的声势还会不断壮大。"美国社会学家霍曼斯在他的《人类集群》著作中指出，"观察人们在各种集群中的实际行动与活动十分重要，因为只有通过观察人们实际在做什么，才有可能形成与现实社会体系及集群行为相联系的概念"。勒庞则认为，"很多人聚集在一起并不足以构成一个集群，只有当这些聚集起来的人的所有情感和想法变成一个方向，他们的个性有意识地消失，形成一种集群心理时才能称为心理集群"。我们在研究网络行为的过程中，集群行为是我们首要考虑的问题之一。虽然当今的网络集群概念与社会学理论的集群概念有很多相同之处，但是，网络集群与现实集群也存在很大的差异，如网络集群角色比较模糊、网络地位和现实地位不对等、社会关系相对简单、集群意识和归属感不如现实生活中的集群这样持久。

我们发现，混合网络中的网民们不管他们的现实地位、职业、性格等是否相同，依靠信息的传播和分享临时组成的圈子会组成暂时的异质集群，使网民在心理上比自己独处时获得更多的集群归属感和认同感。这样的网络集群中的网民自由地参与热点事件的讨论与交流，网络的自由和开放又导致了网民情感和道德约束的降低，网络交流中去个性化比较明显，网民可以直接满足感情宣泄的需求。所以，在网络环境下网民个体会具有更强的从众心理，会受到集群作用更大的影响。当他们与某一集群取得心理认同后，个体将受到集群心理更大的影响。可以认为，网络环境下的集群行为已经是既成的现实，在混合网络环境下，集群行为已经成为一股强大的力量，伴随技术的进步影响着人们的行动、行为和心理状态，是社会和谐、稳定的重要体现。在此意义上，关注、思考和深入探讨混合网络下集群行为的特征，并从中探寻独特的行为感知与规律，研究行为意向及其作用机制，将其应用于社会大型活动和示范性平台的高效管理中，已经成为一种现实需要。

第一节　社会网络分析的基本情况

一、社会学中的网络

社会学中的网络指的是各种关联，社会网络简单地指社会关系所构成的关联结构。社会网络分析早期是由英国著名人类学家拉德克利夫—布朗（Radcliffe－Brown）在对社会结构的研究中提出的，认为这是理解人类（可延展为任意主体）各种关系的构成、交互模式以及信息传播规律的分析方法。社交网络问题起源于物理学中的适应性网络，通过研究网络关系，有助于把个体间关系、微观网络与大规模的社会系统的宏观结构结合起来。随着社会学、人类学、心理学，特别是计算机、物理、数学、图论、统计等学科在社会网络分析研究中的应用，社交网络分析中形成的理论、方法和技术已经成为一种重要的社会结构研究范式。由于在线社交网络具有规模庞大、动态性、匿名性、内容与数据丰富等特性，近年来以社交网站、微博、人人网、大街、Twitter、Facebook、LinkedIn等为研究对象的新兴在线社交网络分析研究得到了迅猛发展。我们的研究主要基于在线社交网络平台。

当今的各种社会网络媒体已经成为我们社会结构的重要组成，成为我们工作、生活不可或缺的部分，也是构建智慧中国的基础设施。物价、房价、安全、交通、就业等，凡是能被体验到的社会环境和事物无一不在网络上有所反映，网络虽说在知识的学习、记录生活和联络感情、为有需要的人提供帮助、社会管理、国家政策的引导上都提供了极好的辅助功能，但其中也充斥着网络谣言、网络犯罪等一些不和谐的声音。构建一个智能的、能够服务于我们社会的理想的网络世界是实现中华民族复兴的网络梦。

二、社会网络分析的内容

社会网络分析（Social Network Analysis，SNA）又称社交网络分析，近年来随互联网的迅猛发展而成为一个热门的研究方向。社会网络分析通常是指基于社会学、管理学、心理学等学科的理论和方法，运用计算机、离散数学、图论等定量分析方法，为理解人类各种社交关系的构成、交互模式以及信息传播规律提供的一种可计算的分析方法。随着越来越多的社交媒体渗透到人们工作、生活的方方面面，研究人员将更多的精力放在了在线社交网络分析的研究上。近年来，社交网络分析在理解群体人际关系模式、公众行为预测、职业流动、城市化对个体幸福的影响、商业应用、政府治理等领域得到广泛应用。

我们针对当前社会管理中网络集群行为的复杂性、鲁棒性、脆弱性等科学问题，以信息技术为主导，利用心理学技术、网络挖掘技术等挖掘网民集群行为的心理特征、社会特征、物理特征及网络特征，为构建理想的网络世界、实现智慧中国提出理论框架。研究内容包括：网络媒体数据的高效获取与集成、基于网络媒体数据的用户分类、兴趣及行为研究等。

（一）网络媒体大数据的高效获取与集成

社会网络行为的情景线索特征是网络群体行为的核心驱动力，通过这些特征有利于预测实际行为发生的可能性，它是启动行为执行意向的关键变量。这些情景线索特征主要来自网络媒体大数据，对网络媒体大数据的高效获取和表示是项目的工作基础。而网络大数据多源（包括博客、微博、微信、论坛、社交网络等）、异构（包括文本、图片、音视频等）的特点使对网络媒体数据无论在获取还是表示方面都面临着一系列问题。

1. Web 数据的抽取

传统信息发现和获取技术主要被应用于小规模的文本数据，而网络大数据的大规模和多源异构性给信息感知和获取带来了很大的挑战。首先，网络数据类型繁多，结构复杂多样，不同网站对同类信息的表示往往大不相同，并且大多社交网络媒体平台都会限制用户对平台数据的爬取，这使信息获取算法很难得到很高的精度和稳定性。其次，网络大数据获取算法需要处理 TB 甚至 PB 级的数据，传统获取算法为了提高精度往往采用复杂模型而影响性能。本部分将以 Web 数据的获取为目标，研究能兼顾精度和性能的网络大数据信息抽取方法。

2. 基于网页结构的聚类

媒体平台数据主要来自存储在各平台网页上的内容，这些网页以其数量多、结构差异大、普遍存在噪声，成为人们获取媒体信息的重要来源。其多源异构及多样化数据的特征，给媒体数据的获取带来很多挑战性的工作。由于网站中的页面往往是由多种模板生成的，因此区分不同结构的页面并将相同结构的页面聚在同一个簇中，我们就能无监督地学习其背后的模板，从而就可以基于模板抽取页面中的数据。本部分就是研究如何基于页面的结构特征来对网页聚类以进行模板归约。

3. 模式匹配与数据集成

由于不同媒体平台数据域的对应关系存在极大差异，当从页面中抽取出表结构的结构化数据后，接下来我们需要自动确定不同网站间的数据域对应关系，这类问题被称为模式匹配。进行模式匹配后，还要设计一个统一的模式来集成不同数据源抽取得到的结构化数据。

4. 一种自适应分布式的网络媒体数据高效获取系统

一个高效的网络数据获取系统离不开一个性能良好的网络爬取系统。结合本项目的研究工作，我们设计了一种既尽可能全面抓取网页内容，也能关注特定的站点，具有自适应特点的分布式网络爬取系统。

（二）基于网络媒体数据的用户分类、兴趣及行为研究

本研究将主要基于网络媒体大数据，研究用户的行为及用户关系类别特征，研究不同用户的兴趣偏好，从而了解用户的心理行为特征，为整个项目的研究提供大数据角度的支撑。本部分的工作将以微博系统为平台对象，具体研究以下几方面内容：

1. 微博系统中的用户关系分类

随着网络的普及，微博这种社交网络走进了越来越多的人的生活中，成为继传统博客、IM 即时信息、RSS 之外的一类有影响力的网络新媒体。它集成了 Web 2.0 时代网络交流工具的优势，是一个以多媒体联合为特征、跨领域的信息传播系统。它一方面具有其他网络交流媒体的优点，另一方面，其易于使用和开放的特征，极大地提高了公众的参与性。微博开放性更强、包容性更大，任何个体都可以在任意时间、任意地点不受任何限制地接收特定信息和发布任意信息，帮助人们实现了"所有人面向所有人"的社会化传播理想。研究微博系统中的用户关系，对了解不同网络用户群体的心理特征具有重要研究价值。

2. 微博系统中的用户兴趣挖掘

由于微博的快速、实时和便捷，吸引了越来越多的用户使用这一社交网络平台，因而在该平台上积淀了大量的用户相关信息。所以，如何挖掘这些社交网络中的用户兴趣也吸引越来越多学者的关注，如果我们能够基于微博上用户的各方面的信息准确地分析用户的喜好，挖掘用户的兴趣，也就能够更好地分析用户的心理特征。

3. 微博用户的层级化兴趣标签挖掘

人们通过社交网络可以关注感兴趣的人、分享感兴趣的信息、共同探讨感兴趣的话题。如果能够规范化、层级化地挖掘微博用户的兴趣，则可以为微博用户推荐出规范、有层、有权且能反映其个人兴趣的标签。本部分将研究微博用户的层级化标签挖掘问题。

第二节　常见的社交网络媒体

社交网络是连接虚拟世界与现实世界的桥梁，它在互联网上将现实生活中人与人之间的关系建立起来。全球知名的市场研究机构 eMarketer 指出，2016 年全球社交网络用户数量达到了 23 亿人。其中，Facebook 在 2016 年底的用户数达到 14.3 亿人，这意味着如果 Facebook 是一个国家的话，那么，它是全球人口最多的国家，超过了世界上人口最多的中国，而且它的人口数还在继续增长。eMarketer 预测，到 2020 年 Facebook 月活跃用户将达到 18.7 亿人。从社交网络的类型看，不同的社交网络平台也有着不同的特征，因而拥有不同的用户群体。例如，人人网和 Facebook、微博和 Twitter、大街和

LinkedIn 就分别代表三种不同的社交网络。人人网和 Facebook 是基于朋友之间强关系的社交网络，有助于朋友之间关系的维系和改善；微博和 Twitter 是基于单向关注的弱关系的社交网络，这样的网络有利于塑造意见领袖和消息的传播；大街和 LinkedIn 是面向商务人士的职业社交网络，帮助用户利用社交关系进行商务交流以及求职招聘。

这些社交网络每天都会产生大量规模化、群体化的用户数据（User Generated Content，UGC）。例如，2016 年的统计数据显示，在如下的一些社交网络平台上每分钟产生的数据是：Facebook 上共有 701389 个账号登录，LinkedIn 创建了 120 多个新账号，Twitter 上发布了 347222 条新推文，Instagram 上发布了 28194 张新照片。这些用户数据中蕴含着非常多有价值的信息，吸引了众多社会学、心理学、新闻传播学、统计学、计算机科学等领域的专家和学者对其进行广泛的研究。他们借助多种学科的理论和方法对社交网络进行了深入的探索，提出众多有价值的研究课题。例如，社交网络中结点用户的分类，社交网络中人物影响力的研究，社交网络中结点用户的兴趣挖掘，信息在社交网络上的传播模型，社交网络中的社区识别（Community Detection），虚假信息和机器人账号的识别，社交网络信息对股市、大选的影响以及传染病暴发的预测，等等。社交网络的分析和研究是一个涉及多学科的交叉研究领域，在研究过程中，研究人员通常会利用社会学、心理学、传播学上的基本结论和原理作为指导，综合运用计算机、数学、统计学科中的数据挖掘、算法、图论、统计理论等对社交网络数据进行分析、模拟和预测，从中发现特征、行为规律和未来的趋势等有价值的知识。

一、社交网络所涉及的基本概念

用离散数学中的图表达社交网络是研究社交网络的基本方法，因而，我们简要介绍一下其中所涉及的一些基本概念，这些概念在后面内容的介绍中将直接使用，不再另行说明。

（一）结点（Node）

结点指要分析的对象，每一个对象就是一个通常表达为图中的一个结点，如在社交网络中每个人就是一个结点。

（二）边（Edge）

图中两个结点间的连线，用于表示两个结点间的关系，如在社交网络中两个人的关注关系、微博传播中的转发关系。

（三）图（Graph）

图是用来表示一组对象之间的关系的方式，或是由结点和边所构成的一种数据结构。图通常分为有向图和无向图，边代表的关系（有箭头）具有方向的图称为有向图（Directed Graph），边代表的关系（对称的）没有方向的图称为无向图（Undirected Graph）。例如，微博中的关注关系、电话的拨入呼出、银行转账收账都是有方向的，而 Facebook 中的朋友关系（Friendship）、工作中的相互协作关系都是没有方向的。社交网络依据所研究问题的不同，有的要基于有向图，有的要基于无向图。有些研究还有是否区分边的重要程度的不同，不区分的称为无权图（Unweighted Graph），区分的称为有权图（Weighted Graph）。

（四）度（Degree）

结点的度是指与其相关联的边数，如你通讯录的联系人名单就是你的联络人度数。

（五）入度（In－degree）

有向图中，度又分为入度和出度，入度是指一个结点接收到的边数，或被其他结点指向的边数。

（六）出度（Out－degree）

出度是指有向图中一个结点发出的边数，或它指向外部结点的边数。

（七）路径（Path）

由结点和相邻结点序偶构成的边所形成的序列。路径有长度，通常衡量两个点之间的距离，路径可以与自己相交并穿过同一条边多次。

二、主要的社交网络平台

现有的社交网络平台非常多，每个平台都有相应的用户群，提供的功能和服务也千差万别，以下我们介绍几个常见的社交网络平台。

（一）Twitter（推特）

由杰克·多西（Jack Dorsey）于 2006 年创办的小蓝鸟 Twitter 是一家注册于美国的社交网络及微博客服务的网站，是全球互联网上访问量最大的十个网站之一，音译为推特。Twitter 的诞生对全世界公众的舆论产生了巨大的影响，拓展了新媒介的空间、改变了传统媒体的传播手段，国内喜欢称为

Twitter 中文网。它可以让用户发布不超过 140 个字符的消息，这些消息也被称作"推文"（Tweet），且允许用户绑定 IM 即时通信软件。2016 年 7 月，Twitter 共有 3.1 亿活跃用户，它在中国的活跃用户数约有 1000 万人，在美国的活跃用户数为 6500 万人，其余的 2.45 亿用户在其他的海外市场。Twitter 常被形容为"互联网的短信服务"。2013 年 11 月，Twitter 在纳斯达克上市，开盘当日的市值达 250 亿美元左右。

（二）微博（Weibo）

微博（Weibo），即微型博客（MicroBlog）的简称，也即是博客的一种，是一种通过关注机制分享简短实时信息的广播式的社交网络平台。2009 年诞生的新浪微博系统被称为"中国版 Twitter"，微博起初是模仿 Twitter，后来逐渐做出了自己产品的特色，现在的新浪微博有点类似于 Twitter 和 Facebook 的混合体，是一个基于用户关系信息分享、传播以及获取的平台。用户可以通过网页、WAP 页面、外部程序和手机短信、彩信等发布 140 汉字（280 字符）以内的信息，并可上传图片和视频链接，实现即时分享。新浪微博可以直接在一条微博下面附加评论，也可以直接在一条微博里面发送图片。微博的关注机制分为可单向、可双向两种。

2014 年 3 月 27 日晚，在中国微博领域一枝独秀的新浪微博宣布改名为"微博"，并推出了新的 LOGO 标识，新浪色彩逐步淡化，微博从新浪分离，为独立上市做准备。新浪微博自诞生日起，曾先后申请"微博""围脖""weibo"等商标字样，其域名也经历变动，目前的域名是 weibo.com，微博的 LOGO 换装，域名与 LOGO 最终达成一致。2014 年 3 月 15 日，新浪旗下微博业务已经在向美国提交的招股书中，将名称设为"Weibo Corporation"，LOGO 也仅有"weibo"字样。2014 年 4 月 17 日上午，新浪微博（Nasdaq：WB）正式登陆美国纳斯达克股票交易所，微博上市首日涨 19％收 20.24 美元，市值达 40 亿美元。

微博作为一种分享和交流平台，其更注重时效性和随意性。微博更能表达出每时每刻的思想和最新动态，而博客则更偏重于梳理自己在一段时间内的所见、所闻、所感。因微博而诞生出微小说这种小说体裁。微博包括新浪微博、腾讯微博、网易微博、搜狐微博等，如果没有特别说明，微博通常就是指新浪微博。

（三）Facebook（脸书）

Facebook 中文名为脸书，目前是世界上最大的社交网络平台，它于 2004

年 2 月 4 日上线，主要创始人为美国人马克·扎克伯格（Mark Zuckerberg）。2017 年初的月活跃用户数达到 18.6 亿人，其中移动端的登录达到 17.4 亿人，Facebook 希望到 2030 年实现连接全球 70 亿人口中的 50 亿的目标。

Facebook 是一个具有强大扩展功能的社交网络平台，除了自身带有很多有用的工具，还具有强大扩展 API，利用 Facebook 的开放平台框架，第三方软件开发者可以开发与 Facebook 核心功能集成的应用程序。下面介绍一下 Facebook 具有的主要功能。

1. 墙（The Wall）

墙是用户档案页上的留言板。凡有权浏览某个用户完整档案页的其他用户，都可以看到该用户的墙。用户墙上的留言还会用 Feed 输出。很多用户通过他们朋友的墙，可以留短信，也可以将大一点的附件文件贴在墙上。私密的交流则可以通过"消息"（Messages）进行，消息发送到用户的个人信箱，就像电子邮件，只有收信人和发信人可以看到。

2. 礼物（Gift）

2007 年 2 月，Facebook 新增了"礼物"功能。朋友们可以互送"礼物"，这是一些由前苹果设计师 Susan Kare 设计的有趣的小图标。Facebook 用户注册时会免费获得一个礼物，以后的礼物需要从 Facebook 虚拟礼品店选购，价格是每个礼物一美元。随着 Facebook 开放平台应用程序的出现，第三方开发的应用程序提供了一些对用户很有吸引力的"免费礼物"，这与 Facebook 的官方礼物是不同的。赠送礼物时可附一条消息，收到的礼物以及所附的消息会显示在收礼者的"墙"上，但如果送礼者设定这个礼物是私密的则不在墙上显示。另外，在墙的上方还有一个"礼盒"，用户收到的所有礼物都在礼盒中。公开的礼物显示送礼者的名字，私密的礼物则显示"私人"。此外，另有一个"匿名"的选项。虽然所有人都可以看到礼物，但只有收礼者可以看到送礼者的名字和消息。这种礼物只在礼盒中，而不在墙上显示。

3. 市场（Marketplace）

2007 年 5 月，Facebook 推出 Facebook 市场。用户可以免费发布卖二手货、租房、工作等分类广告。供、求两方均可发布。所有 Facebook 用户都可以使用这个功能。

4. 捅（Pokes）

Facebook 提供一个"捅"（Poke）别的用户的功能，让用户可以给别人发送一个"Poke"。"捅"可以理解为一种交友方式或者一种发起活动的方式。Facebook 常见问题中对 Poke 是这样解释的："Poke 是你和朋友互动的一种方式。当我们设计这个功能时，我们觉得提供这么一个什么意思也没有的功能其实挺酷。用户们给 Poke 不同的解释，我们鼓励你给它你自己的解释。"实际上这个功能的目的只是让用户能引起别的用户的注意。

5. 状态（Status）

状态让用户向他们的朋友和 Facebook 社区显示他们现在在哪里、做什么。Facebook 让用户填入状态的提示是"（某某用户）正在……"，用户填入剩下的部分。在用户好友列表的"新近更新"区，显示这些状态。

6. 活动（Events）

Facebook 活动的功能帮助用户通知朋友们将发生的活动，该功能对用户组织线下的社交活动非常有用。

7. 博客（Blog）

用户可以在此用文字和图像记录自己或展示自己，其内容可以让别人看见，也可以不让别人看见。

8. 开放平台上的应用（Application）

2007 年推出的 Facebook 开放平台，利用这个框架，第三方软件开发者可以开发与 Facebook 核心功能集成的应用程序。一些流行的应用程序包括：顶级朋友——用户可以选择和显示他们最好的朋友；涂鸦板——一个图形效果的"墙"；我喜欢——一个社会化音乐发现和分享服务，包括音乐会信息和有关音乐知识的小游戏。甚至有象棋、拼字游戏之类的游戏出现，而第三方网站如进行 Facebook 应用数据统计的 Adonomics，相关博客如 AppRate、Inside Facebook、Face Reviews 等应运而生。

Facebook 自 2009 年以来一直被中国屏蔽，其被禁的原因有社会和政治等方面的因素，但 Facebook 也从未间断与中国科技企业界的联系以及与中国政府的沟通。2014 年，扎克伯格成为清华大学经管学院顾问委员会委员，并且开始招聘清华毕业生作为 Facebook 的海外员工。2016 年 3 月 19 日，马克·扎克伯格与中共中央政治局常委、中央书记处书记刘云山会面，表达了期望与中国公司相互合作，为互联网用户提供更好服务的愿望。

Facebook 还拥有几个重要的下属社交网络平台：Instagram、Facebook Messenger、WhatsApp。其中，Instagram 是一款图片分享的社交网络平台，拥有 6 亿用户，主要支持 iOS、Windows Phone、Android 平台的移动应用，允许用户将自己抓拍的图片一键分享至 Instagram、Facebook、Twitter、Flickr、Tumblr、Foursquare 或者新浪微博平台上。Instagram 在移动端融入了很多社会化元素，包括好友关系的建立、回复、分享和收藏等。Facebook Messenger 是一款桌面聊天软件，用户可以使用该软件发送私密图片、进行群组聊天，或将自己的地理位置分享给好友，Facebook Messenger 可以增加用户的黏度，吸引用户的朋友花更多的时间在 Facebook 上，目前每月有约 4 亿人会使用该软件的音频、视频通话服务。WhatsApp 是一款用于智能手机之间通信的跨平台应用程序，该应用程序借助推送通知服务，可以即刻接收亲友和同事发送的信息，可免费从发送手机短信转为使用 WhatsApp 程序，以发送和接收信息、图片、音频文件和视频信息，目前的 WhatsApp 月活跃用户数有 12 亿人，每天能产生约 500 亿条信息。

（四）LinkedIn（领英）

LinkedIn 中文译为领英网，是一家面向商业客户的社交网络（SNS）服务网站，是美国最大的商务社交网站。网站的目的是让注册用户维护他们在商业交往中认识并信任的联系人，俗称"人脉"，用户可以邀请他认识的人成为"关系"（Connections）圈的人，现在用户数量已达 2 亿人，平均每一秒钟都有一个新会员加入。LinkedIn 并未被我国政府屏蔽，可以直接访问。2014 年 2 月 25 日，LinkedIn 退出了简体中文版网站，并宣布中文名为"领英"，2016 年 6 月 13 日，LinkedIn 被微软公司收购。LinkedIn 有三大不同的用户产品，也体现了该网站的三种核心价值：

1. 职业身份

职业身份呈现为个人档案。LinkedIn 平台可以便捷地制作、管理、分享在线职业档案，全面展现职场中的自己。完善的个人档案是成功求职、开展职业社交的"敲门砖"。在领英中，个人档案包含六大重要部分：一为头像展示，一张清晰大方的头像将立即为档案增加可见度与真实度，展示职业形象，档案浏览量立即提升 14 倍。二为职业概述，综合展示职业背景、领域、目标与兴趣，写上"下一步工作计划"。概述职业状况，档案浏览量将提升 7 倍。三是工作经历，展示工作经历，无论全职还是兼职，提供与职位有关的细节，以便档案访客能够快速了解工作信息，描述工作经历，档案浏览量提升 12 倍。四是教育背景，完善的教育背景将提高个人档案的竞争力，填写暑期项目与交换学校等信息，展现全面的自己。填写教育背景，档案浏览量提升 10 倍。五是技能认可，添加多种技能，得到联系人的认可，越多认可，档案吸引力越强。展示技能，档案浏览量提升 13 倍。六是推荐信，邀请朋友、同学、老师或同事写推荐信，这将极大地增加档案的真实性，使技能与工作经历更受认可，档案浏览量和推荐数量成正比。

2. 知识洞察

关注行业信息、汲取人物观点、学习专业知识、提升职业技能、分享商业洞察。在飞速变化的互联网时代，把握市场脉动，获取知识见解，是保持职业竞争力的基础。

3. 商业机会

在领英寻找同学、同事、合作伙伴，搜索职位、公司信息，挖掘无限机遇。建立并拓展人脉网络，掌握行业资讯，让机会主动与你相连，助你开发职业潜力。

（何军、时勘）

| 第二章 |
网络媒体大数据的高效获取与集成

第一节　Web 页面的表示和抽取

由于 Web 是我们获取网络媒体大数据的主要来源，所以，我们对网络媒体大数据的获取与集成主要是围绕着 Web 来进行的，这部分工作也是我们后续分析和挖掘数据内容的基础。然而，由于 Web 信息的异质性和非结构化，获取和集成来自 Web 的数据是一个极具挑战性的工作。一个 Web 网站中的页面往往是由多种模板生成的，如主页、查询结果页面、详细页面，如何区分不同结构的页面并将相同结构的页面聚在同一个簇中，以在每个簇中无监督地学习其背后的模板等，这里有很多需要解决的问题。在此，我们重点研究了从半结构网站中抽取结构化的数据的方法。从本节开始，我们先介绍本研究所使用的页面表示方法和定义一些概念，详细的解决方案在接下来的各小节中分别加以介绍。

一、概念说明

我们使用 tag 路径来表示原始的 HTML 页面，这种表示方法能显著地降低页面包含的 tag 数量，同时仍保存了绝大多数原始页面的信息。通过这种表示方法，模板归约算法能够比不使用这种表示的算法更加高效。在进行页面表示时，HTML DOM 树中的每一个节点都可以转换成一个从根节点到该目标节点的路径，这样的一条路径就称为 tag 路径，该术语的定义我们随后会给出。对于每一个 HTML 页面，我们识别出文本节点（包括文本信息的节点），并保存这些节点的 tag 路径和对应的文本信息，我们用这些 tag 路径和对应的文本信息来表示原始的页面。图 2—1 到图 2—3 给出了页面表示的例子，其中图 2—2 是图 2—1中第一个页面的部分 HTML 代码，而图 2—3（a）是我们的表示方法。

我们使用这种方式来表示 HTML 页面主要基于两个理由：首先，这种方法通过不同的 tag 路径很自然地能区分 tag 的不同角色，也就是说，在不同 tag 路径中的相同名称的 tag 可以通过 tag 路径的表示方法区分出来。同时，我们的方法可以识别包括很少 tag 的模板，而这些模板 EXALG 方法是无法识别的。例如，图 2—2 中推荐软件的模板只包括一个 tag "<li>"，这种模板由于其 tag 数量不够会被 EXALG 过滤掉。相反，我们的方法会考虑 tag 路径 "<html><body><ul><li>" 并能将其识别为一个模板。其次，我们的表示方法只考虑了文本节点的 tag 路径，能大幅减少 tag 数量的规模。例如，图 2—2 中的 tag 数量由 35 个减少到了图 2—3（a）中的 9 个。

图 2—1　两个详细页面

```
Page 1
01:<html><body>
02:<a>
03:   Archipelago1.14
04:</a>
05:<dl>
06:   <dt>Price:</dt>
07:      <div> $ 2.99:</div>
08:   <dt>Last up dated:</dt>
09:      <div>09/26/2010</div>
10:</dl>
11:<a>
12:   Recommendations
13:</a>
14:<ul>
15:   <li>par 72 Golf</li>
16:   <li>Mathpac 5.6 </li>
17:   <li>FourNumGuess1.0.6</li>
18:</ul>
19:</html></body>
```

图 2-2 详细页面中的部分 HTML 代码

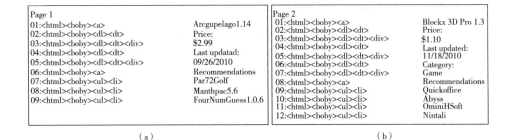

（a）   （b）

图 2-3 基于 tag 路径的页面表示

为后面叙述的方便，我们给出一些关键概念的定义如下：

定义 2-1 tag 路径：一个 tag 路径是 DOM 树中一条从根节点到一个文本节点的路径。

定义 2-2 tag 路径文本：一个 tag 路径文本是一个文本节点的 tag 路径加上该文本节点所含的文本信息。

定义 2-3 出现向量：一个 tag 路径 q（或一个 tag 路径文本 t）的出现向量是一个整数向量 V_q（或 V_t）$= [f_1, f_2, \cdots, f_n]$，其中 n 是输入的详细页面的个数，fi 是 q（或 t）在页面 i 中出现的频度。

定义 2—4　位置向量：一个 tag 路径 q（或一个 tag 路径文本 t）的位置向量是一个向量 PS_q（或 PS_t）＝$[p_1, p_2, \cdots, p_n]$，其中 n 是输入的详细页面的个数，p_i 是 q（或 t）在页面 i 中出现的位置集合。

定义 2—5　tag 路径的支持度计数：一个 tag 路径 q 的支持度计数 count（q）是出现 q 的页面的个数。

定义 2—6　tag 路径文本的支持度：给定 n 个输入详细页面和一个出现向量 V_t＝$[f_1, f_2, \cdots, f_n]$ 的 tag 路径文本 t，t 的支持度 support（t）定义为出现向量 V_t 中值为 1 的元素个数除以所有元素个数的比率。

定义 2—7　tag 路径集合的支持度：让 Q 表示为包含有 k 个 tag 路径的集合，Q＝$\{q_1, q_2, \cdots, q_k\}$，如果这 k 个 tag 路径的出现向量中有 m 个相同的非零元素，则 Q 的支持度定义为 m 除以 n 的比率，即 support（Q）＝m/n，其中 n 是所有输入页面的个数。

定义 2—8　等价类：给定 n 个输入详细页面和一个 tag 路径集合 Q，如果 support（Q）大于一个用户给定的阈值，则 Q 称为一个等价类。注意到即使是单个 tag 路径也可以是一个等价类。

例如，图 2—2 中第 6 行的文本节点"Price："，其 tag 路径是"＜html＞＜body＞＜dl＞＜dt＞"，其 tag 路径文本就是"＜html＞＜body＞＜dl＞＜dt＞ Price："。我们将图 2—3 中的两个详细页面作为输入页面集合，则 tag 路径 q_1＝＜html＞＜body＞＜dl＞＜dt＞的出现向量是（2，3），表示该 tag 路径在第一个页面中出现了两次，在第二个页面中出现了三次。support（q_1）＝0，因为该出现向量中没有一个元素的值为 1。q_1 的位置向量为 $\{$（2，4），（2，4，6）$\}$，其中（2，4）表示它在第一个页面中的第二个和第四个位置出现了，（2，4，6）表示它在第二个页面中的对应位置出现了。由于 tag 路径 q_2＝＜html＞＜body＞＜dl＞＜dt＞＜div＞的出现向量也是（2，3），support（$\{q_1, q_2\}$）＝2/2＝1。如果用户定义的支持度阈值为 1，这两个 tag 路径就构成了一个等价类。

二、Web 数据的抽取

从详细页面中抽取结构化数据最关键的一个步骤是对这些页面归约一个好的模板，因为归约得到的模板可以直接用来自动抽取页面中对应的数据域。然而，由于数据域缺失情况的存在，归约一个好的（无歧义的）模板是一个非常复杂的问题，该问题已被证明是一个 NP 完全问题（Yang et al，2003）。由于这个限制，我们做了一些合理的假设来使我们的方法可用和高效。

我们的 Web 信息抽取方法包含三个主要步骤：模板归约、结构数据抽取和数据后处理。第一步解决如何高效地从详细页面中学习得到模板，该步骤是我们方法中最关键的步骤；第二步利用归约得到的模板来从页面中抽取得到对应的数据域；第三步处理抽取得到的数据，使数据具有更高的质量。所有这些步骤是全自动的，不需要任何人工干预。接下来我们介绍一下这三个步骤的内容。

（一）模板归约

为了高效地归约模板，我们采纳一种类似分治策略的方式，使用一个自顶向下的方式来进行归约。我们的模板归约方法基于这样的一种观察，那就是在越特定的区域中，模板和数据域可以越容易被区分［如图 2－3（a）所示，在"Price："之前我们可以较容易地识别出 tag 路径"＜html＞＜body＞＜a＞"包含了一个数据域，然而在整个页面上却很难识别出］。基于这样的观察，我们分治策略的关键思想是：首先归约得到部分可信的模板，然后利用这些部分将整个模板切分成多个部分，继续在各个部分中归约得到更特定的模板。

进行自顶向下的模板归约时，由于学习一个好的模板是 NP 完全问题，为了使归约方法高效，我们基于真实网站页面的观察做了两个模板归约问题的假设：第一个假设是具有相同结构的不同页面中，那些不变的部分是模板，而变化的部分是页面包含的数据域；第二个假设是同一个网站的页面中，不同的数据域是按照相同的顺序显示的。也就是说，如果在一个页面中数据域 A 显示在数据域 B 之前，那么在这个网站的其他页面中，不存在一个页面使 B 出现在 A 之前。这两个假设中，第一个假设比较强，所以它在一些真实的页面中可能会不符，当该假设不符的时候，我们的方法要么不能抽取到不变的数据域，要么将变化的模板抽取为数据域。然而，通过我们的观察，真实网站中绝大多数的数据域是随着页面不同而不同的，这使该假设比较少的不符。如果第二个假设不符，我们会通过后处理步骤来缓解其引起的问题。

在本研究中，我们主要针对抽取具有表结构的结构化数据，也就是说我们主要研究将网页抽取得到的数据组织成表结构，其中每一行表示一个详细页面所描述的实体，每一列表示该实体的一个属性。我们只抽取三种类型的数据域：单个 tag 中的数据域、具有列模式的数据域和跨多个 tag 的数据域（称为数据块）。如图 2—3（a）所示，第 1 行能被抽取成为第一种数据域，第 7～9 行能被抽取成为第二种数据域。每一个数据域都会被组织到抽取得到的表中的一列。

我们的自顶向下模板归约算法主要包括两个主要步骤：首先它会识别出多个数据块组成一个初始的模板，称为根模板；然后在每个数据块中，我们会更进一步地识别出更特定的数据域和数据库来得到更详细的模板。第二步会持续在新学习得到的模板上进行，直到无法再学习得到更详细的模板信息。更详细地说，我们是通过检测 tag 路径文本和它们对应的出现向量和位置向量来识别出多个数据块并构造根模板的。详细的根模板归约算法在算法 1中列出，支持度阈值 α 是一个用以控制噪声情况的比率值，在我们的实验中，我们将其设定为 0.9。对于那些高于该阈值的 tag 路径文本会被加入根模板中。算法 2—1 将该阈值和一个详细页面集合作为输入并生成根模板 RT。

在算法 2—1 中，第 1 行将 HTML 页面转换成我们的用 tag 路径的表示。第 2～3 行会扫一遍页面并初始化一些必要的信息，如 tag 路径文本和对应的出现向量等。第 4～9 行会检测每个 tag 路径文本来判断是否属于根模板。那些支持度高于用户给定的支持度阈值 α 的 tag 路径文本根据假设 1 会被认为是一个模板。如果一个 tag 路径文本被判断为模板，第 7 行会根据假设 2 按照出现的顺序将其加入根模板中。第 10 行检查根模板中的 tag 路径文本的位置向量来判断相邻两个 tag 路径文本之间是否还包含其他 tag 路径文本。如果还包含的话，一个 "Data Section" 的标示符会插入这两个 tag 路径文本之间以指示还包含一个数据块以做进一步的归约。图 2—3 中的两个详细页面归约学习得到的根模板如图 2—4（a）所示。

算法 2－1　InduceRootTemplate

Input：A set of n input HTML pages D_n,

　　　　　a support thresholdα

Output：Induced root template RT.

Steps：

01：　　Convert D_n into pages of tag path representation DP_n

02：　　Go through DP_n, and get all distinct tag path texts to set TT,

　　　　occurrence vectors to set V_T and position vectors to set PS_T

03：　　Initialize RT to be empty

04：　　**for each** tag path text t in TT **do**

05：　　　　get occurrence vector V_t for t from V_T

06：　　　　**if** support（t）$>=\alpha$**then**

07：　　　　　　add t to RT

08：　　　　**end if**

09：　　**end for**

10：　　Identify "Data Section" between tag path texts

11：　　Call InduceSpecificTemplate（RT, DP_n, α）if there is any Data Section identified

12：　　**return** RT

　　给定一个已归约的根模板，模板归约问题被分解为从根模板中的每个数据块进行子模板的归约问题。对于每个数据块，我们进一步检测 tag 路径的模式来识别数据域并产生更特定的模板，尤其是识别两种数据域：第一种是单个 tag 中的数据域，第二种是具有列模式的数据域。第一种数据域可以在那些在大多数页面或部分页面中只出现一次的 tag 路径后面识别出来，并分别标记为"＃value＃"和"＃optional value＃"。第二种数据域可以在出现一次或多次的等价类中找到，同时这些等价类的 tag 路径之间不再包括其他 tag 路径（即没有嵌套结构），并被标记为"＃list＃"。由于这两类被识别出的数据域进一步地将原有的数据块切分成多个数据块，这些更特定的数据块可以再被用来检测数据域并在下一次迭代中被处理。算法 2－2 给出了特定模板归约算法的更多细节。

算法 2－2　InduceSpecificTemplate

Input： Root template RT，a set of input pages DP_n，a support thresholdα

Output： A specific template ST.

Steps：

01：　　Go through DP_n，get all distinct tag paths to set TP，

　　　　　　occurrence vectors V_{TP} and position vectors PS_{TP} of these tag paths.

02：　　Initialize ST = RT，template T to be empty.

03：　　**while** T！= ST

04：　　　　T＝ST

05：　　　　**for each** Data Section d in T **do**

06：　　　　　　get TP_d，V_{Pd}，PS_{Pd} from TP，V_{TP}，PS_{TP}

07：　　　　　　Initialize SubTemplate T_s to be empty

08：　　　　　　**for each** tag path p in TP_d do

09：　　　　　　　　get Vp from V_{Pd}，PS_p from PS_{Pd}

10：　　　　　　　　tl＝check（p，Vp，PSp，α）//tl is a template line

11：　　　　　　　　Add tl to T_s

12：　　　　　　**end for**

13：　　　　　　sort T_s

14：　　　　　　insert T_s to ST

15：　　　　**end for**

16：　　　　Go through PS_{TP}，add flag "Data Section" into ST

17：　　**end while**

18：　　**return** ST

　　在算法2－2中，第1～2行将所有页面扫一遍并初始化一些必要的信息，如tag路径和出现向量等。第3～17行给出了一次迭代中生成模板的主要步骤，迭代过程在没有更特定模板可以被生成的时候会停止。在每次迭代中，每个数据块都会被处理（第5～15行），对于每个数据块，第6行得到这个数据块中的tag路径和出现向量等信息。基于这些信息，第7～13行会为每个数据块学习一个子模板，为此它会检查每个tag路径。如果该tag路径被判断为是模板的一部分，则生成一行模板。在第10行里，check（p，V_p，PS_p，α）

函数检查每个 tag 路径 p 和对应的等价类来识别数据域，这里只有那些没有嵌套结构的 tag 路径才会被考虑作为模板的一部分，通过这种方式，一些嵌套结构能够被切分成多个子块并在下一次迭代中被学习。为了生成一行模板，标记如"＃value＃""＃optional value＃"和"＃list＃"会根据学习到的数据域类型加到 tag 路径后面，数据域类型则可以通过对应的出现向量判断出来。第 13 行会对子模板中 T 的 tag 路径按照他们在页面中的出现顺序进行排序（假设 2），并将 T 插入 ST 中当前数据块的位置。第 16 行会再检查位置向量来识别那些需要在下一次迭代中继续归约的数据块。然后算法会开始一次新的迭代直到没有新的模板被归约出来，在实际运行时迭代过程通常会在两三次迭代后停止。基于图 2—3 中的两个详细页面归约得到的模板如图 2—4 所示。

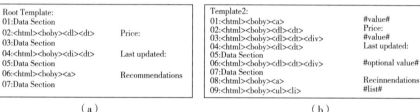

（a）　　　　　　　　　　　（b）

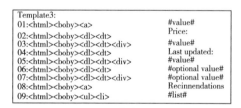

（c）

图 2—4　归纳得到的模板

（二）结构化数据的抽取

有了归约之后的模板，就可以直接从 tag 路径表示的页面中抽取结构化的数据，我们会对每个页面使用模板来得到多个数据域并将结果组织成表结构，其中表的每一行是一个详细页面描述的实体，每一列就是实体的一个属性，表中的每一格就是对应行的实体的一个属性值。表的列的个数是由模板中数据域的个数决定的。

对于那些包含第一种类型的数据域（即单个 tag 的数据域），这些数据域能够直接存放在表型结构数据的一个格中，因为它们就是不同属性的单值。

而对于第二种类型的数据域（即具有列模式的数据域），目前我们将它们看作是具有多个值的属性，我们将一个属性的多个值存放在表中的一个格中，并用特定的分隔符分隔不同的值。这样我们可以更直接地标准化表格，使抽取得到的结构化数据更方便地存取和检索。对于最终模板中的数据块，我们也将其作为一个属性存放在一个列中，我们这么做的原因是网站中也会将一个数据域存放在多个文本节点上（如电影领域的网站，经常会将属性"storyline"的数据域存放在多个文本节点上）。表 2—1 给出了根据图 2—4 (c) 中的模板，从图 2—3 中的两个页面抽取得到的结构化数据的例子。

表 2—1　抽取得到的结构化数据

Archipelago 1.14	$ 2.99	09/26/2010	N/A	N/A	Par 72 Golf Mathpac 5.6...
Blockx 3D Pro 1.3	$ 1.10	11/18/2010	Category:	Game	Quickoffice Abyss...

（三）后处理抽取得到的数据

在抽取得到结构化数据之后，有两个理由促使我们对抽取得到的数据进行后处理来使数据具有更高的质量：首先是对于那些将多个数据域编码在单个 tag 内的网站，我们的模板归约算法无法发现这种情况。例如，如果网站背后数据库的两个数据域 "1.10" 和 "Game" 被编码在 HTML 页面的一个文本节点中 "<div>Price：$ 1.10 Category：Game</div>"，我们的算法会将这个文本作为同一个数据域，而这样显然是错误的。其次是我们的算法抽取得到的数据域中，很多可能不包含有价值的信息。例如，图 2—4 (c) 中模板的第 6 行会将可能缺失的属性 "Category：" 抽取出来作为一个数据域。因此，我们的后处理步骤希望进一步解析混合数据域的情况并过滤抽取得到的噪声。

为了进一步解析每一个文本节点，我们会去识别抽取得到的表数据中的每一列中的共同标记符。如果一个列中具有共同的标记符，这样的标记符可以帮助我们进一步切分列，或者如果这些标记符是列的共同前缀后缀，可以帮助我们过滤这些标记符。同时，我们也会在每个列中检测一些共同的分隔符（如 "："），如果这样的分隔符存在，就可以帮助我们区分属性名和属性值，这样一个列就可以切分成由其属性名组织的多个列。在先前的例子中，文本节点中的两个部分"＄1.10"和"Game"会被切分开，同时"Price"和"Category"会分别作为这两部分的属性名。接下来在"Price"列中，我们可能会过滤掉符号"＄"，如果这个网站中只有这种美元符。

我们还须注意到，由于假设 1 并不是经常满足，我们的方法可能会抽取那些变化的模板作为一个数据域，通过一个启发式的规则来过滤这些噪声列，就是那些只包含有一个不同值的数据域会被过滤掉。例如，通过图 2－4（c）中的模板抽的第 6 行抽取得到的一个列只包含有值"Category"和空值（即表 2－1 中的第 4 列），这样的列就会被过滤掉。对于输入页面集合中的噪声页面，对应的行可能不包含数据域或是只有很少的数据域，对于这样非常稀疏的行我们也会进行过滤。

第二节　Web 页面的聚类、集成和爬取系统

一、基于页面结构的聚类

一个网站中的页面往往是由多种模板生成的，如主页、查询结果页面、详细页面。这一部分的研究内容就是希望区分不同结构的页面，并将相同结构的页面聚在同一个簇中，这样，在每个簇中我们才可能无监督地学习其背后的模板。基于结构的页面聚类问题已经有过一定的研究（Blanco et al.，2011），我们借鉴已有的工作，主要采用页面 DOM 树中的 tag 信息作为特征。已有的工作（Blanco et al.，2011）将 URL 作为一个重要的特征来进行页面聚类，然而，根据我们的经验，虽然基于 URL 的聚类能在部分网站上很好的应用，但由于有的网站的 URL 非常复杂，很难解析其结构，所以，这类方法不符合本课题的研究需求。例如，Amazon 网站的 URL 具有非常复杂的形式，并包含很多隐性的信息，很难通过页面的 URL 来对网页进行聚类。因此，在本课题研究中，我们提出基于页面的结构特征来对网页聚类以进行模板归约。

为了计算页面之间的相似度，我们将每个页面 p 表示成向量形式 $W_p = [w_1, w_2, ..., w_l]$，其中，l 是输入网站中的所有不同的 tag 路径个数，w_i 是页面 p 中的第 i 个 tag 路径的权重。有了这样的向量之后，我们就可以直接计算余弦相似度来度量页面之间的结构相似性。但仍有一个问题是，如何得到 tag 路径

的权重，我们利用 TFIDF（Term Frequency Inverse Document Frequency）的基本思想来对不同的 tag 路径进行加权，进而计算相似度，我们称为 TFIPF（Term Frequency Inverse Page Frequency），可以由下面的公式计算得到：

$$ipf\ (q_i)\ =\frac{|P|}{count\ (q_i)}$$

$$W_i=tf\_ipf\ (q_i,\ p)\ =tf\ (q_i,\ p)\ \times ipf\ (q_i)$$

其中，P 是输入网站的所有页面，q_i 是第 i 个 tag 路径，count（qi）表示 P 中出现 q_i 的个数。所以，ipf（q_i）表示的是 q_i 的反页面频率，而 tf（q_i，p）表示的是 q_i 在页面 p 中的频率。第 i 个 tag 路径的权重就可以通过 tf（q_i，p）和 ipf（q_i）的乘积得到。每个页面表示成多个 tag 信息和对应的权重，就可以利用经典的余弦相似度计算来衡量页面之间的相似度（算法 2—3 中的第 8 行）。

算法 2—3　ClusterPages

Input：A set of input HTML pages DP_n, a similarity thresholdγ

Output：C：a set of clusters.

Steps：

01：　Go through DP_n to get all distinct tag path and their counts；

02：　Initialize clusters C＝Φ；

03：　**for each** page p in DP_n **do**

04：　get weight vector Wp；

05：　Initialize flag f ＝ false；

06：　**for each** cluster c in C

07：　get weight vector Wc of the first page in c

08：　**if** cos＿sim（Wp，Wc）≥γ**then**

09：　add p to c；

10：　f＝true；

11：　break；

12：　**end if**

13：　**end for**

14：　**if** f＝false **then**

15：　Initialize new cluster c＝ ｛p｝；

16：　add c to C；

17：　**end if**

18：　**end for**

19：　filter small clusters from C；

20：　**return** C；

由于一个网站很可能包含多达上百万的页面数量，传统的聚类算法往往效率不够高，我们采用一种简化但高效的聚类算法来处理这样的数据量，只通过一遍的扫描页面来进行聚类，同时保证一定的聚类效果。基本思想是：将每个页面初始看成一个簇，并将簇中的首个页面作为质心来计算簇间相似度，符合阈值的簇就合并，否则就作为新簇；再过滤掉较小的簇，经过一遍的聚类就能得到多个聚完的簇。通过这样的方式，我们的聚类算法的复杂度为 O（m×n），其中 n 是网站中页面的个数，m 是聚完类后簇的个数，该值远小于 n。算法 2-3 给出了聚类算法的详细步骤。

二、模式匹配与数据集成

由于采用的是无监督的数据抽取算法，本研究得到的结构化数据是以表结构存储的，但是，每一列的数据是没有属性信息的。因此，在这一部分，本研究利用特定领域的知识来对抽取得到的数据进行自动的标注和集成。领域知识包括一个已知的种子数据集以及一些已知的规则方法。这部分的研究问题也称为模式匹配（Erhard & Philip，2001）。

进行模式匹配时，我们将属性的类型进行分类考虑，例如，对于长文本的属性（如电影简介），种子数据集和抽取数据之间进行传统的文本相似度计算就能对这类属性进行标注；而对于特定结构的数字类型（如电影评分），计算两个数据之间的相似度往往无法标注，这类数据本文采用一定的规则来进行（如电影评分往往具有这样的表达形式"［0-9］/10"）。

进行模式匹配后，本研究使用一个统一的模式来集成不同数据源抽取得到的结构化数据。进行集成时，通过抽取得到的实体名称和其来源的页面 URL 来区分不同的实体，在本研究中，我们将不同页面中相同的实体名称都视为不同的实体。将来的研究工作我们会继续考虑如何集成不同数据源中相同的实体名称。有了已经抽取出的表结构的结构化数据，接下来我们需要自动确定不同网站间的数据域对应关系。给定一个核心模式如 DBPedia，我们的模式匹配算法旨在确定抽取得到的表结构数据和核心模式之间的数据域对应关系。表 2-2 所示是抽取得到的一个电影领域的结构化数据，其中第二列的数据域应该与电影领域的实体名称相匹配，第 4 列和第 5 列应该与属性"actors"相匹配。

表 2－2　抽取得到的电影领域的结构化数据

http：//movies．tvg…	At Close Range	1986，Movie，R，111 mins	Sean Penn	Christopher Walken
http：//movies．tvg…	Timeless	1996，Movie，NR，84 mins	Peter Byrne	Melissa Duge
http：//movies．tvg…	Zoot Suit	1981，Movie，R，103 mins	Daniel Valdez	Edward Olmos
http：//movies．tvg…	Crooklyn	1994，Movie，PG－13，112 mins	Alfre Woodar	Delroy Lindo
http：//movies．tvg…	Legionnaire	1998，Movie，R，98 mins	Van Damme	Akinnuoye－Agbaje

由于在自动抽取的数据中没有模式信息，传统的基于模式的匹配方法不适用我们的问题。在本研究中，我们提出了一种基于实例的匹配方法。也就是说，我们通过比较属性对应的实例之间的相似度来确定属性之间的相似度。例如，如果产品的两个属性之间的值大多数相同或至少非常相似，则我们就可以认为这两个属性是相同的。但有时直接比较属性之间的相似度可能会导致错误，例如，汽车的外观颜色和汽车的内饰颜色由于拥有非常相似的取值空间，很有可能会被混淆。另一个相似的例子是电影的首映时间和电影 DVD 的上市时间。这类混淆可以通过映射不同数据源之间的实体来得到缓解，这样，只有相同实体的属性实例才需要进行比较，既能提高比较的效果，也能提升模式匹配的效率。

在本研究中，我们首先提出一个实体匹配的算法来帮助模式匹配，具体算法如算法 2－4 所示。为了保持匹配的高效性，我们只考虑实体名称之间的精确匹配来匹配实体。核心模式中的实体名称被抽取出来并建立索引。抽取得到的表格中的每一列都会被试着去匹配核心模式中的实体名称，如果能被匹配的实体名称高于一个用户定义的阈值（在我们的实验中设为 0.1），我们就认为，这个表格和某个领域相关并进一步进行模式匹配。同时，我们也考虑实体名称和页面标题之间的重合度（第 7 行）来判断实体是否是该详细页面真正描述的，这是由于一个详细页面可能会描述好多种类型的实体名称，例如，在电影的详细页面中，会有该页面真正描述的电影名称，也可能会有多个和该电影相关的其他电影名称。根据我们的观察，对于那些页面真正描述的实体名称，它们往往也会出现在页面的标题之中。因此，我们利用页面标题和实体名称之间的重合度来判断页面的真正实体名称。

算法 2－4 EntityMatching

Input：A set of extracted tables ET_n，a seed table st，a threshold γ

Output：M_n：a set of mappings between entities.

Steps：

01： Get entity names se from st，build index；

02： Initialize mappings $M_n = \Phi$；

03： **for each** table et in ET_n **do**

04： Initialize a set of score $S = \Phi$；

05： **for each** column c in et **do**

06： Calculate score s＝ $| c \bigcap se \| c |$

07： **if** s $\geq \gamma$ **and** hasOverlapWithTitle（c）**then**

08： add s to S；

09： **end if**

10： **end for**

11： **if** S $\neq \Phi$ **then**

12： Get the max in S，set corresponding column as entity names；

13： build entity mappings m between et and st；

14： add m to M_n；

15： **end if**

16： **end for**

17： **return** M_n；

在一个表格被实体名称匹配成功之后，我们也建立了不同数据源之间的实体对应关系，这样，在模式匹配时只有相同实体之间的属性实例需要被比较。在建立对应关系时，如果遇到实体名称重名现象，我们会进一步考虑属性值来区分重名的实体。在进行模式匹配时，我们计算抽取表和核心模式之间基于实例的相似度。由于存在很多种类型的实例，利用一种单一的计算方式很难得到好的相似度度量，因此，我们在大量的网站上做了广泛的统计和调查，总结了以下几种属性值类型：

（1）Numerical Attributes

    a. Pure numerical attributes

        ⅰ. Patterned (e. g. date)

        ⅱ. Non－patterned (e. g. year)

    b. Numerical attributes with unit of measure

ⅰ. Unit of measure by symbols (e. g. price with ＄)

ⅱ. Unit of measure by text (e. g. time with hour)

(2) Enumerable Attributes

c. Boolean (e. g. Yes/No)

d. Close dictionary (e. g. State of country, color of cars)

e. Open dictionary (e. g. actors of movies)

(3) Free Text

f. Metric measurable

ⅰ. Long text (e. g. movie synopsis)

ⅱ. Short text (e. g. keywords)

g. Metric immeasurable

ⅰ. Long text (e. g. user reviews to products)

ⅱ. Short text (e. g. user ratings)

(4) Others

单一的相似度度量方法很难有效地度量这么多种类型的实例相似度，因此，我们针对不同的类型使用不同的相似度度量。对于公制可度量的文本属性，使用传统的字符串匹配方法（如 TF－IDF 和提取词干）；对于非常短的文本，则使用 N 元文法。对于布尔型的属性，由于这种类型的属性值很容易被混淆，所以，我们将相同值的相似度分数设为 1，不同值的分数设为－1，尽可能是不同的属性之间的相似度分数的降低的情况分析。对于有计量单位的数值型属性，会将这些属性值标准化到相同的单位上再进行比较，同时也使用用户定义的一阶规则来匹配那些公制不可度量的属性。对于单个属性，我们会尝试所有这些相似度度量方法，如果没有一种是合适的，会使用默认的方法，也就是利用空格将实例切分开，并利用 Jaccard 系数来计算相似度。

通过相似度计算之后，我们就可以构建一个 m×n 的相似度矩阵，其中，m 是核心模式中属性的个数，n 则是抽取表格中列的个数。接下来，我们拟提出一个贪婪算法来进行模式匹配，如算法 2－5 所示。在每次迭代中，我们将用最可信的属性进行匹配，并将它们对应的相似度分数和所在行列设为 0，接下来的匹配会在修改后的相似度矩阵上继续进行。贪婪的匹配算法会在没有属性对的相似度分数满足用户定义的阈值时停止，详细的匹配算法如算法 2－5所示。

算法 2－5 SchemaMatching

Input：A set of extracted tables ET_n, a seed table st,

a set of mappings M_n, a threshold γ

Output：Tn: a set of tables after schema matching.

Steps：

01： Get entities se from st，build index；

02： Initialize tables $T_n = \Phi$；

03： for each mapping m in M_n do

04： Get entity matched table et from ET_n

05： Initialize similarity matrix Matrix $= \Phi$；

06： for each column c_1 in et do

07： for each column c_2 in st do

08： calculate similarity between c1 and c2；

09： add to Matrix；

10： end for

11： end for

12： Get the max score s in Matrix，and i and j are the

corresponding row and column in Matrix ；

13： while $s > \gamma$ do

14： Set the i column of et as attribute in j column in st；

15： Set the i row and j column in Matrix to 0；

16： Get the max score s in Matrix，and i and j are the

corresponding row and column in Matrix ；

17： end while

18： Add et to T_n；

19： end for

20： return M_n；

在自动抽取的数据上进行模式匹配时，还会遇到多种特殊的挑战，我们提出了不同的方法来处理这些问题：

（1）N：1 匹配问题。核心模式中的 N 列可能只对应自动抽取表中的一列，如表 2－2 所示，第三列分别对应了核心模式的"year""content rating"和"run time"属性。为了缓解这种问题，我们在模式匹配之前首先对每一列进行可能的切分，进行切分时会考虑多种分隔符来学习特定分隔模式。例如，表2-2中的第三列有这样的模式"*，*，*，*"，因此，这一列会被切分成对应的四个子列。除了分隔符，我们也会考虑共有的词干来进行实例切分。经过这样的预处理，大多数的 N∶1 匹配问题能转换成 1∶1 的匹配问题。

（2）1∶N 匹配问题。与上面的问题正相反，核心模式中的 1 列可能对应自动抽取表中的 N 列，如表 2-2 所示，第 4 列和第 5 列对应核心模式中的"actor"属性。为了缓解这种问题，我们考虑包容度度量。我们会用 V_c 来表示核心模式中的实例，它是一个词干组成的向量，类似的 V_e 是自动抽取数据中的实例。这里，包容度度量可以通过这样的公式计算得到：$(|V_c| \cap |V_e|) / |V_e|$。引入包容度度量是基于这样的观察，那就是对于自动抽取表中的 1∶N 的列，它们单个列往往是核心模式中对应列的一部分，因此，相对的包容度度量分数应该也比较高。

这样，在模式匹配的贪婪算法中（算法2-4），如果最可信的属性对找到之后，我们还会检查那些有高包容度的列，如果这些列的组合比原有的列具有更高的相似度，则我们会将这些列的组合作为一列来和核心模式中的列进行匹配，否则会用原有的那列来进行匹配。

（3）多领域问题。由于我们的算法是在每个网站的自动抽取结果上进行的，而互联网上也广泛存在那些包括多个领域知识的网站，一个典型的例子是 Amazon 网站。对于这种类型的网站，我们的基于网页结构的聚类算法能够区分主页、搜索页面和详细页面等具有不同结构的页面，但不能区分不同领域的详细页面。这样，在一个簇中，我们可能抽取到多个领域的结构化数据。通过我们的观察，对于这样多领域的表格，不同领域的属性往往存放在不同的列中，这样，某个领域的实体可能在一部分列中具有值，而其他领域的实体在另一部分的列中有值。同时，不同领域的实体在相同的列中也会具有不同的取值。

基于上面的观察，我们采用一个基于正例和无标记数据的分类算法（Li & Liu，2003）来缓解多领域问题。在我们的问题中，将匹配成功的实体作为分类时的正例，其他未匹配的实体作为未标记的数据，而自动抽取的数据中的列信息被用来训练分类器以区分不同的领域。

三、网络媒体数据高效爬取系统

一个高效的网络数据获取系统离不开一个性能良好的网络爬取系统，从抓取内容的范围来看，有通用爬取系统和聚焦爬取系统。通用爬取系统通常为通用搜索引擎收集数据，要求有较高的覆盖率，而聚焦爬取系统通过采集并预测网页内容是否与特定主题相关完成具体某一主题相关网页数据的收集。结合本研究工作，我们设计并开发了一种既尽可能全面抓取网页内容，也能关注特定的站点，并具有聚焦特点的自适应分布式网络爬取系统。下面介绍一下该系统。

（一）网络爬取系统简介

网络爬取系统是一个下载并储存网络上的网络页面和其他媒体资源的应用程序，广泛应用于搜索引擎网络和以内容展示为主的网站。传统网络爬取系统从一个或若干个网页的链接地址开始，访问初始链接地址并保存对应的页面，这些链接被称为种子，解析抓取的网页，不断从这些页面中获取新的子链接放入队列，循环抓取队列中的链接地址对应页面，循环解析新的子链接地址，直到满足系统的定义的停止条件为止。

网络爬取系统的应用十分广泛，是搜索引擎的重要组成部分之一，在商务智能领域，很多企业通过网络爬取系统收集行业数据信息，在数据研究领域，也需要利用爬取系统技术收集数据分析的原始资料。如今，社交网络的兴起、微博的广泛使用、爬取用户社交网络信息通过统计分析做出各类产品和服务，这些都离不开设计有效、合理的爬取系统。

网络爬取系统原理简单，上手容易，编写一个可以循环下载页面的爬取系统比较容易，但是实现一个可以稳定抓取用户需求的网页的爬取系统就没有那么容易了。这主要是因为互联网数据量巨大，无论是要全部爬取还是聚焦爬取某些主题网页都不容易，全部爬取的话需要考虑有些网页地址可能并没有存在于其他页面中，无法从种子队列中获取到这些链接，如果要爬取某主题页面，需要设计合理的过滤策略和排序策略来过滤掉不符合要求的页面，或使符合要求的页面尽早被抓取到。另外，网络数据更新变化非常快，可能刚抓取一个页面，这个页面就发生了修改，可能添加了新链接，也可能有些链接已经被删除，需要有很好的重新抓取策略来确保抓取到的数据足够新鲜，没有过时页面或没有失效链接。随着网络开发技术的日益进步，很多页面通过服务器端的脚本语言产生，也有很多网站已经不再是静态页面，动态产生的页面或页面内容通过访问数据库获得，这些网页对爬取系统的设计要求更高。因此，设计稳定的爬取系统架构和采用有效的爬取策略尤为重要。

爬取系统主要需要考虑的策略包括：网络搜索策略，可以分为深度优先搜索策略、广度优先搜索策略和最佳优先搜索策略三种，其中有研究表明，广度优先搜索策略可以最先找到 PageRank 较高的页面，也是本研究采用的搜索的策略基础，但本研究也依据需求做了一些改变；平衡礼貌策略，爬取系统每下载一个页面都是对网络服务器的一次访问，过快的访问会造成该服务器的负载过重，甚至瘫痪；重新访问策略，决定什么时候检查页面的更新变化；并行策略，指出怎么协同达到分布式抓取的效果。

（二）爬取系统总体架构设计

该爬取系统采用以爬取队列为中心的分布式系统架构，将爬取队列设置在中心控制服务器，作为主节点，执行抓取任务的爬取系统程序部署，并在各分布式爬取系统服务器上，作为从节点，从节点的爬取系统程序开始，会从主节点的待爬取链接队列获取链接进行爬取，抓取到的数据会保存在 mongoDB 数据库或数据库集群中。具体方案如图 2—5 所示：

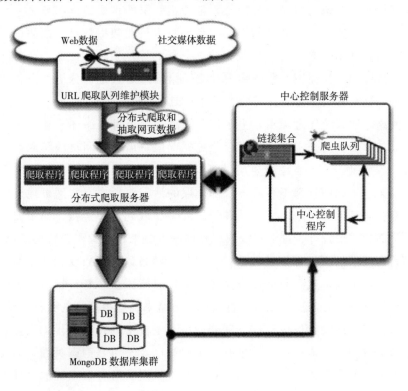

图 2—5　爬取系统架构

该分布式爬取系统架构分为三大部分：中心控制服务器、分布式爬取系统服务器和 MongoDB 数据库集群。

1. 中心控制服务器

中心控制服务器需要完成两大任务：一是维护分布式爬取系统共同访问的爬取系统队列，该队列存储在 redis 内存数据库中，保证多个爬取系统可以同步访问，当队列过长时新产生的待抓取链接会保存到链接集合进行排序和去重操作，完成后再分批插入 redis 队列中，同时，链接预处理程序也会查询 MongoDB 数据库集群中达到再次抓取时间的链接插入该集合中，一并进行排序和去重。二是通过查询 redis 内存数据库中用于统计爬取系统运行状况的列表，实现对爬取系统的监控，当有爬取系统未完成任务队列就意外关闭或终止时则清空其失效信息，并将其任务队列分配给其他爬取系统队列。

2. 分布式爬取系统服务器

选择多台服务器作为从节点，部署爬取系统程序。爬取系统程序实现从主节点 redis 队列获取要爬取的网页链接，访问互联网爬取该网页，运用中文识别技术，辨别该页面是否为中文，如果为中文页面则调用保存程序，保存程序会判断该网页与其过去版本有无差别，有差别则将页面保存至数据库中，无差别则只保存该时间节点信息。之后解析页面包含的子链接，根据爬取系统重新抓取策略，更新链接抓取间隔时间，之后对子链接进行过滤，过滤规则可由用户自定义，用户只需重新实现该程序即可。过滤后将子链接注入爬取系统队列中。各爬取系统程序可以独立运行，只和主节点和数据库有交互，各从节点互不影响，因此实现了良好的可扩展性，可以随时中断其中任意几个爬取系统，也可以添加任意个爬取系统。

3. MongoDB 数据库集群

爬取系统实现了将网页元数据、网页留痕时间信息、链接信息和网页统计信息存入 MongoDB 数据库中，该数据库可以是单独的 MongoDB 数据库，也可以是实现分片的 MongoDB 数据库集群。本研究所实现的系统是存入 MongoDB 数据库中的，要更换为集群，只需修改配置文件，不需修改程序。整个系统三层架构互相协调运行，共同完成数据收集任务，同时，每一层都可以实现自身的规模扩展，而不影响其他两层运行，因此，整个架构都具有较好的可扩展性。

（三）爬取系统运行流程设计

该爬取系统运行流程设计为循环抓取，直至队列为空后一小时后停止，在此期间，有新的链接注入队列或数据库中，有链接达到再次抓取时间被注入队列则爬取系统再次开始抓取。总体上采用广度优先抓取策略，同时也结合等待时间调整队列排序。具体运行流程如图2—6所示。

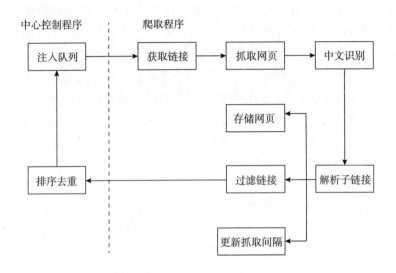

图2—6　爬取系统运行流程

（1）首先用户可向队列直接注入链接等待爬取系统抓取，注入的链接可以被设置为强制立即执行抓取，则该链接会有强制抓取标志被插入强制抓取队列，首待抓取。

（2）爬取系统程序会首先查看强制队列是否有待抓取链接，有则获取链接，没有则根据自己的编号先从编号对应的队列获取抓取链接，如果该队列没有链接，则循环从公共队列中获取链接，将该链接插入链接应插入的带编号的子队列，直到该链接应该插入该队列，则爬取系统直接获取该链接。

（3）爬取系统访问互联网，获取页面内容，以及其他页面信息，如页面类型、matadata信息、页面title等。

（4）对抓取到的页面执行中文识别，如果是中文页面则进入下一步，如果不是中文页面则将内容丢弃，再去获取链接。

（5）对得到保留的页面进行子链接解析。

（6）将获取的页面保存到数据库中，此时要判断该页面与之前保存版本是否相同，如果相同则只保留该时间点，作为一个留痕点，如果是新页面则保存内容。

（7）根据该链接内容是否与之前版本相同，同时结合所包含子链接与之前子链接版本比较的更新程度，以一定比率增减该链接重新抓取间隔。

（8）过滤子链接，一方面过滤外链接（此处用户可以自定义），另一方面过滤不到抓取时间的链接。

（9）判断此时 redis 爬取系统队列是否够长，不算长则直接将链接注入队列，较长则将链接注入链接集合。

（10）对集合中的链接进行排序和去重，此处排序主要参考等待时间和深度进行排序，将等待时间长和深度浅的排在前面。

爬取系统按照这十个步骤循环执行，其中第（1）步和第（10）步是中心控制程序进行的，其余是在各分布式爬取系统服务器上进行的。

（四）爬取系统数据库设计

该系统涉及很多数据信息，一些数据是实现目标数据的存储，这些表要保证数据的完整，方便之后其他系统的应用。另一些数据是为了维持系统正常运行，这些数据结构的设计要保证为系统运行提供足够的逻辑控制信息，同时也应足够简洁，减少空间消耗，因此，数据库的设计十分重要。本系统主要数据设计包括两大部分：中心控制数据设计和网页元数据设计。其中，中心控制数据设计又分为链接集合设计和爬取系统队列设计；网页元数据设计又包括网页元数据信息、链接信息、统计信息和历史留痕点信息四个部分。从信息存储方式的角度看，中心控制数据保存在 redis 数据库中，其中链接集合选用了 redis 的 zset 数据结构，可以方便实现排序和去重操作。爬取系统队列选用 redis 的 list 数据结构，爬取系统会直接从爬取系统队列的 list 里获取链接进行抓取，这个队列主要保存了待抓取链接的信息，这些信息分为三部分存储，用户自定义的强制立即抓取的链接会存在于强制队列中，其余的首先会存在于总队列中，当只有一个爬取系统时，爬取系统直接从总队列获取链接；当有若干爬取系统时，在爬取系统抓取过程中会将总队列的链接分配到带有编号的若干子队列，子队列的个数和爬取系统的个数相同，队列编号和对应爬取系统编号相同，爬取系统首先会爬取对应队列的链接，这个队列取空后再执行链接分配。

网页元数据保存在 MongoDB 数据库中，可以是单机数据库，也可以是数据库集群。MongoDB 数据库中的数据分为两大部分：一部分用于统计和调度统计数据表和链接信息表。统计数据表记录按照域名划分系统保存的各域名的网页信息数量；链接信息记录了各链接的类型和采用的重新抓取间隔时间。这两个表可以单独保存在一个 MongoDB 数据库中，也可以和其他数据保存在一起，只要配置一下就可以。另一部分用于存储网页元数据，包括网页表和留痕点表。网页表存储了网页各类原始数据信息；留痕点表记录了爬取系统抓取页面的时间点，只要网页在该点爬取过该页面并且成功，都会保存一个留痕点。但是，如果页面内容和之前保存的内容一样，则不会多保存一份网页信息。

中心控制数据设计部署于 redis 内存数据库中，redis 是一个开源的高性能的 key—value 数据库，基于内存，支持网络，支持主从同步，有很多优点，非常适合作为本系统的队列。redis 具有非常丰富的数据结构，包括 string（字符串）、list（链表）、set（集合）、hash（哈希类型）和 zset（sorted set，有序集合），并且对这些数据结构的操作都是原子性的，中间不会被任何操作打断，正因为如此，数据存在内存中 redis 可以实现高速读写。同时，redis 实现了主从同步，数据可以从主服务器向任意数量的从服务器上同步，具有很好的可扩展性。

中心控制数据的设计包括两部分：一是存储于 zset 的链接集合，主要用于链接排序和去重预处理；二是存储供爬取系统直接获取的链接的各 list 和其他用于控制的 set 和 hash，为交互方便，其中的数据对象设计为一种类型 CrawlDatum。本系统设计将爬取到的网页信息存储到 MongoDB 数据库集群中，MongoDB 是一个面向集合的模式自由的文档的数据库，数据被分组存储在数据集中，形成一个集合（collection），每个集合在数据库中都有一个唯一的标识名，相当于关系数据库中的表，每个集合可以包含无限数目的文档，类似于关系型数据库中的元组，文档以一对对键值对组成。与关系数据库不同的是 MongoDB 是无模式的，无须事先定义 collection 及其结构，随时可以创建新的 collection，同时，同一个 collection 中可以包含不同模式的文档记录。也就是说，如果上一条记录中的文档有五个属性，而下一条记录的文档可以有两个属性，属性的类型也不必相同，既可以是基本的数据类型（如数字、字符串、日期等），也可以是数组或者散列，甚至还可以是一个子文档。MongoDB 具有高性能、易部署、易使用和存储数据非常方便的特点，特别适合本系统要求不太高的读写一致性和实时性，但是，要求复杂查询和大容量高性能。

本系统中设计了四个 collection，分别存在两个 database 中，这两个 database 是可以配置的。当配置的 database 是同一个集群的、同一个数据库时，其实这四个集合是存在一起的。这是因为四个 collection 中两个是用于统计和控制抓取间隔的，两个是用于存储网页实际内容的，分开存储便于维护和扩展。

（五）爬取系统模块设计

该爬取系统采用主从分布式结构，因此，模块划分也分为主从两大模块：中心控制模块作为主节点控制程序，爬取系统程序模块作为从节点任务执行程序，具体设计如图 2－7 所示。

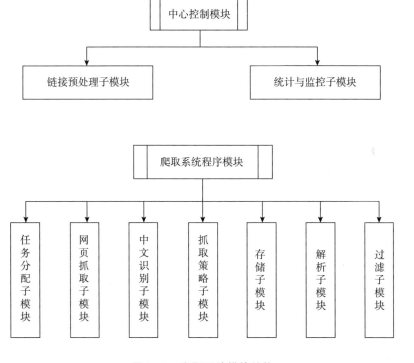

图 2－7　爬取系统模块结构

1. 中心控制模块

中心控制模块包括两个子模块：链接预处理子模块和统计与监控子模块。链接预处理模块有两个主要功能：一是从 MongoDB 数据库链接信息 fetch-Interval，集合查找达到再次抓取时间的链接注入待爬取链接集合里；二是将链接集合中排序靠前的链接注入爬取队列中。统计与监控子模块功能主要是查询爬取系统信息 spider：hash 获取各爬取系统运行状况信息，当发现有爬取系统发来的信息长时间没有更新时，则认为该爬取系统出现了问题，此时就删除该爬取系统记录，并将其任务队列分配给其他爬取系统的队列中。

2. 爬取系统程序模块

爬取系统程序模块包括七个子模块：①任务分配子模块，将总队列中链接分配给各爬取系统分队列，合理的分配将有利于分布式系统负载均衡；②网页抓取子模块，根据链接访问互联网获取网页信息；③中文识别子模块，根据网页内容判断是否为中文页面，确保存储页面是中文页面；④抓取策略子模块，根据网页类型采用不同重新访问策略，以更符合网页更新频率的抓取间隔重新抓取网页；⑤存储子模块，将抓取的页面数据存入数据库中；⑥解析子模块，解析网页包含的子链接用于下一层网页的爬取；⑦过滤子模块：过滤解析出的子链接中未达到抓取时间的链接，以及不满足用户定义的过滤条件的链接。

中心控制模块虽然部署于主节点起到监控各爬取系统的作用，但是并没有直接和爬取系统程序模块交互，都是通过获取 redis 数据库数据对爬取系统进行监测，通过调节 redis 数据库抓取队列对爬取系统进行调节的。爬取系统控制模块也不依赖于中心控制程序，只要 redis 数据库队列有数据爬取系统，就可以运行下去，同时各从节点爬取系统程序也没有交互，互不影响。只要爬取系统的各子模块按照设定的流程运行就可以有效完成抓取任务，限于篇幅，这些模块的详细实现也不再说明。

最后，我们对该系统进行了详细的测试，从链接排序去重效果、分布式爬取系统运行状态、页面类型划分方法、重新抓取间隔更新结果几个方面测试了系统几个主要模块的运行效果，实验结果表明，该系统达到了最初设计的要求。

（何军、顾应钦）

第三章
基于网络媒体数据的用户分类、兴趣及行为研究

第一节　微博系统中的用户关系分类

一、微博的作用

（一）微博的功能认知

随着网络的普及以及移动互联网的飞速发展，微博这种社交网络走进了越来越多的人的生活中。较之传统博客，微博操作更简单方便，草根性更强，且广泛分布在浏览器、移动终端、桌面等多个平台上，有多种商业模式并存。微博这种新的网络应用形式已经成为继传统博客、IM 即时信息、RSS 之外的一类有影响力的网络新媒体。据统计，截至 2016 年 9 月 30 日，微博月活跃人数已达到 2.97 亿人，较 2015 年同期相比增长 34％；其中 9 月移动端在 MAU 总量中的占比为 89％；9 月的日活跃用户达到 1.32 亿人，较去年同期增长 32％。微博已经成了众多网民关注朋友动态、与好友交流、获取信息、表达观点立场等的有效途径，图 3－1 展示了用户对微博功能的认知情况（新浪等，2012）。

微博是 Web 2.0 时代的集大成者，它集成了 Web 2.0 时代网络交流工具的优势，是一个以多媒体联合为特征、跨领域的信息传播系统，为用户提供了一种全新的颠覆式的体验。它一方面具有其他网络交流媒体的优点，另一方面更具有自己独特的特征：零技术壁垒、零发布限制、零准入机制和低文

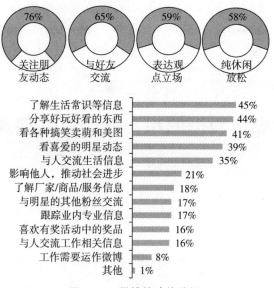

图 3-1　微博的功能认知

化要求等。信息生产门槛的降低极大地提高了公众的参与性。微博开放性更强，包容性更大，任何个体都可以在任意时间、任意地点、不受任何限制地接收特定信息和发布任意信息，帮助人们实现了"所有人面向所有人"的社会化传播理想。

（二）微博的组织结构

在这样的背景下，出现了大量基于微博的研究。对企业而言，研究微博能够帮助企业更好地了解用户行为，从而更好地开发相关的应用和服务。微博营销可以为企业带来巨大回报，也有利于我们普通消费者，有利于生活的方方面面。

图 3-2 展示了常见的微博组织结构，其中关键的特征如下：①用户和用户之间有关注（成为"粉丝"）和被关注的关系；②用户单次可以发表的文章（微博）不得超过固定字数（一般为 140 个字，并且一直通过将文字转换为图片的长微博工具提供对长微博的支持，至 2016 年初，提供对发布超过 140 字小于 2000 字的文字的支持），而这个文章只能被关注他（她）的人（即"粉丝"）收到；③用户可以转发自己关注的人的微博，从而使微博可以通过关注和被关注的关系网络传递给更多的用户。可见，相对于其他的社交网络类网站，微博主要有如下两个特点：第一，它限制了单次传播的信息大小，

从而使用户从以往的信息组织形式中解脱出来，能够更加高效地浏览和发布信息；第二，它最大化了信息传播的路径（不同于 Facebook、人人网、微信朋友圈等社交平台，微博中用户之间的关注关系是单向的）。

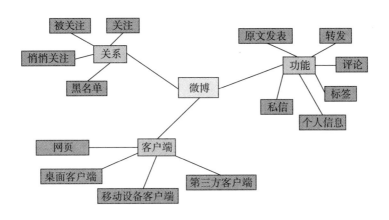

图 3—2　微博的组织结构

（三）以人为中心的服务

微博与其他媒体相比，信息不再是以服务器为中心，而是以人为核心，微博信息接受者对于信息接收控制的权利得到了加强，实现了定制信息的自由。信息接受者定制信息的自由是通过微博平台上的"关注"功能来实现的，微博用户希望把谁作为联系人，看到他的信息，就直接"关注"该微博用户就可以了，该微博用户的信息就会被自动推送，彼此之间的信息也因"关注关系"而进行不断的传播。这样，传播方式在基础层面发生了变化，信息以接收者定制的方式被传播，不再是以通过一个中心向四周扩散的方式传播，单一中心的概念不复存在，并通过"关注"与"被关注"的放大效应，形成了一个庞大的信息网络。从理论上讲，任何人都有可能被卷进这个由人编织的信息网里。同时，微博用户也掌控着选择接受哪些人、哪些类话题的权利，未被其关注的信息会被屏蔽掉，这使信息受众的主体能动性大大增强。另外，微博的"回复""评论""私信"功能为用户之间的信息交互传播提供了保证。

（四）如何寻找感兴趣的人

在数以亿计的微博用户里，一个用户如何找到自己感兴趣的人呢？由微博运营商进行推荐是一个很好的途径。那么，随之而来的问题是，在如此庞大的用户群里，运营商如何找到一个用户真正感兴趣的人呢？在如今的微博中，一般使用基于共同好友的推荐，例如，在图3－3中，用户A与用户B为好友，那么，推测B的好友C也可能是A的好友，所以，把C推荐给A。然而，这个假设在很多情况下并不成立。比如A跟B可能是现实中的好友，而B和C可能是因为共同的兴趣从而在网络中结识为好友的，此时，如果仅仅因为都是同一人的好友而进行推荐，导致用户对推荐的人不感兴趣，从而认为运营商的推荐功能非常不靠谱，这样的推荐就会适得其反。如果我们能够判断出A跟B以及B跟C的关系，那么，我们就不会做出上述不符合用户需求的推荐。所以，研究微博中用户之间的关系是十分有意义的。

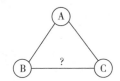

图3－3　微博中的好友推荐

我们把微博中的关系分为同学、师生、同事、共同兴趣或领域等，在识别过程中综合利用微博中的关注关系、用户互动信息、用户资料、微博的文本内容等信息，通过对用户关系的识别，就拿到了分析用户行为的"金钥匙"，可以为用户提供更好的好友推荐、微博推荐等服务，提高用户的满意度，因此，这项研究对微博用户以及运营商都非常有意义。

虽然新浪微博为用户提供了"分组"的功能，即用户在关注一个用户后可以将他放入指定分组，如有同学、名人、老师等分组。这些分组实际上代表了被关注者与用户之间的同学关系、粉丝关系和师生关系等。有了分组以后，用户可以查看某一类关系的用户的微博，或者只对某一类关系的用户发送微博，这样能更好地满足用户需求。但问题是，并不是所有用户都会对自己关注的人进行分组，用户可能嫌麻烦或者认为没必要，并不会选择使用这一功能。所以，对用户关系进行自动分类是十分必要的。

现有的对社交网络用户关系分类的研究尚存在一些不足。例如，Tang等（2011）利用随机游走模型研究用户关系分类，将用户关系分为大学同学、高中同学、同事和家庭成员。该研究没有考虑传播过程中的衰减问题，而且网络中的边也没有权重，跟现实并不完全相符。另外，该研究使用人人网的数据，人人网是双向关注的社交网络，两个用户要互相同意才能成为好友，这点与微博不同。Raad 等（2013）的研究显示，微博的工作是将用户关系分为朋友、同事、家人，它主要使用的是用户的个人资料和用户分享的图片，图片还附带了拍摄地址、时间的信息，以及用户对在图片中出现的人物的标注。这项工作的缺点是需要大量的多媒体信息以及用户做很多额外的标注工作。在社交网络中，一个用户可以对其他用户进行关注，两个用户之间也可以互相关注。我们研究的是，微博中互相关注的用户关系分类问题，即对于互相关注的两个用户，如何将他们的关系分为某一特定的关系。

二、微博系统中用户关系图的生成

我们的方法是，为微博中用户间的关系构造一个关系图，接着为关系图构造势函数，然后进行训练和关系分类。由于条件随机场在标注方面有比较好的效果，因而我们将使用条件随机场模型来进行关系的分类。图 3－4 示意了整个分类的流程。

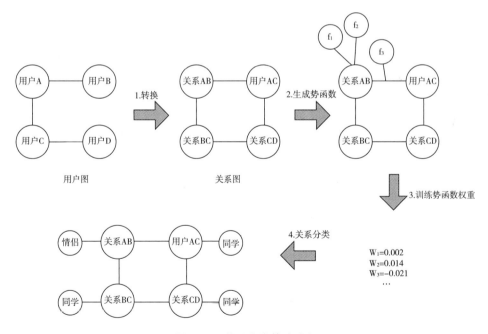

图 3－4　关系分类算法流程

为将微博中的用户图转换成关系图，我们采用概率无向图模型。概率无向图模型（Probabilistic Undirected Graphical Model），又称为马尔科夫随机场（Markov Random Fields），是一个可以由无向图表示的联合概率分布。设有联合概率分布 P（Y），Y∈y 是一组随机变量。由无向图 G＝（V，E）表示概率分布 P（Y），即在图 G 中，结点 v∈V 表示一个随机变量 Y_v，Y＝$(Y_v)_{v∈V}$；边 e∈E 表示随机变量之间的概率依赖关系。

给定一个联合概率分布 P（Y）和表示它的无向图 G。首先定义无向图表示的随机变量之间存在的成对马尔科夫性（Pairwise Markov Property）、局部马尔科夫性（Local Markov Property）和全局马尔科夫性（Global Markov Property）。说明如下：

（1）成对马尔科夫性：设 u 和 v 是无向图 G 中任意两个没有边连接的结点，结点 u 和 v 分别对应随机变量 Y_u 和 Y_v。其他所有结点为 O，对应的随机变量组为 Y_O。成对马尔科夫性是指给定随机变量组 Y_O 的条件下随机变量 Y_u 和 Y_v 是条件独立的，即：

$$P（Y_u，Y_v|Y_O）＝P（Y_u|Y_O）P（Y_v|Y_O）$$

（2）局部马尔科夫性：设 v∈V 是无向图 G 中任意一个结点，W 是与 v 有连接的所有结点，O 是 v、W 以外的其他所有结点。v 所表示的随机变量是 Y_v，W 表示的随机变量组是 Y_W，O 表示的随机变量组是 Y_O。局部马尔科夫性是指在给定随机变量组 Y_W 的条件下随机变量 Y_v 与随机变量组 Y_O 是独立的，即：

$$P（Y_v，Y_O|Y_W）＝P（Y_v|Y_W）P（Y_O|Y_W）\tag{3-1}$$

在 P（$Y_O|Y_W$）>0 时，等价地，

$$P（Y_v|Y_W）＝P（Y_v|Y_W，Y_O）\tag{3-2}$$

图 3-5 表示由式（3-1）或式（3-2）表示的局部马尔科夫性。

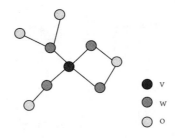

图 3-5　局部马尔科夫性

（3）全局马尔科夫性：设结点集合 C_1、C_2 是在无向图 G 中被结点集合 C_3 分开的任意结点集合，如图 3—6 所示。结点集合 C_1、C_2、C_3 所对应的随机变量组分别是 Y_{C_1}、Y_{C_2} 和 Y_{C_3}。全局马尔科夫性是指给定随机变量组 Y_{C_3} 的条件下随机变量组 Y_{C_1} 和 Y_{C_2} 是条件独立的，即：

$$P\left(Y_{C_1}, Y_{C_2} \mid Y_{C_3}\right) = P\left(Y_{C_1} \mid Y_{C_3}\right) P\left(Y_{C_2} \mid Y_{C_3}\right)$$

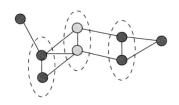

图 3—6 全局马尔科夫性

上述成对的、局部的、全局的马尔科夫性定义是等价的。

下面定义概率无向图模型。设有联合概率分布 P（Y），由无向图 G＝（V，E）表示，在图 G 中，结点表示随机变量，边表示随机变量之间的依赖关系。如果联合概率分布 P（Y）满足成对、局部或者全局马尔科夫性，就称此联合概率分布为概率无向图模型或者马尔科夫随机场。

以上是概率无向图模型的定义。实际上，我们更加关心的是如何求其联合概率分布。对于给定的概率无向图模型，我们希望将联合概率进行因式分解，即将整体的联合概率写成若干子联合概率乘积（局部函数）的形式。事实上，概率无向图模型最大的特点是可以因式分解。

选择局部函数时，必须保证能够通过适当的联合概率使没有边的两个结点不出现在同一局部函数中。最简单的局部函数是定义在图结构中的最大团（Maximal Clique）上的势函数（Potential Function），并且是严格正实数的函数形式。但是一组正实数函数的乘积并不能满足概率公理，必须引入一个归一化因子 Z，这样可以保证势函数的乘积满足概率公理，且是 G 中结点所表示的随机变量的联合概率分布。利用 Hammersley—Clifford 定理，可以得到联合概率公式如下：

$$p\left(v_1, v_2, \cdots, v_n\right) = \frac{1}{Z} \prod_{c \in C} \phi_{v_C}\left(v_C\right)$$

其中，C 为最大团，归一化因子 Z 的定义如下：

$$Z = \sum_{vi} \prod_{c \in C} \phi_{vC}(v_C)$$

基于条件独立的概念，概率无向图的无向图结构可以用来把关于 $Y_v \in Y$ 的联合分布因子化正的、实数值的势函数的乘积，每个势函数操作在一个由 G 中顶点组成的随机变量的子集合上。根据无向图模型条件独立的定义，如果两个顶点之间没有边，则意味着这些顶点对应的随机变量在给定的图中其他的顶点条件下是条件独立的。所以满足这个要求最容易的方式是要求每一个势函数操作在一个图 G 中的最大团上，这些最大团由随机变量相应顶点组成。这确保了没有边的顶点在不同势函数中，在同一个最大团中的顶点都是有边相连的。在无向图中，任何一个全连通（任意两个顶点都有边相连）的子图成为一个团（Clique），其中不能被任何其他团所包含的为最大团。

条件随机场（Conditional Random Field）是给定随机变量 X 条件下，随机变量 Y 的马尔科夫随机场。条件随机场可以用于标注工作。这时，在条件概率模型 P（Y|X）中，Y 是输出变量，表示标记值，X 是输入变量，表示观测值。学习时，利用训练数据集通过极大似然估计或正则化的极大似然估计得到条件概率模型 $\hat{P}$（Y|X）；预测时，对于给定的输入值 x，求出条件概率 $\hat{P}$（y|x）最大的输出 y。

设 X、Y 是随机变量，P（Y|X）是在给定 X 的条件下 Y 的条件概率分布，若随机变量 Y 构成一个由无向图 G＝（V，E）表示的马尔科夫随机场，即：

$$P(Y_v | X, Y_w, w \neq v) = P(Y_v | X, Y_w, w \sim v)$$

对任意结点 v 成立，则称条件概率分布 P（Y|X）为条件随机场。其中，$w \neq v$ 表示结点 v 以外所有的结点，$w \sim v$ 表示 G＝（V，E）中与结点 v 有边相连的所有结点 w，Y_v、Y_w 为结点 v、w 对应的随机变量。

对应的势函数的形式定义如下：

$$\phi_{y_c}(y_c) = \exp\left[\sum_k \lambda_k f_k(c, y_c, x)\right]$$

其中，y_c 表示第 c 个团中的结点对应的随机变量，f_k 表示特征函数，则：

$$P(y|x) = \frac{1}{Z(x)} \exp\left[\sum_{c \in C} \sum_k \lambda_k f_k(c, y_c, x)\right]$$

其中，λ_k 表示对应 f_k 的权重，可以由训练数据中估计，大的非负参数值意味着优先选择相应的特征事件，大的负值表示对应的特征事件不大可能发生。

建立条件随机场的模型的主要任务就是从样本数据中估计特定权重 λ，可以使用最大似然估计和贝叶斯估计，本研究使用了最大似然估计。我们从微博中可以直接获取的是用户图。在用户图中，每一个结点代表了微博中存在的一个用户，如果两个用户是互相关注的（这里不考虑单向关注，是因为存在虚假粉丝等多种问题），则在二者之间加一条边。图 3－7 展示了一个用户图的例子。

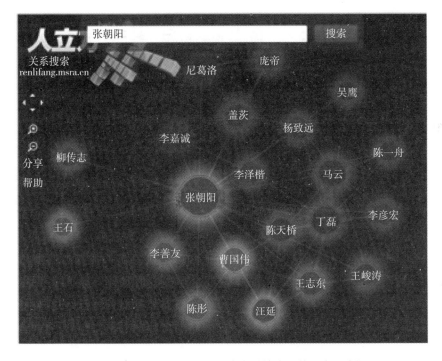

图 3－7　用户图的一个例子（来自微博应用的"人立方"）

但是，在我们的问题中，是需要对关系进行标注的，而在用户图中，结点是用户，无法对结点进行标注。因此，用户图并不能满足我们的需求，我们需要将用户图转换成对应的关系图。假设此关系图表示为 R＝（V，E），把两个用户之间的关系作为图中的结点，关系结点集即为 V。那么，如何定义两个关系之间是否存在边呢？例如，用户 A 和用户 B 是情侣关系，那么，用户 A 跟 C 必然不是情侣关系（按照正常情况）；若用户 D 和用户 E 是同学关系，而 E 跟 F 很相似，那么，用户 E 和 F 也很可能是同学关系。因而，我们在此做了一个马尔科夫假设，如果两个关系中存在一个相同的用户，那么，这两个用户是相关的。即在关系图 G＝（V，E）中，v_{ab}＝（$user_a$，$user_b$）∈ V 且 v_{cd}＝

（user$_c$，user$_d$）∈ V，如果满足 user$_a$＝user$_c$、user$_a$＝user$_d$、user$_b$＝user$_c$ 或 user$_b$ ＝user$_d$ 四个条件中的一个，则 v$_{ab}$ 与 v$_{cd}$ 这两个点在马尔科夫随机场中是相连的，如图 3−8 所示。图 3−9 示意了如何将一个用户图转换成一个关系图的例子。

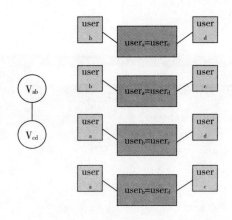

图 3−8　v$_{ab}$ 与 v$_{cd}$ 相关的四种情况

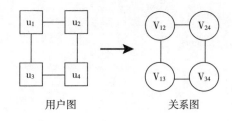

用户图　　　　　　　　关系图

图 3−9　用户图转换为关系图的例子

三、模型中势函数的生成及参数估计

将用户图转成了一张关系图后，根据前面 P（y｜x）计算公式，我们需要在图中最大团上定义势函数，在我们的关系图中，只可能有单独的点、一对点以及三个点三种情况。我们可以通过添加辅助变量的方法，把所有的交互只局限于一对点之间，即不用考虑三个点的最大团的情况。尽管这样的转换可能要添加辅助变量，但实际上仍有很多特征并不需要添加辅助变量就可以定义为两个点上的势函数的情况。我们把势函数主要分为两类：点上的势函数和边上的势函数。

表 3-1 展示了我们将会使用到的具体的微博数据代表的符号以及解释，后面我们将直接使用这些符号，不再另作解释。

表 3-1　相关符号、公式和解释

符号	公式	解释
common _ friends （a，b）	$\sum_u$ (u is friend of both a and b)	用户 a、用户 b 之间的共同关注好友数目
comment （a，b）	$\sum$ a commented b	用户 a 评论用户 b 的次数
reply （a，b）	$\sum$ a replied b	用户 a 回复用户 b 的次数
repost （a，b）	$\sum$ a reposted b	用户 a 转发用户 b 的次数
mention （a，b）	$\sum$ a mentioned b	用户 a 提到用户 b 的次数
same _ tag _ count （a，b）	$\sum_{tag}$ a and b used tag	用户 a、用户 b 之间的共同标签数目
same _ hashtag _ count （a，b）	$\sum_{hashtag}$ a and b used hashtag	用户 a、用户 b 之间的共同话题标签数目
same _ place （a，b）	if (location （a） == location （b）)	用户 a、用户 b 所在地是否相同
same _ school （a，b）	if exist school （a） == school （b）	用户 a、用户 b 之间是否在一个学校上（过）学
same _ company （a，b）	if exist company （a） == company （b）	用户 a、用户 b 之间是否在一个公司工作（过）
same _ weiGroup _ count （a，b，category）	$\sum_{wei\_group}$ both a and b belong to	用户 a、用户 b 之间存在某个类别（明星粉丝、同城生活、兴趣爱好、行业交流、同学校园）的微群的数目
age _ gap （a，b）	abs （age （a） － age （b）)	用户 a、用户 b 之间的年龄差
common _ mentioned （a，b）	$\sum_{weibo}$ a and b were both mentioned in one weibo	用户 a、用户 b 共同被提到的次数
common _ repost （a，b）	$\sum_{weibo}$ a and b both reposted	用户 a、用户 b 转发同一条微博的次数
common _ comment （a，b）	$\sum_{weibo}$ a and b both commented	用户 a、用户 b 评论同一个人的次数
same _ gender （a，b）	if gender （a） == gender （b）	用户 a 和用户 b 是否是相同性别

根据之前的说明，势函数一般表达形式可以扩展为：

$$\phi_{y_c}(y_C) = \exp\left[\sum_k \alpha_k\, t_k(y_u,\ y_v,\ x,\ u,\ v) + \sum_k \beta_k s_k(y_i,\ x,\ i)\right]$$

其中，y_u、y_v 在图中相连，t_k 称为转移函数，s_k 称为状态函数，α_k 为转移函数 t_k 的权重，β_k 为状态函数 s_k 的权重。则联合概率分布的表达形式可以写成：

$$p(y|x) = \frac{1}{Z(x)}\exp\left[\sum_e \sum_k \alpha_k t_k(y_v,\ y_u,\ x,\ e) + \sum_i \sum_l \beta_l s_l(y_i,\ x,\ i)\right]$$

其中，e 表示 v 和 u 相连的边。对于图 3-7 所示的例子中，$p(y|x)$ 可以表示为：

$$\frac{1}{Z(x)}\exp\left\{\sum_k \alpha_k\left[t_k(v_{12},\ v_{13},\ x) + t_k(v_{12},\ v_{24},\ x) + t_k(v_{34},\ v_{13},\ x) + t_k(v_{24},\ v_{34},\ x)\right] + \sum_l \beta_l\left[s_l(v_{12},\ x) + s_l(v_{13},\ x) + s_l(v_{24},\ x) + s_l(v_{34},\ x)\right)\right]\right\}$$

为了统一转移函数和状态函数的表达形式，我们可以把状态函数写成下式：

$$s_k(y_i,\ x,\ i) = s_k(y_u,\ y_v,\ x,\ e)$$

并用 $f_k(y_u,\ y_v,\ x,\ e)$ 统一表示，f_k 可能是状态函数，也可能是转移状态函数。又令：

$$F_k(y,\ x) = \sum_e f_k(y_u,\ y_v,\ x,\ e)$$

则给定观测值 x 的条件下，相应的标记 y 的概率可以写为：

$$p(y|x) = \frac{1}{Z(x)}\exp\left[\sum_k \lambda_k F_k(y,\ x)\right] \tag{3-3}$$

其中，$Z(x)$ 是归一化因子 $Z(x) = \sum_y \exp\left[\sum_k \lambda_k F_k(y,\ x)\right]$，$\lambda = (\alpha,\ \beta)$。

我们采用最大似然估计对参数 λ 进行估计，下面进行具体的介绍。在训练集 $T = \{<X^k,\ Y^k>\}$ 中，最大似然参数估计就是假设 $p(p|x,\ \lambda)$ 是 λ 的函数，使 $p(y|x,\ \lambda)$ 的对数值最大的 λ 为估计值，其似然值为式（3-4）：

$$L(\lambda) = \log\prod_{x,\ y} p(y|x,\ \lambda)^{\tilde{P}(x,\ y)}$$

$$= \sum_{x,\ y}\tilde{p}(x,\ y)\log p(y|x,\ \lambda) \tag{3-4}$$

将式（3-3）代入，得到：

$$L(\lambda) = \sum_{x, y} \tilde{p}(x, y) \sum_{k} \lambda_k F_k(y, x) - \sum_{x} \tilde{p}(x) \log Z(x)$$

对 λ 进行求导，偏导数为式（3-5）：

$$\frac{\partial L}{\partial \lambda_j} = \sum_{x, y} \tilde{p}(x, y) F_j(y, x) - \sum_{x} \tilde{p}(x) \frac{\sum_{y} \exp\left[\sum_{j} F_j(y, x) \times F_j(y, x)\right]}{Z(X)}$$

$$(3-5)$$

可以使用迭代技术来选择参数，使对数似然最大化。可选择使用 GIS（Generalized Iterative Scaling）、IIS（Improved Iterative Scaling）等迭代的方法，我们使用的是 L-BFGS（Limited-memory Broyden-Fletcher-Goldfarb-Shanno）算法。

（一）微博关系图中点的特征

从微博中跟关系有关的内容和属性中，我们探索了一些典型的特征和规则。利用这些特征和规则，我们可以定义点上的势函数，主要分为三种，下面分别进行说明。

1. 同质性

这是考虑到了两个用户的相似性，包括内容的相似性、交互的强度、位置的相邻等。在我们的微博数据中也有多种符合同质性的特征可以选择。最后拿来作为势函数的有：common_friends（a，b），comment（a，b），comment（b，a），reply（a，b），reply（b，a），repost（a，b），repost（b，a），mention（a，b），mention（b，a），same_tag_count（a，b），same_hashtag_count（a，b），same_place（a，b），same_school（a，b），same_company（a，b），same_weiGroup_count（a，b，category），age_gap（a，b），common_mentioned（a，b），common_repost（a，b），common_comment（a，b）。

2. 极性

这表示两个用户之间在某些属性上的差异性和不对等性，例如，在师生关系里，是否存在同学对老师的微博转发会多于老师对同学微博的转发。我们使用的势函数有：common_friends（a，b）/common_friends（b，a），reply（a，b）/reply（b，a），repost（a，b）/repost（b，a），mention（a，b）/mention（b，a）。

3. 特定模式

每一种关系都可能存在某些特定的经常出现的模型，比如，一对情侣可能在情人节或者七夕节的时候会特意@对方表示爱意；一对同学可能经常在类型为"校园生活"的地点签到；对于师生关系，则老师的工作单位应该与学生的学校一致等。我们选择的势函数有：same_gender（a，b）==false when a and b are lovers，a mentioned b on Valentines' day when a and b are lovers，b mentioned a on Valentines' day when a and b are lovers，count（a and b signed in the same place of which category is "school life"）when a and b are schoolmates，count（a and b signed in the same place of which category is "company"）when a and b are colleagues，school（a）==company（b）when b is a teacher of a。

（二）微博关系图中边的特征

除了点上的势函数，在我们的条件随机场中还存在边上的势函数。类似点上的势函数，边上也有同质性、极性，还有传播性和限制性，假设 a 和 b、a 和 c 是好友，下面分别加以说明。

1. 同质性

不同于点上的同质性，在这里我们考虑三者的相似度。例如，如果三个用户都属于某个学校，那么，可能三者都是同学；又如，三者经常转发相同的微博，那么，可能是兴趣相同的好友。我们使用的同质性势函数有：same_school（a，b，c），same_company（a，b，c），same_location（a，b，c），common_friends（a，b，c），common_repost（a，b，c），common_mention（a，b，c），common_comment（a，b，c），same_hashtag_count（a，b，c），same_tag_count（a，b，c），same_weiGroup_count（a，b，c）。

2. 极性

与点上的极性类似，这里我们也考虑了关系 ab 和关系 ac 之间的互动的差距，包括：[comment（a，b）+comment（b，a）] / [comment（a，c）+comment（c，a）]，[reply（a，b）+ reply（b，a）] / [reply（a，c）+ reply（c，a）]，[repost（a，b）+ repost（b，a）] / [repost（a，c）+ repost（c，a）]，[mention（a，b）+ mention（b，a）] / [mention（a，c）+ mention（c，a）]。

3. 传播性

在边上存在传播性，即如果 b 和 c 是相似的，a 和 b、a 和 c 的关系可能是相同的。这与点上的同质性类似，但在这里，我们考虑的是用户 b 和 c 之间的相似度，而不是组成点的两个用户之间的相似度：common_friends（b，c），same_tag_count（b，c），same_hashtag_count（b，c），same_ place（b，c），same ＿ school（b，c），same ＿ company（b，c），same ＿ weiGroup ＿ count（b，c），age ＿ gap（a，c），common ＿ mentioned（b，c），common ＿ repost（b，c），common ＿ comment（b，c）。

4. 限制性

在我们现实社会中，人和人之间的关系中往往会有一些规律和约束，即有些情况是经常出现的，有些情况在法律或道德的约束下是不允许出现的。例如，在一般情况下，一个人的情侣只有一个。我们使用的势函数有：for every user u，$\sum$（v is lover of u）$\leqslant$1；age ＿ gap（a，b）$\geqslant$10，if a is a teacher of b。

四、实验分析

（一）用户关系的标注

本研究使用了条件随机场模型有监督的学习方式，因此，需要对微博中的用户关系进行标注。我们使用新浪微博官方提供的 java SDK 从新浪微博中爬取相关数据，形成一个大的朋友圈，并进行标注。爬取的方法是：首先，我们挑选一个微博的活跃用户，爬取他的微博、好友、资料等信息，接着再爬取该用户的好友的相关信息，如此再向外扩充一层，爬取的信息主要有以下几个部分：

（1）微博用户，包括用户名、ID、基本资料、好友列表等，由新浪微博 API 中的函数 users/show 获得；

（2）微博内容，包括文字、ID、发布用户、发布时间、转发数、评论数、转发微博的 ID 等，由 API 中的 statuses/user ＿ timeline 函数提供；

（3）微博的评论，包括 ID、发布用户、评论微博 ID、发布时间、回复用户等，由 API 中的 comments/show 函数提供；

（4）微群信息，包括所属类别、标签（tag）等。

（二）整理出感兴趣的内容

首先，在获取以上需要的信息后，再从数据中整理出另外一些我们感兴趣的内容。比如"提到（@）"关系，需要从微博内容中进行提取；提到一个用户是用"@用户名"的方式，而不记录用户的 ID。鉴于用户的用户名可能是经常改变的，所以，根据用户名并不一定能找到相应的用户。但是，相当一部分的用户，在更改自己的用户名时，只会更改一个部分来表示自己的状态，比如"×××在找工作"改成"×××在写论文"等。因此，我们可以设计一定的规则，找到这一种用户名之间的匹配关系，来获得这些"提到"信息。

其次，从微博里获取直接转发的关系。如果一条微博是非原创的，那么，API只提供它转发的源微博的ID，而不会提供直接转发的ID。比如Weibo 1转发了原创微博Weibo 2，Weibo 3转发了Weibo 1，那么，在Weibo 3的信息里只能知道原创Weibo 2的ID，而无法知道Weibo 1的ID。为了获取Weibo 1的ID，我们可以从Weibo 3的内容里获取发布Weibo 1的用户名，再用用户名进行搜索；如无法找到，我们也可以提取Weibo 3转发Weibo 1的微博内容，在提取的所有微博中进行搜索，获取对应的微博。

最后，我们还要从微博内容里获取用户自己标注的Hashtag，即话题标签的内容。这个标签被用来标注这条微博的主要内容，被包含在两个"♯"之间。

以上获取的信息并不一定是准确的，例如，话题标签，可能有一些文字表情或者作者无意之间就发布的内容也会包含两个"♯"，这样，提取的话题标签并不能代表微博的内容。所以，我们要进行数据清洗，使用停用词等一些方式来去除这些无意义的标签。同时，此时包含的用户已经非常多，有一部分的用户跟其他用户的交集是非常少的，这样的用户对我们的标注、训练工作是不利的，所以，我们去除了现有用户中与其他用户交集非常少的用户。在去除这部分用户后，我们也同时去掉了他们的微博、评论、转发等信息。经过整理和清洗后，我们数据的构成及相应的数据量如表3—2所示。

表3—2　数据集介绍

内容	总数
用户	943
互相关注关系	141523
微博	1540898
评论	505014
转发	55408
提到	297018
微群	2069
话题标签	20101

（三）对关系进行标注

由于条件随机场是有监督的训练方式，所以，在进行训练之前，要先对关系进行标注。我们采用了使用实验室同学及其周围同学真实数据的方法。我们请实验室的同学对自己的好友关系进行标注，增加了标注的准确性。另外，我们也根据用户自身填写的学校、公司、自我介绍、标签、头像、微博内容等信息进行标注。进行全部标注以后，我们去掉了部分样本特别少的关系，如亲戚、导师与所带学生关系等。最后，各项关系及其数量如表3－3所示。

表 3－3　关系标注情况

关系	数目	解释
同学	4020	现在或者曾经在一个学校学习（过）
同事	2988	现在或者曾经在一个公司工作（过）
共同兴趣、领域	1995	因为相同兴趣（如明星、动漫）或者因为是一个领域的人员（如数据挖掘）而互相关注
推广型	671	存在一部分的用户开设的账号并不是代表个人，而是代表一个群体（如"中国人民大学校友会""某某咖啡馆"等）来发布消息
老师	303	现在或者曾经是老师—学生关系，包含导师—学生关系，也包含一般的学校老师—老师关系
情侣	32	现在是恋爱关系

（四）微博数据的处理

已有的算法和工具很多，对于选择哪种算法和工具对我们的微博数据进行处理，我们进行了综合的评估和对比。有很多条件随机场的实现代码，例如，用C++实现的CRF++（CRF++ 主页），用C♯实现的CRFSharp（CRF 主页）等。但是，这些代码实现的都是基于线性的条件随机场，而我们的模型是非线性的。GerneralCRF 的实现有用 java 实现的 GRMM（GRMM 主页），以及用 matlab 实现的 UGM（UGM 主页）。在我们的工作中，选择使用 UGM，UGM 是实现无向概率图模型中多种任务的 matlab 函数集合，它关于推断（Inference）、解码（Decoding）、取样（Sampling）和参数估计（Parameter Estimation）等功能比较全面，且有分别针对线性、树形等方法，而且使用也比较方便，效率也比较高。关于参数估计，这个工具对马尔科夫随机场和条件随机场使用的场景是：图结构任意、每个结点可以有多种状态、特征可以是实值或者二元的、可以使用点和边的特征、目标函数可以是精确的似然或者是近似似然、可以在目标函数中添加正则化、最优化的过程可以使用 L－BFGS、随机梯度下降等。这些应用场景与我们的实验数据和要求还是比较相符的，因此，我们选择使用该工具。我们将数据按照 UGM 的格式进行转换，生成了相应的结点、边和势函数。鉴于这个图形结构是任意的，可能包含环，所以，我们需要在目标函数里使用近似算法。现在，有多种近似算法可以选择，包括 Loopy Belief Propagation（LBP）和 Mean－field，而 UGM 里的工具包就包含函数 UGM_Infer_LBP，所以，我们将使用 LBP 算法。

我们将使用其他分类算法作为对比，检验我们算法的效果。我们选择的其他分类算法包括决策树、SVM、多项逻辑回归和朴素贝叶斯。在运行完分类结果后，我们会计算各自分类的准确性 Precision。这里，采用 5－fold 的交叉验证。决策树、逻辑回归、朴素贝叶斯的算法使用了 Weka（Weka 主页）来运行。SVM 则使用 libsvm（LIBSVM 主页）。在此，我们将本研究使用的方法简写作 RFG（Relation Factor Graph）。表 3－4 列出了以上几种方法的分类准确性。从结果可以看出，与其他分类算法相比，我们的方法效果是最好的。

表 3－4　分类准确性的比较

	决策树	SVM	逻辑回归	朴素贝叶斯	RFG
precision（%）	88.58	89.72	88.98	86.54	95.40

这一部分我们将对每个类的分类结果进行分析。表 3－5 列出了不同类的分类准确度。由结果可以看出，同学、同事、共同兴趣这几个的准确性是最高的。究其原因，首先，这三个类的样本相对较多（占关系总数的比例分别为 40.16%、29.85%、19.93%）；其次，教育信息对鉴别同学关系的作用比较大，工作信息对鉴别同事关系的作用比较大，标签以及和兴趣相关的微群对共同兴趣关系的作用比较大，所以分类相对更加准确。

表 3-5 不同类的分类准确性

class	precision（%）
同学	98.41
同事	93.47
共同兴趣、领域	95.29
推广型	91.40
老师	90.10
情侣	68.75

另外，我们对学习出的势函数权重进行分析，可以得到该势函数对某个类的影响程度。某个势函数权重为正值且越大，表示这种情况越有可能发生；如果权重为负数，则表示这种情况不大可能发生；在同学关系上，有以下几种情况是比较常见的：

存在教育信息相同（same_school）、存在地点相同（same_location）、存在标签相同（same_tag_count），在类别为"校园生活"的地点签到（same_sign）较多、互动（comment，repost，mention）较多、参加了相同的类别为"同学校园"的微群（same_weiGroup）。

在同事的类别里：存在工作信息一致（same_company）、存在地点相同（same_location）。

在类别为公司的相同地点签到较多。

在共同兴趣的类别里：具有相同标签、转发同一条微博、提到次数较多。

在推广型的微博里：转发情况较多、两个用户的互动并不平衡。

在师生的类别里：一个用户的公司与另一个用户的学校相同、互动不平衡。

在情侣关系里：互动频率比较高（包括提到、评论、转发），在情人节、七夕节等特殊节日的微博里会提到对方，签到地址相同较多。

五、微博用户关系分类的应用

（一）用户关系对于提升微博平台服务的应用

在获得了用户关系分类以后，我们可以利用这个信息为用户提供更好的服务。例如，前面提到过的用户推荐功能，现在的微博主要利用共同好友进行推荐。假设用户 a 和 b 是好友，a 和 c 是好友，那么，基于共同好友的推荐可能就会把用户 b 推荐给用户 c，把用户 c 推荐给用户 b。但是，如果 a 与 b 之间是一般同学关系，而 a 与 c 之间是一般同事关系的话，b 未必会对 c 感兴趣，这样的推荐显得并不合理。因此，在好友推荐里应该将用户之间的关系进行考虑，则不会将 b 和 c 互相推荐。

又如，如果 a 和 b 之间是同学关系，而且 b 填写了关于自己学校的信息（假设为中国人民大学），那么，我们可以从这些信息中推测 a 的学校，就可以为 a 推荐一些官方类的微博（如中国人民大学校友会微博"中国人民大学校友会"、中国人民大学著名老师的微博"人大徐明"）；也可以为 a 推荐一些关于该学校的、最新的热门新闻的微博或者话题。另外，可以优化微博智能排序的结果。如果发现一个用户经常互动的好友大多属于一个特定的关系，那么，可以推断出这名用户线上的朋友圈主要是集中于这个关系。那么，在微博智能排序时，也可以考虑将同属于这一关系的朋友的微博排在前面，让用户能尽早看到自己感兴趣的微博。

以上只是关于用户关系如何提高微博平台服务质量的几个例子，在广告推荐等微博的其他功能中都有帮助，这里不再举例。

（二）用户关系与亲密好友

我们先介绍如何通过计算好友的亲密度来寻找用户的亲密好友。鉴于不活跃的用户与其他好友的互动都不多，可能会对结果造成不利影响，所以，要先筛选较为活跃的用户。我们综合考虑了一个用户的互粉好友数目、发布的微博次数、评论别人的次数、被评论的次数、被转发的次数、提到别人的次数和被提到的次数等。鉴于每个属性本身大小相差较大（转发次数一般远多于提到次数），因此，在计算活跃度时，要先除以该项的平均值，得到一个相对的大小，再进行相加得到活跃度。根据此活跃度，选取最为活跃的 500 名用户作为实验对象。

接着，我们计算出这 500 名用户里每一个人的亲密好友，根据两者之间互相提到的次数、互相评论的次数、互相回复的次数、互相转发的次数（也同前面的方法一样，除以各自的平均数）来计算亲密程度。为每个用户选取亲密度最高的前十名用户作为其最亲密的好友。另外，除了爬取数据的整个时间跨度（2010～2012 年）的亲密度，我们还用相同方法分时间段计算了 2010 年、2011 年、2012 年三年中每一年这些用户的亲密好友，并对这些亲密好友与该用户的关系进行了统计。经过计算，我们得出了以下两个结论：

结论一：一个用户的亲密好友大多数是属于一个关系。

我们根据式（3-6）计算以下的数据 A（Aggregation）：

$$A = \sum_{u=1}^{500} \sum_{v=1}^{10} [if\ v \in C(u)]/(500 \times 10) \qquad (3-6)$$

其中，C（u）表示用户 u 的亲密好友中属于该关系人最多的关系类别。例如，用户 u 的亲密好友中有 9 个跟 u 是同学关系，那么，C（u）就是"同学关系"。我们计算得到 A=69%，可见一个用户的亲密好友大多数是来自一个关系的。例如，作为一个在校生，他（她）的最亲密好友基本上都属于同学圈子。

结论二：随着时间的变化，一个人的亲密好友圈子可能发生改变。

基于结论一，我们发现，一个用户的亲密好友大多数都是属于相同的关系，即属于同一个的圈子。按照上面的方法，我们按照 2010 年、2011 年、2012 年三个时间段分别找到一个用户的最亲密朋友圈，即亲密好友人数属于该类别的人数最多。根据式（3-7）计算变化度 S（Stability）：

$$S = \sum_{u}^{500} [if\ C(u, 2010) = C(u, 2011) = C(u, 2012)]/500 \qquad (3-7)$$

其中，C（u，2010）表示在 2010 年用户 u 的亲密好友中属于该关系人最多的关系类别，我们得到 S=64%，即 64% 的人的亲密好友圈在三年之内都没有变化，36% 的用户的亲密好友圈发生了变化，包括有的用户的亲密好友圈从同学圈子到同事圈子，有的用户从共同兴趣圈子变为同学圈子等。

（三）用户关系与微博转发

我们来看一下微博转发和用户关系之间的联系。假设用户 u 的一条微博 w 被几个好友 {u₁, u₂, …} 转发，那么 u 与 {u₁, u₂, …} 之间的关系 {＜u, u₁＞, ＜u, u₂＞, …} 是否存在联系和规律呢？在这里我们只考虑原创微博和一次转发的情况。对于实验微博的数量，我们的数据如表 3-6 所示。

表 3-6 微博数据统计

总微博数目	1540598
原创微博数目	430525
原创且有转发的微博	79795
原创且有转发且有转发的人存在标注过的微博数目	55408

对于表 3-6 中最后一类微博，统计每条微博的转发人与发送者之间的关系，并根据式（3-8）计算聚合度 A。

$$A = \sum_{w=1}^{55408} \sum_{r=1}^{repost(w)} if\ user(r) \in C(w) \Big/ \sum_{w=1}^{55408} repost(w) \qquad (3-8)$$

其中，repost（w）表示 w 的转发数目（去除未经标注的数据），user（r）表示发表 r 的用户，C（w）在此表示一个关系类别，表示转发微博 w 的用户与发表用户的关系都属于此类别，且此类别里的转发用户占全部用户的比例在 80% 以上（例如，用户 u 的一条微博 w 被 10 个好友 $\{u_1，u_2，\cdots，u_{10}\}$ 转发，在 $\{u_1，u_2，\cdots，u_{10}\}$ 中存在 8 个以上的好友与 u 是同学关系，那么，C（w）即是"同学关系"）。我们得到了 A＝85.2%，即一个用户的微博转发中，相同关系的转发量在 80% 以上的情况占 85.2%。所以，我们可以得出结论：用户的微博常常属于同一个关系内的用户转发。

我们进一步将这些符合条件的 55408 条微博的文本信息进行分词，去掉提到的信息、表情、链接等内容无关的信息，并提取其中的关键字，将每条微博被转发的用户所属最多的那个关系［即 C（w）］和这些关键字进行频繁项集和关联规则的提取，我们得到了表 3-7 所示的结果（列举部分如下，第一行表示关键字，第二行表示包含这个关键字的微博更容易被什么关系的用户转发）。

表 3-7　转发所属关系和微博关键字的关联规则分析

同学①	师生②	同事	共同兴趣
人大、宿舍、学术、师兄、中国人民大学、报告、四年、师姐、实习、信息学院、实验室、毕业、论文人大、学生、计算机、论文	北京、系统、作业、代码、数据	老板、PPT、加班、客户、公司	《银魂》、银时、夏目③、喵星人、涂鸦、画手

注：①这里的实验样本大多来自中国人民大学信息学院的学生，获得这样的实验结果；②这里的实验样本大多来自中国人民大学信息学院的老师，获得这样的实验结果；③《银魂》为日本著名的漫画、动画，银时为其中主角，夏目为日本著名漫画、动漫《夏目友人帐》中的主角。

从以上内容中我们可以看到，若微博中包含某些特定的关键字，那么，它可能被某一类关系转发。这对微博智能排序和推荐功能的改进会有极大帮助。

另外，如果我们将关系进行合并，即将同学、同事、师生、情侣合并为线下好友，其余的合并为线上好友，那么，这个聚合度将会达到92.1%。然后，我们对线上和线下两类微博的平均转发量（online_repost，offline_repost）根据式（3-9）和式（3-10）分别进行了计算。

$$online\_repost = \frac{转发的用户80\%属于线上关系的微博的转发总量}{转发的用户80\%属于线上关系的微博总量}$$

$$（3-9）$$

$$offline\_repost = \frac{转发的用户80\%属于线下关系的微博的转发总量}{转发的用户80\%属于线下关系的微博总量}$$

$$（3-10）$$

结果得到 online_repost=6.85，offline_repost=2.196，说明线上好友圈转发的微博的平均好友圈要高于线下好友圈。究其原因，可能是由于在线上的圈子里，只要对微博内容感兴趣就会进行转发，而在线下的圈子，用户要对好友的微博内容感兴趣以及对好友本身十分关注才会进行转发。

需要说明的是，以上数据是根据我们收集的数据集得出的，因为一开始就移除了部分不活跃用户和与数据集中其他用户联系较少的用户，所以，得出的平均转发量数据可能会高于基于其他一些大数据集得出的结论。

六、小结

第一，我们在本节中介绍了对微博平台上的用户关系进行分类的研究，提出了一种采用条件随机场生成关系图的方法。条件随机场中的图是一个概率无向图，需要对点进行标注，因此，要把原始的以微博用户作为结点的用户图转换为以用户关系为结点的关系图。在这里我们做了一个马尔科夫假设，即两个关系之间是存在边的，当且仅当两者之间存在一个共同的用户，基于此假设，我们将图进行了转换，提出了生成模型中势函数的方法。

第二，我们利用微博中的特性和数据，选择了不同的势函数，在点上的势函数的势函数和边上的势函数上都考虑了同质性和极性。另外，在点上的势函数我们考虑了特定模式，而在边上的势函数我们额外考虑了传播性和限制性。

第三，为了验证算法的效果，我们利用真实数据集进行了实验。通过爬取微博中的真实数据，并进行了关系的标注，接着通过对训练数据的学习获得了各项势函数的权重，最后利用条件随机场的解码算法进行了关系的分类，并与传统的分类方法进行了比较，结果证明我们的算法效果显著。

第四，我们对分类结果进行了具体的分析，计算了各个类各自的准确性，并对出现以上结果的原因进行了分析。另外，我们还根据不同势函数的权重的情况，分析了不同要素对不同关系的影响。

第五，我们列举了微博用户关系分类的部分应用，讨论了一个用户的亲密好友是否都属于同一种关系，用户的亲密好友圈是否会发生变化等问题。

第二节　微博系统中的用户兴趣挖掘

随着越来越多的用户使用微博这一社交网络平台，该平台上积淀了大量的用户相关信息，包括用户的个人资料、发表的微博以及其关注的朋友、粉丝和其他一些行为，如转发、评论等。如果我们能够基于微博上用户的各方面信息，准确地分析用户的喜好、挖掘用户的兴趣，就能够更好地分析用户的心理特征，为探究混合网络下的社会心理行为提供数据分析的支撑。

一、问题描述

目前，国内外对于兴趣挖掘的研究工作，一方面是基于传统的用户平台，如博客等。这种平台更多的是挖掘用户本身的文本信息，如一个用户在博客中发表的所有博文的集合。由于平台的功能不同，这种平台主要是便于用户自身抒发情感、表达情绪，因此，用户与用户之间的交流相对不是很方便。在这种平台上的研究主要应用一些传统的文本挖掘方法，如 TF－IDF、LDA等。另一方面，对于微博上的兴趣挖掘，研究人员主要借助在国外很流行的Twitter。尽管 Twitter 和国内的微博客户端的功能大体相似，但是在细节上有一些不同之处。Twitter 的使用在世界范围内具有广泛性，因此，Twitter用户使用的语言以英语为主，除此之外，日语、韩语等很多语言也有出现。而国内的微博，如新浪微博和腾讯微博，大多以中文为主。由于文化之间的差异，不同文化背景的用户在使用微博上的习惯也不同。Twitter 主要以发表的一篇推文（Tweet）为单位，若同一条推文被转发多次，则在用户的界面上只显示一次，不会重复显示同一条被多次转发的微博。而国内的微博，以新浪微博为例，以用户为单位，如果两个用户先后转发了同一条微博，则会有两条新微博展现在关注者的界面上。此外，对于微博上的用户在转发其他用户所发表或者转发的微博时，可以附加自己的意见同时转发，而在 Twitter 中，用户在转发时是不能再发表任何内容的，这也反映了两种平台在侧重点上的不同。

图 3－10 演示了 Twitter 的主要组成部分，包括用户发表的推文、User（推文用户）、Hashtag［用户在推文中加入的标签（以♯号打头］、Mention［用户在推文中提到自己的关注者（以@为开头）］、Link 以及用户在推文中加入的 URL 连接等。

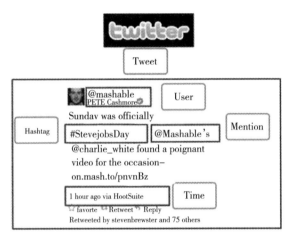

图 3－10 Twitter 的主要组成部分

根据用户不同的信息所做的兴趣挖掘有所不同，我们重点研究了以下三种兴趣挖掘：基于用户内容的兴趣挖掘、基于用户行为的兴趣挖掘和基于社会网络中线索的兴趣挖掘。下面分别加以介绍。

（一）基于用户内容的兴趣挖掘

基于用户内容的兴趣挖掘主要源于文本挖掘。早期用户在微博这种新型社交网络还没有兴起的时候，更多地使用博客、邮件等传统的网络平台发表文章、表达自己的兴趣。这时，用户的信息大多是文本内容较多，而用户与用户的关系并不显著。一些文本挖掘的算法可以用来分析用户的文档集合，从而得到用户的兴趣。比较常用的方法有 TF－IDF、LDA 模型等。

TF－IDF，全称为 Term Frequency － Inverse Document Frequency，它是一种用来评价某个词对于一个语料库或者文档集合的重要程度的统计方法。其中，TF（Term Frequency）为词频，是指某一个指定的单词在某个文件中出现的频率，其主要思想为，一个单词在该文件中出现的频率越高，则对于该文件的重要程度越大。IDF（Inverse Document Frequecy）为逆文档频率，是指某个给定的单词在所有文档集合中的频率的倒数。TF－IDF 的基本思想为，某个单词在所有文档中越普遍存在，则说明其重要程度越低；反之，如果较少的文档包含该单词，则说明其重要程度较高，具有较强的区分能力。该方向更倾向于过滤出文档中的常用词，而保留下对于某个文档较特别的单词。基于这种思想，该方法的计算为 TF×IDF。该方法也可以用来分析用户的兴趣，将每个用户的所有文档看作该用户的文档。通过计算所有单词的 TF－IDF，得到每个单词对于每个用户的重要程度，该值越大表明对该用户越重要，则视为该用户的兴趣。

LDA 全称为隐含狄利克雷分配（Latent Dirichlet Allocation）算法（Steyvers & Griffiths，2007），它是一种主题模型，主要用在文本挖掘中，通过将每个文档表示成主题向量而达到降低维度的目的，因此，在多种文本挖掘的应用中使用，也出现了很多基于基本 LDA 模型的一些改进方法。LDA 模型也被称为三层贝叶斯概率模型，其中的三层指词、主题和文档三层结构。其中，文档到主题服从狄利克雷（Dirichlet）分布，而主题到单词服从多项式分布。该方法将每个文档表示成词频向量的形式，将文本信息转化成数学模型，只保留下词频信息而考虑词与词之间的顺序。每一篇文档都代表其在不同主题上的概率分布，而每个主题同样也代表其在不同的单词上的概率分布。通常将用到以下几种常用的符号表示：

（1）词表大小 V，每个单词都可用一个长度为|V|的向量来表示，如（0，1，0，0，…，0）；

（2）一个由 N 个单词组成的文档可以表示成向量 d＝（w_1，w_2，…，w_N）；

（3）然后，一个由 M 篇文档组成的语料库可以表示成 D＝{d_1，d_2，…，d_M}。

一篇文档的生成过程由以下几步完成：首先，选择文档长度 N，其中 N 满足 Possion 分布。其次，选择 θ，其中 θ 服从 Dirichlet（α）分布。这里 θ 是矢量，表示每个主题发生的概率，α 是 Dirichlet 分布的参数。最后，对 N 个单词中每个选择主题 Z_n，其中 Z_n 服从 θ 上的多项式分布，根据多项式分布 P（w_n | Z_n，β)选择 w_n。上述过程的图形化表示如图 3－11 所示。

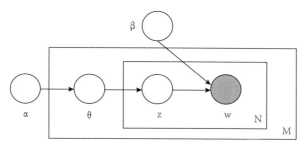

图 3—11　LDA 算法过程

通过这种非监督机器自学习的方法，来识别大规模语料库中或文档集中潜在的主题集合。例如，可以通过该模型把每篇文档的 Top K 个关键词提取出来，用来表示该文档的主题。

（二）基于用户行为的兴趣挖掘

在传统的网络平台上，用户的主要行为是浏览、点击网页（Agichtein et al.，2006），用户的兴趣可以通过用户点击的网页数据和浏览的网页内容来挖掘。利用用户查询后的点击行为来挖掘用户的真实意图，作者利用基于主题的 PageRank 算法得到用户的兴趣。基于主题的 PageRank（TSPR）算法是 PageRank 算法的一个有趣的扩展工作，它可以在基本保持 PageRank 算法的高效的优势下，潜在地为不同的用户查询提供不同的排序结果。在 TSPR 算法中，每个页面的得分不是只有一个，可能有多个。每个页面在所考虑的每个主题上都有一个得分，更准确地说，为了计算每个主题 t 上的 TSPR 得分，作者定义了一个与主题 t 相对应的偏置随机游走向量，记为 $E_t = [E_t(1)$，…，$E_t(n)]$，其中：

$$E_t(p) = \begin{cases} 1/n_t, & \text{if page p is related to topic t} \\ 0, & \text{otherwise} \end{cases}$$

其中，n_t 指和主题 t 相关的页面总数。那些被认为和主题 t 相关的页面的集合，即 $E_t(p)$ 值不为零的页面的集合，被称为主题 t 的偏置集，进而页面 p 在主题 t 上的 TSPR 得分被定义为：

$$TSPR_t(p) = d \times \sum_{P_0 \in A_p} {}^{TSPR_t(P_0)}\big/ l_{P_0} + (1-d) \times E_t(p)$$

从该公式中可以看出，偏置矢量 E_t 意味着当用户在页面间游走时，只能跳到和主题 t 相关的页面上。因此，$TSPR_t(p)$ 的值等于用户以这种随机游走的方式到达节点 v 的概率。假设主题个数为 m，则每个页面计算得到 m 个 TSPR 值。排序可以得到该用户 TSPR 值最大的前 k 个主题，作为用户的兴趣使用。

Kim 和 Chan（2003）提出了一种基于层次聚类的方法，对用户浏览的网页集合进行学习得到用户的兴趣层次。在该文献中，作者为每个用户抽取一个从一般化到具体化的兴趣表示，也是一个从长期到短期时间内的兴趣。通过学习一个用户访问过的网页的集合来得到用户的兴趣层次。他们提出了一个分裂的层次聚类（DHC）的算法，该算法的一组单词，即主题分到一个层次，兴趣越泛化，则该兴趣用一组更大的单词集合来表示。在构造的兴趣层次中，每个网页都被分配到层次中的某个节点上，以便更深入地学习和预测用户兴趣的处理。这种算法类似于为一个图书馆分类系统构建一个主题分类的过程。他们提出的算法不需要用户的参与便可得到用户隐含的兴趣层次。而且，该算法允许原始的对象、网页被分配到多个主题上，即层次结构的多个节点上。在该文献中，作者把用户访问的网页作为输入，网页通过预处理被过滤掉内容中的一些停止字、网页链接以及图片信息等，只接收单词作为输入。然后，作者对这些页面进行聚类，生成层次结构。不同于传统的聚类方法，该文献中使用的聚类方法使一个页面有可能属于多个聚类结果。为了实现页面的类簇可以覆盖，作者首先聚类页面中的单词，然后将页面和类簇依次联系。具体地说，不是直接地对网页页面进行聚类，而是首先对页面中的单词聚类，再根据每个类簇中的单词把页面分到不同的类簇中。在聚类过程中单词之间的相似度或距离与页面之间的关系有关。这样，每个页面有可能属于多个类簇。通过该方法，用户的兴趣层次结构可以构建出来，用以组织一个用户从一般化到具体化的兴趣。层次结构的节点越靠近根节点，则该节点表示的兴趣越泛化，该节点的值由一组更大的集合的单词来表示。反之，节点越靠近叶子节点，则该节点表示的兴趣越具体化，该节点的值由一组更小集合的单词来表示。图 3—12 表示的是用户的兴趣层次的例子。

（三）基于社会网络中线索的兴趣挖掘

前几种兴趣挖掘的方法都是利用用户个人的信息，包括内容信息和行为信息，来挖掘用户的兴趣。但是，对于社会网络中的很多用户来说，他们的行为都是不活跃的，他们并没有很频繁地发微博以及完整地填写个人资料。因此，前两类方法对于这种不活跃用户来说效果不是很好。因此，有些研究

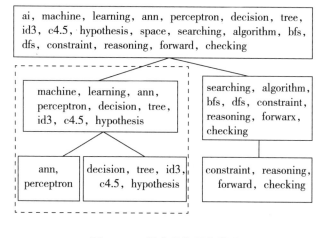

图3—12　用户兴趣层次说明

人员提出了通过收集社会网络中的其他用户的线索信息来推断目标用户的兴趣。这类方法主要有以下几种实现方式：基于协同过滤的方法、基于三度自我网络的方法和基于 PageRank 的方法。

1. 协同过滤方法

第一类工作类似于协同过滤的方法，首先找和目标用户有相似行为的用户，认为这些用户和目标用户在兴趣上也相似，再根据相似用户的兴趣来推断目标用户的兴趣，其中行为的定义可以是用户访问的网页。Glodberg 等（1992）采用了这种方法，通过分析和目标用户有相似行为的用户来得到其兴趣。类似地，White 等（2009）也提出了一种利用访问相同网页的其他用户的兴趣来分析用户兴趣的方法。协同过滤是一种经典的推荐算法，其主要思想为，如果两个用户对于某些元素的口味相似或相同，则该两个用户对于其他元素的口味也可能相同。因此，利用该假设，对于一个目标用户，可以将与其兴趣爱好最相似的用户的喜欢的元素推荐给目标用户。协同过滤方法有很多种不同的形式，但都是利用两个主要的步骤来完成推荐：首先，寻找有相似兴趣爱好的用户；然后，利用得到的相似用户，为目标用户推荐其相似用户喜欢的元素。

用户对于不同元素的评价可以用一个矩阵来表示，矩阵中的元素既可以是多种类型，根据不同的数据集而变化，也可以是用户对于某个图片、书、电影、视频、游戏等多种元素的评分。其评价内容也是多样的，可以是连续数值，也可以是离散的值。每个用户的历史行为都可以表示成一个向量，其长度为元素的个数。向量中的每个值表示该用户对于该元素的评分。在计算两个用户的兴趣相似度时有很多方法，常用的方法有：余弦相似度、修正的余弦相似度和相关相似度。

2. 基于三度自我网络的方法

基于三度自我网络的方法的工作重点在于挖掘社会网络中邻居用户的信息。Wen 和 Lin（2010）提出了一种利用社会网络中的线索为新用户推断兴趣的方法。当社会网络中有新注册用户出现时，在开始的时候，该用户的文本信息相对较少，此时没有足够的文本信息可以利用，因此，根据文档内容提取主题模型的方法是不准确的。Wen 和 Lin（2010）提出了一种解决该问题的方法，即通过社会网络中的关系为每个目标用户建立一个三度自我网络，即以目标用户为中心节点，其直接朋友以及三度以内的朋友作为图中的其他节点。用户与用户之间通过他们之间的行为的频率建立一条边并赋权重，如发信息的频率。这样，可以根据用户与其朋友的关系建立一个网络自相关模型。而其朋友的兴趣可以通过 LDA 模型提取而得。因此，用户的兴趣可以通过下面公式计算：

$$Z = \rho W \cdot Z + \varepsilon$$

其中，Z 是一个 U×N 的矩阵，矩阵中的每个值代表 U 个用户中每个用户对于 N 个提取出的兴趣的喜爱程度。W 是一个 U×U 的矩阵，其中每个元素 W_{ij} 代表用户 i 对于用户 j 的影响力大小。对于一个目标用户来说，该用户对于不同的主题的喜爱程度可以用向量 Z_i 来表示，Z_{ij} 表示该用户 i 对于第 j 个主题的喜爱程度，其值由其朋友得到，计算公式如下：

$$z_{ij} = \sum_{k=1}^{U} (w_{ki} \cdot z_{kj})$$

其中，如果用户 k 是不活跃用户，则他的兴趣不能利用 LDA 模型观察到，此时 Z_{kj} 被初始化为 0。W_{ki} 表示用户 k 对于用户 i 的影响力大小，在网络自相关模型方法中，该权重进一步被定义为两个用户之间的社会距离的指数函数，如下所示：

$$w_{ki} = \exp [-dist (k, i)]$$

其中，dist（k, i）是指用户 k 和用户 i 之间的社会距离。该值的大小取决于两个用户之间的交流的频繁程度，具体来讲，其计算公式如下：

$$dist(i, j) = \sum_{k=1}^{K-1} \frac{1}{strength(v_k, v_{k+1})}$$

其中，$v_1, \cdots, v_k$ 指从用户 i 到用户 j 之间最短路径上的节点序列，$strength(v_k, v_{k+1})$ 用来计算用户 k 和用户 k+1 之间的交互强度，该值被规范化到 0 至 1 之间，其计算公式如下：

$$strength(i, j) = \frac{\log(X_{ij}')}{\max_j \log(X_{ij}')}$$

其中 X_{ij}' 指的是：

$$X_{ij}' = \begin{cases} 10, & \text{if } X_{ij} \leqslant 10 \\ X_{ij}, & \text{otherwise} \end{cases}$$

这里，X_{ij} 是用户 i 和用户 j 之间的交互次数的总量。这种用户之间的交互强度的计算方法已经被广泛地测试和应用，并且能够较准确地反映两个用户的交互强度。

除目标用户之外的其他用户兴趣可以通过用户内容用 LDA 模型提取出来，目标用户的兴趣可以通过网络中的边和权重从其他用户的兴趣传递过来。因此，目标用户的兴趣完全取决于其邻居用户。这正是这种方法存在的问题之一，即目标用户的兴趣只取决于图中其他用户，而没有考虑到用户与用户之间兴趣上的相互影响。

3. 基于 PageRank 的方法

第三类是基于 PageRank 的方法，这是专门针对微博平台上的用户方法。考虑到微博上的用户特有的一些行为，如转发、评论等，利用这些信息以及用户的文本信息对用户兴趣进行推断。提出了这样一种思路，其主要方法是：首先，将用户当作节点，用户与用户之间的行为发生频率作为边建立有向图。其次，基于使用 PageRank 的方法计算用户的兴趣，并衡量用户之间的哪种行为更有利于推断用户的兴趣。该方法通过实验证明，在该方法用到的数据集上转发操作比关注行为更能反映用户与用户之间的兴趣的相似性。

综上所述，之前对于用户的兴趣挖掘工作，更多的是应用在传统的社交网络或者是国外的社交网络（Twitter）中，但对于国内的社交网络上的用户兴趣挖掘研究工作开展较少。我们的研究关注于微博平台上不活跃用户的兴趣挖掘问题，相比于以往工作，我们提出了一种结合用户的行为信息解决数据稀疏性的兴趣挖掘的方法，能够较准确地挖掘出用户的兴趣。下面还将对此继续进行介绍。

二、用户兴趣推断模型

定义 U 为微博上获取的一部分注册用户的集合，U 中每个用户都有一个系统赋予的唯一的用户 ID。在本研究中，用户的一个兴趣被定义成一个关键词和权重对。对于活跃用户，关键词可以从用户的丰富的文本信息提取出来。权重表示用户对该关键词代表的兴趣的喜爱程度，权重的值越大，表明用户对这个关键词的兴趣越大。一个用户可以有一个或者多个兴趣。因此，我们用一个由多个关键词和权重对组成的向量来表示用户的兴趣，具体定义如下：

定义 3-1：用户的兴趣被表示成一个由多个关键词和权重对组成的集合，形式如下：

$\{keyword_1：weight_1；keyword_2：weight_2；\cdots\cdots；keyword_1：weight_1\}$

用户的兴趣信息举例说明如表 3-8 所示，其中每个整数代表一个关键字，其后跟着对应的权重。

表 3-8　用户兴趣向量图示

userID	Interest Vector
10001	$<101：0.4；102：0.3；\cdots\cdots>107：0.12>$
10002	$<102：0.3；103：0.3；\cdots\cdots107：0.1>$
……	……
10005	$<101：0.4；103：0.3；\cdots\cdots>109：0.22>$

进一步，用户 a 的兴趣可以用向量 I_a 来表示，则 $I_a = <weight_1，weight_2，\cdots，weight_N>$，其中，N 表示所有用户兴趣的关键词的并集的大小。

另一种用户信息是每对用户之间的行为信息。对于微博中的注册用户来说，两个用户之间的最基本的行为是"关注"关系。除此之外，两个用户之间还可以有其他几种行为，包括转发（发布其他用户的微博）、提及（在发表微博时以@后加用户名的形式提及其他用户）、评论（对于其他用户发表的微博表达自己的看法）等。这些行为使用户之间产生的联系具体将会在下面的内容中介绍。表 3-9 中展示了用户之间的关注关系信息。

表 3—9 用户之间的关注关系

FollowerID	FriendID
10001	10002
10001	10004
……	……

而其他几种行为信息，包括转发、提及、评论，表 3—10 中显示了这几种不同行为发生的次数。

表 3—10 用户之间的链接信息

User a	RTnum	MEnum	CMnum
10001	10	2	5
10001	20	5	5
……	……	……	……
10004	3	0	0

根据这些行为信息，我们可以建立一个有向行为图 G（V，E）来表示用户之间的关系。其中，V 是图中的节点集合，包含了网络中所有注册用户。E 是图中边的集合。假设 a 和 b 分别是两个注册用户。如果用户 a 对于 b 有以下几种行为之一——关注、转发、提及以及评论，则在图中有一条边（a，b）从节点 a 指向节点 b。

创建了用户的行为图 G（V，E）之后，另一个有向行为图——传播图 G′（V，E′）建立，用来表示用户之间如何传播兴趣。在这个图中，同样一个节点代表一个注册用户。V 和上面图 G 中的节点集是相同的。在传播图中，每条边（b，a）与图 G 中的边（a，b）相对应。也就是说，如果用户 a 对用户 b 产生了一个关注、转发、提及或评论行为，则有一条边从节点 b 指向 a。边的方向与上图 G 中边的方向恰好相反。这是因为，当用户 a 主动发起一个行为给 b 时，这暗示着用户 b 的某些内容吸引了 a，使 a 对此产生了兴趣，即用户 b 对于用户 a 在某个兴趣上有一定的影响。因此，兴趣的传播方向应该从用户

b 指向用户 a。除此之外，为每条边赋予不同的权重用来表示用户 b 对用户 a 兴趣影响的大小。另外，为每个节点根据其用户的文本信息提取出该用户的兴趣向量作为初始值赋值给该节点。无论如何，首先，并不是每个用户都有该初始值，因为有一些注册用户并没有发表过任何文本信息。其次，对于另一些不活跃的用户来讲，从少量的文本信息中提取其用户的兴趣并不是一件容易的事情。因此，本研究的主要挖掘任务是对于网络中的这些不活跃用户和新用户来推断其兴趣。

在微博中会有一些信息共享的行为，如关注、转发、评论、提及等。在 Weng 等（2010）的研究中提到了同质性，即在 Twitter 环境下，相互关注的用户之间比没有关注关系的用户之间的兴趣更为相似。在不同的文化背景下，中文微博系统中的信息共享行为是否会存在相同的性质呢？为了从用户的关系信息中推断出其兴趣，以下几个问题需要回答，用来证明是否本研究提出的方法是有根据的。

问题 1：是否中文微博系统中有"关注"关系的两个用户之间比没有该关系的用户之间兴趣更加相似？

问题 2：是否中文微博系统中有"转发"关系的两个用户之间比没有该关系的用户之间兴趣更加相似？

问题 3：是否中文微博系统中有"评论"关系的两个用户之间比没有该关系的用户之间兴趣更加相似？

问题 4：是否中文微博系统中有"提及"关系的两个用户之间比没有该关系的用户之间兴趣更加相似？

除这四个直接和用户的行为信息相关的问题之外，我们也分析了另一个和"关注"关系间接相关的因素，它就是两个用户的共同好友比例。在后面的内容中，这个信息将会和其他几种行为信息一起被考虑。因此，另一个相似的问题是：

问题 5：是否中文微博系统中共同好友比例高的用户之间比共同好友比例低的用户之间的兴趣更加相似？

为了解答这几个问题，我们给出了两个用户的兴趣相似度的定义如下：

定义 3—2：两个用户 a 和 b 的兴趣相似度的度量方法如下：

$$\text{ISIM}_{ab} = \cos(v_a, v_b)$$

其中，v_a 和 v_b 分别是用户 a 和用户 b 的兴趣向量，它们的值由用户的文本信息提取而得。

问题 1 可以被形式化成一个双样 t－检验问题。令 u_{follow} 为具有"关注"关系的用户对之间的平均兴趣相似度，而 $u_{nofollow}$ 为没有这种关系的用户对之间的平均兴趣相似度。令 H_0 为空假设：$u_{follow} = u_{nofollow}$。相应地，$H_1$ 为对立假设：$u_{follow} > u_{nofollow}$。随机从数据库选取 100 个用户。在这些用户中，57 个用户的朋友数量少于 30 个，朋友数量太少验证结果不准确。因此，分两种情况讨论。

第一种情况：对于朋友数量少于 30 的这些用户，我们记这些用户集合为 U_1。对于 U_1 中的每个用户，他所有的朋友 ID 都可以被收集起来。首先，根据定义 3－2 计算 U_1 里的每个用户和其朋友之间的兴趣相似度。然后，对于 U_1 里的每个用户 u_i，从它的非朋友集合里为其选取与其朋友个数相同数量的用户，同样地，根据定义 3－2 计算它们每对用户之间的兴趣相似度。最后，在这两个集合上进行双样本 t－检验。结果表明，空假设 H_0 以置信度 $\alpha =$ 0.01 以及 p 值为 3.14×10^{-5} 的条件被拒绝。

第二种情况：对于其余的朋友数量较多的一部分用户，记这些用户集合为 U_2。因为每个用户的朋友数量都比较多，因此，对 U_2 的每个用户单独做双样本 t－检验。首先，计算每个目标用户与其所有朋友之间的兴趣相似度。然后，对于 U_2 中每个目标用户，在其非朋友用户中选择与其朋友个数相同数量的用户，计算用户之间的兴趣相似度。最后，对每个目标用户分别做双样本 t－检验。结果表明，43 个用户中有 39 个用户空假设 H_0 不成立，以置信度 $\alpha = 0.01$ 被拒绝。

问题 2、3、4 和 5 以同样的方法进行双样本 t－检验。对于问题 2，首先，随机从数据库里选取 100 个用户，记该用户集合为 R。然后，对于集合 R 中的每个用户 u_i，找到 u_i 转发次数超过 5 次的所有用户。并且找到相同数量的用户 u_i 没有转发过的用户。对这两种用户，分别利用定义 3－2，计算用户 u_i 和每个用户之间的兴趣相似度，并进行假设验证。类似地，问题 3 和 4 也采用同样的方法。结果表明，问题 2、3、4 的答案都是正向的，空假设在置信度 0.05 下被拒绝。为了验证问题 5，需要计算两个用户的共同好友比例，计算方法如下：

$$cf_{ab} = \frac{|F_a \bigcap F_b|}{|F_a \bigcup F_b|}$$

其中，F_a、F_b 分别是用户 a 和用户 b 的朋友集合。本研究中选取共同好友比例大于 0.8 的部分用户对进行假设检验的验证。结果表明，空假设在置信度为 0.05 以及 p 值为 $2×10^{-3}$ 的情况下被拒绝。

通过这些验证，我们知道以上几个问题的答案都是正向的，即有这几种行为（关注、转发、评论、提及、共同好友比例）的用户比没有这几种行为的用户之间的兴趣相似度更高。基于这个结果，我们提出一种新的推断用户兴趣的方法。假设已经建好了一个传播图，对于社会网络中的一个用户，它的局部有向图如图 3－13 所示，该图显示了用户间的关注关系。

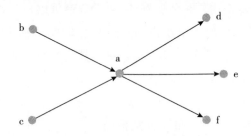

图 3－13　用户关注关系的示例

图 3－14 的有向图显示了相应的兴趣是如何在用户间相互影响的，其中边的方向与图 3－13 正好相反。在图 3－13 中，用户 a 关注了用户 d、e、f，而且用户 a 被用户 b、c 所关注。而在图 3－14 中，兴趣传播的方向与关注行为的方向正好相反，兴趣是由用户 d、e、f 传播给用户 a，而用户 a 把兴趣传播给用户 b 和 c。

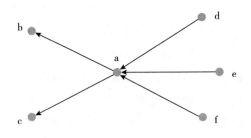

图 3－14　用户在兴趣上的影响关系示例

从图 3－14 中可以看出，用户 a 的兴趣可以从两方面获取：一方面是根据用户 a 本身的文本信息。对一个已经发表过一些微博的用户来说，他的兴趣向量可以根据他所发表或者转发、评论过的微博内容来获取。另一方面，根据前面的发现，一些信息共享的行为在一定程度上预示着用户之间有着共同的兴趣。因此，用户的兴趣信息也可以从和该用户有链接关系的那些用户中推断得来。在这种情况下，兴趣以某个概率传播给该用户，而概率的大小即为传播图中边的权重大小。本研究把边（u_j，u_i）上的权重记为 w_{ij}。例如，图 3－15 中从用户 d 到用户 a 的兴趣传播概率为 w_{ad}。

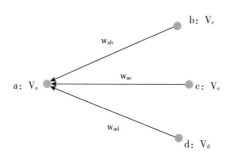

图3－15 一个用户和他的入度邻居的示例

结合兴趣信息的两个来源，以用户 a 为例，根据该方法他的兴趣可以由下面公式计算得出：

$$I_a = \alpha \cdot \sum_{i \in U} w_{ai} \cdot I_i + V_a$$

在该公式中，U 是网络中所有用户的集合，v_a 代表用户 a 从其文本信息中获得的兴趣向量，而 I_a 是指综合考虑用户 a 的文本信息和链接信息后计算得到的兴趣向量。α 是兴趣受用户的入度、邻居影响的收敛因子，α 越小则该用户受其朋友的影响越小；反之亦然。根据这个公式，从用户的兴趣可以递归计算得到，因为用户之间通过信息共享行为相互影响彼此，因此，本研究中得用随机游走模型来实现用户之间的相互作用力。

设整个传播矩阵为 P。P 是一个大小为|U|×|U|的矩阵，其中，每个元素的值为 W_{ij}。所有用户的初始兴趣向量被统一放到一个大小|U|×N 的矩阵 V 中，其中，N 为所有兴趣的关键字的总量。在该矩阵中，每行 v_i 代表用户 i 的从文本信息中抽取到的兴趣向量。因此，矩阵 V 可以通过计算得到，要推断的用户的兴趣向量记为 I，I 中的第 j 行代表用户 j 的推断得到的兴趣向量。所以，矩阵 I 的递归计算方法为：

$$I_t = \alpha \cdot P \cdot I_{t-1} + V$$

其中，I_t 是一个大小为|U|×N 的矩阵，表示按照此方法迭代 t 次之后的

兴趣，其中 t>0，在初始情况下，$I_0 = V$。根据马尔科夫链的性质，当 P 是随机的情况下才能确保其收敛性。后面，我们将介绍如何计算兴趣传播图的权重以确保 P 能满足其收敛性的条件。

（一）从文本信息中生成兴趣向量

目前，有几种方法可以为用户生成初始的兴趣向量。通常，用户自己添加的标签可以作为用户表达兴趣的一种方式。但是，大多数用户添加的标签数量很少，这种情况下，用户的其他一些信息，如发布的文本信息可以用来发现兴趣。在微博中，这些信息主要表现为用户所发表的微博，因此，本研究中用"微博"来代表微博系统中用户发布的一条信息或状态。

一个用户所发表的所有微博可以收集起来看作用户的一个文档。本研究中在找用户的微博时，并不限于由用户自己直接发布的那些，而且包括用户转发和评论的那部分微博。这样，对于系统中的所有用户，每个用户都有自己对应的文件，组成所有用户的文档集合。在本研究中每个文档均被看作是由大量无序单词组成的集合。因此，对于中文背景的微博内容而言，首先要对句子进行分词，才能进行后续的处理工作。本研究使用一种基于角色标注和字词体位法的单词识别方式进行中文分词系统分类，即 Ansj 中文分词系统。该分词系统是一种开源的分词系统，其作者在实现时的主要思路是：先使用一些方法粗略地分词，以减少分词时产生的歧义，再对语料库进行训练，找到进一步细分的方式。

分词完成后，本研究中使用了一个经典的主题模型 LDA 提取方法，它是一种可以无监督地从大量文档集合中学习隐含主题的机器学习方法。使用 LDA 模型后，用户的每个文档被表示成一组主题上的概率分布，而相应的，每个主题则被表示成一组单词上的概率分布。具体地，LDA 的结果主要由以下两个矩阵表示：UT 矩阵，这是一个 $|U| \times |T|$ 矩阵，其中 $|U|$ 是注册用户的数量，$|T|$ 是自己定义的主题的个数，其中元素 UT_{ij} 代表用户 U_i 的文档中被分配到主题 t_j 的单词的数量；WT 矩阵，是一个 $|W| \times |T|$ 大小的矩阵，其中 $|W|$ 为文档中所有单词的并集的大小，而 $|T|$ 与 1 中相同，代表自定义的主题的个数，矩阵的每个元素 WT_{ij} 代表整个集合里的每个单词 w_i 被分配到主题 t_j 的概率。

根据矩阵 WT，我们可以得到另一个矩阵——主题—单词矩阵，记为 TW。该矩阵表示属于每个主题的概率最大的单词及所属概率。为了得到该矩阵的值，需要完成以下三步：

（1）对于矩阵 WT 的每一列，我们找到该列中所有值中值最大的 m 个值，并且将该列的其他值置为 0。

（2）如果某一行的所有值都为 0，则将该行整行删除。

（3）最后，将当前矩阵转置，赋值给 TW。

假设（2）处理后，WT 矩阵剩余行数为 N，则最后得到的 TW 矩阵的大小为$|T|\times N$。

举例说明，假设 WT 是一个 4×2 的矩阵，如图 3－16（a）所示，并且设 m 值为 2。转化需要的三步分别如图 3－16（b）、（c）、（d）所示。

$$\begin{pmatrix} 0.5 & 0.3 \\ 0.3 & 0.1 \\ 0.1 & 0.5 \\ 0.1 & 0.1 \end{pmatrix} \qquad \begin{pmatrix} 0.5 & 0.3 \\ 0.3 & 0 \\ 0 & 0.5 \\ 0 & 0 \end{pmatrix}$$

（a）WT　　　　　　　（b）WT with top 2 words

$$\begin{pmatrix} 0.5 & 0.3 \\ 0.3 & 0 \\ 0 & 0.5 \end{pmatrix} \qquad \begin{pmatrix} 0.5 & 0.3 & 0 \\ 0.3 & 0 & 0.5 \end{pmatrix}$$

（c）WT after removing　　　　（d）TW

图 3－16　从 WT 矩阵转化成 TW 矩阵的过程

利用 UT 和 TW 两个矩阵，通过下面的公式可以计算得到用户的兴趣矩阵。考虑到一个关键词可能会属于多个主题，因此，本研究中为关键词选择其所属于的主题时，仅选择其属于的概率最大的那一个主题。

$$V = UT \otimes TW$$

其中，操作符 $\otimes$ 定义成矩阵乘积的最大化。也就是说，兴趣矩阵 v 的每一列的计算方法如下：$v_{ij} = \max(UT_{ik} \times TW_{kj}, 1 \leqslant k \leqslant |T|)$

$$\begin{pmatrix} 0.7 & 0.3 \\ 0.2 & 0.8 \end{pmatrix}$$

图 3－17　UT 矩阵

假设 UT 矩阵的值如图 3－17 所示，基于上图所示矩阵以及图 3－16（d）所示的 TW 矩阵，计算得到的兴趣矩阵结果如图 3－18 所示。

$$\begin{pmatrix} 0.35 & 0.21 & 0.15 \\ 0.24 & 0.06 & 0.4 \end{pmatrix}$$

图 3-18 兴趣矩阵 v

其中，用户 u_i 的兴趣向量为（0.35，0.21，0.15），其中 0.35 = max（0.7×0.5，0.3×0.3），0.21 = max（0.7×0.3，0.3×0），0.15 = max（0.7×0，0.3×0.5）。

（二）时间对兴趣向量的影响

用户在发表微博内容、转发以及评论时，都有发表的时间信息保留下来。由于用户的兴趣是动态变化的，随着时间的变化，用户的兴趣也会发生变化。通常，较近时间内发表的内容比较早时间发表的内容更能体现用户当前的兴趣。因此，本研究利用用户发表内容的时间信息来捕捉用户近期的兴趣。

用户的时间信息可以体现在多种信息上，用户自身发表的微博内容，以及用户转发和评论其他微博内容时，都有时间信息，其时间可以被抽取出来。

在之前的内容中，我们介绍了从文本信息中提取兴趣向量的方法，对于每个用户都可以得到一个在关键词上的兴趣向量。记用户 i 的兴趣向量为 v_i，则 $v_i = <w_{i1}，w_{i2}，\cdots，w_{iN}>$，其中，N 为关键词的总数。对于关键词 j，j 有可能在用户 i 的文本信息中出现多次，每个文本信息都有其对应的时间，因此，对于每个关键词 j，都可以得到该关键词在用户 i 中的时间因素集合，记为 T_{ij}，其中，$|T_{ij}| \geqslant 0$。T_{ij} 中的每个时间元素 t 代表关键词 j 在用户 i 的文本信息中出现的时间。在本研究的实验中，数据集来自新浪微博中用户一个月的数据，将 t_{ij} 的每个具体时间换算成距离数据最近一天的天数，因此，每个值的大小在1~30。该值越大，表示该关键词出现的时间越早；该值越小，表示该关键词出现的时间越近。考虑到时间因素后，本研究用下面的公式调整用户的兴趣向量。

$$w_{ij}' = \frac{1}{30} \times \sum_{t_m \in T_{IJ}} \alpha^{t_m} \times w_{ij}$$

其中，w_{ij} 为考虑时间因素之前的用户 i 对兴趣点 j 的喜爱程度，w_{ij}' 表示考虑到时间因素之后的喜爱程度。α 为时间衰减因子，在本实验中将该值设为 0.98。经过该处理后，用户的兴趣仍然为一个兴趣向量，只是其中对某些关键词的喜爱程度发生了变化。

（三）边赋予权重

在像微博网站这样的社会媒体中，两个用户之间会产生多种交互行为。下面，我们将定义微博中出现的转发、评论和提及等几种交互行为。

转发：当用户看到朋友或其他用户所发表的微博，对其内容比较感兴趣，并想与更多人分享时，可以再次以自己微博的形式发布该微博，并且可以在发表时附加自己的意见一同发表。

评论：用户可以对朋友或其他用户发表的微博给予评论。这点不同于Twitter 的是，微博系统上的评论并不会以微博的形式单独发布，而是作为原有的微博的一部分附属存在。

提及：当用户想要提及另一个用户时使用提及行为。通常用户通过"@用户名"的形式成功提及某人，并且系统会给被提到的人发布提示信息。

根据这几种不同的交互行为，本研究将考虑以下五种因素定义兴趣传播图中的边（b，a）上的权重。

1. 根据转发计算权重

根据用户 a 转发用户 b 的次数来定义用户 b 对用户 a 的兴趣的影响程度。用户 a 转发的微博数量越多，表明用户 b 对其影响越大，即用户 a 和用户 b 有越多的共同爱好。令 RT_{ab} 为用户 a 转发了用户 b 的微博数量，则边（b，a）可以根据下面的公式计算得来：

$$w_{rt} = \frac{RT_{ab}}{\sum_{i \in U} RT_{ai}}$$

其中，U 为所有用户的集合。在特殊情况下，当用户 a 没有转发 b 的任何一条微博时，w_{ab} 此时被定义为 $1/|U|$。

2. 根据评论计算权重

用户 a 评论用户 b 所发的微博的次数可以用来度量用户 a 对用户 b 的微博感兴趣的程度。令 CM_{ab} 为用户 a 给用户 b 评论的次数。因此，从节点 b 到节点 a 的一条有向边（b，a）的权重的计算方法为：

$$w_{cm} = \frac{CM_{ab}}{\sum_{i \in U} CM_{ai}}$$

其中，U 为所有用户的集合。在特殊情况下，当用户 a 没有评论 b 的任何一条微博时，w_{ab} 此时被定义为 $1/|U|$。

3. 根据提及行为计算权重

提及行为是两个用户之间发生交互的另一种行为。在某种程度上，该行为发生的频率可以用来说明用户 b 对用户 a 的影响力大小。本研究记 ME_{ab} 为用户 a 提到用户 b 的次数，因此，我们可以根据下面的公式对该边进行权重的赋值：

$$w_{me} = \frac{ME_{ab}}{\sum_{i \in U} ME_{ai}}$$

同样地，如果 a 没有提到过任何其他用户，则 w_{ab} 的值为 $1/|U|$。

4. 根据关注行为计算权重

"关注"行为是微博社会网络中最基本，也是最常见的交互行为之一。通常，如果用户 a 对用户 b 经常所发的内容比较感兴趣的话，则会关注用户 b。这样，以后如果用户 b 发布任何信息，用户 a 都可以在自己的主页上实时接受并阅读其所发的内容。因此，关注行为可以反映两个用户以及他们兴趣点的关系。本研究用 f_{ab} 来表示用户 a 是否关注了用户 b，进一步，从用户 b 到用户 a 的有向边上的权重计算方法为：

$$w_f = \frac{f_{ab}}{\sum_{i \in U} f_{ai}}$$

$$f_{ab} = \begin{cases} 1, & \text{if a follows b} \\ 0, & \text{otherwise} \end{cases}$$

同样地，如果用户 a 没有关注任何其他用户，此时用 $1/|U|$ 来计算 w_{ab} 权重。

5. 根据朋友的交集来计算权重

根据一个用户的"关注"行为，可以得到该用户的所有朋友的列表。对于用户 a 和用户 b，如果他们共同好友的数量越大，则预示着他们共享越多的相同兴趣。记 Fa 为用户 a 的朋友集合，Fb 为用户 b 的朋友集合。因此，用户 b 对用户 a 的影响力大小可以根据下面的公式计算得来：

$$cf_{ab} = \frac{|F_a \bigcap F_b|}{|F_a \bigcup F_b|}$$

进一步，传播图上边（b，a）上的权重可以这样计算：

$$w_{ab} = \frac{cf_{ab}}{\sum_{i \in U} cf_{ai}}$$

　　考虑到这样生成的传播矩阵中的值会有大量非零但是很小的值，在本研究中我们将忽略那些传播概率小于 0.1 的值，将其置为 0。这样，会使矩阵更稀疏，从而增加迭代处理的效率。同样，基于共同好友的权重计算中，如果用户 a 和其他所有用户都没有共同朋友，则 w_{ab} 的值用 $1/|U|$ 代替，用此法来解决分母为 0 的情况。

　　结合以上五种因素，则边（b，a）上的权重 w_{ab} 计算为：

$$w_{ad} = \frac{w_{rt} \cdot RT_{ab} + w_{cm} \cdot CM_{ab} + w_{me} \cdot ME_{ab} + w_f \cdot f_{ab} + w_{cf} \cdot cf_{ab}}{\sum\limits_{i \in U} (w_{rt} \cdot RT_{ai} + w_{cm} \cdot CM_{ai} + w_{me} \cdot ME_{ai} + w_f \cdot f_{ai} + w_{cf} \cdot cf_{ai})}$$

　　其中，w_{rt}、w_{cm}、w_{me}、w_f 和 w_{cf} 分别是本研究自定义的对于不同的因素给予的不同权重。该权重越大，表明对应的因素对于兴趣传播的影响力越大。该权重的具体值将会在后面的实验部分给出。

　　定义好这几种因素后，传播矩阵的值就可以相应地被定义了。从之前的计算方法中可以看出，传播矩阵的每一行元素之和都为 1，已经是规范化的数据，因而保证了传播矩阵的随机性，确保后面的迭代过程可以收敛。

（四）传播矩阵的简化

　　在根据朋友的交集计算权重的方法中，得到的传播矩阵会非常密集，而基于用户的转发、评论、提及以及关注行为得到的传播矩阵相对稀疏。这是因为，和数据集里的所有用户相比，有转发、评论、提及以及关注行为的用户只占整个数据集的一小部分，因此，得到的传播矩阵中非零元素的值很少，矩阵也相对稀疏。而基于共同好友这一因素得到的传播矩阵的非零元素值大大增加。传播矩阵中非零元素个数越大，在随机游走过程中迭代一次所需的时间就越长，完成整个随机游走过程直到稳定的时间也就越长。考虑到效率因素，为了使算法的效率有所提高，本研究提出了对传播矩阵简化的算法。

　　一种简单的简化传播矩阵的方法是设定一个阈值，如果传播矩阵中的某些边的权重小于该值，则忽略，只保留权重比该阈值大的边。该方法的含义是，如果某条边的权重过小，则认为这条边对于它连接的两个用户的兴趣传播贡献较小，甚至可以忽略，因此，其权重近似为 0。另外，本研究通过数据挖掘的方法获得哪些边是对兴趣传播有用的，哪些边是对兴趣传播作用较小的无用边。下面给出有用边和无用边的定义。

　　有用边：兴趣传播图中的一条边，如果它所代表的行为对其连接的两个用户的兴趣传播贡献很大，则认为是有用边。

无用边：兴趣传播图中的一条边，该边连接的两个用户的兴趣并没有因为这条边所代表的行为的发生而产生共同兴趣，则认为这条边是无用边。

为了掌握边的权重对于用户兴趣传播的影响，本研究利用数据挖掘的方法获得边的权重与用户的兴趣相似度之间的关系。首先，从数据集中抽取出1000对活跃用户对，这里活跃用户指用户所发的微博数量大于30的用户。只有当用户有一定的活跃度时，我们才能利用其充分的文本信息判断其兴趣。然后，利用 LDA 模型为这 1000 对用户对中的每个活跃用户生成兴趣向量。利用余弦相似度的方法计算两个用户的兴趣相似度，记为 y 值。从兴趣传播矩阵中得到这 1000 对用户所对应的边的权重值，记为 x 值。通过回归的方法获得 x 与 y 的关系。

对于数据集中的其他用户对，即兴趣传播矩阵中其他的边，无论是活跃用户还是不活跃用户，利用上面的方法得到的关系，预测这些边连接的两个用户的兴趣相似度。如果兴趣相似度大于一定的值，则表明该边是有用边，需要保留下来，传播用户的兴趣；反之，如果兴趣相似度小于一定的值，则表明该边是无用边，可以忽略，将其权重设为 0。利用这样的方法降低传播矩阵中非零元素的密度，进而提高随机游走过程的效率。

三、实验分析

下面将介绍实验所采用的数据集，分析基于不同的因素算法效率的差异，与其他已有的算法的实验结果进行对比，由此验证我们算法的可行性。

（一）实验设计

我们的实验数据集来自微博上的一部分用户的真实数据集。在数据抽取过程中，用了 BFS 宽度优先算法进行新用户的扩展。具体迭代方法是：首先，从所有微博注册用户中随机选取 10 个用户的 ID 信息以及其他所有的信息，把这些用户放入用户集合 U 中；其次，对于 U 中的每一个用户，通过关注关系找到其所有的朋友用户，把这些用户加入用户集合 U 中；最后，对于每次新加入 U 中的用户，重复第二个步骤进行集合的扩充。经过以上的抽取过程，整个用户集合 U 中有 5238 个用户。对于 U 中的每一对用户，他们之间的关系也被抽取出来，包括用户之间的关注关系以及转发、评论、提及的次数等信息。表 3-11 描述了数据库 U 中的一些基本信息。

表 3−11 数据库 U 中的一些基本信息

项目	值
用户数量	5238
训练集中用户数量	4190
测试集中用户数量	1048
关注关系的数量	133825

另外，我们也统计了每个用户的关注者的数量分布，如图 3−19 所示。

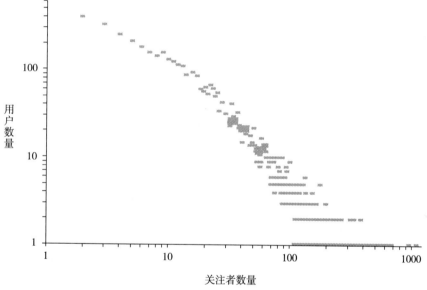

图 3−19 每个用户的关注者数量分布

从图 3−19 可以看出，用户的关注者数量的分布基本服从 PowerLaw 分布。也就是说，大多数关注者的数量较小，而只有少部分人有大量的关注者，这也验证了之前我们的抽取数量方法是合理的，而且是有代表性的。

对于混合网络中的每个用户来讲，可以根据用户发表的文本信息提取兴趣向量里的关键词。我们统计到本研究用 LDA 提取文本信息中的关键字共有22376 个，平均来说，每个用户有大概 29 个兴趣关键词。本研究采用 5−fold交叉验证的方法，即把所有用户分为五部分，选取其中一部分作为测试集，另外四部分作为训练集。我们把测试集中的用户的文本信息提取出来的兴趣作为真实数据，在算法中把测试集中用户看作是新用户，若没有文本信息，就将我们的算法利用在训练集的数据上，来计算测试集中用户兴趣并作为实验结果，将这两个结果进行比较，观察我们提出的算法的效率好坏。

（二）评价准则

为了验证不同方法的效果如何，对于每个目标用户及其 22376 个关键词，每种方法都得到一个用户对这些关键字兴趣大小的排序。排在前面的关键词可以代表用户的兴趣点。为了验证该排名是否准确，我们用 NDCG（Zhao & Jiang，2011）的方法来验证。对于一个目标用户 u_i，其 NDCG 值根据下面的公式被计算得到：

$$NDCG(u, N) = \frac{DCG(u, N)}{IdealDCG(u, N)}$$

$$DCG(u, N) = \sum_{i=1}^{N} \frac{2^{y_i} - 1}{\log_2(1 + i)}$$

$$NDCG@N = \frac{\sum_{u \in U_t} NDCG(u, N)}{|U_t|}$$

其中，IdealDCG 是指真实结果的排序中的 DCG 值，我们设 $n = 22376$，即所有关键字的个数。U_t 是测试集。在 DCG 的计算中，y_i 指用户 u 对第 i 个关键词所代表的兴趣大小，该值由算法最后得出。这样的话，每个用户的 NDCG 得分都可以计算得到，测试集中所有用户的 NDCG 的平均值通过计算 NDCG@N 得到。从 NDCG 的计算公式可以看出，该值是介于 0 到 1 的小数，NDCG 值越大，代表算法得出的排序与真实结果越相似。

（三）算法的性能比较

我们基于五种行为因素分别进行了实验，即在转发、提及、评论、关注、共同好友几方面开展研究。相应地，记这些方法分别为 RT、ME、CM、FOLLOW、COMMON FRIENDS（CF）。在下面的表格中，我们将用这些缩写来代表被比较的方法。对于每个因素都单独做实验，来比较哪种因素的效果更好。而且，我们也结合了五种因素在一起，此时需要为不同的因素赋予不同的权重。在赋予权重时，我们抽取了训练集中一小部分数据，分别基于五种因素得到算法的 NDCG 结果。NDCG 值越高，表示对应的该因素的作用越大；反之亦然。因此，我们根据 NDCG 的结果为五种因素分别赋予 w_{rt}、

w_{cm}、w_{me}、w_f、w_{cf}的值为 0.31、0.25、0.25、0.32、0.34。我们记这种结合五种因素的方法为 Combination 方法。另外，在决定迭代终止条件时，我们使用的是结果矩阵中每个元素变化的绝对值之和。在我们的实验中，当该值小于 0.1 时，迭代终止，算法将得到最终的结果。

（四）推断准确性比较

在本文实验部分和之前的相关工作进行了对比。Zhen Wen 和 Ching－Yung Lin（2010）在 SIGKDD'10 发表的论文中提到的工作，是推断混合网络中用户兴趣的经典工作，在这篇文章中，用户兴趣通过其社会关系推断而得，具体地说，其社会关系主要指他在朋友、朋友的朋友以及三度以内的朋友的关系。本研究称该方法为 3D－friends 方法，即对于每个目标用户，通过为其构建以该用户为中心的三度自我网络来为不活跃用户推断兴趣。几种方法的结果如表 3－12 所示。

表 3－12　几种不同的方法的结果比较

方法	NDCG
RT	0.3120
CM	0.2533
ME	0.2576
Follow	0.3215
Common friends（CF）	0.3360
Combination	0.3493
3D－friends	0.2878

从表 3－12 中我们可以观察到，共同好友这一因素对于兴趣传播的作用比其他四个因素更为明显，这点可以从几种方法的 NDCG 值推断得出。另外，基于关注关系的方法效率也很好，其 NDCG 值仅次于基于共同好友的方法。无论如何，基于评论行为和提及行为的方法效率比其他略差。我们将会在后面的内容中探讨这几种方法效率的差别。除此之外，结合五种因素的综合方法在所有的方法中效果最好，其 NDCG 值最高。从表中还可以看出，我们的方法在最好情况下，即结合五种因素的综合方法，比当前存在的 3D－Friends 方法的兴趣推断质量更高，其 NDCG 值提高 21.4％左右。

另外，我们对基于各个因素的传播图上边的数量进行了统计，结果如表3－13所示。对于一个有5238个节点的图，其完全图的边的数量应为5238×5238＝27436644。当我们考虑共同好友这一因素时，传播图中边的数量会非常大，接近于完全图，这样会使算法迭代的效率降低。因此，在本研究中，我们通过阈值减少共同好友过于少的一部分边来提高算法的效率。具体地说，如果通过共同好友这一因素计算的两个用户之间的权重小于0.1，则对应的边被删除，即权重为0。通过这一"剪枝"过程，传播图中非零权重的边的数量降为422380，大大降低了矩阵中非零元素的密度，从而可以提高迭代效率。相应地，经过这个过程，Combination方法中传播图的边的数量也相应降低，减少为511676条边，同样使传播矩阵更为稀疏。对于其他四种因素，得到的传播图本身就非常稀疏，可以得到很好的效率。尤其对于基于提及和评论这两种因素的方法来说，图更为稀疏。统计得出，基于转发和关注关系的方法的传播图要比基于评论和提及行为的传播图更为稠密，有更多的非零权重的边。这暗示着社会网络中的用户发起关注和转发行为比另外两种行为更为频繁。

表3－13 传播图中边的数量

方法	边的数量
RT	112039
CM	25526
ME	27018
Follow	133825
Common friends	422380
Combination	511676

（五）算法效率比较

我们也比较了提出来的算法的效率，以及对比了不同方法的效率，结果如图3－20所示。

从图3－20可以看出，算法所花费的时间与其传播图中边的数量成正比。另外，结合之前的NDCG值可以得出，基于转发和关注关系的方法的时间与3D－friends方法的时间接近，但是，我们的方法要比3D－friends方法有更

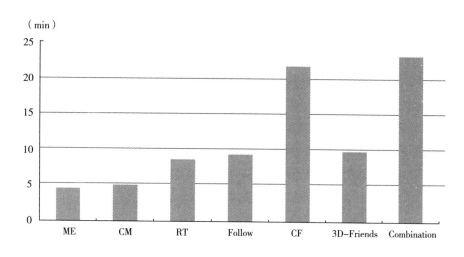

图 3－20　不同方法的效率比较

好的准确性。

（六）收敛因子的影响

在实验中，我们将收敛因子设为 0.5。无论如何，收敛因子的大小决定了用户受其朋友的兴趣的影响力大小。收敛因子越大，表明受其朋友的影响越大；反之亦然。收敛因子的取值也会影响算法的结果。图 3－21 中给出了我们提出的六种方法，根据不同的收敛因子会得到不同的 NDCG 值。

从图 3－21 中可以看出，当收敛因子的值介于 0.4 到 0.6 时，算法的 NDCG 达到了最好的情况。但是，从整体来说，无论收敛因子如何变化，NDCG 的结果保持相对稳定的状态。也就是说，收敛因子对于 NDCG 的结果影响并不非常显著。

收敛因子的值的不同不仅会影响到算法的 NDCG 的结果，还会影响到算法的效率。不同收敛因子引起的算法的迭代次数的变化展示在图 3－22 中。而迭代次数直接影响算法的效率，迭代次数越多，算法花费的时间也就越长。

从图 3－22 中可以看出，迭代次数的增长趋势呈指数曲线趋势。在我们的实验中，收敛因子被设为 0.5，此时迭代次数大约为 21 次。当收敛因子大于 0.6 时，迭代次数和算法花费的时间增长非常快，同时用户受朋友的影响也变得越来越大。

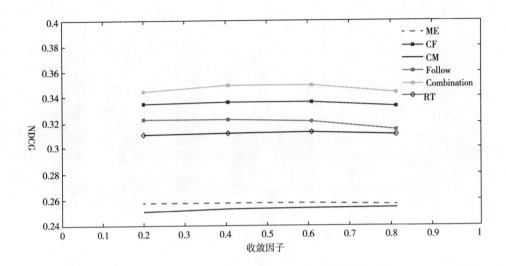

图 3-21 收敛因子对 NDCG 值的影响

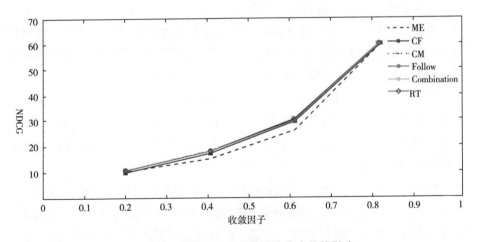

图 3-22 收敛因子对于算法迭代次数的影响

四、小结

本研究探索了在微博这种社会网络下，如何通过用户之间的信息共享行为为新用户或不活跃用户推断其兴趣提出了新的方法，并通过几组对比实验来验证本研究提出的方法的有效性。之前，有很多关于用户兴趣挖掘方面的工作，大致可以分为三种：一是基于用户内容的方法，主要是利用用户的档案信息以及自定义的标签和描述性的标签等信息。二是基于用户行为的方法，在这类方法中利用的用户行为主要指用户之前浏览的历史网页和历史的查询、点击行为等。这两类信息都是与用户本身有关的，与其他用户之间的关系不大，但是，其问题在于，考虑到微博这种社会网络下有很多用户是不活跃的，这些用户发微博的频率很小，而更多的行为是浏览其关注的用户发表的内容，因此，文本信息较少。第三类方法是基于社会线索的方法，比如利用用户的朋友来推断其兴趣，这种方法可以很好地解决新用户和不活跃用户的问题，但是，之前提出的方法没有考虑到用户与用户之间的相互影响，只是每次为一个用户决定性地从其朋友信息中来推断兴趣。本研究则提出了新方法来很好地解决这个问题。

第三节　微博用户的层级化兴趣标签挖掘

人们通过社交网络可以关注感兴趣的人、分享感兴趣的信息、共同探讨感兴趣的话题。所以，如何挖掘这些社交网络中的用户兴趣也吸引着越来越多学者的关注。我们以新浪微博为研究对象，探讨如何规范化、层级化地挖掘微博用户兴趣的问题。具体来讲，主要探索如何为微博用户推荐规范、有层、有权且能反映其个人兴趣的标签。

新浪微博是一款为大众提供娱乐休闲生活服务的信息分享和交流平台，微博用户可以发布 140 个字以内的短小博文，也可以通过关注自己感兴趣的其他用户来获取发布的博文信息。图 3－23 是一个新浪微博用户的主页，主要包括用户的所在地、公司、简介以及用户发布的微博内容等。而微博用户的详情页面主要包括用户的基本信息、工作信息和标签信息。其中，标签信息是新浪微博用户为自己手动编辑的一些词语，用来描述自身的兴趣爱好，我们称为用户的自打标签。每个用户最多可以为自己编辑 10 个标签，且每个标签的长度在 7 个字以内，标签与标签之间用空格分隔，用户可以随时对这些自打标签进行增加、修改和删除。正是由于用户的主页和详情页中均包括大量的各种各样的用户信息，所以，如何从中甄别出与用户兴趣爱好有关的内容，进而从中挖掘出规范而统一的兴趣标签，一直是研究者们重点关注的问题。

图 3—23　一个新浪微博用户的主页

在现有的研究方法中，有一部分是通过挖掘用户发布的微博内容来推断用户感兴趣的话题。实际上，无论是在 Twitter 平台中，还是新浪微博平台中，用户发布的微博博文有很多与其兴趣并无关系。为了解决这个问题，研究人员提出了一系列的方法，但是，这些办法都存在不同的缺点和问题。此前的大部分研究都是基于 Twitter 社交网站，而针对微博平台的研究少之又少。新浪微博具有很多不同于 Twitter 的特征，如微博中的主要语言是中文、微博中允许用户手动为自己添加标签等等。这些不同于 Twitter 的特征就导致了现有的针对 Twitter 平台表现优秀的算法在新浪微博中并不能发挥足够强大的作用。因此，需要研究一种新的自动化方法，既能够充分结合微博特征，又能克服具体存在于微博平台的一些问题，从而为微博用户推荐出高质量的兴趣标签。

既然微博用户已经允许用户手动为自己添加标签，那么，为什么还需要我们来为用户推荐兴趣标签呢？这是因为，基于我们的观察，现行的微博用户的自标签主要存在以下几方面缺点：①兴趣标签不全面。出于多种多样的原因，用户自己常常不能够非常全面地描述自身的兴趣爱好，这就导致了标签缺失。②标签语言不规范。由于自打标签完全是由用户自己手动编辑的，因此，在描述语言上不可能完全统一，甚至对于完全相同的兴趣爱好，也有可能是通过完全不同的语言表达出来的，这就给基于此标签的信息推荐带来了一定的麻烦。③自打标签中缺乏反映各个标签重要性的权重。各个自打标签仅仅是简单地罗列在一起，并没有依据重要性程度排序。④标签之间层级不分明。各个自打标签的粒度不一致，有的自打标签的粒度很大，涵盖的内容很广，而有的自打标签的粒度又极小，不利于个性化信息的推荐。

此外，我们发现，对于微博平台中的某些名人用户，平台内部会从其标签云中选择一些标签出来对这些名人进行标注，我们称这些标签云中的标签为站内标签。通过利用自主爬取的站内标签，并结合上面谈到的四点缺陷，我们提出了一个改进的双层的主题模型，来模拟用户自标签的生成过程，同时，为用户推荐层级化、规则化而有权重的兴趣标签。此外，我们不仅模拟每个词的生成过程，还将模拟每个词与站内标签的相似度的生成过程。这样，我们就能够更好地刻画出自打标签的来源是哪一个站内标签，从而实现准确推荐层级化兴趣标签的目的。

一、相关工作的介绍

传统的兴趣标签挖掘问题可以大致归结为两个步骤：挖掘标签和推荐标签。在通常情况下，步骤一，即挖掘标签的步骤并不单独存在，也就是说，标签在挖掘的过程中，往往已经被赋予了一个权重。例如，分别计算文本中各个词汇的 TF－IDF 值，然后推选出该值最大的前 10 个词，作为该篇文本或产生该篇文本的用户的标签。此外，还有一种叫作 Text－Rank 的方法，该方法主要借鉴 PageRank 的思想，对于某一篇特定的文本，利用其中的词作为节点，节点之间的边的权重则用词与词之间在文档中相距的远近来描述，然后，在这个图中进行词语重要性的传递，算法收敛即可得出比较重要的那些词。然而，这些方法都相对简单直接，其效果也有不尽如人意之处。例如，IDF 的引入，其初衷是抑制某一文档内无意义高频词的负面影响，然而，高频词并不等于无意义词，比如一些公众人物、热点事件等；同样，低频词的偶然出现将被当作高权值关键词，这过度地放大了生僻词的重要性。而 Text－Rank 的假设在于：代表性较强的词附近的词汇的代表性也较强，这显然是值得商榷的问题。

考虑到上述的不足之处，之前的学者在利用用户发表或转发的博文中挖掘兴趣标签的时候，运用的方法主要是话题模型（Xu et al.，2011），如 LDA（Latent Dirichlet Allocation），他提出了一种叫作"Twitter－User"模型的、改进的作者—话题模型，运用这个模型，可以自动地检测出博文中哪些与用户兴趣有关，哪些与用户兴趣无关，从而根据那些与用户兴趣有关的博文内容为用户总结推荐出兴趣标签。Zhao 等（2011）提出了一种叫作 Twitter－LDA 的新型话题模型，在这个模型中，作者通过限定每一条博文属于普通话题或背景话题，来提高博文的话题质量。Quercia 等（2012）利用一个有监督的话题模型，即 Labeled LDA 来推断用户的兴趣标签，并且证实该方法比其他种类的 LDA 更加有效。需要特别指出的是，Labeled LDA 的底层原理和机制与 LDA 相同，不同之处在于，它给每个 Topic 赋予一个特定的 Label，也就是一个人为指定的特定的词，然后，用这个 Label 来人为地提升话题抽取过程。有人利用一些文本分类的 API 来为 Twitter 用户加标记，而 Ottoni 等（2013）则是从博文中选取了 300 个最常见的 hash－tags 来作为博文的话题标记。此外，Bhattacharya 等（2014）利用 Labeled LDA 作为最有竞争力的基线来展示他们的方法在推荐标签方面的有效性。还有一些其他的方法联合运用用户的博文和社交网络信息来推荐标签，在这些方法中，他们首先是利用用户博文来挖掘标签，然后，利用类似于 Random Walk 的方法综合社交网络关系来为标签排序。在以上的这些方法中，所有的学者都运用到了博文信息来推荐标签，然而，无论是在 Twitter 中还是新浪微博中，用户往往会发表一些与其日常生活有关的博文，这些博文往往与用户的兴趣爱好没有关系，因此，可以被看成一种噪声（Xu et al.，2011）。新浪微博与 Twitter 有很多不同之处，其中就包括在微博平台中，用户可以自己选择和自身兴趣爱好相关的词语来手动地编辑合适的词语作为自己的标签（我们称其为"自打标签"或"自标签"）。黄红霞等（2012）仔细研究了新浪微博中的自打标签，并指出用户的自打标签之间具有一定的语义关联，可以通过对自打标签的处理来发现用户偏好，从而提高信息推荐的质量。

针对这一特点，很多学者在标签领域做了进一步的探索。Wang X. 等

（2015）利用用户的交互关系，将某些用户的自标签传递给没有自标签的那些用户。Xue B. 等（2014）利用用户自打标签进行 word2vec 训练词向量，然后用 k－means 进行聚类，从而利用这些自打标签聚出的类别为普通用户分群。Ma W. 等（2015）探索了微博标签背后的意义，并把微博用户的自打标签大致分为三个类别，即基础标签、兴趣标签和专长标签。邢千里等（2013）利用用户自打标签计算用户相似度，选出与用户 u 最相似的一些用户作为 u 可能关注的对象，陈渊等（2011）利用用户粉丝的标签来推断其自身可能具有的标签。然而，这些研究均是建立在微博自打标签具有较高质量这个假设的基础之上的，而事实上并非如此。根据我们的观察，微博用户自己添加的标签存在很多方面的不足，具体如下：

1. 兴趣标签不全面

由于微博平台限定用户最多能为自己添加的最大标签数是 10，而且用户在为自己添加标签的过程中，往往不能全面地概括自身的兴趣点，从而导致了标签缺失问题。

2. 标签语言不规范

汉语言的表述方式非常丰富，因此，用户的表述方式不可能完全统一，即使是完全相同的兴趣爱好，也可以通过多种不同的自打标签来表达，这就给基于此标签的信息推荐带来了一定的麻烦。

3. 自打标签中缺乏反映各个标签重要性的权重

在微博平台中，用户的兴趣标签仅仅是简单地罗列在一起，并没有相应的权重值来表示该用户对该标签的感兴趣的程度。

4. 标签之间层级不分明

不同粒度的词往往被简单地罗列在一起，部分标签之间还具有比较明显的包含关系，不利于个性化信息的推荐。

概率生成模型通过构建一系列的联合概率分布来模拟观测数据的产生，主要的概率生成模型包括 Latent Dirichlet Allocation（LDA）、Mixture Gaussian Model（混合高斯模型）。LDA 是一个普遍应用于文本分析的概率生成模型，它主要基于如下假设：每一篇文档都包含一定数量的主题、文档中的每一个词都根据该篇文档中的某一个主题产生（Blei et al.，2013）。在文本挖掘领域，LDA 是极有影响力的一类非监督算法。近年来，研究者也利用 LDA 来实现个性化标签的挖掘。Ottoni 等（2014）在推荐标签的过程中，利用 Labeled LDA 的方法对文档可取的标签进行限定；Si 等（2009）在推荐标签的过程中，利用 Linked LDA 同时模拟用户博文和关注用户的生成。Wu 等（2016）在生成文档的时候，会考虑到标签与词的共线性，并以一定概率使当前的词与主题相对应。这些方法都是通过对 LDA 的各种各样的改进，使其融入更多的信息，包括 Wang 等（2013）的研究中的 links 以及 Xu 等（2009）研究中的 tags 等，从而产生更加优秀的实验来获得更好的挖掘效结果。Mixture Gaussian Model 是由一系列基础的高斯分布的线性组合所形成的，通过利用足够数量的高斯分布，辅以均值、方差以及线性组合系数的调节，可以很好地模拟复杂的连续数据的分布情况（Bishop，2006），而且，混合高斯模型的参数可以通过一种非常流行的 EM 算法进行有效的估计。典型的混合高斯模型的应用包括图像分割、语音识别等。此外，有些学者利用混合高斯模型模拟网络属性的生成，如网络密度、聚集系数等。因此，混合高斯模型为我们评估隐变量或连续数据的隐藏分布提供了独到的视角。

相比较而言，我们所提出的模型与上面提到的两个模型都有关系，但又不同于其中的任意一种。具体来讲，我们假定每个用户都有一个被限定了的一级主题的分布，而每个一级主题都对应一个二级主题的分布，而每一个自打标签都是由某一个二级主题所产生的，这个过程非常类似于一个具有双层主题的 LDA 模型。而且，我们的模型利用到了高斯混合模型，以混合高斯分布作为先验，利用自打标签与标记站内标签的相似性来估计隐式的主题选取渠道。因此，我们的模型可以看作是综合了话题模型和混合高斯模型的一个全新的概率生成模型，利用这一模型来更好地模拟微博用户自打标签的生成过程，并为用户推荐规则化、层次化的兴趣标签向量。

二、用户自打标签的模拟

本节我们介绍一个初级的概率图模型，并用它来解释自打标签如何生成，然后，分析这个模型中存在的问题，提出一个改进的、结合了混合高斯分布的新的概率图模型，并说明新模型是如何能够解决存在的问题的。

（一）问题描述和分析

下面我们将着重探讨用户的自打标签究竟是如何生成的，主要分三点来进行阐释：

第一，因为一个自打标签有可能代表着多个不同的兴趣方面，而且我们不能简单地通过一个自打标签与其他自打标签的共现情况来推断用户为什么自己编辑它，如某个用户为自己编辑标签"玉米"，那么既有可能因为该用户对"美食"感兴趣，也有可能因为该用户是某某明星的粉丝，因此，为了推断一个用户为自己编辑某个自打标签的原因，我们假设尽管一个自打标签有可能是出于多个原因被添加，但是，用户为自己编辑某个自打标签，仅仅是因为该用户对该自打标签所代表的某一个方面感兴趣，这个方面就是这个用户编辑自打标签的原因。从直觉上讲可以认为，对于一个用户，如果他在方面 a 比方面 b 上编辑了更多的自打标签，那么，当一个自打标签同时代表方面 a 和方面 b 的时候，这个用户更有可能是出于对方面 a 的兴趣而编辑出该自打标签。对于一个自打标签，如果因为对方面 a 感兴趣而编辑这个自打标签的人多于因为对方面 b 感兴趣而编辑这个自打标签的人，那么，当一个用户为自己编辑这个自打标签的时候，该用户有可能是出于对方面 a 的兴趣而为自己编辑这个自打标签。

第二，我们发现，标签之间存在明显的层次包含关系，例如"历史"标签中会包含"古代史""现代史""世界史"和"战争史"等。当一个用户为自己编辑"汉唐"这一自打标签的时候，他其实对"历史"和"古代史"两个方面都感兴趣。那么，他究竟对哪一个方面更感兴趣呢？我们无法评判。也就是说，这个时候出现了不同标签均符合用户兴趣且不存在好坏差异，仅存在粒度上的区别这一问题。事实上，在这种情况下，两种粒度的标签都是非常重要的，最终应该保留哪一个或者把哪一个标签排在更靠前的位置，不取决于个性化挖掘人员，而取决于个性化推荐人员。粗粒度的推荐不仅能够覆盖更多的兴趣方面，而且有可能会帮助用户发掘他们自己还没有发现的兴趣点；而细粒度的推荐有可能更精确地定位用户的兴趣爱好，直接击中用户的要害。而我们要做的，就是把不同粒度的兴趣分别发掘出来，这样有利于个性化推荐人员自由地选择推荐粒度，从而提供更佳的推荐服务。

第三，值得一提的是，多层次的标签推荐也可以利用之前的研究成果来实现。例如，分别为用户标记不同粒度的标签，然后，利用 Labeled LDA 分两次为用户推荐标签。然而，当我们将标签进行多粒度的细化之后，相同的二级标签极有可能从属于多个不同的一级标签。例如，对于"机构"这个二级标签，它有可能从属的一级标签，既有可能是"旅游""摄影"，也有可能是"法律""公益"等。也就是说，当一个用户对"机构"这个二级标签感兴趣的时候，他感兴趣的一级标签有多重可能，而我们显然不能简单地将两个过程分别挖掘出的一、二级标签进行对应。

（二）LTTM

考虑到这三个问题，我们提出了一个新的主题模型 LTTM（Labeled Two Levels Topic Model）来模拟用户自打标签的生成过程，它不仅解决了上述的三点问题，还将在一级标签、二级标签和自打标签之间建立联系。LTTM 是一个概率图模型，用来描述一个用户的自标签文档的生成过程。和传统的主题模型类似，我们认为，每一篇自标签文档都包含一系列的一级主题和二级主题，文档中的每一个词都是由其中一个二级主题生成的，而每一个二级主题都是由其中一个一级主题生成的。也就是说，每一个用户的所有的自标签可以看成一个文档，其中的每一个自标签可看成一个文档中的词。简单来说，一个用户先根据他对各个方面的感兴趣程度来挑选一个一级主题，然后，根据各个二级主题在这个一级主题中的流行程度来挑选一个二级主题，最后，根据各个自标签在这个二级主题中的流行程度来挑选一个自标签作为自己的自标签。

设 FU（Famous Users）是所有名人用户的集合，FT（Free Tags）是所有自打标签的集合。对于某一个名人用户 u，设 $F^{(u)} = [F_1^{(u)}, F_2^{(u)}, \cdots, F_{N_u}^{(u)}]$ 为用户 u 的所有自打标签，其中，$F_i^{(u)} \in FT$，N_u 为 u 的自打标签数。设 $K_1 = \{t_{11}, t_{12}, \cdots, t_{1(|K1|)}\}$ 为所有的一级站内标签的集合，$K_2 = \{t_{21}, t_{22}, \cdots, t_{2(|K2|)}\}$ 为所有的二级站内标签的集合。$T_1^{(u)} = [T_{11}^{(u)}, T_{12}^{(u)}, \cdots, T_{1(|K1|)}^{(u)}]$ 为名人用户 u 对应的一级站内标签集合的指示向量表示，其中 $T_{1_k}^{(u)} \in \{0, 1\}$，$T_{1_k}^{(u)} = 1$ 表示站内标签 t_{1k} 是用户 u 的一级站内标签，且在微博平台中，通过搜索 t_{1k} 可以找到用户 u，否则 $T_{1k}^{(u)} = 0$；$T_2^{(t)} = [T_{21}^{(t)}, T_{22}^{(t)}, \cdots, T_{2(|K2|)}^{(t)}]$ 为一级站内标签 t 对应的二级站内标签集合的指示向量表示，其中 $T_{2k}^{(t)} \in \{0, 1\}$，$T_{2k}^{(t)} = 1$ 表示二级站内标签 t_{2k} 是属于一级站内标签 t 的一个二级站内标签，否则 $T_{2k}^{(t)} = 0$。

图 3—24 是 LTTM 的图模型。可以看到，相对于传统的 LDA 主题模型，这个模型对用户可选的主题 θ_u 加以限制，并且增加了二级主题 z_2。我们认为，一个用户的可选一级主题和他的一级标签一一对应，所以，一个用户的一级主题分布被一个标签的先验参数 $\in$ 约束。同样，在产生一个自打标签的时候，在选择了它的一级主题之后，其可选二级主题只可能是属于当前所选的一级

主题范畴之下的二级主题，所以，二级主题分布也被一个先验参数δ约束。具体来说，我们将一级标签和一级主题建立一一映射的关系，将二级标签和二级主题建立一一映射的关系，然后，我们限制一个用户只能使用与其一级标签集所对应的一级主题，且二级主题只能是属于特定一级主题中的一个。

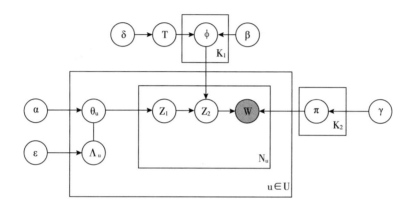

图 3－24　LTTM 概率

换言之，与传统的主题模型不同，LTTM 中含有两个隐变量，相当于为传统的 LDA 增加了一层隐变量。通过这种方式，我们希望在更细致的层面上解释一个 word（也就是自打标签）的生成过程。另外，LTTM 不仅定义了一个一级标签与隐含一级主题之间的一一映射，也定义了二级标签与隐含二级主题之间的一一映射，每一个自标签文档被限制只能选取与其一级站内标签集所对应的那些一级标签作为一级主题，同时，在选定了某个一级主题之后，可选的二级主题被限制，只能是属于当前一级主题之内的那些二级主题。通过这种约束，我们将有监督的信息结合到主题模型中。与此同时，通过这种方式，我们还能够建立一级主题与二级主题之间的联系。也就是说，我们能够通过得到的一级主题与二级主题的分布来推断每个二级主题在一级主题中的流行程度。我们将在接下来的内容中给出具体的推导公式。

算法 3－1 **The Generative Process of LTTM Model**

For each k1 = 1, ⋯, K1, do

    $\beta^{(k1)} \sim M^{(k1)} \times \beta$

Draw $\phi^{(k1)} \sim$ Dirichlet $(\beta^{(k1)})$

end

For each k2 = 1, ⋯, K2, do

Draw $\pi^{(k2)} \sim$ Dirichlet (γ)

end

For each user u = 1, ⋯, U do

    $\alpha^{(u)} \sim L^{(u)} \times \alpha$

Draw $\vec{\theta_u} \sim$ Dirichlet $(\alpha^{(u)})$

For the ith tag of the uth user, where i ∈ {1, 2, ⋯, N_u} do

    Draw z1 ∼ multi $(\theta^{(u)})$

    Draw z2 ∼ multi $(\phi^{(z1)})$

    Draw a free tag $w_{u,i} \sim$ multi $(\pi^{(z2)})$

end

end

    算法 3－1 是 LTTM 的生成过程。设 $\alpha = \{\alpha_1, \cdots, \alpha_{(|K1|)}\}$、$\beta = \{\beta_1, \cdots, \beta_{(|K2|)}\}$ 和 $\gamma = \{\gamma_1, \cdots, \gamma_{(|FT|)}\}$ 分别是自标签文档的一级主题分布、一级主题的二级主题分布以及二级主题的词分布的狄利克雷先验分布的参数，$\varepsilon = \{\varepsilon_1, \cdots, \varepsilon_{(|K1|)}\}$ 和 $\delta = \{\delta_1, \cdots, \delta_{(|K2|)}\}$ 分别是名人用户的一级标签集和一级标签的二级标签集对应的先验分布的参数。$\theta^{(u)}$：$\{\theta_k^{(u)} = p(t_{1k}|u), \forall t_{1k} \in K_1\}$ 表示用户 u 对于各个一级标签的感兴趣程度，即一级兴趣向量。ϕ^{k1}：$\{\phi_{k2}^{k1} = p(t_{2k2}|t_{1k1}), \forall t_{2k2} \in K_2\}$ 为各个一级主题 t_{1k1} 生成各个二级主题的概率。π^{k2}：$\{\pi_f^{k2} = p(f|t_{2k2}), \forall f \in FT\}$ 为二级主题 t_{2k2} 生成各个自打标签的概率。另外，$L^{(u)}$ 和 $M^{(k1)}$ 是两个矩阵，分别用于约束某个用户 u 可选的一级主题，在选定一级主题 k1 的情况下可选的二级主题。

    为了约束 $\theta^{(u)}$ 只能定义在用户 u 一级标签集所对应的一级主题上，对于每一个用户 u，我们定义了一个一级标签映射矩阵 $L^{(u)}$，包含 $|K_1| \times |K_1|$ 个元素。对于矩阵中的每一个元素，i ∈ {1, ⋯, $|K_1|$}，j ∈ {1, ⋯, $|K_1|$}：

$$L_{ij}^{(u)} = \begin{cases} T_{1_i^{(u)}}, & \text{if } i=j \\ 0, & \text{otherwise} \end{cases}$$

$$\alpha^{(u)} = L^{(u)} \times \alpha = \begin{bmatrix} \alpha_1^{(u)}, & \cdots, & \alpha_{(|K_1|)}^{(u)} \end{bmatrix}^T$$

也就是说，只有当用户 u 拥有某个一级标签的时候，即 $T_{1_i^{(u)}} = 1$ 时，$\alpha_k^{(u)} = \alpha_k$；否则 $\alpha_k^{(u)} = 0$。于是，很明显，用户 u 对应的一级主题将被限制于其一级标签集所对应的一级主题。例如，假设 $|K_1| = 4$，一个普通用户 u 对应一级标签集的 0/1 表示为 $T_{1(u)} = (1, 0, 0, 1)$，那么，$L^{(u)}$ 表示如下，同时 $\alpha^{(u)} = L^{(u)} \times \alpha = \{\alpha_1, 0, 0, \alpha_4\}^T$。

$$L^{(u)} = \begin{bmatrix} 1 & 0 & 0 & 0 \\ 0 & 0 & 0 & 0 \\ 0 & 0 & 0 & 0 \\ 0 & 0 & 0 & 1 \end{bmatrix}$$

同样，对于每一个一级标签 t_{1kl}，我们定义一个矩阵 $M^{(k1)}$，包含 $|K_2| \times |K_2|$ 个元素。对于矩阵中的每一个元素，即 $i \in \{1, \cdots, |K_2|\}$，$j \in \{1, \cdots, |K_2|\}$：

$$M_{ij}^{(k1)} = \begin{cases} T_{2_i^{(k1)}}, & \text{if } i=j \\ 0, & \text{otherwise} \end{cases}$$

$$\beta^{(k1)} = M^{K1} \times \beta = \begin{bmatrix} \beta_1^{(K_1)}, & \cdots, & \beta_{|K_2|}^{K_1} \end{bmatrix}^T$$

也就是说，只有当某个二级标签 t_{2i} 属于一级标签 t_{1kl}，即 $T_{2(k1)} = 1$ 时，$\beta_i^{(k1)} = \beta_i$；否则，$\beta_i^{(k1)} = 0$。于是，一级主题 t_{1kl} 对应的二级主题被限制于属于这个一级主题的二级主题。

可以看到，LTTM 与传统的 LDA 的主要区别有二：其一，LTTM 具有两个隐变量，分别对应着两级主题；其二，$\alpha^{(u)}$ 被限制为用户 u 的一级标签集，$\beta^{(k1)}$ 被限制为属于一级标签 t_{1kl} 的二级标签。我们仍然使用吉布斯采样来求解 $\theta^{(u)}$、$\phi^{(k1)}$ 和 $\pi^{(k2)}$。算法 3-2 是 LTTM 的学习过程。

算法 3-2　Model Learning Algorithm of LTTM

Input：primary tags of users $\bigcup_{u \in U} PT\ (u)$, secondary tags of primary tags $\bigcup_{t \in K1} ST\ (t)$, free tags of users $\bigcup_{u \in U} FT\ (u)$ and α, β, γ, τ

Output：z1, z2 and parameters μ, σ, λ, θ, ϕ, π

Initialize z1, z2

Set t = 0

Repeat

t++;

sample latent variable z1 with Eq. ［1］

sample latent variable z2 with Eq. ［2］

until Convergence or t $\leq$ = t_{max}

calculate θ, ϕ, π with Eq. ［3］, ［4］ and ［5］

在本研究中，我们略过学习及模型推导过程，最终可以获得 $\theta^{(u)}$、$\phi^{(k_1)}$ 和 $\pi^{(k_2)}$，分别为用户 u 对于各个一级主题的感兴趣程度、一级主题 t_{1k_1} 对应的各个二级主题的分布以及二级主题 t_{2k_2} 对应的各个自打标签的分布。由于我们在主题模型的隐含主题和标签之间建立了一一映射关系，$\theta^{(u)}$ 实际上就是用户的一级兴趣向量 $\{tag_1: weight_1, \cdots, tag_l: weight_l\}$。因此，我们可以根据 $\theta^{(u)}$ 为普通用户 u 推荐标签集，其中每一个标签是二元组的形式（tag_i：$weight_i$），即 $[t_{1k_1}, \theta_{k_1}^{(u)}]$，$\theta_{k_1}^{(u)}$ 越大，表明用户 u 对于 t_k 越感兴趣。而对于二级兴趣向量，我们按照如下的方式进行计算：

$$p\ (t_{2k_2}|u) = \frac{c_{u, \ *, \ k_2, \ *}}{c_{u, *, *, *}}$$

也就是自标签文档中的词被分配到各个二级标签的频率。于是，我们便能够实现一次性地为用户推荐一级兴趣向量和二级兴趣向量的目的。需要注意的是，LTTM 假设每一个自打标签的产生过程都是这样的：首先，由该用户的某个一级标签产生出某个二级标签，然后，由这个二级标签产生该自打标签。然而，事实上，是不是每一个自打标签都与其所属用户的一级标签集中的一级标签有关系呢？是不是存在某些用户，其自打标签所反映出来的兴趣并没有被其一级标签所包含？接下来介绍对模型做出的改进，也就是我们所提出的 SLTTM。

（三）融入标签语义相似度的 Two－Layers－Similarity LDA 模型

事实上，通过观察，我们发现，部分名人用户的站内标签描述的是其专业，而其部分自打标签描述的则是其个人兴趣。也就是说，对这一部分用户来讲，其自打标签与其所拥有的站内标签并没有所属关系。而 LTTM 的假设是：全部自打标签都是由其所属用户的一级标签所产生的。这就会导致这些自打标签的一、二级主题被分配到不相关的一、二级站内标签中，从而产生不可靠的层级标签的分布。

也就是说，用户在编辑自己的自打标签的时候，偶尔会跳跃出自己的一级标签集，而选择自己的一级标签集之外的一级标签作为一级主题。而用户自打标签与一级标签集的相似度恰好可以反映这一跳跃行为，因此，自打标签与一级标签集的相似度可以被用来描述用户在编辑自打标签时的跳跃性。具体来讲，为了鉴别这种跳跃行为，我们利用一个隐变量来指示每一个自打标签的跳跃状态，并且用自打标签与一级标签集的相似性来主导这个隐变量值的分配。由于高斯分布可以很好地模拟连续数据的生成，所以，我们利用混合高斯分布来实现这一过程。此外，我们对每一个用户都利用一种个性化的跳跃潜能分布来刻画个体之间跳跃能力的不同。

然后，我们将混合高斯模型和主题模型进行融合。也就是说，如果对于当前的自打标签，用户没有产生跳跃行为，那么，其一级主题就将在该用户的一级标签集里产生；否则，如果对于当前的自打标签，用户产生了跳跃行为，那么，其一级主题就将在该用户的一级标签集之外的一级标签中产生。利用这种方式，混合高斯模型将与主题模型融合在一起，这个混合之后的模型将在模拟用户自打标签与一级标签集的形成相似度的同时，还模拟用户自打标签文档的生成。这个混合之后的模型能够鉴定用户生成自标签文档时的跳跃行为。

基于以上的分析，我们提出了改进的 LTTM，称其为 Semi－Labeled Two Levels Topic Model（SLTTM）。接下来，我们将给出这个模型生成过程的详细描述，包括自打标签与一级标签集相似性的产生以及自打标签的产生。新增的数学符号和相应的描述如表 3－14 所示，该模型的概率如图 3－25 所示，图中带有阴影的变量 s 和 w 代表可观测到的变量，没有阴影的变量 z_1、z_2 和 e 代表数据集中观测不到的隐变量。

表3-14   SLTTM 中的符号和描述

符号	含义
λ	个性化的跳跃能力分布
e	自打标签的跳跃状态
τ	Beta 分布的超参数
s	自打标签与一级标签集的相似度
μ, σ	相似度高斯分布的均值和方差

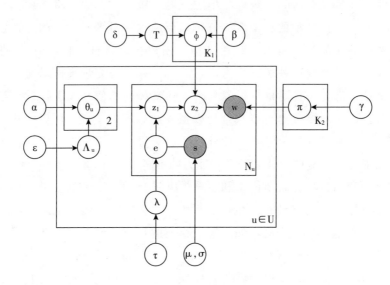

图3-25   SLTTM 概率

我们利用一个混合的高斯模型来对自打标签与一级标签集的相似度进行建模,从而鉴定用户在编辑自打标签时是否产生了跳跃行为。我们利用一个个性化的跳跃能力分布 $\lambda_u = (\lambda_u^0, \lambda_u^1)$ 来代表用户 u 在编辑自标签文档时的跳跃能力。这里,λ_u^1 表示该用户的跳跃能力,而 $\lambda_u^0 = 1 - \lambda_u^1$ 代表该用户的非跳跃能力。为了产生用户 u 的第 i 个自打标签 w 与 u 一级标签集的相似度,首先,一个二进制的跳跃变量 $e_{u,i}$ 从 u 的跳跃能力分布 λ_u 中产生,指明当前自打标签是否由跳跃行为产生。也就是说,$e_{u,i} = 1$ 表示跳跃状态,而 $e_{u,i} = 0$ 表示非跳跃状态。然后,基于当前的跳跃状态 $e_{u,i}$,一个相似度 $s_{u,i}$ 被产生于一个均值和方差与跳跃状态对应的高斯分布 $N(\mu_{e_{u,i}}, \sigma_{e_{u,i}})$。直观地,对于跳跃行为 e＝1 的均值 μ_1 要比非跳跃行为 e＝0 的均值低，原因就是，自打标签与一级标签集之间较低的相似度本身就指示这一个更大可能性的跳跃行为。

而对于自标签文档的产生过程，SLTTM 与 LTTM 相似。在 SLTTM 中，依然是首先产生一个一级主题，然后，根据该一级主题所对应的二级主题的多项分布，产生一个二级主题，最后根据该二级主题所对应的各个自打标签的多项分布，产生一个自打标签。然而，在 LTTM 中，一级主题被限定在只能从当前用户的一级标签集中选取。SLTTM 将应用更为复杂的规则来产生一级主题。也即对于用户 u 的第 i 个自打标签，如果跳跃状态 $e_{u,i}$＝1，那么，我们在用户 u 一级标签集之外的一级标签中选取一个作为当前自打标签的一级主题；否则，如果跳跃状态 $e_{u,i}$＝0，那么，我们就在用户 u 的一级标签集中选取一个一级标签作为当前自打标签的一级主题。然后，我们依照与 LTTM 中相同的方式选取二级主题和自打标签。这种选取一级主题的方式，通过将相似度信息融入进去，能够更有效地刻画自打标签的来源。图 3－25 中红色的部分是在 LTTM 的基础上新增加的。算法 3－3 给出了 SLTTM 模型的生成过程。

对于每个用户 u，SLTTM 中存在两个 θ，分别为 θ_0 和 θ_1。且在生成过程中，他们是由不同的 α 所生成的。即 $\theta^{(u,0)} \sim$ Dirichlet $[\alpha^{(u)}]$，$\theta^{(u,1)} \sim$ Dirichlet $[\alpha^{(u')}]$）。这里 $\alpha_{k1}^{(u')}$）＝0 当且仅当 $\alpha_{k1}^{(u)}$＝1。也就是说，$\theta^{(u,0)}$ 仅在 u 所具有的一级标签的维度上不是 0，其他维度上均为 0；而 $\theta^{(u,1)}$ 仅在 u 所不具有的那些一级标签的维度上不是 0，其他维度上均为 0。在采样 u 的第 i 个自标签 w 的时候，我们首先计算 w 与 u 的一级标签的相似度 $s_{u,i}$，然后，依据 $s_{u,i}$，我们可以计算出 w 的一级标签应该在 $\theta^{(u,1)}$ 中选择还是 $\theta^{(u,0)}$ 中选择。

算法 3－3 The Generative Process of SLTTM Model

For each $k_1 = 1, \cdots, K_1$, do

$\beta^{(k1)} \sim L^{(k1)} \times \beta$

Draw $\phi^{(k1)} \sim$ Dirichlet $(\beta^{(k1)})$

end

For each $k_2 = 1, \cdots, K_2$, do

Draw $\pi^{(k2)} \sim$ Dirichlet (γ)

end

8. For each user $u = 1, \cdots, U$ do

Draw $\lambda_u \sim$ Beta (τ)

$\alpha^{(u)} \sim L^{(u)} \times \alpha$

Draw $\theta^{(u,1)} \sim$ Dirichlet $(\alpha^{(u')})$

Draw $\theta^{(u,0)} \sim$ Dirichlet $(\alpha^{(u)})$

For the ith tag of the uth user, where $i \in \{1, 2, \cdots, N_u\}$ do

Draw a new—label status $e_{u,i} \sim$ Bernoulli (λ_u)

Draw a similarity value $s_{u,i} \sim N (\mu_{eu,i}, \sigma_{eu,i}^2)$

If $e_{u,i} = 1$ then

Draw $z_1 \sim$ multi $(\theta^{(u,1)})$

End

Else if $e_{u,i} = 0$ then

Draw $z_1 \sim$ multi $(\theta^{(u,0)})$

end

Draw $z_2 \sim$ multi $(\phi^{(z1)})$

Draw a tag $t_{u,i} \sim$ multi $(\pi^{(z2)})$

end

end

为了更好地解释自标签的生成过程，SLLTM 结合相似度为自打标签选择合适的一级标签，因此，相似度的计算方式对 SLLTM 来讲至关重要。在推荐领域的研究中，之前的学者提出了很多相似度的计算方式，如基于共同选择情况的相似度、基于内容的相似度等。

本研究中通过引入外部语料的方式来丰富标签的语义，通过 word2vec 进行标签词向量的训练。利用的语料由两部分组成：第一部分是 2012 年 6～7 月的搜狐新闻；第二部分来自 2014 年的新浪微博博文数据。首先，我们利用 ansj 中文分词法对语料进行分词，然后，我们将分词后的语料作为 word2vec 的输入，进行词向量的训练。训练的参数设置如下：cbow = 1, window = 5, min _ count = 5, alpha = 0.025, sample = le−3。最后，我们定义自打标签 f_t 与站内标签 t_1 的相似度如下：

$$similarity\ (f_t,\ t_1)\ =cosine\ \big[vector\ (f_t),\ vector\ (t_1)\big]$$

为了进一步验证我们的观察结果，我们计算出全部用户的每一个自打标签与该用户的一级标签集的相似度 $f_t \_ T_1 \_ similarity$。我们记 u 的一级标签集为 $T_{1(u)}$，于是 u 的第 i 个自打标签 f_t 与 u 一级标签集的相似度按如下公式计算：

$$s_{u,i}= \max_{t_1 \in PT(u)} similarity\ (f_t,\ t_1)$$

然后，我们计算出这个相似度的数量分布，如图 3－26 所示。可以看到，自打标签与一级标签集相似度近似地服从两个正态分布，符合我们利用高斯分布进行建模的设想。

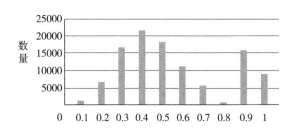

图 3－26　基于词向量的自打标签与一级标签集相似度分布

我们将 EM 算法和 Collapsed Gibbs Sampling 算法组合到最大似然估计思想中，对于高斯分布中的参数 μ 和 ρ，我们利用 EM 算法来估计。与此同时，我们利用 Collapsed Gibbs Sampling 算法来采样隐变量 e、z_1 和 z_2，然后，根据采样的结果来估计 λ、θ、ϕ 和 π。当我们学习并推导完模型之后，可以获得 $\theta^{(u,0)}$ 和 $\theta^{(u,1)}$，分别代表用户 u 在非跳跃状态下的一级兴趣向量和跳跃状态下的一级兴趣向量。同时，我们获得了 $\phi^{(k1)}$ 和 $\pi^{(k2)}$，分别为一级主题 t_{1k1} 对应的各个二级主题的分布，以及二级主题 t_{2k2} 对应的各个自打标签的分布。由于 Jumping DTLM 依相似度为自打标签分配了更为合理的一级标签和二级标签，因此，Jumping DTLM 的 $\phi^{(k1)}$ 和 $\pi^{(k2)}$ 将比 DTLM 的 $\phi^{(k1)}$ 和 $\pi^{(k2)}$ 更准确。而对于二级兴趣向量，我们依旧按照如下公式进行计算：

$$p\ (t_{2k2}|u)\ =\frac{c_{u,*,*,k2,*}}{c_{u,*,*,*,*}}$$

于是，我们便也能够实现为用户推荐一级兴趣向量和二级兴趣向量的目的。这里需要注意的是，当 $e_{u,i}=1$ 的时候，我们将在 $\theta^{(u,1)}$ 中采样 $z_{1u,i}$，这个时候，我们会对可采的 $z_{1u,i}$ 加入一些限制。具体方法是，对于某一个候选 z_1，

我们计算 z_1 所对应的一级标签与当前自打标签的相似度 $s_{z_1,i}$，即当 $s_{z_1,i} >$ similarity_limit 的时候，该 z_1 才有可能作为当前自打标签的一级主题。对于 similarity_limit 值的设定，我们将在实验部分进行评估和说明。

对于普通用户 u'，我们不知道其一级标签和二级标签，只知道其自标签文档，我们的目的就是根据自标签文档为 u' 推荐出合适的一级标签向量和二级标签向量。事实上，这个过程就相当于传统 LDA 中的推断过程（Inference），推断过程与训练的过程完全类似。对于普通用户 u' 的自标签文档，我们认为，Gibbs Sampling 公式中的 ϕ 和 π 部分是稳定不变的，是由训练语料得到的 LTTM 或 SLTTM 提供的，所以，在采样过程中，我们只要估计该自标签文档的一级主题分布 $\theta^{(u')}$ 即可。

三、实验分析

下面我们通过实验来说明模型的有效性。我们总共爬取了微博平台 56235 个用户的简介、地址以及他们所有的一级标签、二级标签和自打标签。为了保证文档的长度，我们从中剔除掉那些仅有少量自打标签的用户，仅留下自打标签达到一定数量的用户，最终，我们获取了 28718 个名人用户，以及他们的一级标签、二级标签和自打标签。我们将其中的 20000 个用户作为名人用户，即具有一级标签和二级标签的用户，并用这些用户来对我们的模型进行训练；将剩余的 8718 个用户作为普通用户，假设他们没有一级标签和二级标签，然后，利用我们的模型对其进行一级标签向量和二级标签向量的挖掘。数据的详细情况如图 3-27 及表 3-15 所示。

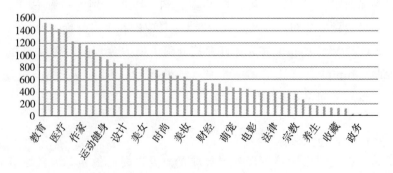

图 3-27　各个一级标签的用户数量分布

表 3—15　实验数据的基本信息

属性名	属性值
名人用户数	28718
一级标签总数	55
二级标签总数	481
平均具有每个一级站内标签的用户数	606
平均每个用户所具有的一级站内标签数	1.2
平均每个用户所具有的自打标签数	9.1
训练用户数	20000
测试用户数	8718
利用博文的训练用户数	1976
利用博文的测试用户数	719

　　为了对不同模型推荐出来的一级兴趣向量以及二级兴趣向量的质量进行评估，我们需要一份普通用户的标准数据集，即已知一部分普通用户的一级标签和二级标签，然后，根据这些已知的标签来评估所有方法推荐结果的质量。需要注意的是，我们这里所说的普通用户就是指用于测试的 8718 个名人用户，只不过我们在测试的过程中，假设其并没有一级站内标签和二级站内标签，然后，我们为他们推荐能够反映其兴趣的一级、二级标签。

　　由于用户的自打标签和个人信息都是用户自己手动编辑的，因此，在描述语言方面具有较大的随意性。于是，我们在获取标准数据集的时候不得不采用人工标注的方法，即参照自打标签和简介信息，人为地总结出相对应的一级标签和二级标签。由于人工标注的工作量较大，所以，我们从 8718 个测试用户中随机选取了 100 个用户，对其进行一级标签的标注，我们称其为一级标签标准数据集。而对于二级标签，由于并不是每个人的自打标签中都能够反映用户的二级兴趣，所以，我们在标注的时候对用户进行了筛选，即筛选出 100 个自打标签中能够反映出二级兴趣的用户，并对其进行二级标签的标注，我们称其为二级标签标准数据集。

　　我们从准确率和召回率两个角度对兴趣标签向量的质量进行评估。准确率用来衡量兴趣标签向量中的兴趣是否与用户真正的兴趣相符，以及不同标签的顺序排名是否代表用户的兴趣的强弱；而召回率用来衡量兴趣标签向量对用户兴趣的覆盖率。

在计算准确率的时候，除了计算标签向量的 Precision 值外，我们还做了如下的考虑：一方面，我们需要考虑兴趣标签向量中每一个标签的准确性；另一方面，我们也要考虑标签之间的顺序是否能反映用户的兴趣的强弱。所以，我们还打算通过计算标签兴趣向量的 TopN 标签的 DCG 来衡量其准确率。具体计算公式如式（3—11）和式（3—12）所示。其中，tag_i 表示兴趣标签向量中的第 i 个推荐出来的标签；rel_i 表示 tag_i 是否与该用户的兴趣相关；$tag_i \in t_k$，表示 tag_i 能够反映该用户对方面 t_k 的兴趣；否则，表示 tag_i 不能反映该用户任何一方面的兴趣。

$$DCG_N = \sum_{i=1}^{N} \frac{2^{rel_i} - 1}{\log_2 (i+1)} \qquad (3-11)$$

$$rel_i = \begin{cases} 5, & \text{if } tag_i \in t_k, \text{ and } \nexists j < i, \ tag_j \in t_k \\ 3, & \text{if } tag_i \in t_k, \text{ and } \exists j < i, \ tag_j \in t_k \\ 0, & \text{otherwise} \end{cases} \qquad (3-12)$$

如式（3—12）所示，我们对兴趣标签向量中的每个标签做如下的定义：当用户的某一个兴趣被某一个标签第一次覆盖的时候，对应的相关度分数值设为 5，当用户的某个兴趣被某个标签覆盖，且在这个标签之前已经有标签覆盖这个兴趣的时候，对应的相关度分数值设为 3。也就是说，用户的某一个兴趣有可能被兴趣标签向量中的多个标签覆盖，那么，覆盖这个兴趣的标签中排在最前面的那个标签的相关度最高，为 5，其余的都设为 3。这样设置的原因在于：首先，对于一个用户的多方面兴趣，我们很难判断其对各个方面的感兴趣程度是多少，而只能判断是否相关；其次，即使对于用户的某一个兴趣，也有多个一级标签或二级标签从多个方面来阐释，如对于"篮球"这一项兴趣，"体育"和"运动"都是能够反映它的一级标签。

我们所定义的准确率保证了一个兴趣标签向量就能挖掘出越多的与用户兴趣相关的方面，或者有越多的标签与用户兴趣相关，那么，这个兴趣标签向量的相关度分数就越高，即对应的准确率越高。

在计算召回率的时候，我们直接计算兴趣标签向量的 Top N（N 为 1，3，5，10）个标签覆盖了用户几个方面的兴趣。具体来说，只要 Top N（N 为 1，3，5，10）的标签中至少有一个标签与用户的某个兴趣相关，我们就可以认为其覆盖了用户的这个兴趣。

这里，我们简要介绍本研究中所有参与对比的评估方法，并介绍其为用户产生一级标签和二级标签的方式：

Labeled－LDA－freetag：是基于 Labeled LDA 的方法。不同的是，模型应用的主题标签是最流行的 300 个话题标签，而我们将按定义的一级站内标签和二级站内标签作为模型的主题标签，通过模拟用户自标签文档的生成，分两次为用户推荐一级标签和二级标签。

Labeled－LDA－text：这个方法同 Labeled－LDA－freetag 类似，不同之处在于它不去模拟用户自标签文档的生成，而是模拟用户微博博文的生成。

Tag－LDA：这个方法对应于 Si 和 Sun（2009）研究中提出的主题模型，该模型同时模拟用户自标签文档和微博文档的生成。需要指出的是，在训练的时候，我们仍然建立主题和标签之间一一对应的关系，并限制每个文档可取的主题范围。

Tag2word：这个方法对应于 Wu 等（2016）研究中提出的方法，该方法在生成文档的时候会考虑到标签和文档中词的共现性，即在产生一个词的时候，该模型会根据词与当前标签的共现性，并以一定的概率直接将当前标签作为当前的词。

在上述的全部方法中，我们都将主题与标签建立一一对应的关系。在这些方法中，只有本研究所提出的主题模型 LTTM 和 SLTTM 具有两层主题，故可以一次性地将一级标签和二级标签推荐出来。对于其他方法，由于模型中仅具有一层主题，所以，我们将分两次进行标签的推荐。即第一次将一级主题与一级标签建立一一对应的关系，为用户推荐一级标签；第二次将二级主题与二级标签建立一一对应的关系，为用户推荐二级标签。这两次不同级别的标签推荐是没有前后顺序的。也就是说，也可以先推荐二级标签，然后推荐一级标签。各个模型的概要信息总结在表 3－16 中。

表 3－16　对比实验概要信息

方法名	生成内容
Labeled lda	文本
Labeled lda	freetag
Tag－lda（linked lda）	同时生成文本和 freetag
Tag2word	freetag

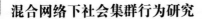

续表

方法名	生成内容
LTTM	freetag
SLTTM	freetag

表 3—17 展示了部分用于训练的名人用户最终所得出的 θ_0 和 θ_1，这些用户有一个共同的特点，即自打标签中有部分标签与该用户所拥有的所有站内标签均无关系，如表格中第三列中的内容所示，所有与本身站内标签无关的自打标签均已被加下划线，而在这些加下划线的自打标签中，所有被加粗的标签即表示其已经被 θ_1 成功挖掘出来，对应到表中的第五列内容，在该列中，所有被加粗的词语即挖掘出来的与站内标签无关的自标签内容。可以看到，绝大多数与站内标签无关的自标签均被 θ_1 成功地挖掘出来。

表 3—17　训练用户兴趣标签向量挖掘结果展示

用户	站内标签	自标签	θ_0	θ_1
带红包飞	IT 互联网 军事	唱歌　军事 奋斗 ing 投资　理财	IT（0.333333） 互联网（0.333333） 军事（0.333333）	财经（0.066269）音乐（0.044776） 情感（0.044776）萌宠（0.044776） 职业（0.035224）招聘（0.030448） 教育（0.017313）搞笑（0.014925） 运动（0.014925）游戏（0.014925）
翔叔 S	设计 艺术 电影 摄影 音乐	艺术　唱歌 电影　猫 幽默　玩儿 旅行　摄影 英语　音乐	音乐（0.376970） 艺术（0.311515） 设计（0.103838） 摄影（0.103838） 电影（0.103838）	搞笑（0.061942）游戏（0.043971） 旅游（0.043971）萌宠（0.043971） 数码（0.043971）职业（0.030906） 教育（0.027722）运动（0.014657）
壹舊飯	政府 官员 音乐 游戏	欧美　音乐 猫　胡渣 美剧　游戏 叔　基友 金牛座	游戏（0.375000） 音乐（0.375000） 政府（0.125000） 官员（0.125000）	萌宠（0.071236）电影（0.045717） 搞笑（0.042403）美妆（0.042403） 星座（0.041840）数码（0.039487） 电视剧（0.036173）旅游（0.015857） 明星（0.014698）运动（0.014134）

续表

用户	站内标签	自标签	θ_0	θ_1
小苏快跑	运动 健身	马拉松 跑步 健康 运动 书 旅行	健身（0.519167） 运动（0.480833）	育儿（0.046769）作家（0.046769） 旅游（0.046154）两性（0.041709） 养生（0.033436）综艺（0.017495） 精英（0.016860）情感（0.016840） 明星（0.016225）数码（0.016205）
森哥穆琳啦	明星 电影 旅游	天蝎 女 唱歌 吃 睡觉 电视台 玩 电影 主持 旅游	旅游（0.428571） 电影（0.377143） 明星（0.194286）	媒体（0.047887）美食（0.042254） 星座（0.042254）美女（0.042254） 音乐（0.041690）育儿（0.037746） 运动（0.031549）精英（0.027042） 健身（0.025352）综艺（0.023662）

而对于自标签中没有被挖掘出来的兴趣，考虑到的原因如下：自打标签在自标签文档库中出现次数较少，如"叔"这一自打标签在自标签文档库中仅出现过 3 次，出现频率较低的词在预料中与其他词语的共现度较低，因此不能准确地挖掘出其语义。词语本身不具有一定的兴趣代表性，如"欧""美""睡觉"，例如，"睡觉"一词与各个站内标签的相似度 Top10 如下，最相似的一级站内标签是"养生"，相似度仅有 0.47；而"唱歌"一词与各个站内标签的相似度中，最大的一级站内标签是"音乐"，相似度达到 0.72，第 10 名仍能达到 0.47。

（一）相似度阈值 similarity _ limit 的不同取值的评估

我们通过比较不同的相似度阈值所产生的测试用户的兴趣向量的准确率和召回率来分析相似度阈值对我们模型效果的影响。

表 3－18　SLTTM 基于不同相似度阈值所推荐的一、二级兴趣向量的结果展示

Recommended Results with Different Similarity Limits						
similarity _ limit	0.1	0.2	0.3	0.4	0.5	0.6
Precision of Rec PT	0.2714	0.2857	0.2857	0.2571	0.2571	0.1857
Recall of Rec PT	0.9119	0.9357	0.9476	0.7571	0.7571	0.6095
DCG of Rec PT	62.5714	70.5714	62.0000	64.8571	65.8571	47.2857

续表

	Recommended Results with Different Similarity Limits					
Precision of Rec ST	0.1000	0.0800	0.1000	0.1000	0.1200	0.0800
Recall of Rec ST	0.5333	0.3333	0.5333	0.5333	0.5833	0.4333
DCG of Rec ST	30.4000	22.2000	31.0000	30.4000	34.0000	21.2000

表 3—18 展示的是 SLTTM 基于不同相似度系数推荐出的 Top5 的一、二级兴趣向量的结果,其中 PT 表示一级兴趣向量,ST 表示二级兴趣向量。从表中我们可以看到,首先,对于一级兴趣向量来讲,当相似度阈值为 0.2 的时候,推荐的效果最佳;而对于二级兴趣向量来讲,当相似度阈值为 0.5 的时候,推荐的效果最佳。原因是,二级标签集中的标签更多,标签粒度更细,所以就要求我们必须用更细的粒度筛选出可能相关的二级标签。其次,并不是相似度阈值越大,推荐结果就越好。当相似度阈值为 0.6 的时候,推荐结果反而变差。原因就是,通过标签词向量所定义的标签相似度并不能完全代表标签兴趣相关性,例如,与"单车"自标签相似度最高的二级标签是"跑步",相似度次高的二级标签是"骑行",显然"骑行"这个二级标签才是我们真正想要的。因此,相似度阈值过大,反而会过滤掉很多与当前自标签所代表的兴趣相关的一级标签。相比较而言,当相似度阈值为 0.5 的时候,二级兴趣向量效果提升的幅度大于一级兴趣向量效果下降的幅度,故我们后续对于 SLTTM 的实验均设置相似度系数为 0.5。

(二)基于文本和自打标签的挖掘效果评估

为了证明微博平台中用户的自打标签比用户的博文更能反映出用户的兴趣,我们分别将用户的自标签和用户的博文看成用户的文档,然后,利用 SLTTM 挖掘用户的一级兴趣向量和二级兴趣向量,并利用标准数据集进行评估。

利用两种文档对一级标签进行挖掘,得出的准确率、召回率和 DCG 结果如表 3—19、表 3—20 和表 3—21 所示。可以看到,基于自标签文档的挖掘结果的准确率远远高于基于微博博文的挖掘结果,同时,在召回率方面,同样也是基于自标签文档的挖掘结果表现更佳。其中,对于 Top10 的一级兴趣向量,基于自标签文档的方法可以挖掘出超过 90% 的用户兴趣,而基于微博博文的方法仅仅挖掘出 34% 的用户兴趣。这与我们的直观感觉是相符合的,因为用户很可能根据自己的兴趣编辑一个自打标签出来，但是，并不发布任何与之相关的微博。此外，微博用户日常发布的博文中常常包含大量的图片，虽然这些图片中包含了大量的信息，但是，体现在我们的文本中，图片仅仅是一长串的 url，这就导致我们不能有效地从中获取相应的内容。而自标签文档往往是用户兴趣的最直观的显示表现，因此，基于自标签文档的标签挖掘结果准确性更高。

表 3－19　基于文本和自标签的 SLTTM 挖掘的一级兴趣标签的准确率

Precision of TopN Recommended tags					
method _ name	Top1	Top3	Top5	Top7	Top10
SLTTM _ freetag	0.428571	0.428571	0.371429	0.387755	0.271429
SLTTM _ text	0.127273	0.136364	0.116364	0.109091	0.097273

表 3－20　基于文本和自标签的 SLTTM 挖掘的一级兴趣标签的召回率

Recall of TopN Recommended tags					
method _ name	Top1	Top3	Top5	Top7	Top10
SLTTM _ freetag	0.321429	0.611905	0.730952	0.907143	0.907143
SLTTM _ text	0.042143	0.1525	0.217045	0.276385	0.341129

表 3－21　基于文本和自标签的 SLTTM 挖掘的一级兴趣标签的 DCG

DCG of TopN Recommended tags					
method _ name	Top1	Top3	Top5	Top7	Top10
SLTTM _ freetag	18.85714	40.28571	50.57143	62.85714	62.85714
SLTTM _ text	5.6	12.61818	15.7	18.30909	20.99091

利用两种文档挖掘出的用户的二级兴趣向量的准确率、召回率和 DCG 结果如表 3－22、表 3－23 和表 3－24 所示。可以看到，对于二级兴趣向量的挖掘结果，仍然是基于自标签文档的方法表现更优。其中，基于自打标签的Top10 二级兴趣向量可以覆盖全部兴趣方面的 70% 以上。此外，我们发现，对于二级兴趣的挖掘，基于微博博文的挖掘方法表现极差，例如，即使是

Top10 的二级兴趣向量，召回率仍然没有达到 10％。对此，我们分析原因如下：相对于仅有 55 个标签的一级标签库来讲，二级标签库共具有 481 个标签，故二级标签库的规模更大。而由于 SLTTM_text 方法在挖掘一级标签的时候，不准确的标签占大多数，而二级标签又是由一级标签产生的，故这种不准确性在产生二级标签的时候会被放大。所以，基于自标签文档的标签挖掘结果更加准，而基于微博博文的标签挖掘结果与实际兴趣相比有极大偏差。我们接下来的实验所应用到的文档主要是自标签文档。

表 3－22　基于文本和自标签的 SLTTM 挖掘的二级兴趣标签的准确率

Precision of TopN Recommended tags				
method _ name	Top1	Top3	Top5	Top7	Top10
SLTTM _ freetag	0.4	0.333333	0.28	0.2	0.16
SLTTM _ text	0	0.030612	0.02449	0.020408	0.016327

表 3－23　基于文本和自标签的 SLTTM 挖掘的二级兴趣标签的召回率

Recall of TopN Recommended tags				
method _ name	Top1	Top3	Top5	Top7	Top10
SLTTM _ freetag	0.3	0.533333	0.65	0.65	0.716667
SLTTM _ text	0	0.050352	0.057835	0.061334	0.066011

表 3－24　基于文本和自标签的 SLTTM 挖掘的二级兴趣标签的 DCG

DCG of TopN Recommended tags				
method _ name	Top1	Top3	Top5	Top7	Top10
SLTTM _ freetag	17.6	33.2	40.4	40.4	42.8
SLTTM _ text	0	2.081633	2.642857	2.94898	3.234694

（三）SLTTM 与 LTTM 效果对比

我们还对本节提出的两个话题模型的效果进行了评估，仍然在一级标签、二级标签两个层面上进行 Precision、Recall 和 DCG 三个维度的评估。实验结果表明，无论在哪一种指标下的评估结果，SLTTM 都远远优于 LTTM。

（四）基于标准数据集的多个模型效果对比

基于标准数据集，我们还将 SLTTM 与其他不同模型推荐的兴趣向量的准确率和召回率进行了对比。实验结果同样表明，我们的方法在准确率和召回率方面均优于其他方法。

四、小结

本节我们探讨了如何为新浪微博平台中的用户生成规范化、层级化、有权重且能反映用户兴趣的标签，我们分析了现有方法的不足之处，并结合新浪微博不同于 Twitter 的特点，提出了自己的解决方案。

我们首先分析并处理了新浪微博用户的自标签文档，然后将用户兴趣按照粒度进行分类，提出了一个改进的主题模型 LTTM 来模拟一个自打标签的生成过程，之后根据我们模型训练出来的参数，来为测试用户获得了一级和二级兴趣标签，最后针对 LTTM 存在的不足，提出了一个改进的 SLTTM，在这个模型中，引入了标签相似度的概念，在模拟自打标签生成的同时，利用高斯分布来模拟这种相似度的生成。实验结果表明，我们的模型在准确率和召回率方面都具有较大的优势。

（何军、祝锐、王婷婷、唐姝）

| 第四章 |

互联网集群行为意向研究概述

第一节　研究背景与问题的提出

一、意向与集群行为意向

（一）意向（Intention）的概念

在诸多心智状态中，意向显得尤为重要。它是计划行为（Planned Behaviors）的唯一最佳预测指标。Baldwin 和 Baird（2001）指出，人们在解读他人的行为时，通常很少仅仅停留在外显行为的表象，而是基于行动者的动机和目标去思考其行为的潜在意向。通常不是对其行为表现的全部细节进行编码，而是根据其行为意向对感知到的行为信息进行选择性编码。这一事实促使大量研究者致力于了解公众是如何理解意向并为意向下定义的。由于研究视角、内容、方式等方面的不同，研究者们对"意向"的定义也分别具有自己的说法。意向可以表示为人们在给定的环境中对自己行为的预期，并进而将其操作化为个人行动的可能性。许多社会和健康心理学理论也都认同这样一种观点：意向可以帮助测量行为发生的可能性，意向是目标导向行为的核心预测因素，因为意向会影响"人们为完成某种行为计划尝试付出的努力程度和努力方式"，这表明意向塑造行为过程，行为意向是作为一种促进目标指向行为的发生策略被引入，它在个体的认知结构中处于核心位置（Baldwin & Baird，2001）。而且，行为意向涉及影响某一行为的动机因素，这些因素是人们计划为实现某种行为目标而尝试如何努力和付出多大努力的指标。用户在使用某种技术时，通常表现为先打算使用该技术，然后真正使用该技术，并且只有当个体决定执行或者不执行该行为时，行为意向才能真正地预测行为。

鉴于此，意向和行动之间存在密切关系应当是可信的。意向在个体实施行动的前因后果中起着与众不同的作用。在行为过程中，意向作为一个心理过程处于中间位置，个体与情境类因素通过意向影响行为。Katz 和 Gartner（1988）将意向划分为两个维度——行动者的意向（内控制点）和其他人与周围情境的意向（外控制点），或称理性的意向和直觉的意向。目前，意向已被用来解释多种行为的形成过程，如健康行为、学习行为、消费者行为、亲社会行为、网络购物行为等。

（二）集群意向（We-intention）的概念

当前，研究者根据行为主体的不同，将意向分为集群意向与个体意向（I-intention）。Bagozzi（2004）从个体层面的视角对集群意向进行界定，认为集群意向可以用来预测集群成员为实现某个目标而形成的合作行为，并用"We-intention"一词来表达个体所具有的与集群行为相关的意向，本研究将"We-intention"称为集群意向，以此区别于哲学著作整体主义语境下的集群意向性（Collective Intentionality）。集群意向不仅仅是指直接参与的行动，而是集群成员对某一事件或某种状态的"共同负责"（Jointly seeing to it），它涵盖了各种行为，包括直接或间接的合作行为、共同达成某种状态以及共同维护某种状态等，是两个或更多的参与者共同表现出的某种行为的倾向性。以互联网虚拟社区为例，互联网虚拟社区的集群行为包括社区成员直接参与发帖留言、其中一人直接参与发言、介绍他人参与等。

集群意向发生有四个前提假设：①集群成员打算执行属于她（或他）的那部分集群行为；②每个成员相信合作行动的机会，在一定程度上会履行自己的义务，并且，认为其他成员也会执行他们各自的那部分行为；③全体参与者都持有一个共同的信念，即合作行动最后会被执行；④个体执行属于自己的那部分行为与否取决于②和③。集群意向强调体现集群行动的意志，是参与某一团体并执行团体行动的意向，在此过程中参与者将自己感知为该团体的一名成员。而且，具有集群意向的民众通常会从整体上把握团体行动（Bagozzi & Lee，2004）。

从这种意义上讲，集群意向解释的是团体执行或经历的一种行为倾向，而不是个体单独参与个别行为的倾向，如"我们将会在星期日下午 2 点一起玩 QQ 游戏"的描述。因此，每个玩家将 QQ 游戏作为一个团体行为而不是某一个体行为。他们将自己作为 QQ 游戏团队的一分子，并集群承诺去一起玩。很显然，集群意向区别于执行个别行动的个体意向（如我会上 QQ 论坛，而其他人不是该行为必不可少的组成部分）。两者的差异体现在目标、目标实现过程、行为原因、行为控制、承诺和满足的条件等方面，具体如表 4－1 所示。

表 4－1 集群行为意向与个体行为意向的差异

差异	个体行为意向	集群行为意向
目标	单一的对象	不止一个目标
目标的实现过程	被个人所接受的意图	被集体所接受的意图
行为原因	个人原因	团队原因
行为控制	完全个人自动控制	团队成员共同控制
承诺	个人承诺	集群承诺
满足的条件	意向内容取悦于个体	意向同时满足于所有的参与者

（三）集群意向与互联网集群行为

自互联网信息技术出现以来，集群行为（如接受和使用某一具有合作性质的信息技术、登录某一论坛并加入论坛的兴趣小组以及在兴趣小组内倡议某种活动等）常常出现在互联网的信息系统中（Information System，IS）。然而，在过去的 20 年里，关于互联网行为与集群意向的研究存在许多的概念重叠。多数互联网行为的理论基础都是基于意向相关的理论，如理性行为理论和计划行为理论等。但是，这些理论多从个体意向的视角来解释网民的互联网行为意向，而这种个体意向的理论视角并不足以解释一种互联网集群行为的过程机制。而且，一种合作性质的互联网集群行为只有在它被全体成员接受或认可时，才能用于团体合作行为。如果一个成员承诺他或她将与其他团队成员共同执行某一虚拟社区的合作行为，那么，就会认为自己存在明确的义务去完成该行为。因此，互联网集群行为的接受与执行应当被认为是一种集群意向。从这种意义上讲，集群意向比个体意向更适合解释互联网集群行为。因此，在本研究中将用于预测与解释互联网集群行为的集群意向称为互联网集群行为意向。

结合集群意向的概念及其发生的四个前提假设，我们不难看出，集群意向是一种主观的评定。它代表了个体对实际境况的知觉，是一个兼有社会文化架构与信息感知特异性的概念。从这个层面来讲，对于互联网集群行为意向而言，更为妥善的研究方法是了解当前困扰网民的各类互联网集群行为事件以及网民对这些互联网集群行为的信息感知特征，进而采取各项管理措施，从主观与客观相结合的视角探讨网民的互联网集群行为意向的影响因素及其作用机制。

二、互联网集群行为意向的测量

集群意向也被称为社会意向（Social Intention）或者集群的意向（Collective Intention）。自"集群意向"概念用于解释互联网行为以来，学者们根据各自的研究目的，开发了不同的互联网集群行为意向的测量工具，以深入了解集群意向对个人及其所在团体或组织的互联网集群行为的影响，并探讨互联网集群行为意向与相关前因变量及结果变量之间的关系。虽然，早在1985年就有人提出了集群意向的概念，并对其进行了详细的描述，但直至2000年才提出有必要探讨"两个及两个以上个体的行为意向"。

IS的接受与执行应当被认为是一种集群行为，从这种意义上讲，集群意向比个体意向更适合解释互联网集群行为。因此，IS意向的测量问卷也被用于测量其他的互联网集群行为意向。最初的IS意向量表的编写者参考早期的IS有效测量方法或者期望—证实理论的文献，编写出与IS意向相关的测量题目，至此才出现了根据意向概念所编制的IS行为意向的量表。Mathieson（1991）较早就曾使用两个条目测量了IS使用意向，随后Bhattacherjee（2001）在Mathieson（1991）量表的基础上引入了第三个条目"持续使用IS的总体意向"，结果发现提高了Mathieson原有量表的信度，即Bhattacherjee编制的IS意向测量量表共含有三个条目，内部一致性系数为0.89。

对社会媒介使用意向的早期相关研究发现，可以通过分析一系列意向的组成因素了解集群意向的本质。第一个要素是行动者自身的经历，主要是对社会网络、行为本身的评价；类似地，行动者自己增加其行为的倾向性，也被认为是其意向的一个重要变量；最后一个因素是建议他人参与的意向和鼓励朋友、家人启动该行为的意向。基于此，Wang 和 Fesenmaier（2004）编制了由三个条目组成的虚拟社区行为意向量表，这三个条目分别是：①行动本身贡献大小的感知；②增加参与社会媒介的自我意向；③建议家人与朋友采取该行为的意向。

可见，互联网集群行为意向的测量并不是一个简单的"是"或"否"的问题，而是一个程度问题。互联集群行为意向的程度和强度因人而异，而且同一个体也会因情境变化而存在差异。因此，互联网集群行为意向应该使用连续测量法而非绝对测量法（Koo，2009）。虽然也有学者仅仅使用一个条目来测量被试的行为意向，然而，他们也意识到单项目测量的信度和效度值得商榷，因此，建议使用多条目测量以降低测量误差。多条目测量法是目前互联网集群行为意向的主流测量方法。

三、互联网集群行为意向的理论基础

目前，解释互联网集群行为意向的发生与作用机制的理论主要来自 IS 研究领域，分别是社会影响理论、社会存在理论、信息技术接受模型、去个性化效应的社会认同模型、信念—渴望—意向模型和用户经验理论。

（一）社会影响理论

社会影响理论强调社会影响在信息技术接受与使用中的作用，据此将社会影响视为互联网行为研究领域的一个重要过程。在早期的研究中社会影响是指"个体感知到他人对自己使用新系统信任的重要程度"，并指出存在三个不同的社会影响过程，分别是顺从（Compliance）、内化（Internalization）与认同（Identification）。顺从发生在个体接受社会影响以获取支持或得到重要人物的赞赏时。从这个层面讲，主观规范反映了对特定个体的期望或影响，这通常用于表示社会规范的顺从。内化之所以发生是因为社会影响的过程建立在个体的目标与价值与组内其他成员的目标与价值相似基础之上。基于此，社会规范代表了成员就他们的目标与期望达成了共同认可的协议，并形成内化。认同发生在个体接受社会影响以建立和维持一个满意的自我界定的与他人或团体的关系时。社会认同是自我概念的一部分，源于个体对社会团体连同其价值观以及与社会团体其他成员之间情感依恋的认识。最近的一些研究用这个概念来界定基于认同过程的社会影响。社会影响在内在动机的形成过程中发挥非常重要的作用，特别是在互联网行为中存在显著的驱动作用。虽然之

前的互联网行为研究倾向于关注适合规范的顺从效应，但是，最近的研究更多关注社会影响过程的其他重要方面以及它们在互联网相关的其他用户行为中的作用。总之，社会影响的理论视角对于我们理解源于互联网用户行为的新模式具有重要的意义。

（二）社会存在（Social Presence）理论

对社会存在感的认识起源于社会心理学中的人际互动理论。最初将社会存在感界定为在通过沟通媒介实现的人际交往过程中一个人被视为"真实人"的程度。社会存在感通常指的是个体作为真实人所展示的自己情感与人际互动的一种能力，是学习者精神与智力的一种参与，这种参与让沟通双方意识到彼此交流的目的、情感状态、意向与行为。有研究者指出，社会存在感是互联网环境中的一个关键性的情感变量。

与之类似，互联网社会存在感通常被用来描述人与人通过网络通信所产生的理解、感觉以及反应的程度。互联网社会存在感受到多种因素的影响，包括沟通媒介的特点，沟通双方的感受、经验和社会关系，以及其所传达的互联网行为等。根据社会存在理论，不同沟通媒介所带来的社会存在感是有差异的。在通常情况下，双向沟通媒介比单向沟通媒介可以让人体验到更高的社会存在；视频比音频和文字类的媒介材料能带给信息交流者更强的社会存在感。鉴于此，沟通媒介传递的信息与相关线索越多，越能产生丰富的人际互动，建立更强的社会存在感。研究发现，高程度的社会存在感有利于维持高质量的人际互动，增强对彼此的合作质量的感知；而低程度的社会存在感则容易引起挫败感和情绪低落（Guangwardena & McIsaac，2003）。

（三）信息技术接受模型（Technology Acceptance Model，TAM）

TAM 是在 Fishbein 和 Ajzen 的理性行为理论基础上提出的，这里，理性行为理论被认为是研究认知行为最有影响力的理论之一。根据理性行为理论，信念（个体对特定行为结果的主观感受）会影响态度（对特定行为的积极或消极态度），态度则会进一步影响行为意向。态度和行为意向的关系得到扩展，将信念—态度—意向—行为这一因果关系用于信息科学的研究中，以内在信念、主观态度、行为意向以及外部变量等因素，解释和预测人们对信息技术的接受程度。TAM 的核心理念是：信息评价或态度是其他因素影响行为意向的中间变量，而行为意向又是信息评价或态度影响行为的中间变量。

目前，TAM 在信息技术与信息行为的研究中得到广泛应用，并具有很好的效度。TAM 认为，感知有用性和感知易用性是预测与解释人们使用信息系统的主要因素。与其他用于解释信息技术的理论相比，研究者对 TAM 评价不一。有人比较了 TAM 与计划行为理论，认为 TAM 更适合于考察信息技术接受的影响因素及其机制；而 Plouffe 等（2001）则认为，创新性感知（Perceived of Innovating）比 TAM 能更好地解释意向—行为之间的差异。Dishaw 和 Strong（1999）也认为一个整合的 TAM（构建延伸的 TAM 包括任务—技术适合度）可以提供比原 TAM 更好的解释力度。

为了更好地解释信息科学中遇到的问题，TAM 发展至今已经融合了许多其他的特异性的情境变量，在研究网络可接受程度时发现感知好玩（Perceived Playfulness，PP）在其中发挥重要的预测作用，并认为将感知好玩加入 TAM 后能更好地解释网络的使用行为。同样，许多其他外延情境变量也加入 TAM 中，如互联网使用时的愉快感知、使用群组软件时的临界规模感知（Perceived Critical Mass，PCM）（Luo & Strong，2000）、公告系统的用户资源感知（Perceived User Resources，PR）、虚拟商店的感知一致性（Compatibility）、网店的畅流体验（Flow）与环境心理等。而且在网络游戏环境下，畅快体验与社会因素被认为是解释行为意向的非常重要的变量，这些研究表明，扩展的 TAM 可以更好地解释特定情境下用户的信息行为。

综上所述，虽然许多研究都在原有 TAM 的基础上加入了不同的情境变量、社会因素或心理因素，并由此发展出了许多不同于原 TAM 的扩展模型，如技术接受扩展模型（The Extension of the Technology Acceptance Model）、技术接受与使用统一模型（The Unified Theory of Acceptance and Use of Technology，U−TAUT）等，但所有研究模型都是基于一条主线展开，即意向决定行为。随着互联网技术的快速发展，互联网行为意向逐渐成为研究者关注的热点问题，TAM 也逐渐被用于探讨互联网行为意向的影响因素及其机制。

（四）去个性化效应的社会认同模型（Social Identity Model of De−Individuation Effects）

早期的理论认为，计算机介导的沟通（Computer−Mediated Communication，CMC）由于缺乏社会线索，因此会削弱对个体或者群体的社会影响和规范作用——互联网更多意义上只能算是一种隔离的个体环境。然而，这一结论并没有得到一些研究的支持。有研究发现，在特定的社会情境下，CMC 的匿名性和物理空间的隔离并没有减弱其社会影响效应。而且在匿名和孤立的互联网沟通中，当人们被认同和具有相近性时，其行为甚至会更规范。这可能是因为在互联网环境下，网络小组成员之间也存在强大的吸引力，而且即使在与网络小组成员分离时，社会影响也很强，这表明，社会影响并不仅存在于面对面的社会交流中。

关于互联网为媒介的沟通与计算机支持的合作工作的研究也表明，除了技术性优势，如互联网的丰富性和实用性外，社会与心理原因对网上互动和知觉到的社会化也有显著的影响，并且认知效应与某一特定个性（人格或者社会认同感）相关，或者更确切地说，是与自我界定的观点相关。这种相关的匿名性和孤立是以网络活动为特征的，它并不仅仅总是个性化的，还具有通过降低对组内个体差异的关注来增强群体认同的特点（Depersonalization）。换句话说，当组内个体之间区分模糊时，会加强该组的团结。这表明，网络群体有一种很强的认同感或者认同意识，并且网络群体的规范同其他情境下的一样有效。因此，无论是决策还是认知加工，都会潜在地将互联网由一种代表个体身份的工具转换为一种获取信息和社会认同感，以及计划和筹备集群行为的平台。在合适的情境下，互联网甚至会加重社会认同和由此引发的影响。如果互联网增加了社会方面的特点，并且提供一些准许社会认同感表达的决策条件，它就会动员网民并刺激群体行为。由此可见，在一些情况下，互联网为网民们提供了一种更复杂和更有力的方式来组织、团结和动员网民，并且它还加快了共同的认同感。

这些发现得到了去个性化效应的社会认同模型（Social Identity Model of Deindividuation Effects，SIDE）的支持。SIDE认为，社会影响并不只是外在的，即使是处在彼此孤立或匿名的互联网环境下，个体也可以通过社会认同将其所生活的社会世界的一部分内在化。社会认同是指将自己归于某一特定的社会群体并由此产生的自我界定（如性别、种族、组织、团队等）。社会认同包括各种去个性化的特性，如规范、自我刻板印象和对其他群体的刻板印象。这表明，个体的行为和认知都是社会性的，在网络环境下也存在明显的社会认同现象。而且，互联网会通过影响网民的责任（Accountability）来影响象征其社会同一性表达的决策和认知因素，并进而影响其行为表达和社会认同感。

最近十几年来，计算机介导的沟通技术的飞速发展使互联网成为集群行为切实可行的平台。尽管人们多以个人或者孤立的方式使用互联网，但是，人们可能会通过促进其网络行为的社会性，以及依赖他们内在化的小组成员和社会认同感，以克服个体化的障碍，实现其社会参与。

（五）信念—愿望—意向（Belief—Desire—Intention，BDI）模型

BDI 模型最初用于解释行为意向，BDI 的核心观念在于行动的渴望代表了一个引发需求、诱发行动的意向并将各种行动的原因转变为行动的动机，渴望与意向之间存在许多重要的区别标准，如知觉到的可行性（Perceived Performability）、行动的连通（Action—connectedness）和细节讨论的时间框架等。在以往的研究中，愿望作为互联网集群行为的激发因素已经得到了广泛认可。从这个意义上讲，公众会对自身的愿望给出一个自我反思的认识，并接受它们作为行动的动机。当前，关于 BDI 模型对于互联网集群行为的作用也得到了一些实证研究的支持。

（六）用户经验理论

经验包含了对某一客体的知识或技能相关的概念，是指通过参与、接触而获取真相的过程。大量研究考察了用户经验对互联网信息技术的使用行为的调节作用，分析了用户经验在态度、信念以及信息技术使用行为中的直接、间接调节的作用。结果表明，经验对互联网信息技术使用意向有很强的调节作用。后来，有研究也发现了用户经验在主观规范与使用意向之间的调节作用（Venkatesh et al.，2003）。

虽然目前用于解释互联网情境下行为意向的理论较多，但学界应用较多的是 TAM、SIDE 与社会存在理论，而在本研究中研究者重点参考的理论基础是 TAM。

四、互联网行为意向的影响机制

影响互联网行为意向的因素很多，到目前为止，实证研究所涉及的互联网行为意向的影响因素可以分为三类：一是情境因素，如沟通媒介丰富度、匿名化；二是个体因素，如信息感知、心理安全、信任；三是群体差异，如性别、年龄等人口统计学因素。以上因素都对行为意向存在一定的影响。

（一）与互联网有关的情境因素

1. 沟通渠道（媒介）丰富度

沟通渠道（媒介）丰富度是指在给定时间段内对模糊情境达成共识的能力（Daft & Lengel，1986）。沟通渠道的丰富程度越高，人们达成共识的时间

就越短，简易（Leaner）的沟通则需要花费大量时间。沟通渠道的丰富度包含四个特征，分别是反馈即时、线索多重性、语言多样性和个性化关注。反馈即时有助于快速形成共识并及时回应和校正信息；线索多重性可以节约沟通时间，加强彼此的了解，促进社会易化和社会行为；语言多样性和个性化关注尊重他人信息的个性化，可以帮助信息发出者选择与当时情境相匹配的信息，加快信息的传递。早期关于沟通渠道丰富度的概念主要是基于一个媒介包含这些特征越多，它就越丰富。参照上述媒介丰富度的定义，互联网沟通的一个显著特点就是具有媒介丰富的特点。因为网络论坛的成员可能会经常使用文本、视频、音频等方式进行沟通，这有助于人们获取丰富的信息。

对网上购物的研究发现，信息沟通渠道的丰富度会通过改变态度或评价来影响网民的购物意向。对社会两难情境的研究表明，媒介丰富度会改变社会两难情境中的情感信任与认知信任，进而减少个体的欺骗与背叛行为（Rockmann & Northcraft，2008）。有研究指出，沟通媒介的丰富度的重要作用就是产生社会存在感并降低认知模糊性，丰富的媒介环境让网民更愿意参与网上活动。

2. 匿名化

匿名被界定为在互动中隐瞒个人身份或个体特征，互联网最大的特点是具有匿名性。网络匿名将个体从面对面的社会交流的束缚中释放出来，使个体不受社会规则的控制，让个体感知到了更大的自由，促进了信息的快速流动和安全的言论自由氛围。而且，互联网匿名化与现实环境相比，更容易产生一种去抑制效应，降低社会焦虑和羞怯，提高安全感。根据媒介丰富度理论，媒介丰富度之所以会影响社会两难情境中的背叛行为，其中一个原因便是沟通媒介的匿名化。匿名化情境为个体提供了一种随心所欲的表现机会，它会降低自我评价与自我觉察（Self－consciousness），阻碍信息的传递并降低信任（Kiesler，Siegel & McGuire，1984）。研究者分析了在匿名的网络论坛和公开集会两种情境下个体对罪犯的态度表达上的差异，结果发现，在网络匿名环境中，个体对罪犯表达了更多的偏见、憎恨和报复，然而在公开集会中此类态度明显减少。这可能是因为网络论坛的规则支持个体表达憎恨、报复的态度，而网络中的匿名性又加强了人们对这一规则的遵守。这表明，即使是反社会行为，只要它符合群体规则，匿名化也会促进成员表达这种行为（Coffey & Woolworth，2004）。

3. 网络社会联结

网络社会联结是指在互联网环境中个体之间的情感联系。通过这种联结和网络关系，来自不同环境的个体之间可以分享彼此的知识和观点。一旦个体分享了彼此的观点，他们的联结就会增强，彼此的社会关系会更强，也更容易合作。根据"强联结的优势"概念，个体若能与其他个体共同建立紧密的互动网络，则此社会网络的凝聚力及团结性会非常强，并有助于内部成员之间的互助、合作与协调。与此类似，很多研究者认为，强联结是获取重要信息的渠道。而且，强联结还意味着高频率的社会互动，高质量的社会关系，成员间彼此认同、信任、沟通愉快等。Daft 和 Lengel（1986）的媒介丰富度理论认为，不同媒介的沟通将决定信息承载的丰富程度，对所在的组织或团体产生深远的影响，而且社会网络联结程度与媒介丰富度都能反映个体之间的互动频率。

4. 其他的情境因素

互联网的便利条件、网站效果、线索等情境因素也是影响行为意向的一个重要因素。早期对用户使用互联网的调查发现，便利条件是影响互联网接受与使用的一个重要因素。特别是对于年纪大的用户来说，互联网的易得性与培训机会是他们保持学习与继续使用互联网的一个重要外在条件。网页效果线索（Internet Atmospherics Cues），如界面的精心设计，可以刺激个体的感觉，创造网上冲浪时的积极情感与积极认知，吸引网民再次浏览网页（Dailey，2004）。低卷入度的个体对外延特征的关注要多于内在特征，许多网店通常使用多种线索（如搜索引擎、关键字等）以吸引与影响顾客。目前，将 Web 的效果分成两类：①高度任务相关的情境线索，促进与帮助顾客实现某种目标行为；②低度任务相关的情境线索，不能帮助实现某种导向行为。Richard（2005）考察了互联网效果线索与网络行为之间的关系，结果发现，网站的情境性线索会影响网民的网上冲浪、网站态度、网站投入、信息搜索、前购买行为与购买意向，他将这些网站的情境性线索分为本身特征（结构、组织、忠实度与导航特征）与外延用途（娱乐）。一些研究者考察了网站质量与顾客行为导向之间的关系，并将网格特征（Website Personality）根据网站的结构、颜色设计甚至整体版面设计等内容，参考大五人格划分为五个维度：可靠性（Solidity）、热情的（Enthusiasm）、真诚的（Genuine）、精通的（Sophisticated)、使人不愉快的（Unpleasant）。结果发现，网格特征会通过影响网站质量而影响顾客的在线购买意向。此外，研究还发现，网页信息的价值也会影响网购的行为意向，有趣、有用、易得的信息可以改善用户的行为意向，是促成网购的一个诱因，并影响在线决策（Ranganathan & Ganapathy，2002）。此外，对虚拟社区知识共享行为意向的研究发现，互联网的匿名性会通过社会网络联结而影响行为意向，媒介丰富度与知识质量则会通过降低风险感知而促进知识共享的行为意向。

（二）与个体有关的因素

1. 心理安全

心理安全是个体的一种情境特异性心理状态。根据 Kahn（1990）提出的心理安全的定义，心理安全是人们对周围环境的控制感与确定感，并在此过程中表达真我，而无须担心承担负性后果的一种信念，反映了个体利用内外因素的能力。心理安全会降低不确定或未知情境下的学习焦虑和防御心理，并有利于产生对组织的认同感。心理安全还会影响个体的自我表达行为（Detert & Burris，2007）。对心理安全与学习行为的研究表明，心理安全会促进学习行为的发生，有助于传统组织情境中的员工知识共享。此外，针对互联网匿名情境的研究发现，互联网的匿名性为个体提供了避免接受评价威胁的环境。对虚拟社区成员知识共享意向的研究也表明，个体在感到心理安全时，会更愿意表达自己，展露他们的专业技能，与他人一起分享知识。

2. 社会认同

社会认同理论认为，个体对群体的社会认同是群体行为产生的基础，社会认同对人们的知觉、态度和行为有重要的影响。认同感越强的女性活动家，越倾向于积极参加集群活动和做一些有利的事情。Liss 等（2004）发现，对女权主义的认同对女权激进主义行为具有良好的预测作用，此外，参加商业联盟、同性恋群体、老人群体等的人对这些群体都有积极的认同。对社会认同与组织行为的研究也发现，社会认同感强的人会有更好的组织贡献意向，他们也会更积极地实现组织目标。个体的社会认同感越强，越容易产生积极的群体内偏好。网民在互联网环境下可以构建网络认同感，这种自我良好的愉悦感让互联网成为人们逃避现实的地方，个体可以借助互联网来补偿其不适应性认知，获取一种适应性的认知。互联网为那些自认为在现实生活中身份有污名的人提供了一个与他人在网上建立和谐关系的机会，并且互联网上不存在性别、种族、年龄、地位与外貌等门槛限制。在网络环境下，人们不用担心面临被他人识别的危险，也不用顾虑他人对自己行为的评价。而且，那些害羞、不自信、在现实生活很难发展亲密关系的个体可以在网上建立良好的人际关系。

3. 情绪因素

根据情绪—信息（Mood as Information）理论，情绪提供了外部环境的信息，并影响人们的认知和行为，而且正向情绪会让个体从外部环境中得到更积极的信息暗示，从而有更强的行为主动性。最近的一项关于情绪与行为意向关系的研究也发现，情绪是联结意向—行为关系的重要因素（Mohiyeddini，Paulia & Bauer，2009）。可见，情绪在意向—行为的过程中发挥重要的作用。然而，目前学术界关于情绪与行为意向之间的相互作用机制的问题不但没有得到完全解决，反而还引发了一些争论。如 Bagozzi 的自我调节理论认为，意向会引起情绪状态的改变进而影响后续的行为，意向—情绪之间的联系取决于决策执行的成败（Bagozzi，Moore & Leone，2004）。

4. 信息感知

根据 TAM，信息感知（评价或态度）是其他因素影响行为意向的中间变量，而行为意向又是信息评价或态度影响行为的中间变量。目前，TAM 在互联网行为意向的相关研究中得到广泛应用，它认为，感知有用性和感知易用性是预测与解释人们行为意向的主要因素。与其他用于解释行为意向的理论相比，研究者对 TAM 用于解释互联网行为意向的评价不一。人们比较了 TAM 与计划行为理论，认为 TAM 更适合于考察互联网行为接受的影响因素及其机制；而 Plouffe 等（2001）则认为，创新性感知（Perceived of Innovating）比 TAM 能更好地解释意向—行为之间的差异。他们还认为，一个整合的 TAM（构建延伸的 TAM 包括任务—技术适合度）可以提供比原 TAM 更好的解释力度（Dishaw & Strong，1999）。

5. 其他心理状态因素

除上述所提及的因素会影响个体的互联网行为意向外，还存在其他影响互联网行为意向的心理状态类因素，如风险感知、信任、感知一致性、感知优越、自我效能感、畅流体验等。元分析结果表明，风险感知（Perceived Risk）对互联网行为意向有消极的预测作用。风险感知是指个体在制定决策时对自己利弊得失的信念。风险感知与自我关注具有正相关的关系，而与信任则呈负相关。对风险感知与网购意向的研究发现，风险感知是影响在线购物意向的一个重要因素。与面对面交易相比，用户对网购更易感到不确定，因为他们对网店的信息不了解，如网店可能很小、地理位置较远等。只有在用户的风险感知很低时，他们才可能选择网上购物。对网上虚拟社区知识共享意向的研究发现，信任、自我意识会影响虚拟社区成员之间的知识共享行为意向，信任不仅直接影响知识共享意向，还会通过心理安全间接影响知识共享意向，自我意识对知识共享的影响则完全受到心理安全的中介。此外，感知一致性、自我效能感与畅流体验都对互联网行为意向有积极的预测作用。

（三）个体差异

1. 人口统计学变量

尽管大多数实证研究没有系统地研究人口统计学特征与互联网行为意向之间的关系，而通常把它们作为控制变量或调节变量，然而，现有实证研究发现，互联网的使用意向确实存在年龄与性别差异。Ventakesh 等（2003）的研究表明，年轻人的互联网使用意向通常会受外在奖赏的影响，如有用性；年纪大的人则更多是过程导向，他们的互联网使用意向更多受到需要付出的努力程度、风险与收益之间的平衡等细节的影响。后有研究者也发现，感知易用性对年纪大的人影响较大，感知有用性则更容易影响年轻人的使用意向（Arning ＆ Ziefle，2007）。女性与男性使用不同的认知结构来编码与加工信息，这会对信息感知及其行为意向产生非常显著的影响。互联网使用的性别差异在不同文化与年龄群体中得到了广泛证实，并且认为，男性比女性更喜欢使用互联网。最近的研究却表明，在中国虽然男性年长者比女性年长者更可能使用互联网，但是，总体来讲，在互联网使用方面不存在性别差异，并且越来越多的证据表明，互联网使用的性别差距正在缩小（Pan ＆ Marsh，2010）。然而，目前关于不同职业、不同社会经济地位等网民群体互联网使用意向的研究尚不多见。

2. 人格特征

一些涉及个性特征的研究表明，个性特征是影响互联网行为意向的一个重要因素，那些认为自己在现实生活中身份有污名的人倾向于在互联网上与他人建立亲密关系。对大五人格与网络购物意向之间关系的研究发现，外向者浏览网店的意向会更高，因为外向的个体是社会性的、精力充沛的、健谈的、开朗的、热情的，他们可以通过浏览网店来实现他们对社会交往的愿望。通过跨层次调查的方式研究 171 名网店顾客的大五人格与其浏览网店意向之间的关系发现，外向对网购意向没有显著的预测作用，却发现神经质对浏览网店的意向有显著的负向预测作用，而责任感则对顾客浏览网店的意向有显著的正向预测作用（Picazo－Vela et al.，2010）。内向和神经质的人在面对面沟通中比在互联网沟通中更容易感到焦虑，而外向与情绪稳定的个体则倾向于在两种沟通中都感到较低的焦虑。

五、互联网集群行为意向的研究进展

互联网集群行为被称为数字时代的社会运动。互联网集群行为并不是一个新的研究领域，其早在 19 世纪 80 年代初就引起了研究者的兴趣。研究者认为，CMC 作为获取社会支持的交流与协调媒介，对集群行为的发展具有非常重要的意义。Martha McCaughey 和 Michael D. Ayers 在《网络行为主义的理论与实践》一书中也指出，互联网不仅是一个信息沟通与交流媒介，也是引起社会变化的促动因素。也有人较早探讨了 CMC 的社会心理过程，发现 CMC 缺乏信息反馈和社会线索的影响，具有去个性化和抑制解除的特点，CMC 的群体决策比面对面（Face－to－Face）的群体决策更偏离最初的决策意愿，而且去抑制性和参与平等性促进极端说服性言论的交换，更容易导致群体决策的极化。

互联网集体行为的发生源于网络群体（Online Corwds）的聚集，网络群体是指虚拟聚集，行为与表现集体化，依赖于互联网发生并产生影响的网民组织。Ross 基于群体心理学（主要是现实群体）的概念将网络群体行为界定为"非同寻常的互联网聚集行为"（Extraordinary Mass Behavior on the Internet）。为了更好地理解网民群体的社会传染（Social Contagion）过程，Ross 对现实群体的社会传染过程加以延伸并提出了关于网络群体的心理模型，即图 4－1 所示的网络群体简化模型（A Simplified Model of Online Crowds）。该模型是基于他人导向（Other Directedness）、临界质量（Critical Mass）、正向反馈回路（Positive Feedback Loops）和互联网的快速网络影响效应等原则构建的，将网络群体的发展过程分为四个时相：始发、传播、扩大、终止。

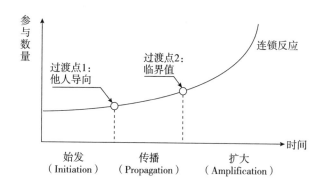

图 4—1　网络群体的简单过程模型

　　虽然 Ross 从一个跨学科的视角对互联网集群行为的过程进行论述，也有研究者发展了不同的理论，如去个性化效应的社会认同模型、社会影响理论等对互联网集群行为进行解释，但是尚需要更多的工作来验证网络集群行为这个概念。特别是，网络集群行为过程中各个时相的影响因素及其作用机制需要做进一步的探索。而且，网民对互联网信息的感知以及加工处理存在明显的个体差异（Amichai—Hamburger & Kaynar，2008）。TAM 的观点也认为，互联网用户对信息感知的特性也会影响其互联网行为意向。然而，目前，对互联网集群行为意向的影响机制，以及信息感知与互联网集群行为意向之间的关系尚缺乏一致的认识，导致决策者往往不能及时地发现并化解危机。因此，了解网民对互联网集群行为的感知特征及其对互联网集群行为意向的影响机制，对掌握互联网集群行为的发展规律具有非常重要的作用。

六、研究问题的提出

　　迄今为止，学界对互联网行为意向的研究已经取得了一定进展，研究内容广泛涉及网络购物、虚拟社区知识共享、网络游戏、网页浏览等方面。关于互联网行为意向的研究至少达成了两点共识：其一，集群意向对互联网行为具有较好的预测作用，它是心理状态、信息感知等因素影响互联网行为的中间变量；其二，互联网集群行为意向受多种因素的影响，影响因素广泛涉及个体的特征、互联网情境特征、个体的心理状态等。

　　通过上述分析我们可以看出，关于互联网行为意向的实证研究尚存在如下几个较为突出的问题：

第一，对作用机制认识不足，特别是很少有研究综合探讨行为意向如何通过不同的心理媒介影响网民或用户的行为意向与行为，并且很少有研究探讨网民群体的信息感知特点及其群体差异性在互联网集群行为意向中的作用。

第二，对影响因素的探讨过于简单，特别是没有探讨情境类因素与心理状态类因素之间的相互作用对行为意向的影响。而且，随着互联网时代的到来，人们的社会行为已经广泛地延展到互联网上，很明显，互联网环境与传统的社会环境是有差别的（如互联网具有沟通媒介丰富度高、网络社会联结复杂、网络环境匿名等特点）。同时，人们的互联网行为已经从简单的信息搜索、网络购物与网页浏览发展到现在比较流行的微博、网络炒作、网络聚集等。

第三，互联网集群行为也有别于普通意义的互联网行为，而且网民在互联网环境下更易感知到心理安全，网络自我与现实自我也存在一定的差异性，这些都会影响其参与互联网集群行为的意向。那么，当前的网民群体对互联网集群行为的信息感知具备什么样的特点呢？是否以往对行为意向—行为的解释机制也能够预测网民的网络集群行为意向—行为的机制？影响互联网集群行为意向的各个因素之间是否存在相互影响？如何有效地对互联网集群行为意向进行正向干预？很显然，目前还比较缺少类似的相关研究。

基于此，我们提出"互联网集群行为意向的影响因素及作用机制"的研究，希望通过这一研究探讨并解决如下几个方面的问题：

（1）了解网民当前对互联网集群行为信息感知的群体差异性对互联网集群行为意向—行为的影响机制。目前，对于互联网集群行为的研究尚处于起步阶段，界定网民关注的互联网集群行为的类型、探索民众对互联网集群行为的信息感知特征是本研究的首要任务。因此，有必要明确互联网集群行为的理论定义、类型，并在此基础上发展出科学、通用的网民的互联网集群行为的感知特征的测量工具。

（2）参考 TAM 的理论框架，发展一种新的用于解释互联网集群行为意向的理论模型，探讨影响互联网集群行为意向的情境类因素、心理状态类因素及其作用机制，以及各类因素之间的相互关系。

（3）尝试运用实验室实验的方法探讨信息表征类型、信息发送者的网络地位、社会地位对信息感知与互联网集群行为意向的影响，希望能为相关部门的决策提供理论基础，以引导网民的互联网集群行为意向朝积极、健康的方向发展。

第二节　研究的总体设计

一、研究目的、总体框架与主要内容

（一）研究目的

基于对现有研究发现的思考，本研究着重考察三个问题，从而为预测与引导互联网集群行为向健康、积极的方向发展提供参考与借鉴：第一，探索当前网民关注的互联网集群行为的类型以及网民对互联网集群行为感知的群体差异性；第二，探索互联网自身的情境因素以及由此衍生的心理状态因素对互联网集群行为意向的影响与作用机制；第三，探讨信息表征类型、信息发送者的网络地位与现实地位等客观因素对信息接受者的互联网集群行为意向的影响。

（二）总体框架

本研究包括三个子研究，总体研究框架如图4－2所示。

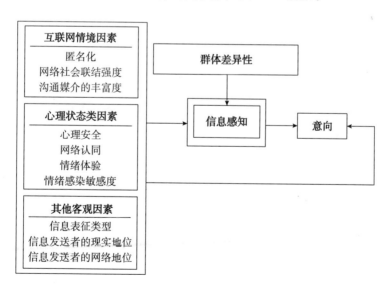

图4－2　本研究总体框架

本研究依据 TAM 的理论框架，来考察网民群体的感知特征、互联网情境因素、心理状态类因素对网民互联网集群行为意向的影响及作用机制。模型中的核心变量包括信息感知、互联网集群行为意向、匿名化、网络社会联结强度、心理安全、情绪感染敏感度、社会认同和信息表征类型等，这些核心变量不完全等同于原 TAM，而是在 TAM 变量的基础上引入了多个情境性变量、心理状态类变量以及其他客观因素。本研究的最终目的是尝试建立用于解释互联网集群行为意向的理论机制，以期为相关决策部门提供建议与理论基础。

（三）主要内容

根据研究的总体框架，本研究主要包括如下内容：

研究一：网民对互联网的关注类型、信息感知特征以及信息感知特征及其问卷编制

采用开放式在线问卷调查的方式，获得来自政府公务员、公司职员、学生等各类网民群体所关注的互联网集群事件及其对互联网集群行为的感知特征；并在此基础上，确定网民群体对互联网集群事件的信息感知特征，编制网民对集群行为的信息感知问卷，完成问卷的信效度分析，形成基于当前我国变革时期特殊背景下的网民对互联网集群行为的信息感知特征问卷；随后在网络、网吧等场景中对各类网民群体展开问卷调查，最终确立网民群体最关注的互联网集群事件与信息感知特征的维度，作为后续研究的基础。

研究二：构建互联网集群行为意向的影响因素及作用机制模型

本研究将参考 TAM，遵循信息感知是其他变量影响互联网集群行为意向的重要中间变量这一原则，探索以网民感知为核心的互联网集群行为意向的影响因素及作用机制，并进一步探讨互联网情境类因素（如匿名程度、网络社会联结强度）、网民个体特征（人格特征、情绪感染敏感度、心理安全）等如何影响网民集群行为及参与互联网集群行为的意向，从而形成更有针对性的对策建议。

研究三：互联网集群行为意向的实验研究

本研究以网络上流传的日本地震将引发我国核辐射的网络谣言的网络帖子为实验材料，选取部分 QQ 群、网络论坛为场景进行实验研究，探讨信息的表征类型、信息发送者的现实地位、信息发送者的网络地位对互联网集群行为意向与信息感知水平的影响，从改变信息表征类型与操纵信息发送者的地位等客观视角，探索引导互联网集群行为发展的正确路径。

二、研究方法与研究过程

（一）研究方法

（1）文本挖掘法。本研究采取在线开放式问卷调查的方法对不同性别、年龄、学历水平、政治面貌、收入水平和职业的网民进行互联网集群事件与互联网集群行为特点的调查研究，文本数据收集完毕以后，分别成立编码小组，除了采用传统的编码方法进行归纳分析之外，还采用卡方检验的方法对不同网民群体所关注的互联网集群事件及其认知特点进行群体差异分析。

（2）问卷调查法。采用问卷调查法向被选取的符合研究目的的调查对象了解情况或征询意见，根据心理测量学的研究范式，在文本挖掘、文献综述的基础上形成一整套科学、系统的互联网集群行为感知特征的研究工具。同时，通过在线和离线的方式进行样本收集工作，从而验证构建的以信息感知为核心的互联网集群行为意向影响因素及作用模型的有效性。

（3）实验室实验法。问卷调查的方法虽然是心理学研究中常用的收集数据的主要方法，但由于其自身的局限性，收集的数据具有一定的偏差，并且由于互联网集群行为具有互动性，因此，为了弥补问卷调查方法的局限性，研究者还将采用实验室实验法来补充探讨信息表征类型、信息发送者的社会地位与网络地位对信息接受者的信息感知水平与互联网集群行为意向的影响。

（二）统计分析

数据统计方法主要是通过描述性统计、信度分析、探索性因素分析、验证性因素分析、相关分析、方差分析等，考察测量工具的信度、效度，以及各变量之间的关系，形成本研究的结论。数据主要使用 SPSS13.0、Amos7.0（4.0）统计软件包进行处理。

（三）研究被试

研究的被试主要是 18 周岁以上的网民，他们来自不同的网络论坛、QQ群，在现实生活中也来自不同地区、从事不同的职业，其教育背景也很广泛，从初中至研究生。参与整个研究的被试近 1500 名。

（四）研究过程

本研究的主要过程如图 4-3 所示，具体分为五个阶段：

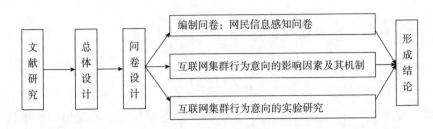

图 4—3 研究过程概要

在规划与实施阶段，研究者通过对所收集资料的整理与分析，提出了本研究的总体研究框架，并根据研究框架进行相应量表的编制、选取，同时，确认参与问卷调查的被试要求。随后，通过在线问卷、纸质问卷的方式收集数据。在分析与撰写阶段，对所回收的问卷加以整理并进行统计分析，以验证所拟定的研究假设，并将以往文献证实的理论和已有的实证研究结果进行归纳，在此基础上，对本研究结论进行分析，给出相应的解释、结论，期望为相关部门的决策提供理论指导。

三、具体的研究步骤

步骤一，以"互联网集群行为"为主题广泛收集国内外相关文献，初步获得网民关注的互联网集群行为的类型、认知特点及其影响因素与作用机制，为后续研究提供研究数据支持与理论基础。

步骤二，采用在线开放式问卷的方法，选取不同群体类型的网民 232 名，收集当前社会环境下，网民最关心的互联网集群行为事件。随后，采用传统文本编码技术对其进行质性分析，并对不同网民群体的频次进行卡方检验与灰色关联分析，获得对网民互联网集群行为认知差异性的初步分析。

步骤三，编制基于当前特殊时期的互联网集群行为的信息感知问卷，首先选取经常上网的在校研究生和职工 220 名，完成对问卷的初步分析，随后在网上进行广泛施测，并经过信效度分析进行初步修订，形成最终问卷。

步骤四，采用所编问卷，在网上广泛施测，获得不同阶层的网民对互联网集群行为的感知特征，并在此基础上对不同群体、不同互联网集群行为事件做差异性分析。

步骤五，构建以网民信息感知为核心的互联网集群行为意向的影响因素及作用模型，运用问卷调查与实验研究相结合的方法，探讨网民个体特征、互联网情境因素、信息表征类型等对信息感知与互联网集群行为意向的影响过程。

步骤六，对研究结果进行综合分析，完成研究报告的撰写。

第三节　互联网集群行为的文本挖掘与感知问卷的编制

一、互联网集群行为的文本挖掘

（一）研究目的

互联网与现实世界是不可分割的，互联网实质上是政治和经济全球化的最美妙的工具。互联网为广大网民提供了接触某一情绪或事件的机会，对网民的集体行为有极大的渲染与重塑作用。以往研究表明，互联网集群行为的产生与两个因素密切相关：其一是外界环境的诱因，其二便是网民对信息的感知。TAM 的观点也认为，互联网用户的信息感知特性会影响其互联网行为意向，而且网民对互联网信息的感知、加工处理以及认知需求存在明显的个体差异性（Amichai-Hamburger & Kaynar，2008）。然而，目前关于网民对互联网集群行为的感知规律尚缺乏正确的认识，导致决策者往往不能及时地发现并化解危机。因此，只有掌握了网民对互联网社会集群行为的信息感知特征、影响因素及其作用机制，才能更好地利用互联网优势掌握集群行为的发展动态，应对非常规突发事件，这对国家和相关部门制定相应的决策具有十分重要的意义。

鉴于此，本研究首先采用开放式在线问卷调查的方法对网民关注的互联网集群行为类型及网民的感知特征进行了广泛的了解，随后由心理学专业的研究生建立编码小组与验证小组，首先，采用归纳法对这些互联网集群事件和网民对其的感知特征进行了相应的编码；其次，在编码的基础上采用卡方检验的统计方法对不同网民群体所关注的互联网集群事件与感知特征进行差异比较；最后，研究者在开放式问卷结果的基础上结合以往的相关研究，编写出网民对互联网集群行为的信息感知量表，并进行探索性因素分析与验证性因素分析，获得的结果为后续研究提供理论基础。

(二) 理论背景与研究假设

网民对互联网信息的感知、加工处理以及认知需求存在明显的个体差异，其原因可能是不同个体对同一线索的感知不同，具体表现在性别、年龄、生活经验等诸多方面：①性别。男性更容易受到态度效应、积极预期情绪、群体规范的影响，而社会认同和负向预期情绪则更容易影响女性对信息的感知状况。②年龄。阅历丰富的网民能较好地辨别网络媒体报道信息的真伪，而经验贫乏者则通常不能很好地辨析网络媒体对他们主流思想的影响。③生活经验。生活经验会影响个体的信念和认同感，而且使用互联网即时信息经验贫乏者对即时信息的使用意愿较多地受到群体规范的影响，而对于使用经验丰富的个体而言，其使用意愿较多地受到社会认同感的影响。④社会经济地位。虽然互联网具有地位权威最小化的特点，但是研究者发现，网民在现实生活中的社会经济地位在一定程度上会影响其在互联网环境中的信息感知水平。基于此，我们提出如下假设：

H1：网民对互联网集群事件的关注涉及多个领域，并且网民更倾向于关注与自身相关的互联网集群事件。

H2：网民对互联网集群行为的信息感知存在群体差异性，具体体现在性别、年龄、职业、受教育水平和社会经济地位等方面。

(三) 研究方法与研究程序

1. 研究被试

被试为年龄在 18 周岁以上，并且在过去半年内经常上网的网民。本研究采用互联网在线开放式问卷调查的方式共收集到 232 份问卷，进行废卷处理，将空白过多、反应倾向过于明显的问卷剔除，最后得到 225 份，占 96.98%。被试的基本信息如表 4-2 所示。

表 4-2　被试基本信息一览

分类	样本量	所占百分比（%）
性别		
男	125	55.5
女	100	44.5

续表

分类	样本量	所占百分比（%）
年龄		
18～24 岁	65	28.9
25～30 岁	125	55.5
31～45 岁	35	15.6
职业		
学生	108	48.0
事业单位	57	25.13
公司职员	60	26.67
受教育水平		
高中/中专及以下	21	9.3
大学	76	33.7
硕士及以上	128	56.9
家庭月收入		
2000 元以下	71	31.5
2001～5000 元	88	39.1
5000 元以上	66	29.4

2. 研究工具

首先，采用 Nvivo8.0 软件对开放式问卷的结果进行编码，并对频次进行统计分析；然后，运用统计分析软件 SPSS13.0 进行群体间的卡方检验分析。

3. 研究程序

本研究的基本步骤如下：

第一，对"互联网集群行为（事件）"进行界定：网民集群将共同关心的问题发布到网上，通过回帖、转发、点击网页等形式大规模发布信息，希望事件朝自身期望的方向发展的一种网络与现实交互影响的结果。大量网民群体以共同方式对某一事件或问题的过度反应，既可以是自发的，也可以是有组织的，其性质不分好坏。

第二，采用在线开放式调查的方式，让被试列出他们所认为的目前影响最大的三件"互联网集群行为（事件）"与他们认为的"互联网集群行为"的四个特点。

第三，根据被试所列出的互联网集群事件及其信息感知特征，由两名应用心理学专业的研究生对所得的事件与认知特点进行归纳、编码、整理。初步整理后发现，225 名被试总共描述了 651 件互联网集群行为（事件）（平均每个被试描述的事件数为 2.89 件）与 769 个认知特点（平均每个被试描述的认知特点数为 3.42 个）。所有事件与感知特征均被输入计算机，之后由四名研究者对所有数据进行分析整理。分析整理的程序如下：首先，按照定义的标准筛选出合适的互联网集群行为（事件），整理分析后获取 629 件互联网集群行为（事件）（不可用百分比为 3.4%）和 752 个认知特点（不可用百分比为 2.3%）；其次，合并表达方式不同，但意义相同的事件和认知特点，最终保留了 597 件互联网集群行为（事件）（79 类）与 695 个认知特点（94 类）。

（四）研究结果

四名研究人员再组成编码小组，对所有事件与信息感知特征进行讨论与分类，最后取得一致意见。

1. 互联网集群事件的分类结果

按照类型划分为七大类，分别是：①日常生活（食品卫生、住房困难、医疗、就业、教育）；②网络救助（自然灾难、爱心捐助、志愿服务、呼吁环保）；③社会风气（富二代、官二代、道德风尚、假冒伪劣或造假）；④政府执政（政府不作为、政府腐败）；⑤娱乐炒作（"犀利哥"、传播虚假信息、跟帖、网络共享）；⑥政治外交（领土主权、网络投票、热点时事）；⑦人肉搜索（网络事件、诈捐）。具体如图 4—4 所示。

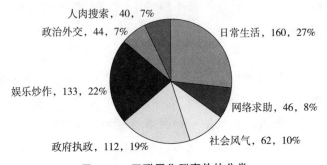

图 4—4　互联网集群事件的分类

2. 互联网集群行为的感知分类

按照类型划分为七大类、26小类。分别是：①担忧程度（不理智、迷茫、不成熟、道德缺失、监管力度不够）；②舆论导向（适当的价值导向、媒体介入、意见趋同性幕后推手、组织性）；③受关注程度（新奇、吸引、有趣、关注度高）；④迅速程度（一呼百应、来得快去得也快）；⑤可控性（难以控制、监管力度不够、自发性）；⑥影响程度（能反映现实矛盾、信息来源广、公益性、教育性、印象深刻）；⑦便捷程度（代价低、以网络为工具、信息丰富）。具体如图4-5所示。

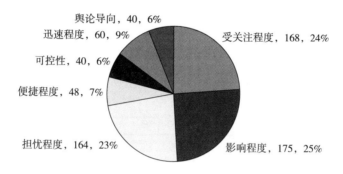

图4-5　网民对互联网集群行为的感知分类

3. 确定网民最关心的互联集群事件

通过分析开放式问卷调查的结果，确定网民最关心的互联集群事件及其对互联网集群行为的感知特征，将网民对互联网集群行为的感知特征作为后续研究的基础。为了检验上述分析结果的可靠性与有效性，我们另外由两名硕士研究生与一名博士研究生组成了验证小组，根据研究所提出的分类标准对互联网集群行为和网民互联网集群事件的认知特点进行了验证性分类。

首先，由研究者讲解分类框架并解释提出该框架的思路；其次，参加验证分类的研究生讨论各自对分类框架的理解，直到彼此间达成一致；最后，他们必须针对各自分类出现的分歧词语进行讨论，给出最后讨论后的分类结果。参照的标准是：至少两人意见应该完全一致；若三人意见均不一致，且彼此不能相互说服，需将此词归入"其他"（即无法分类）。

接下来分析验证分类的一致性，分类框架采用二级分类，结果表明，互联网集群事件的一级分类共有七个大类，二级共有25个子类。网民对互联网集群行为的感知特征一级分类共有七个大类，二级分类共有 26 个小类。结果发现，编码一致性的比率均在 80% 以上，表明本研究的编码是可以接受的。互联网集群事件的分类的一致性具体如表 4—3 与表 4—4 所示。

表 4—3　互联网集群事件的一级分类一致性

	频次	百分比（%）
均不一致	2	6.9
一者一致	3	10.3
两者一致	4	13.8
三者均一致	20	69.0
总计	29	100

表 4—4　网民对互联网集群行为的感知特征的一级分类一致性

	频次	百分比（%）
均不一致	2	9.6
一者一致	1	4.8
两者一致	1	4.8
三者均一致	17	80.8
总计	21	100

互联网网民在集群事件方面，我们归纳出日常生活、网络救助、政府执政、社会风气、人肉搜索、娱乐炒作、政治外交七大类。对互联网集群事件分类的示例统计如表 4—5 所示。

表 4—5　互联网集群事件分类统计

类型	词频	示　例
日常生活	160	房价问题，医疗改革问题，人民币汇率增长，中国学前教育，食品问题，医风医德问题，职业病鉴定，退休年龄等

续表

类型	词频	示　　例
网络救助	46	有人通过网络呼吁拯救一个身患绝症女婴最后成功、发起募捐，延长春节假期的网民投票，地球保护，抗震救灾，寻找走失的老人小孩，舟曲灾害报道，出国留学信息等
政府执政	112	"躲猫猫""涉黑门""艳照门""俯卧撑事件"、贵州瓮安县"6·28"事件、通钢事件、全民免费医疗、全民免费教育、工资水平、消费水平、城管、计划生育、强制拆迁、干部出国旅游清单事件等
社会风气	62	罗彩霞事件、"香烟门事件""周老虎事件"、重庆/三亚等地发生的出租车司机罢运、周久耕事件、网民围观、论文剽窃大讨论等
人肉搜索	40	"犀利哥遭人肉搜索事件""躲猫猫事件""女子虐猫事件""婆婆控诉女婿抢房事件"等
娱乐炒作	133	闫凤娇、"艳照门""凤姐""春哥""曾哥"等
政治外交	44	中日钓鱼岛争端、9·7日本巡逻船钓鱼岛冲撞中国渔船事件、"抵制家乐福"事件、8·23菲律宾劫持香港游客事件、抵制日货等
总计	597	

　　我们对于受关注程度、影响程度、担忧程度、便捷程度、可控性、迅速程度和舆论导向也进行了分类分析，如表4—6所示。

表4—6　网民对互联网集群行为感知特征的分类统计

类型	词频	示　　例
受关注程度	168	新奇性、大众性、利己、弥散性、参与面广、主题吸引性、利益群体范围大、政治性、维权、网名广泛参与、大范围、有新闻热点、紧跟社会关注等
影响程度	175	影响大、关系民生、从众、利用现有手段解决不了的问题、有趣性、话题有趣或者严重、利益、大众化、社会性、群体性、社会的影响力（在社会中是否产生了较大的影响）等

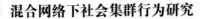

续表

类型	词频	示例
担忧程度	164	不理智、影响恶劣、涉及敏感话题、迷茫、不成熟、不确定性、透明化、社会责任、民心、不好监管、煽动性、数据不真实性有待验证、有时很无聊、不严谨、隐匿性、安全性、事件若无妥善处理则网民的追讨就不会停止等
便捷程度	48	社会资源多、代价低、参与方便、以网络为媒介、现实与虚拟并存、快捷性、间接性、通过网络表达意见、声讨为主、很少有实质的接触、很有正义敢说真话等
可控性	40	参与性强、激烈、自发、过激、问题的严重性（是关系大局还是部分个体）、最终的解决办法（是否有效）、发起者的隐蔽性、低俗性、讨论人员复杂等
迅速程度	60	网络传播快、速度快、时效、时间短、轰动性、来得快去得快、扩散快等
舆论导向	40	目的明确、有典型的代表和言论、造成舆论、舆论导向容易受到幕后黑手操纵、政府实施舆论管制、真相被掩盖等
总计	695	

从这些访谈结果中，我们可以看到互联网下人们的行为表现的基本特征。

（五）研究结果的深入分析

1. 质性分析

在前人相关研究的基础上，结合本研究的结果，我们通过专家编码，按照频次与重要程度将我国当前网民群体关注的互联网集群事件划分为七大类，将网民对互联网集群行为的认知特点也划分为七大类。其具体界定如表4-7与表4-8所示。

表 4－7　七类互联网集群事件的界定

事件类型	界　定
日常生活	与人们日常生活息息相关的各类网络事件,如婴儿奶粉、养老问题、就业问题、罢工、医疗问题等
网络救助	借助网络为人们提供帮助和服务的各类行为,如募捐、志愿服务、爱心传递等
社会风气	影响社会风气与精神文明建设的各类网络事件,如"富二代""官二代""范跑跑"学术造假等
政府执政	在政府执政过程中产生的引起网民关注的各类网络事件,如"躲猫猫""香烟门""石首事件"等
娱乐炒作	为扩大人或事物的影响而通过媒体做反复的宣传的各类网络事件,如"凤姐""奥巴马女郎""华南虎""封杀王老吉"等
政治外交	政府在国际合作、交流以及其他国际关系方面引发的各类网络事件
人肉搜索	通过网络社区集合广大网民的力量,追查某些事情或人物的真相与隐私,并把这些细节曝光

表 4－8　网民对互联网集群行为的感知特征及其界定

感知特征	界　定
担忧程度	互联网集群事件的参与者的行为是否很偏激、网民是否可以平静地去面对这些事件
舆论导向	是否存在一种舆论操纵参与者的意识并指引互联网集群事件的发展方向
受关注程度	互联网集群事件是否会得到人们的广泛关注、人们是否会重视它并参与其中
迅速程度	互联网集群事件的后果是瞬间爆发、来得快去得快,还是持续存在
可控性	你认为互联网集群事件是否易被监控、是否可以控制它并不受其影响
影响程度	互联网集群事件的影响程度有多普遍,是仅对个别群体产生影响,还是范围大、对大多数群体都产生影响
便捷程度	参与互联网集群事件是便利、花费较少,还是比较费时、费力

2. 群体差异性分析

本研究进一步分析了不同性别、年龄、文化程度、职业、收入水平的网民在关注的互联网集群事件上的群体差异性。在性别的差异性分析方面,经卡方检验发现,男女在七大类互联网集群事件的关注程度上存在显著差异。整体来看,男女关注的各类互联网集群行为(事件)在排序上不太一致,并且从词频比例上来看，女性更关心日常生活问题，男性更关心娱乐炒作，如表4—9所示。

表4—9　不同性别所关注的互联网集群事件的差异性比较

性别	日常生活	网络救助	社会风气	政府执政	娱乐炒作	政治外交	人肉搜索
男	52	26	31	71	88	34	16
女	108	20	31	41	45	10	24

经卡方检验发现，不同年龄的网民群体对七大类互联网集群事件的关注程度存在差异。$\chi^2(12)=21.36$，$p=0.045<0.05$。整体分析表明，$18\sim24$岁年龄段的网民群体更关心娱乐炒作，$25\sim30$岁年龄段的网民群体对日常生活的关注度更高；而$31\sim45$岁年龄段的网民群体则更关心政府执政，如表4—10所示。

表4—10　不同年龄段网民群体所关注的互联网集群事件的差异性分析

年龄	日常生活	网络救助	社会风气	政府执政	娱乐炒作	政治外交	人肉搜索
$18\sim24$岁	51	19	11	20	52	17	12
$25\sim30$岁	70	19	30	41	57	24	21
$31\sim45$岁	18	11	16	21	17	6	6

经卡方检验发现，不同学历的网民群体对七大类互联网集群事件的关注程度存在差异。$\chi^2(12)=35.99$，$p<0.001$。整体分析表明，与高中及以下学历的网民群体相比，大学、硕士及以上学历的网民群体更关注日常生活，而高中及以下学历的网民群体则更关注娱乐炒作，如表4—11所示。

表4—11　不同学历网民群体所关注的互联网集群事件的差异性分析

学历	日常生活	网络救助	社会风气	政府执政	娱乐炒作	政治外交	人肉搜索
高中及以下	2	6	4	8	17	1	1
大学	57	22	15	33	48	23	9
硕士及以上	86	20	45	66	69	26	32

不同职业的网民群体在七大类互联网集群事件的关注程度也存在差异。χ^2 (12)＝40.37，p＜0.001。整体分析表明，与学生网民群体相比，已经参加工作的网民群体更关注政府执政，而学生网民更关注娱乐炒作，如表4－12所示。

表4－12　不同职业网民群体所关注的互联网集群事件的差异性分析

学历	日常生活	网络救助	社会风气	政府执政	娱乐炒作	政治外交	人肉搜索
学生	76	18	30	44	87	23	17
事业单位	38	6	21	35	25	11	11
公司职员	18	20	11	31	22	12	13

在收入水平方面，不同家庭收入水平的网民群体在七大类互联网集群事件的关注程度上存在差异。χ^2 (12)＝22.93，p＝0.028＜0.05。整体分析表明，家庭月收入在2000元及以下的网民群体更关心网络救助和社会风气；2001～5000元收入的网民群体更关心政府执政；而家庭月收入在5000元以上的网民群体则更关心日常生活，如表4－13所示。

表4－13　不同收入水平网民群体所关注的互联网集群事件的差异性分析

收入	日常生活	网络救助	社会风气	政府执政	娱乐炒作	政治外交	人肉搜索
2000元及以下	5	9	7	7	6	2	4
2001～5000元	26	13	15	38	23	15	6
5000元以上	36	9	13	22	24	9	14

综上所述，网民对互联网集群事件的关注存在群体差异性，这种差异性具体体现在性别、年龄、文化程度、职业和收入水平五个方面。假设H2得到了验证。

二、互联网集群行为的感知特征问卷的编制

(一)研究目的

为了测量网民对互联网集群行为的感知状况，本研究根据研究一的文本挖掘结果选取合适的感知特征维度，初步确定互联网集群行为的感知特征为

25 类互联网集群事件，然后进行大规模的预试调查，通过对调查数据的分析，建立互联网集群行为的感知特征的问卷结构。

（二）研究方法

1. 研究被试

本研究的被试主要来自不同 QQ 群、不同论坛的网民，通过网络在线调查的方式总共回收了 228 份问卷，对所有问卷进行废卷处理后，得到 210 份有效问卷，有效填答率为 92.1%。被试的分布情况如表 4-14 所示。

表 4-14　被试基本信息一览

分类	样本量	所占百分比（%）
性别		
男	118	56.2
女	92	43.8
年龄		
18～24 岁	64	30.5
25～30 岁	109	51.9
31～45 岁	37	17.6
职业		
学生	59	28.1
事业单位	42	20.0
公司职员	102	48.6
务农	7	3.3
受教育水平		
高中/中专及以下	17	8.1
大学	123	58.6
硕士及以上	70	33.3
家庭月收入		
1000 元以下	50	23.8
1000～2000 元	58	27.6
2001～5000 元	77	36.7
5000 元以上	25	11.9

2. 研究程序

如表 4－15 所示，由两名应用心理学专业的博士生与三名硕士生组成问卷编制小组根据之前文本挖掘所获得的互联网集群行为的感知特征，并参照以往研究所用的风险感知特征维度，最终选取受关注程度、便捷程度、舆论导向、迅速程度、可控性、影响程度、担忧程度、可接受程度这八类互联网集群行为的感知特征维度对 25 类互联网集群事件进行测量，初步完成了网民对互联网集群行为的感知特征问卷的编制工作。

表 4－15　网民对互联网集群行为的感知特征及其界定

感知特征维度	界　　定
受关注程度	互联网集群事件是否会得到网民朋友的广泛关注，并吸引网民参与其中
便捷程度	网民觉得参与互联网集群事件是便利、花费较少，还是比较费时费力
舆论导向	是否存在一种舆论操纵参与者的意识并指引互联网集群事件的发展方向
迅速程度	互联网集群事件的后果是瞬间爆发的，还是持续存在的
可控性	互联网集群事件是否易被监控，并不受其影响
影响程度	互联网集群事件的影响程度有多广泛，是仅对个别网民群体产生影响，还是范围大、对大多数群体都产生影响
担忧程度	互联网集群事件的参与者的行为是否很偏激、网民是否可以平静地去面对这些事件
可接受程度	若这些互联网集群事件所带来的后果具有不良影响，网民群体在多大程度上可以接受这些事件带来的不良后果

3. 研究工具

采用初步编制的互联网集群行为的感知特征问卷，以李克特七点评分量表来测度 25 件互联网集群事件在八个互联网集群行为感知特征维度上的差异，这八个感知特征的维度分别为：受关注程度、便捷程度、舆论导向、迅速程度、可控性、影响程度、担忧程度、可接受程度。每个感知特征维度均采用李克特七点量表评定（1 为完全不同意，4 为不确定，7 为完全同意）。

4. 统计分析

本研究采用 SPSS13.0 软件，运用探索性因素分析的方法，对网民互联网集群行为的感知特征结构进行了分析。

(三) 研究结果及分析

首先，对本次问卷的调查数据进行 KMO 检验，结果为 0.79，表明此数据符合探索性因素分析的条件。其次，采用主成分分析法与正交极大旋转法抽取因子对调查数据进行探索性因素分析，以特征根大于等于 1 为提取因子的原则，同时参照碎石图确定项目抽取因子的有效数目。判断一个项目是否保留的标准有两点：一是该项目是否在某一因素上的负荷超过 0.3；二是该条目是否不存在交叉负荷，即在两个因素上是否都有 0.3 的负荷。依照此原则，删除了迅速程度与担忧程度两个维度。

经过几轮探索性因素分析，最终获得表 4—16 所示的结果。本研究获得了互联网集群行为的感知特征维度的两因素结构，这两个因素的特征根均大于 1，单个方差解释率大于 11%，累积方差的解释率达到了 81.78%。各项目在相应因子上具有较高的负荷，处于 0.37~0.85。具体而言，因素 1 含有三个维度，分别为受关注程度、影响程度、舆论导向，研究人员把这个因素命名为感知有意义；因素 2 含有三个感知特征维度，分别为便捷程度、可接受程度、可控性，研究人员将这个因素命名为感知易执行。

表 4—16　互联网集群行为感知特征问卷的因素分析结果

项目	因素 1	因素 2
受关注程度	0.85	0.14
影响程度	0.83	0.25
舆论导向	0.37	0.11
便捷程度	0.22	0.84
可接受程度	0.17	0.79
可控性	0.14	0.39
特征根	2.58	2.02
解释的方差变异量	45.87%	35.91%
总计		81.78%

基于上述结果，我们认为，互联网集群行为的感知维度由感知有意义和

感知易执行两大因素构成。探索性因素分析结果表明，这两大因素的项目分布合理，且每个项目在对应因素上的负荷比较高，因素累积解释方差变异量为 81.78%，解释比例较高。因此，本研究认为，由此得出的互联网集群行为感知特征的问卷结构是可以接受的。

三、互联网集群行为感知问卷的验证性因素分析

（一）研究目的

采用经过初测所得到的问卷，通过探索性因素分析后修订问卷，重新收集研究数据，对所编制的互联网集群行为感知问卷的信度和结构效度进行检验。

（二）研究方法

1. 研究被试和研究工具

本研究采用的被试共 762 名（男性 455 人，女性 307 人），年龄为 18~45 岁，上网历史以 2~12 年为主，受教育水平以高中/中专至硕士学历不等，收入在 3000~5000 元，以城市居民为主。研究工具采用初步编制的网民互联网集群行为感知问卷，以李克特七点评分量表来测度网民在互联集群行为的感知特征维度上的差异，这六类感知特征的维度分别为：受关注程度、可接受程度、舆论导向、便捷程度、影响程度、可控性。对每个感知特征维度均采用李克特七点量表评定（1 为非常不同意，4 为不确定，7 为非常同意）。

2. 研究程序

本部分的数据主要通过发放纸质问卷与在线问卷两种方式获取。其中，纸质问卷调查主要是在山东省枣庄师范学院附近的网吧、山东省安丘市内的网吧完成。为保证数据调查的科学性和有效性，对在网吧内上网的网民以一对一的方式进行施测，在调查之前，对参与问卷调查的人员进行培训，尽可能保证调查数据的真实性与可靠性。在调查时调查者需要告知被试此次调查结果不会针对个人，仅作科学研究用，所有数据将会进行统一处理，并保证对外完全保密。在线问卷调查则主要借助于互联网发布。整个调查历时一个月左右，总共发放问卷 950 份，实际收回 811 份，回收率为 85.3%。当所有问卷收回之后，进行废卷处理工作，剔除空白过多、反应倾向过于明显的问卷，最后得到 762 份有效问卷，有效填答率为 93.9%（占回收问卷的百分比）。

3. 统计分析

首先，采用 SPSS13.0 分析问卷的内在一致性系数（Cronbach α 系数），然后，采用统计软件包 Amos4.0 对互联网集群行为认知问卷的结构效度进行验证性因素分析（Confirmatory Factor Analysis，CFA）。

（三）研究结果及分析

1. 信度分析

从内部一致性的结果来看，互联网集群行为的感知特征整个问卷的内在一致性系数为 0.81，其中感知有意义（三个维度）的内部一致性系数为 0.79，感知易执行（三个维度）的内部一致性系数为 0.76。这表明，互联网集群行为的感知问卷的题目设计还是合理、有效的，如图 4—6 所示。

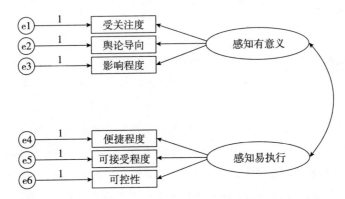

图 4—6 互联网集群行为感知问卷的验证性因素分析结构

2. 验证性因素分析

采用 Amos7.0 对互联网集群行为感知特征的结构效度进行验证性因素分析，可以得到的拟合指数包括 χ^2/df、GFI、AGFI、NFI、IFI、TLI、CFI、RMSEA 等。在本书中我们采用 χ^2/df、RMSEA、GFI、AGFI、CFI、NFI、IFI，各指数的拟合标准如下：χ^2/df 大于 10 表示拟合模型不能接受，小于 5 表示模型可以接受，小于 3 则模型较好；NFI、IFI、TLI、CFI 最低要求是大于 0.85，最好能大于 0.9，并且其值越接近于 1 越好；RMSEA 处于 0 和 1 之间，0.08 为其临界值，且越接近于 0 越好。

表 4—17 验证性因素分析的模型拟合指标的结果表明，各拟合指标基本符合统计测量学的要求，因此，通过验证性因素分析，互联网集群行为的感知特征两因素模型得到了数据的支持。

表 4—17 互联网集群行为感知问卷的验证性因素分析的模型拟合指标结果

拟合指标	χ^2/df	RMSEA	GFI	AGFI	CFI	NFI	IFI
拟合指标值	4.17	0.081	0.92	0.89	0.97	0.95	0.97

本研究首先采用开放式问卷调查的方式收集了网民最关心的七大类、25小类互联网集群事件，以及通过文本挖掘的方式获取了网民对互联网集群行为的感知特征，在此基础上，编制出网民对互联网集群行为的感知问卷；其次，研究者组织人员先后进行了两次调查取样，对编制的问卷进行修订，数据分析结果表明，本研究所编制的互联网集群行为的感知特征问卷具有较好的信度与效度。

四、互联网集群行为感知的群体差异性分析

（一）研究目的与理论基础

不同群体对同一行为的信息感知是不同的，即使同一群体也会对相同的互联网集群行为产生不同的信息感知。基于此理论基础，在本研究中，为了能更好地认识不同网民群体在互联网集群行为的信息感知方面的差异，采用新编制的互联网集群行为感知特征问卷对不同网民群体感知特征的群体差异进行了比较分析。

（二）研究方法

1. 研究被试和研究工具

本研究所采用的被试同上一个研究，从中选取 525 份有效问卷进行分析。采用的研究工具如下：

（1）互联网集群行为信息感知问卷：采用编制的互联网集群行为感知问卷，以李克特七点评分量表进行评定。

（2）人口统计学变量：本研究对网民群体的性别、户籍地、年龄阶段、政治面貌、职业、文化程度和收入状况进行了调查。

2. 统计分析

本研究采用 SPSS13.0 检验互联网集群行为的信息感知特征的群体差异性。

（三）研究结果及分析

1. 描述性统计分析

从表4—18可以看出，感知特征各维度的峰度、偏度均在可接受的范围内，因此，可以判定所收集的数据基本可以作为正态分布的数据处理。

表4—18　主要变量的描述性统计

	平均值	标准差	偏度	峰度	1	2	3
1. 总体感知水平	4.39	1.02	−0.65	1.97			
2. 感知有意义	4.33	1.08	−0.56	0.86	0.96**		
3. 感知易执行	4.36	1.00	−0.65	1.59	0.95**	0.83**	

注：* $p<0.05$，** $p<0.01$，*** $p<0.001$，$N=525$，对角线上为内在一致性系数 α。

2. 性别差异性分析

本研究采用 T 检验来探查互联网集群行为的信息感知在人口统计学变量中的性别差异，检验结果显示，男性对互联网集群行为的总体信息感知水平（4.38）略高于女性（4.37），但并没有达到显著性水平，$t(523)=0.51>p=0.05$。在两个信息感知特征维度上独立样本 T 检验上的差异均不显著，$t_{感知有意义}(523)=0.42$，$t_{感知易执行}(760)=0.66$。

3. 上网历史差异性分析

采用单因素方差分析对上网历史不同的网民群体在互联网集群行为的信息感知状况进行差异性分析，结果表明：①在总体的信息感知水平上，不同上网历史的网民存在显著差异，$F_{总体感知水平}(5,519)=2.57<p=0.05$；②不同上网历史的网民在感知有意义水平上存在显著差异，$F_{感知有意义}(5,519)=2.76<p=0.05$，而在感知易执行上则无显著差异，$F_{感知易执行}(5,519)=2.13>p=0.06$。

4. 年龄差异性分析

对于互联网集群行为的信息感知的年龄差异，本研究采用 SPSS13.0 软件中的单因素方差分析。如表4—19a 所示，可以看出，31~45 岁的网民群体的感知水平显著高于 25~30 岁与 18~24 岁的网民群体；如表4—19b 所示，在感知易执行方面，25~30 岁的网民群体得分要显著低于 31~45 岁与 18~24 岁的网民群体。此外，感知有意义维度上不存在年龄差异，$F(2,760)=2.93>p=0.05$。

表 4-19a　总体感知水平的年龄差异

年龄	N	亚　组	
		1	2
31~45 岁	257	4.56	
25~30 岁	362		4.19
18~24 岁	143		4.43
Sig.		1	0.28

表 4-19b　感知易执行的年龄差异

年龄	N	亚　组	
		1	2
25~30 岁	362	4.19	
18~24 岁	143		4.45
31~45 岁	257		4.66
Sig.		1	0.083

注：比较方法为 Student-Newman-Keuls（SNK）。

5. 文化程度差异性分析

采用单因素方差分析对文化程度不同的网民群体在互联网集群行为的信息感知状况进行差异性分析，结果表明：在总体的信息感知水平上，不同文化程度的网民存在显著差异，$F_{总体感知水平}(3,521)=5.50<p=0.05$；不同文化程度的网民在感知有意义维度上存在显著差异，$F_{感知有意义}(3,521)=5.236<p=0.05$；而在感知易执行维度上则无显著差异，$F_{感知易执行}(3,521)=5.06<p=0.05$。SNK 检验的结果表明，网民对互联网集群行为的信息感知水平与感知各维度均随着学历增高而增高，硕士学历及以上的网民群体总体感知水平最高。

6. 家庭月收入差异性分析

采用单因素方差分析对家庭月收入不同的网民群体在互联网集群行为的信息感知状况进行差异性分析，结果表明：在总体的信息感知水平上，不同收入水平的网民不存在显著差异，$F_{总体感知水平}(3,521)=1.90>p=0.05$；不同收入水平的网民在感知有意义维度上存在显著差异，$F_{感知有意义}(3,521)=2.74 < p=0.05$；而在感知易执行维度上则无显著差异，$F_{感知易执行}(3,521)=1.96 > p=0.05$。SNK 检验的结果表明，家庭月收入在 5000 元以上的网民群体对互联网集群行为的信息感知水平最低，而对低于 5000 元的其他家庭月收入网民群体而言，家庭收入水平越高的网民群体对互联网集群行为的信息感知水平越高，如表 4—20 所示。

表 4—20　互联网集群行为的信息感知在收入水平上的差异

每月家庭收入	N	亚　组	
		1	2
5000 元以上	60	4.07	
低于 1000 元	148		4.37
1000～2000 元	143		4.46
2001～5000 元	174		4.47
Sig.		1	0.53

注：比较方法为 Student—Newman—Keuls（SNK）。

本研究将在后文继续分析这些问题，以便把混合网络下的社会集群行为的感知规律研究继续下去。

（石密、时勘）

第五章

互联网集群行为意向的作用机制研究

第一节　互联网集群行为意向的影响因素

一、情绪因素影响互联网集群行为的路径分析

（一）研究目的

本研究的主要目的是在上一个研究的基础上，初步构建以信息感知为核心的互联网集群行为意向的影响因素模型，从而探讨情绪体验、情绪感染敏感度、信息感知对互联网集群行为意向的影响以及之间的相互关系。

（二）理论背景与研究假设

1. 信息感知

根据 TAM，信息感知是其他变量影响行为意向的中间变量，虽然 IS 的研究也表明，对信息的感知易用性与感知有用性是用户持续使用网络意向的重要影响因素。但目前关于网民的信息感知特征与互联网集群行为意向之间的关系尚未有深入的研究。基于此，我们提出以下假设：

H1：网民对互联网集群行为的信息感知是影响集群行为意向的重要中间变量。

2. 情绪感染敏感度与情绪体验

情绪感染敏感度是指个体关注他人情绪并易受他人情绪影响的程度。与情绪有关的研究发现，在某些情境中情绪因素对人的影响甚至超过认知的影

响并起主导作用。在个体的互动过程中，他们会倾向于捕捉他人传达的情感信息，并会自动地、持续地模仿他人的面部表情、声音、姿势、动作和行为等，并尽可能与之保持同步，可以将这一过程称为情绪感染。情绪感染在社会互动过程中可以将一方的情绪状态转移给另一方。他们证实，情绪感染更多是一种无意识的机械反应，它最终会影响个体的情绪体验。立足于情绪感染理论的研究发现，在服务交互的情境中，情绪感染会产生从员工到顾客的情绪涟漪效应。有学者指出，在人肉搜索过程中，网民群体之间会存在心理暗示和情绪传染，并导致统一的情绪倾向。情绪提供了外部环境的信息，并影响人们的认知和行为，它在意向—行为的过程中发挥重要的作用。基于此，我们提出以下假设：

H2：情绪感染敏感度会通过引起情绪体验影响信息感知水平，并进而影响互联网集群行为意向。

H3：情绪体验不仅通过信息感知影响互联网集群行为意向，还会直接影响互联网集群行为意向。

本部分的研究框架如图 5—1 所示。

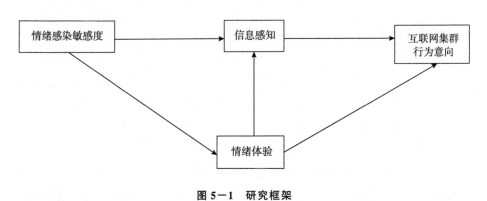

图 5—1　研究框架

（三）研究方法与程序

1. 研究被试

本研究由南方人才网、问卷星等网站通过在线取样的方式共收集到 788 份问卷，经过废卷处理，将空白过多、反应倾向过于明显的问卷剔除后，得到 767 份有效问卷（占 97.34%），被试的基本信息如表 5—1 所示。

表5-1　被试的基本信息一览

分类	所占百分比（%）	分类	所占百分比（%）
性别		职业	
男	56.7	学生	47.9
女	43.3	教师	4.4
年龄		公务员	3.6
18～24 岁	49.7	公司职员	36.8
25～30 岁	32.5	务农	0.9
31～45 岁	14.5	自由职业者	5.9
45 岁以上	2.3	文化程度	
家庭月收入		初中及以下	5.6
1000 元以下	33.1	高中/中专	19.0
1001～2000 元	30.4	大专	23.7
2001～5000 元	25.0	本科	30.6
5000 元以上	11.5	硕士及以上	20.3
政治面貌			
团员	47.5		
中共党员	32.3		
其他	20.2		

2．研究工具

（1）互联网集群行为意向：自编问卷，测量网民在遇到互联网集群行为时是否会参与的倾向性。该量表由七个条目组成。

（2）互联网集群行为的信息感知：采用前一研究所编制并修订的互联网集群行为的信息感知问卷，分别包括感知有意义与感知易执行两大维度。

（3）情绪敏感度：采用编制的情绪感染敏感度问卷。该量表由八个条目构成。

（4）情绪体验自编问卷：该量表由四个条目构成。

以上各量表均采用七点评分，其中1为"完全不同意"，2为"比较不同意"，3为"有点不同意"，4为"不确定"，5为"有点同意"，6为"比较同意"，7为"完全同意"。

3. 研究程序

通过在线取样的方式收集数据，在问卷正式条目前，向受众说明研究目的，并特别强调问卷调查只作为研究材料，问卷填答结果严格保密，请大家放心作答。

4. 统计分析

本研究采用 SPSS13.0 与 Amos4.0 进行所有的统计分析。具体包括：首先，采用验证性因素分析、探索性因素分析考察所有问卷的信度和效度；其次，完成共同方法偏差分析；最后，运用结构方程的路径分析技术考察情绪体验、情绪感染敏感度、信息感知与互联网集群行为意向的关系。

（四）研究结果与分析

1. 各测量变量的探索性因素分析与验证性因素分析

运用 Amos4.0 对测量变量进行探索性因素分析与验证性因素分析，其中互联网集群行为的信息感知问卷的信效度检验请参见前一章。

（1）互联网集群行为意向的探索性因素分析与验证性因素分析。由于互联网集群行为意向量表为自编量表，因此，在预测中，我们先对量表进行了探索性因素分析，如表5-2所示。从探索性因素分析的结果来看，条目分布合理，而且每个条目在相应因素上的负荷较高，因素累积解释方差变异量为59.1%，解释比例较高，因此，可以认为互联网集群行为意向问卷的结构是可以接受的。

表5-2 互联网集群行为意向问卷的探索性因素分析结果

项 目	因素1
1. 我会以网上留言、转发、回帖等方式支持网络集群行为	0.75
2. 我会为促进网络集群事件的发展尽一份力	0.78
3. 我会参与网络集群事件的讨论	0.80
4. 我会非常关注网络集群事件的发展	0.74
5. 我会介绍好友参与网络集群事件的讨论	0.79
6. 我会向别人宣传参与网络集群事件的好处	0.78
7. 我会为网络集群事件的发展提供一些好的建议	0.73
特征根	5.37
解释的方差变异量	59.1%

随后在正式施测过程中，我们采用 Amos4.0 对互联网集群行为意向进行验证性因素分析，各项指标均符合统计测量学的要求，如表 5－3 所示。从验证性因素分析结果可以看出，各项指标均符合统计测量学的要求。因此，可以认为互联网集群行为意向的单因素模型得到了数据的支持。

表 5－3　互联网集群行为意向的验证性因素分析结果

χ^2	df	χ^2/df	GFI	NFI	AGFI	IFI	TLI	CFI	RMSEA
83.617	13	6.432	0.97	0.97	0.94	0.97	0.96	0.97	0.08

（2）情绪体验的探索性因素分析与验证性因素分析。由于情绪体验量表为自编量表，因此，在预测中我们先对量表进行了探索性因素分析，如表 5－4 所示。从探索性因素分析的结果来看，条目分布合理，而且每个条目在相应因素上的负荷较高，因素累积解释方差变异量为 63.5%。解释比例较高，因此，可以认为情绪体验问卷的结构是可以接受的。

表 5－4　情绪体验问卷的探索性因素分析结果

项　　目	因素 1
1. 当我明确参与网络集群行为的意向后，感到不愉快	0.86
2. 我一想到要参与互联网集群行为，就开心	0.73
3. 在我明确参与互联网集群行为的意向后，感到高兴	0.71
4. 我一想到要参与互联网集群行为就难过	0.86
特征根	3.17
解释的方差变异量	63.5%

采用 Amos 软件对情绪体验量表进行验证性因素分析，如表 5－5 所示。从验证性因素分析结果可以看出，各项指标均符合统计测量学的要求。因此，可以认为情绪体验的单因素模型得到了数据的支持。

表 5－5　情绪体验的验证性因素分析结果

χ^2	df	χ^2/df	GFI	NFI	AGFI	IFI	TLI	CFI	RMSEA
11.82	2	5.91	0.99	0.99	0.96	0.99	0.97	0.99	0.08

2. 各测量变量的描述性统计分析

表5-6呈现了本研究的描述性统计分析结果，从各变量之间的相关性来看，首先，在控制变量与自变量及因变量之间的相关性方面，性别与情绪感染敏感度呈显著负相关（r=-0.14，p<0.01），即女性对情绪更敏感；性别与互联网集群行为意向呈显著正相关（r=0.13，p<0.01），即男性参与互联网集群行为意向的倾向更高；年龄与互联网集群行为意向呈正相关（r=0.13，p<0.01）；受教育程度与互联网集群行为意向呈正相关（r=-0.13，p<0.01）。其次，在研究变量的相关性方面，情绪感染敏感度与情绪体验呈正相关（r=0.2，p<0.01）。

3. 共同方法偏差分析

由于本研究的数据主要是基于问卷调查方法获取的，数据结果很容易受到共同方法偏差（Common Method Bias）的影响。为尽量避免该误差的产生，在编制问卷时我们采用了多种问卷测量的方法，并且在实施问卷调查的时候，采用纸质问卷与在线网络调查相结合的方法进行。尽管如此，仍需要在进行结构方程检验之初，通过Harman单因素检验（One-factor Test）的方法考察潜在的共同方法偏差程度。Harman检验法假定，如果存在严重的共同方法偏差，因素分析只会出现一个因素，或者一个因素能解释绝大部分的变异。我们把进入结构方程的所有条目放在一起，进行单因素的探索性因素分析，结果发现，单因素对所有方程的解释不足0.3。这表明，共同方法偏差程度不大，可以进一步构建结构方程。

4. 假设检验

我们选取路径分析的方法对变量关系同时进行考察，检测假设模型中是否存在多重中介作用，发现多元回归存在一定的误差，并且变量之间的关系也不够清晰。又因为控制变量（性别、年龄、受教育程度）与因变量互联网集群行为意向显著相关（p<0.01），且性别还与自变量情绪感染敏感度显著相关（p<0.01），因此，在路径分析中除了考察研究变量之间的关系外，我们还考察了控制变量的影响。从模型拟合结果（见表5-7）来看，假设模型得到了验证。表5-7所示的假设模型的拟合指标符合要求，图5-2所示的假设模型的路径分析结果也比较理想。

表 5－6 主要研究变量的描述性统计分析结果一览

变量	平均数	标准差	1	2	3	4	5	6	7	8	9
1. 性别	—	—									
2. 年龄	1.86	0.73	0.13								
3. 受教育程度	2.67	0.91	−0.23	0.20**							
4. 家庭月收入	2.33	0.98	0.10	0.53**	0.15**						
5. 上网历史	4.09	0.96	0.08	0.37**	0.32**	0.31**					
6. 情绪体验	4.69	1.29	0.05	0.05	0.25	0.06	0.01				
7. 情绪感染敏感度	4.86	0.93	−0.14**	−0.03	0.01	−0.02	−0.05	0.20**			
8. 信息感知	4.82	1.24	−0.03	0.03	0.02	0.02	0.04	0.22**	0.45**		
9. 互联网集群行为意向	3.89	1.20	0.13**	0.13**	−0.13**	0.05	0.01	0.25**	0.28**	0.45**	

注：样本量为394，* p＜0.05，** p＜0.01（双尾检验）。

表 5—7　假设模型的拟合指标

χ²	df	χ²/df	GFI	NFI	IFI	TLI	CFI	RMSEA
32.22	12	2.68	0.98	0.90	0.93	0.87	0.92	0.06

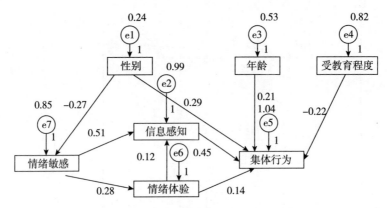

图 5—2　假设模型的路径分析

最后，我们发现模型的参数估计值证实，假设 H1、假设 H2、假设 H3 均得到了验证，如表 5—8 所示。

表 5—8　模型的参数估计值

关系项目	非标准化		标准化估计值
	估计值	标准误	
情绪体验＜－情绪敏感	0.28**	0.07	0.20**
信息感知＜－情绪敏感	0.51***	0.06	0.42**
信息感知＜－情绪体验	0.12**	0.04	0.13**
集群行为＜－信息感知	0.41**	0.05	0.38**
集群行为＜－情绪体验	0.13**	0.04	0.14**
集群行为＜－年龄	0.22**	0.07	0.13**
集群行为＜－受教育程度	－0.22**	0.06	－0.17**
集群行为＜－性别	0.32**	0.10	0.13**
情绪敏感＜－性别	－0.27**	0.10	－0.17**

注：样本量为394，* p＜0.05，** p＜0.01，*** p＜0.001。

简言之，本研究得到的结论如下：

（1）信息感知是情绪感染敏感度、情绪体验影响互联网集群行为意向的重要中间变量；

（2）情绪感染敏感度还会通过情绪体验间接影响信息感知，并进而影响互联网集群行为意向。

二、情境类因素与心理因素影响互联网集群行为意向的路径分析

（一）研究目的

本研究的主要目的在于探讨互联网特征（信息沟通渠道丰富程度、匿名化、网络社会联结强度）对互联网集群行为意向的作用，并分析它们与信息感知、心理安全之间的关系。

（二）理论背景与研究假设

1. 互联网情境类因素

互联网情境性特征体现为信息沟通渠道的丰富度、网络环境的匿名化与网络社会联结三大特点：

（1）信息沟通渠道（媒介）的丰富度。个体对环境的知识绝大部分来源于信息的传播与沟通，而信息的传递依赖于信息沟通渠道的丰富程度，沟通信息的渠道有视频、音频、面对面接触、文字、网络等。正如前一章综述所述，信息沟通渠道（媒介）与个体的信息感知水平存在一定的关系，并会影响个体的行为表现。为了进一步检验在互联网情境中，信息沟通渠道丰富度与信息感知的关系，本研究提出如下假设：

H1：丰富的信息沟通渠道有助于提高个体的信息感知水平。

（2）匿名化。互联网最大的特点是具有匿名性。网络匿名将个体从面对面的社会交流的束缚中释放出来，使个体不受社会规则的控制，让个体感知到了更大的自由，促进了信息的快速流动和安全的言论自由氛围。大量研究数据表明，互联网匿名化与现实环境相比，更容易产生一种去抑制效应，降低社会焦虑和羞怯，提高安全感。但也有研究发现，匿名化情境为个体提供了一种随心所欲的表现机会，它会降低自我评价与自我觉察（Self－consciousness），阻碍信息的传递并降低信任（Kiesler，Siegel & McGuire，1984）。综合这些研究结果，为了探讨网络匿名化与互联网集群行为意向之间的关系，我们基于以往研究结论提出如下假设：

H2：匿名有利于网络认同感的产生。

H3：网络匿名化有利于心理安全的产生。

（3）网络社会联结。根据 Krackhardt（1992）的"强联结的优势"概念，个体若能与其他个体共同建立紧密的互动网络，则此社会网络的凝聚力及团结性会非常强，并有助于内部成员之间的互助、合作与协调。很多研究者也认为，强联结是获取信息的重要渠道，而且强联结还意味着高频率的社会互动，高质量的社会关系，成员间彼此认同、信任、沟通愉快等（Kang, Morris & Snell，2007）。媒介丰富度理论认为，不同媒介的沟通将决定信息承载的丰富程度，对所在的组织或团体产生深远的影响，而且社会网络联结程度与媒介丰富度都能反映个体之间的互动频率（Daft & Lengel，1986）。基于此，我们提出如下假设：

H4：沟通媒介丰富度越高，网络社会联结越强。

H5：网络社会联结有利于心理安全的产生。

H6：网络社会联结会提高网民互联网集群行为的信息感知水平与网络认同感，并促进互联网集群行为意向。

然而，由于互联网环境的特殊性，互联网集群行为意向不仅会受到互联网情境类因素与个体的信息感知的影响，还会受到其他心理状态类因素（如心理安全、网络认同感）的影响。

2. 心理因素

（1）认同感。认同感是群体行为产生的基础，认同感对人们的知觉、态度和行为有重要的影响。Kelly 和 Breinlinger（1996）对女权主义者的研究发现，认同感越强的女性活动家，越倾向于积极参加集群活动和做一些利他的事情。Liss 等（2004）也发现，女权主义认同感对女性的激进行为具有良好的预测作用。此外，那些参加商业联盟、同性恋群体和老人群体等的人对这些群体都有积极的认同（Hirose, Taresawa & Okuda, 2005）。对社会认同与组织行为的研究也发现，社会认同感强的人会有更好的组织贡献意向，他们也会更积极地实现组织目标。个体的社会认同感越强，越容易产生积极的群体内偏好。

基于上述理论基础，我们提出如下假设：

H7：对网络群体的认同感会提高信息感知水平，并且还会促进互联网集群行为意向。

（2）心理安全。心理安全不仅会降低不确定或未知情境下的焦虑和防御心理，有利于产生对组织的认同感，还会影响个体的自我表达行为。针对互联网匿名情境的研究发现，互联网的匿名化为个体提供了避免接受评价威胁的环境，而且个体在感到心理安全时，他们在虚拟社区的知识共享意向更高，会更愿意表达自己，展露他们的专业技能，与他人一起分享知识（Zhang et al.，2010）。基于此，我们提出如下假设：

H8：心理安全不仅直接影响互联网集群行为意向，还会通过网络认同感与信息感知间接影响互联网集群行为意向。

（三）研究方法与程序

1. 研究被试

本研究由南方人才网、问卷星等网站通过在线取样的方式共收集到 788 份问卷，经过废卷处理，将空白过多、反应倾向过于明显的问卷剔除后，得到 767 份有效问卷（占 97.34%）。

2. 测量工具

（1）互联网集群行为意向：自编问卷，测量了网民在遭遇互联网集群行为时是否会集群参与的倾向性。该量表由七个条目组成。

（2）互联网集群行为的信息感知：采用研究一所编制并修订的互联网集群行为认知问卷，由两个维度组成，分别是感知有意义、感知易执行，以李克特七点量表进行测量。

（3）信息沟通渠道丰富度：采用媒体丰富性问卷。该量表由三个条目构成。

（4）网络匿名程度：采用匿名化量表。该量表由三个条目构成。

（5）网络社会联结：采用网络社会关系问卷。该问卷由三个条目构成。

（6）心理安全：采用 May 等（2004）编制的心理安全问卷。该量表由三个条目构成。

（7）网络认同感：采用编制的认同感量表。该量表由四个条目组成。

上述量表均采用七点评分，其中 1 为"非常不同意"，2 为"比较不同意"，3 为"有点不同意"，4 为"不确定"，5 为"有点同意"，6 为"比较同意"，7 为"非常同意"。

3. 研究程序

通过在线取样的方式收集数据，在问卷正式条目前，说明研究目的，并特别强调问卷调查只作为研究材料，问卷填答结果严格保密，请大家放心作答。

4. 统计分析

本研究采用 SPSS13.0 与 Amos4.0 进行统计分析。具体包括：首先，采用探索性因素分析、验证性因素分析考察所有问卷的信度和效度；其次，进行共同方法偏差分析；最后，采用结构方程的路径分析方法考察各变量之间的关系。

（四）研究结果与分析

1. 各测量变量的验证性因素分析

运用 Amos4.0 对各测量变量进行验证性因素分析，其中互联网集群行为的信息感知的信效度检验请参见前一章，互联网集群行为意向的信效度检验参见本章第一节。

（1）心理安全的验证性因素分析。采用 Amos4.0 对心理安全量表进行验证性因素分析，结果如表 5－9 所示，各项指标均符合统计测量学的要求。因此，可以认为心理安全的单因素模型得到了数据的支持。

表 5－9　心理安全的验证性因素分析结果

χ^2	df	χ^2/df	GFI	NFI	AGFI	IFI	TLI	CFI	RMSEA
19.95	2	9.97	0.98	0.97	0.93	0.97	0.93	0.97	0.098

（2）网络认同感的验证性因素分析。采用 Amos 软件对网络认同感量表进行验证性因素分析，结果如表 5－10 所示，各项指标均符合统计测量学的要求。因此，可以认为网络认同感的单因素模型得到了数据的支持。

表 5－10　网络认同感的验证性因素分析结果

χ^2	df	χ^2/df	GFI	NFI	AGFI	IFI	TLI	CFI	RMSEA
9.32	2	4.66	0.99	0.99	0.96	0.99	0.98	0.99	0.07

此外，网络社会联结强度、网络匿名化和沟通媒介丰富度量表经过验证性因素分析均得到了数据的支持。

2. 各测量变量的描述性统计分析

表 5－11 呈现了本部分的描述性统计分析结果。从各变量之间的相关性来看，

表 5—11　主要研究变量的描述性统计分析结果一览

变量	平均数	标准差	1	2	3	4	5	6	7	8	9	10	11
1. 性别	—	—											
2. 年龄	1.86	0.73	0.13										
3. 受教育程度	2.67	0.91	−0.23	0.20**									
4. 家庭月收入	2.33	0.98	0.10	0.53**	0.15**								
5. 上网历史	4.09	0.96	0.08	0.37**	0.32**	0.31**							
6. 信息沟通渠道	2.82	1.45	0.24**	0.04	−0.15**	−0.02	−0.08						
7. 网络社会联结	3.44	1.32	0.18**	0.12**	−0.18**	0.09	0.05	0.39**					
8. 网络匿名化	3.93	1.10	0.03	−0.08	−0.03	−0.07	0.001	−0.10**	−0.002				
9. 心理安全	4.15	1.28	0.09	0.05	0.007	0.15**	0.003	0.02	−0.04	−0.04			
10. 网络认同感	3.96	1.30	0.14**	0.008	−0.13**	−0.03	−0.03	0.30**	0.68**	−0.02	−0.10		
11. 信息感知	4.82	1.24	−0.03	0.03	0.02	0.02	0.04	0.22**	0.19**	−0.20**	−0.12**	0.40**	
12. 集群行为意向	3.89	1.20	0.13**	0.13**	−0.13**	0.05	0.01	0.37**	0.64**	−0.12**	−0.13**	0.74**	0.45**

注：样本量为 394；* $p < 0.05$，** $p < 0.01$（双尾检验）；性别，0 代表女性，1 代表男性。

首先，在控制变量与自变量及因变量之间的相关性方面：性别与信息沟通渠道呈显著正相关（r=-0.14，p<0.01），即男性信息沟通渠道更丰富；此外，性别与网络社会联结、网络认同感、互联网集群行为意向具有显著正相关，表明男性的网络社会联结、网络认同感等均高于女性；年龄与网络社会联结、互联网集群行为意向显著正相关；受教育程度与信息沟通渠道丰富度、网络社会联结、网络认同感、互联网集群行为意向具有显著负相关；家庭月收入与心理安全呈显著正相关（r=0.15，p<0.01）；上网历史与因变量以及自变量均无显著相关关系。

其次，在研究变量方面，网络社会联结与信息沟通渠道、网络认同、互联网集群行为意向、信息感知呈显著正相关（所有 p<0.01）；信息沟通渠道与网络匿名化呈显著负相关（r=-0.1，p<0.01）；信息沟通渠道与网络认同感、信息感知、互联网集群行为意向呈显著正相关；网络匿名化、心理安全均与信息感知以及互联网集群行为意向呈显著负相关；网络认同感与信息感知、互联网集群行为意向均呈显著正相关；信息感知与互联网集群行为意向呈显著正相关。

3. 共同方法偏差分析

考虑到本研究数据是通过问卷方式进行的大规模调查，很容易使结果受到共同方法偏差的影响，因此，为避免该误差的产生，在进行结构方程检验前，本研究进行了 Harman 检验，结果发现，单因素对所有方程的解释不足0.3。这表明，共同方法偏差影响程度不大，因此，可以进一步构建结构方程。

4. 假设检验过程

本书选取路径分析的方法对变量关系同时进行考察，主要原因在于假设模型中存在多重中介作用，如果用多元回归方法分析会存在一定的误差，并且变量之间的关系也不够清晰。因此，我们进行了进一步的假设检验：

首先，我们考察了标记为模型 A（见图 5-3）的模型，其次，我们考察了四个备择模型：模型 B，我们增加了"信息沟通渠道丰富度→网络认同感"路径；模型 C，在模型 A 的基础上增加"网络社会联结→互联网集群行为意向"路径；模型 D，在模型 A 基础上同时增加"信息沟通渠道丰富度→网络认同感"与"网络社会联结→互联网集群行为意向"路径；最后，我们检测模型 E，在模型 C 基础上增加"信息沟通渠道丰富度→心理安全"路径。因

为五个模型皆为嵌套模型，因此，为比较各个模型的拟合程度，我们考察了
χ^2/df、NFI、IFI、TLI、CFI、RMSEA 等指标。根据结构方程研究者的经验
建议，$\chi^2/df<3$、NFI>0.9、IFI>0.90、TLI>0.9、CFI>0.9、RMSEA<
0.08 为模型拟合较好的标准，路径分析结果如表 5－12 所示。

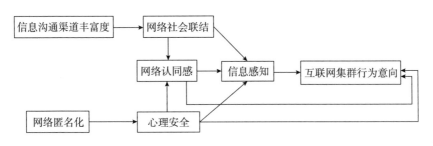

图 5－3　模型 A

表 5－12　路径分析结果

模型	χ^2	df	χ^2/df	$\Delta\chi^2$（Δdf）	NFI	IFI	TLI	CFI	RMSEA
模型 A	77.423	8	9.678	—	0.995	0.995	0.983	0.995	0.106
模型 B	77.283	7	11.04	0.14（1）	0.995	0.995	0.981	0.995	0.114
模型 C	19.412	7	2.77	58.01（1）	0.999	0.999	0.997	0.999	0.048
模型 D	19.272	6	3.21	58.15（2）	0.999	0.999	0.994	0.999	0.053
模型 E	10.427	6	1.74	67.01（2）	0.999	1.000	0.999	1.000	0.031

首先，我们对模型 A 与模型 B 进行比较，虽然 NFI>0.9、IFI>0.9、
TLI>0.9、CFI>0.9，但是 χ^2/df 均大于 3，并且 RMSEA 均大于 0.08。因
此，舍弃模型 A 与模型 B。

其次，模型 C 与模型 D 的拟合指标均达到了经验标准。数据表明，NFI
>0.90、IFI>0.9、TLI>0.9、CFI>0.9、χ^2/df 均小于 3，RMSEA 均小于
0.08。模型 D 与模型 C 相比，模型 D 增加了一条路径，减少了一个自由度，
但是，其卡方值仅降低了 0.14（1），小于临界标准 3.84。因此，模型 D 的拟
合没有显著改善，所以，舍弃模型 D，保留模型 C。

最后，将模型 E 与模型 C 相比，模型 E 增加了一条路径，减少了一个自

由度，但是，其卡方值降低了 9，大于临界标准 3.84。因此，模型 E 的拟合较模型 C 有显著改善，所以，舍弃模型 C，保留模型 E。因此，最终保留模型 E，其模型拟合的参数估计值如表 5—13 所示。

表 5—13　最佳拟合模型（模型 E）的参数估计值

关系项目	非标准化		标准化估计值
	估计值	标准误	
网络社会＜－沟通渠道	0.36 **	0.03	0.40 **
心理安全＜－网络社会	0.35 **	0.03	0.41 **
心理安全＜－匿名化	−0.06	0.03	−0.06
网络认同＜－匿名化	0.02	0.03	0.02
心理安全＜－沟通渠道	0.08	0.03	0.11 *
信息感知＜－沟通渠道	0.04	0.02	0.06
网络认同＜－心理安全	0.27 **	0.03	0.24 **
网络认同＜－网络社会	0.56 **	0.03	0.57 **
信息感知＜－网络社会	0.17 **	0.04	0.21 **
信息感知＜－心理安全	0.35 **	0.03	0.40 **
信息感知＜－网络认同	0.21 **	0.04	0.26 **
集群行为＜－网络认同	0.53 **	0.02	0.58 **
集群行为＜－信息感知	0.12 *	0.03	0.11 *
集群行为＜－心理安全	0.28 **	0.03	0.27 **
集群行为＜－网络社会	0.21 **	0.03	0.24 **

注：样本量为 767；* p＜0.05，** p＜0.01。

这样，我们就获得了最佳拟合模型（模型 E）的参数估计值，其模型结构如图 5—4 所示。

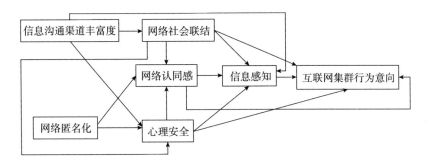

图 5－4　最佳拟合模型 E

5. 假设的最后验证

结合上述情况，假设的最后验证情况是：

假设 H1 提出"丰富的信息沟通渠道有助于提高个体的信息感知水平，并进而提高其互联网集群行为的意向"。从图 5－4 中可以看出，信息沟通渠道丰富度对信息感知有显著的直接作用（0.04），而信息感知对互联网集群行为意向存在显著正向预测作用（0.12）。因此，假设 H1 部分得到了验证。

假设 H2 提出"匿名有利于网络认同感的产生"。从图 5－4 中可以看出，网络匿名化对网络认同的直接作用并不显著（0.02）。因此，假设 H2 没有得到支持。

假设 H3 提出"网络匿名化有利于心理安全的产生"。从图 5－4 中可以看出，网络匿名化对心理安全有负向作用，但并不显著（－0.06）。因此，假设 H3 也没有得到验证。

假设 H4 提出"沟通渠道丰富度越高，网络社会联结越强"。从图 5－4 中可以看出，信息沟通渠道对网络社会联结有显著的正向预测作用（0.36）。因此，假设 H4 得到了支持。

假设 H5 提出"网络社会联结利于心理安全的产生"。从图 5－4 中可以看出，网络社会联结对心理安全有显著的正向预测作用（0.35）。因此，假设 H5 得到了验证。

假设 H6 提出"网络社会联结会提高网民互联网集群行为的信息感知水平与网络认同感，并促进互联网集群行为意向与参与行为"。从图 5－4 中可以看出，网络社会联结强度对网络认同感与信息感知均有显著的预测作用（分别为 0.56、0.17），而网络社会联结不仅能直接影响互联网集群行为意向（0.21），还能分别通过网络认同（0.56×0.53）与信息感知（0.17×0.12）间接影响互联网集群行为意向。因此，假设 H6 得到了验证。

假设 H7 提出"网络认同感会提高信息感知水平，并且还会促进互联网集群行为意向"。从图 5-4 中可以看出，网络认同感对信息感知有显著的预测作用（0.21），网络认同感不仅直接影响互联网集群行为意向（0.53），还会通过信息感知间接影响互联网集群行为意向（0.21×0.12）。因此，假设 H7 得到了支持。

假设 H8 提出"心理安全不仅直接影响互联网集群行为意向，还会通过网络认同感与信息感知间接影响互联网集群行为意向"。从图 5-4 可以看出，心理安全不仅直接影响互联网集群行为意向（0.28），还会通过网络认同感（0.27×0.53）与心理安全（0.35×0.12）间接影响互联网集群行为意向。因此，假设 H8 得到了支持。

三、互联网集群行为意向的路径整合效果研究

（一）研究目的

本部分的主要目的是在第一节、第二节模型拟合的基础上，主要分析情绪类因素、互联网情境类因素、心理类因素和信息感知等影响互联网集群行为意向的整体路径是如何进行的，最终获得互联网集群行为意向的影响因素及其作用机制的整合模型。

（二）理论背景与假设模型

本章第一节的研究结果表明，情绪敏感度、情绪体验与信息感知在互联网集群行为意向的作用机制中发挥重要作用。本章第二节分析了互联网情境类因素与心理类因素对互联网集群行为意向的影响，路径分析结果表明：信息沟通渠道丰富度、网络社会联结强度与心理安全、网络认同感、信息感知在互联网集群行为意向的作用路径中发挥重要作用，而网络匿名化与心理安全、网络认同感、信息感知之间则不存在显著的作用。然而，鉴于上述研究是分开探讨的，因此，无法明晰情绪敏感度与互联网情境类因素、心理安全、网络认同感等在互联网集群行为意向整合模型中的相互关系。因此，为弥补这一点，本研究在上述结果的基础上提出开展互联网集群行为意向的作用路径的整合模型的研究。考虑到在前一研究中网络匿名化与其他研究变量之间

的作用并不显著，因此，在本研究中将网络匿名化这一变量从研究框架中删除。互联网集群行为意向的整合路径假设如图5-5所示。

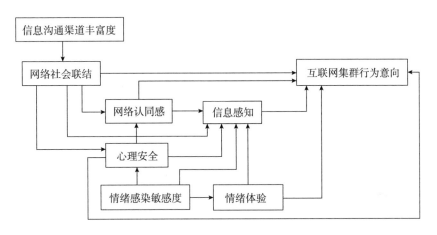

图5-5 互联网集群行为意向的整合路径假设

（三）研究方法与程序

1. 研究被试、测量工具和研究程序

本研究采用的被试样本同本章第一节、第二节，测量工具也同本章第一节、第二节，研究程序不变。

2. 统计分析

本研究主要运用SPSS13.0与Amos4.0进行所有的统计分析，具体包括：首先，进行共同方法偏差分析；其次，采用结构方程的路径分析方法考察各变量之间的关系。

（四）模型检验

在本次研究中，同样选取路径分析的方法对变量关系同时进行考察，主要原因在于假设模型中存在多重中介作用，用多元回归方法会存在一定的误差，并且变量之间的关系也不够清晰。因为假设模型为嵌套模型，因此，为分析该假设模型的拟合程度，我们考察了 χ^2/df、NFI、IFI、TLI、CFI、RMSEA等指标。根据结构方程研究者的经验建议，$\chi^2/df<3$、NFI>0.9、IFI>0.9、TLI>0.9、CFI>0.9、RMSEA<0.08为模型拟合较好的标准。路径分析结果如表5-14所示。

表 5—14　路径分析结果

χ^2	df	χ^2/df	NFI	IFI	TLI	CFI	RMSEA
52.78	12	4.40	0.997	0.998	0.992	0.998	0.070

　　如表 5—15 所示，模型的各项拟合指标均符合经验标准，表明模型拟合较好。此外，模型参数估计值也显示，主要研究变量的路径具有统计学意义。因此，这一实验结果验证原有的假设，具有重要的意义。

表 5—15　模型的参数估计值

关系项目	非标准化		标准化估计值
	估计值	标准误	
网络社会＜－沟通渠道	0.36 **	0.03	0.40 **
心理安全＜－网络社会	0.37 **	0.03	0.43 **
心理安全＜－情绪感染	0.25 **	0.04	0.20 **
网络认同＜－心理安全	0.27 **	0.03	0.24 **
网络认同＜－网络社会	0.56 ***	0.03	0.57 **
情绪体验＜－情绪感染	0.32 **	0.05	0.23 **
信息感知＜－网络社会	0.14 *	0.03	0.18 **
信息感知＜－心理安全	0.29 **	0.03	0.32 **
信息感知＜－网络认同	0.17 **	0.04	0.21 **
信息感知＜－情绪体验	0.15 **	0.03	0.16 **
信息感知＜－情绪感染	0.33 **	0.04	0.29 **
集群行为＜－网络认同	0.39 **	0.03	0.43 **
集群行为＜－信息感知	0.12 *	0.03	0.10 *
集群行为＜－心理安全	0.23 **	0.03	0.22 **
集群行为＜－网络社会	0.21 **	0.03	0.24 **
集群行为＜－情绪体验	0.13 **	0.02	0.14 **

　　注：样本量为 767； * p＜0.05， ** p＜0.01。

第二节　互联网集群行为意向影响因素及模型的实验研究

一、研究目的与假设

（一）研究目的

前述研究发现，以互联网为媒介散播谣言是互联网集群行为的表现形式之一。这同时提醒我们，信息感知是互联网集群行为意向的重要影响因素。尽管互联网集群行为意向相当主观，但它始终是基于各种客观因素（如客观的互联网集群事件、信息沟通、互联网集群行为发生的条件等）对引发互联网集群行为的相关信息的主观感受与整合。因此，有必要在此基础上，探讨信息呈现方式、信息发送者的权利地位、信息发送者的网络地位等客观因素对互联网集群行为意向的影响。

基于此，在本研究中，我们以日本地震发生后网络上广泛流传的"日本地震引发我国核辐射"的网络谣言为实验材料，选取部分 QQ 群、网络论坛为实验场景，以信息呈现方式、信息发送者的现实社会地位、信息发送者的网络群体地位为自变量，以信息感知水平、互联网集群行为意向为因变量展开实验研究，希望能验证和完善互联网集群行为意向影响因素及其作用模型，为规范与引导互联网集群行为的健康发展提供进一步的理论依据。

（二）理论背景与假设

在虚拟社会环境下，网民所接触到的信息通常具有不同的表征形式。而人们对信息的加工程度也是有限的，不同个体认知信息的角度也不尽相同。信息呈现方式的不同会对人们的行为产生影响，人们的行为意向在一定程度上受到初始信息表征方式的影响。谢晓非等（2008）关于信息呈现方式与风险沟通的研究也表明，不同的信息表征形式所传递的信息容量是不同的，其中信息表征形式为图片时会增加沟通中所传递的信息量，提高对信息的风险认知程度。基于此，我们提出如下假设：

H1：信息表征类型不同，网民对信息的感知水平也会不同。其中，信息表征越丰富，网民的信息感知水平越高；信息表征类型为图片时的信息接受者的感知水平要高于信息表征类型为文字时的感知水平。

H2：信息表征类型影响网民互联网集群行为意向。其中，信息表征类型越丰富，网民的互联网集群行为意向越高；信息表征类型为图片时的信息接受者的行为意向要高于信息表征类型为文字时的行为意向。

另外，成员的不同特征（如成员的地位、价值取向、知识专长分布等）也对集群行为意向或群体决策具有重要的影响。于是，我们提出如下假设：

H3：信息发送者的现实社会地位会影响信息接受者的互联网集群行为意向。

H4：信息发送者的现实社会地位会影响信息接受者的信息感知水平。

H5：由于互联网环境的匿名性与去抑制性，信息发送者的网络地位不会影响接受者的互联网集群行为意向与信息感知水平。

二、研究方法与程序

（一）研究被试

本研究的被试为某 QQ 群成员和一般网民。被试的具体情况如表 5—16 所示。

表 5—16　被试基本信息　　　　　单位：%

分类	实验一	实验二
性别		
男	65.6	55.6
女	34.4	44.4
年龄		
18~24 岁	49.4	83.8
25~30 岁	37.4	16.2
31~45 岁	13.2	27.8
职业		
学生	100	22.3
事业单位	0	22.2
公司职员	0	36.5
文化程度		
高中/中专及以下	0	16.7
大学	0	33.3

续表

分类	实验一	实验二
硕士及以上	100	50.0
家庭月收入		
2000 元以下	43.8	5.6
2001～5000 元	37.1	55.6
5000 元以上	19.1	27.8

（二）研究程序

1. 实验材料的准备

研究者在日本地震核电站爆炸会引发我国核辐射的网络谣言传出后的极短时间内（少于两天），迅速组织两名硕士研究生、三名本科生收集与此相关的谣言材料（包括纯图片、纯文字描述、图文并茂三种信息呈现方式），并在跟该领域的相关专家、学者讨论后，确定具有代表性、备受网友们关注的一则网络谣言为本研究的实验材料，如图 5－6 至图 5－8 所示。为保持实验材料的真实性，实验材料与互联网上传播的内容、表现形式基本保持一致。

> "大家注意了，日本核电站爆炸会辐射到我们这边的，在未来两三个月里如果刮东风、东北风、东南风的时候出门戴口罩、穿长衣（白色为好）每天洗澡、少接触海水，不要饮用海水淡化水和食用海鲜。多吃防辐射的食物：胡萝卜、花粉、蜂王浆等。请转给有需要的朋友。"

图 5－6　单纯文字材料

可能受污染的范围图示：

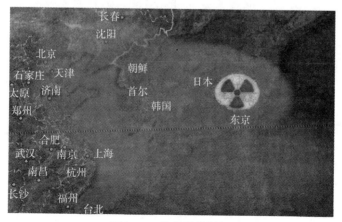

图 5－7　单纯图片材料

"大家注意了，日本核电站爆炸会辐射到我们这边的，在未来两三个月里如果刮东风、东北风、东南风的时候出门戴口罩、穿长衣（白色为好）每天洗澡、少接触海水，不要饮用海水淡化水和食用海鲜。多吃防辐射的食物：胡萝卜、花粉、蜂王浆等。请转给有需要的朋友。"

可能受污染的范围图示：

图5—8 图片与文字相结合的实验材料

2．实验设计

本研究由两个实验与问卷测量组成。

实验一：采用3×2混合实验设计。自变量为信息表征类型（纯文字描述、纯图片、图文并茂）、信息发送者的现实社会地位（小组长、一般成员）；因变量为互联网集群行为意向、信息感知水平；控制变量为信息干扰。

实验二：采用3×3混合实验设计。自变量为信息表征类型（纯文字描述、纯图片、图文并茂）、信息发送者的网络地位（群主或版主、小组长、一般成员、活跃成员）；因变量为互联网集群行为意向、信息感知水平。控制变量为信息干扰。

3．测量工具

研究者将实验材料发布在互联网上，因变量的测量采用研究二中建立的信效度较高的互联网集群行为意向量表、信息感知量表。

4．实验程序

（1）实验一的程序：

首先，研究者以中国科学院研究生院某一课程的学生为被试（共121人参与）。在实验之前，所有的被试已经由任课教师或助教分为八个小组，每小组都有自己的小组长。研究者告诉被试"大家各自所在组的小组长或小组成员会发送给各位一则信息与实验网址，收到信息后，请大家登录实验网址完成实验（须在第二天 22：00 前完成）。完成实验的成员请告诉各自的小组长，将由小组长发放小礼品"。研究者需要告诉被试，所收集到的实验结果不会留下其真实姓名，所以，按照自己的真实想法放心填写即可。

其次，由研究者将实验材料通过 E－mail 发送给材料发送者（小组长、一般小组成员）。

再次，由获得实验材料者通过 E－mail、QQ 等方式发送给自己所在小组的成员，并告诉信息接受者在规定时间内完成。

最后，从网上下载数据并分析。需要指出的是，为避免信息干扰，将之前接触过此类信息的被试的实验结果删除掉，并排除实验时间超过 5 分钟的被试的实验结果。

（2）实验二的程序：

首先，由研究者将实验材料以 E－mail 的方式发给 QQ 群主（或论坛版主）、QQ 群内的一般成员（或论坛一般成员）、QQ 群内活跃成员（或论坛内爱发言的成员）。需要指出的是，QQ 群内的活跃成员与论坛内活跃成员均由成员匿名选举产生。

其次，由实验材料获得者将实验材料与实验网址同时发布在所在的 QQ 群或所在论坛内，或者通过 E－mail、QQ 等方式发送给自己所在 QQ 群的成员或论坛成员，并告诉信息接受者在规定时间内完成。

最后，从网上下载数据并分析。需要指出的是，为避免信息干扰，将之前接触过此类信息的被试的实验结果删除掉，并排除实验时间超过 5 分钟的被试的实验结果。

（三）统计方法

本研究采用 SPSS13.0 进行所有的统计分析。

三、研究结果及分析

（一）实验一的结果及分析

1. 信息表征类型对互联网集群行为意向的影响

单因素方差分析的结果发现，信息表征对互联网集群行为意向存在显著的影响，$F(2,119)=3.55(p=0.032<0.05)$。SNK 检验结果表明，信息表征

类型为"图片＋文字"时，信息接受者的互联网集群行为意向要显著高于信息表征为"文字"时的互联网集群行为意向（p＝0.009＜0.01），如图5-9所示。

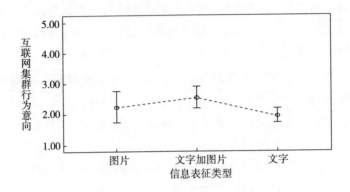

图5-9　信息表征类型对互联网集群行为意向的影响

2. 信息表征类型对信息感知水平的影响

单因素方差分析的结果发现，信息表征对信息感知水平存在显著的影响，$F(2,119)=3.95(p=0.022<0.05)$。SNK 检验结果表明，信息表征类型为"图片＋文字"时，信息接受者的信息感知水平最高，并显著高于信息表征为"图片"与信息表征为"文字"时的信息感知水平（p＝0.017＜0.05；p＝0.015＜0.05），如图5-10所示。

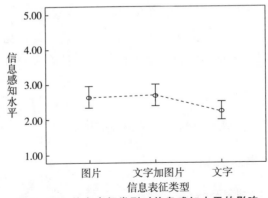

图5-10　信息表征类型对信息感知水平的影响

3. 信息发送者的现实社会地位对互联网集群行为意向的影响

配对样本 T 检验结果表明，信息发送者为一般成员时的信息接受者的互

联网集群行为意向（M＝1.94，SD＝0.94，N＝55）要显著低于信息发送者
为小组长时的互联网集群行为意向（M＝2.37，SD＝1.01，N＝67）（p＝
0.01＜0.05），如图5－11所示。

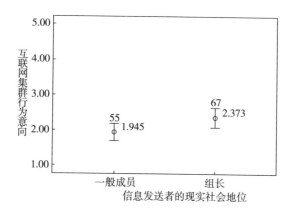

图5－11　信息发送者的现实社会地位对互联网集群行为意向的影响

4. 信息发送者的现实社会地位对（信息接受者）信息感知水平的影响

配对样本 T 检验结果表明，信息发送者为一般成员时的信息接受者的信
息感知水平（M＝2.36，SD＝0.82，N＝55）与信息发送者为小组长时的信
息感知水平（M＝2.66，SD＝0.84，N＝67）的差异在 0.1 水平上显著（p＝
0.056），如图5－12所示。

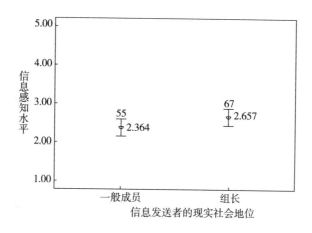

图5－12　信息发送者的现实社会地位对信息感知水平的影响

5. 信息表征类型与信息发送者的现实社会地位的交互效应分析

（1）对互联网集群行为意向的交互效应分析。进行组间方差分析，结果显著，$F_{(5,116)}=2.85(p=0.02<0.05)$。其中，信息表征类型对互联网集群行为意向的主效应不显著，$F_{(2,116)}=1.24(p=0.29>0.05)$；信息发送者的现实社会地位对互联网集群行为意向的主效应显著，$F_{(1,116)}=7.29(p=0.008<0.01)$；信息表征类型与信息发送者的现实社会地位之间存在显著的交互效应，$F_{(2,116)}=3.46(p=0.035<0.05)$。如图5-13所示。

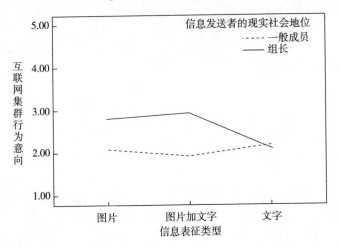

图5-13 信息表征类型与信息发送者的现实社会地位对互联网集群行为意向的交互效应分析

（2）对信息感知水平的交互效应分析。进行组间方差分析，结果显著，$F_{(5,116)}=2.34(p=0.046<0.05)$。其中，信息表征类型对信息感知水平的主效应显著，$F_{(2,116)}=4.42(p=0.014<0.05)$；信息发送者的现实社会地位对信息感知水平的主效应不显著，$F_{(1,116)}=2.28(p=0.13>0.05)$；信息表征类型与信息发送者的现实社会地位之间的交互效应不显著，$F_{(2,116)}=0.72(p=0.49>0.05)$。如图5-14所示。

（二）实验二的结果分析

1. 信息发送者网络地位与信息表征类型对互联网集群行为意向的交互效应分析

对信息发送者网络地位与信息表征类型的实验结果进行组间方差分析的结果不显著，$F_{(8,131)}=1.65(p>0.05)$。与实验一的结果基本一致，信息表征类型对互联网集群行为意向的主效应显著，$F(2,131)=6.28(p<0.01)$；信息发送者网络地位对互联网集群行为意向的主效应不显著，$F(1,116)=7.29$ $(p>0.05)$；信息表征类型与信息发送者网络地位之间的交互效应并不显著，$F(4,131)=0.69(p>0.05)$。如表5-17与图5-15所示。

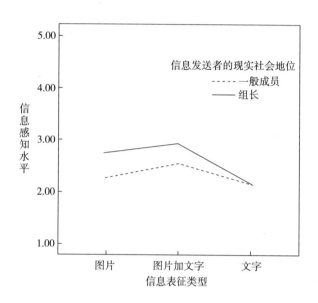

图5-14　信息表征类型与信息发送者的现实社会地位对信息感知水平的交互效应分析

表5-17　信息表征类型与信息发送者网络地位对

互联网集群行为意向影响的组间方差分析

变异来源	平方和	自由度	均方	F
信息表征类型	13.63	2	6.82	6.28**
信息发送者网络地位	0.16	2	0.08	0.07
信息类型×信息发送者网络地位	2.44	4	0.61	0.56
因素模型	14.26	8	1.78	1.65
误差	122.60	131	1.08	
总变异	712.50	140		

注：** $p<0.01$。

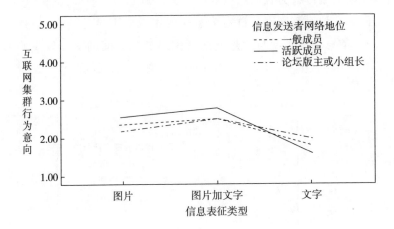

图 5—15 信息表征类型与信息发送者网络地位对互联网集群行为意向的交互效应分析

2. 信息发送者网络地位与信息表征类型对信息感知水平的交互效应分析

对实验数据进行组间方差分析的结果显著，$F(8,131)=2.76(p<0.05)$。其中，信息表征类型对信息感知水平的主效应显著，$F(2,131)=4.65(p<0.05)$；信息发送者网络地位对信息接受者感知水平的主效应不显著，$F(2,131)=2.1(p>0.05)$；信息表征类型与信息发送者网络地位之间存在一定的交互效应，但并不显著，$F(4,131)=0.08(0.05<p<0.1)$。如表 5—18 和图 5—16 所示。

表 5—18 信息表征类型与信息发送者网络地位对信息感知水平的组间方差分析

变异来源	平方和	自由度	均方	F
信息表征类型	6.78	2	2.01	2.76**
信息发送者网络地位	3.05	2	1.53	2.10
信息类型×信息发送者网络地位	6.21	4	1.55	2.13+
因素模型	16.07	8	2.76	0.008
误差	82.32	131	0.73	
总变异	846.00	140		

注：$+p<0.1$，$**p<0.01$。

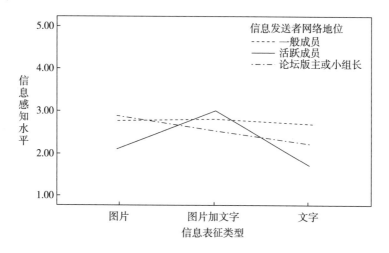

图 5－16　信息表征类型与信息发送者网络地位对信息感知水平的交互效应分析

第三节　综合讨论与结论

随着信息网络化的发展，人们的社会行为已经广泛地延展到互联网上，在 20 世纪 90 年代，互联网集群行为的研究也开始引起人们的关注。互联网集群行为自出现以来，迅速成为学术研究与实践社会管理的焦点问题之一。互联网集群行为意向作为互联网集群行为的重要预测变量，也是跨学科的交叉研究的内容。但互联网集群行为意向是不是一个有意义的新概念，它如何受到信息感知与其他因素的影响等问题，一直存在争议。因此，本研究针对以往研究中存在的问题，借助信息技术、风险沟通、信息感知和情绪等领域的相关理论，采用问卷调查与实验研究相结合的方法收集多来源数据，分别用三个研究对互联网集群行为意向的影响因素及其作用机制进行了系统而初步的探讨。本节将综合各研究的结果，进行整体性的讨论，以期形成研究的总体结论，并展望未来的研究趋向。

一、综合讨论

（一）网民群体最关心的互联网集群事件

互联网集群行为是数字化时代的社会运动，互联网集群行为的内容多样、形式各异，按其表现形式可以分为柔和行为（Soft Action）与强硬行为（Hard Action），其中柔和行为被定义为带有说理性质的、施压的行为，强硬行为被定义为直接的、对抗的或挑衅性质的行为。若能合理地引导互联网集群行为，就会在经由媒体的推动后受到广大民众的监督，从而会促进社会民主化的进程（杜骏飞和魏娟，2010）。

在本研究中，无论是从开放式问卷调查所获得的研究成果来看，还是从量化研究的结论来看，当前网民最为关心和忧虑的问题都是和百姓生活息息相关的日常生活问题，如物价膨胀、房价上涨等，这也与当前的现实社会形势相应和。根据中国互联网信息中心（CNNIC）2010 年 12 月底的《第 27 次互联网统计调查报告》，中国网民的个人互联网应用指数可以分为四类，分别是信息获取指数、网络娱乐指数、互动参与指数和网络消费指数，其调查结果甚至显示，目前网民比较关注的是日常生活问题。此外，中国社会科学院2010 年社会蓝皮书《2010 年中国社会形势分析与预测》指出，2009 年互联网成为中国新闻舆论的独立源头，约三成的社会舆论问题因互联网而兴起，其中的热点事件主要包括日常生活、政府执政、社会风气等，体现了广大网民积极的社会参与意识，这一点也与本研究的结论不谋而合。

（二）互联网集群行为的特点及其类型

关于互联网集群行为的特点，有学者指出，其与现实集群行为的共同之处表现在：参与者具有情绪化、受暗示和有限理性等特点。由于互联网除了是一种承继信息传播、组织传播的大众媒介之外，还是一种人际传播的信息平台。因此，互联网集群行为的传播速度快、影响范围广，而且在线互动与现实互动相结合。由于在线互动缺乏面对面的沟通，处于匿名状态，更容易造成社会线索的缺失，更可能导致非理性行为的强度更大的情况。而且，互联网本身缺乏应有的监督约束，各种利益诉求的表达机制尚未健全，加之某些地方政府处理突发事件的方法欠周全、结果不公平等，容易造成群体极化现象（杜骏飞和魏娟，2010）。目前，对于互联网集群行为特点的界定多是学者基于传播学的视角采用个案分析的方法得出，尚未从网民的信息感知视角进行界定，这就需要加强此方面的研究工作。

本研究首先采用开放式问卷调查，从网民的个体信息感知视角获取了七大类互联网集群行为的信息感知特征，分别是影响程度、受关注程度、担忧程度、舆论导向、迅速程度和便捷程度，随后，编制了网民的信息感知问卷，经过探索性因素分析、验证性因素分析后发现，网民对互联网集群行为的信息感知特征由两个维度构成：感知有意义和感知易执行。根据 TAM，信息网络用户对于信息的感知特征主要有两大类，分别是感知有用与感知易用。这在一定程度上完成了我们对于互联网集群行为的信息感知特征的分析。

（三）互联网集群行为的信息感知差异性分析

不同群体对同一行为的信息感知特征是不同的，即使同一群体也会对相同的互联网集群行为产生不同的信息感知。此前的研究指出，网民对互联网信息的感知、加工处理以及认知需求存在明显的个体差异（Amichai－Hamburger & Kaynar，2008）。这可能源于不同个体对同一线索的感知角度不同，具体表现在性别、年龄、生活经验等诸多方面。此外，网民在现实生活中的社会经济地位在一定程度上也会影响其在互联网环境中的信息感知水平。我们通过研究发现，网民对互联网集群行为的关注涉及多个领域，并且网民更倾向于关注与自身相关的互联集群事件。本研究进一步的群体性差异分析发现，网民对互联网集群行为的信息感知存在群体差异性，具体表现为在性别、年龄、职业、受教育水平和社会经济地位等方面的差异，而且各类网民群体对互联网集群行为的信息感知也在感知有意义与感知易执行两个维度上表现出差异。

（四）互联网集群行为意向的影响及其作用

在我们的研究中发现，网民对互联网集群行为的信息感知是影响互联网集群行为意向的重要的中间变量之一，根据 TAM，信息感知是其他行为意向的中间变量，对于信息的感知易用性与感知有用性是影响网络用户继续使用网络的重要因素。这在一定程度上完善了本研究的结论。除此之外，本研究还发现，心理安全、网络认同感、情绪体验也是影响互联网集群行为意向的中介变量之一。具体而言，情绪感染敏感度作为个体关注他人情绪并易受他人情绪影响的程度，最终会影响个体的情绪体验与信息感知水平，进而间接影响互联网集群行为意向，这与情绪感染理论提出的，在服务交互情境中，情绪感染会产生从员工到顾客的情绪涟漪效应的结论是一致的（Tsai & Huang，2002）。正如在本研究综述里所提及的，互联网集群行为的产生，其一是与网民的信息感知有关，其二是与外界环境类因素有关。

互联网情境性特征体现在信息沟通渠道的丰富度、网络社会联结与网络环境的匿名化三大特点上，而且进一步分析发现，丰富的信息沟通渠道有助于提高个体的信息感知水平，进而提高互联网集群行为的意向。不仅如此，丰富的信息沟通渠道还会增强网民之间的社会联结，进而增强网民个体的心理安全与对网络的认同感，并在一定程度上得到强社会联结理论与心理安全理论的支持。在此基础上，本研究整合了情绪因素、网络因素、心理因素对互联网集群行为意向的作用路径，最终形成了基于该三类因素的互联网集群行为意向的作用模型。

（五）信息表征类型与信息发送者地位对互联网集群行为意向的影响

本研究结果表明：信息感知是互联网集群行为意向的重要影响因素，它始终是基于各种互联网集群事件、信息沟通、互联网集群行为等客观因素对相关信息的主观感受的整合。因此，本研究还探讨了信息表征类型、信息发送者的现实社会地位、信息发送者的网络地位等客观因素对互联网集群行为意向的影响。结果发现，信息表征类型不同，网民对信息的感知水平也不同。当信息表征形式为"图片"时，网民的信息感知水平与互联网集群行为意向最高。这也与2010年《中国社会形势分析与预测》中指出的网民信奉"有图有真相"的推测相一致。此外，正如 Kirchler 和 Davis（1986）所指出的，成员的不同特征（如成员的地位、价值取向、知识专长分布等）对集群行为意向具有重要的影响。我们的研究发现，信息发送者的现实社会地位会影响信息接受者的互联网集群行为意向与信息感知水平。但是，由于互联网环境的匿名性与去抑制性的特点，信息发送者网络地位对互联网集群行为意向与信息感知水平的影响并不显著。

二、本研究的结论和意义

（一）研究结论

本研究采用问卷调查与实验研究相结合的方法，对18周岁以上的网民群体进行调查研究，获得了如下结论：

第一，采用在线开放式问卷调查的方法针对网民群体展开调查，对随后收集到的问卷进行文本挖掘分析，确立的最受我国网民群体关注的七大类互联网集群行为事件类型是日常生活、娱乐炒作、政府执政、社会风气、网络救助、人肉搜索和政治外交。本研究发现，网民对互联网集群行为的信息感知呈现影响程度、担忧程度、受关注程度、舆论导向、迅速程度、可控性、便捷程度七大特征。在此基础上，本研究编制的互联网集群行为的信息感知问卷达到了很好的信度和效度指标。我们最终确立的信息感知特征由感知有意义和感知易执行两个维度构成。

第二，通过大规模的调查取样，所获得的调查结果在一定程度上验证了本研究所提出的以信息感知为核心的互联网集群行为意向的影响因素及其作用模型。我们将互联网集群行为意向的影响因素分为三类：互联网情境类变量、个性心理变量和情绪变量。调查结果发现，除信息感知外，心理安全、网络认同感、情绪体验也是影响互联网集群行为意向的重要中介变量。

第三，本研究结合日本地震引起的网络谣言开展的实验研究，探讨了信息表征类型、信息发送者的现实社会地位与网络地位等因素与互联网集群行为意向、信息感知水平之间的关系。结果发现，信息表征越丰富，网民的信息感知水平越高，互联网集群行为意向也越高，信息发送者的现实社会地位会影响信息接受者的信息感知水平与互联网集群行为意向，而信息发送者网络地位则对信息接受者的信息感知水平与互联网集群行为意向没有显著影响。

（二）理论价值

本研究的理论价值体现在如下几个方面：

第一，本研究采用质性与量化研究相结合的方法，确立了当前网民群体最关心的互联网集群事件，并进一步结合心理学编码的分析方法对非结构化的文本数据进行挖掘，获得了网民比较关注的互联网集群行为事件，并发现了产生群体差异的深层次原因，研究具有一定的理论价值。

第二，本研究编制的网民对互联网集群行为的信息感知问卷，确立了信息感知特征维度，即感知有意义、感知易执行，编制的问卷有很好的信度和效度，符合心理测量学的标准，为今后互联网集群行为的相关研究提供了可操作的工具。

第三，以往对于互联网集群行为意向探索得较少，而且多数仅限于描述性分析与案例分析，本研究则以 TAM 为理论基础，将其应用到互联网集群行为意向的研究中，构建了以互联网集群行为的信息感知为核心的互联网集群行为意向的影响机制，系统考察了互联网情境类因素与心理类因素的作用，并运用实验方法探讨了信息表征类型与信息发送者的现实社会地位、网络地位对互联网集群意向的影响。这些研究结果完善了当前互联网集群行为的相关理论体系。

（三）实践意义

随着互联网成为主要的信息沟通平台，互联网集群事件层出不穷，互联网集群行为意向作为预测行为的重要变量日益受到关注。当前研究多局限于某一单维度的影响因素，本研究的结果有助于为信息管理工作以及政府相关部门的决策制定提供一些实践建议，具体体现在如下几个方面：

第一，本研究确立了我国当前网民群体最关注的互联网集群事件的类型。研究结果表明，当前最易引起网民关注的是日常生活问题，如医疗卫生、教育、救援、食品安全、住房问题等，这对于政府部门决策有重要的参考价值；其次是网络炒作，如娱乐炒作、商品炒作等，也是政府执政和市场管理值得关注的互联网集群事件。

第二，本研究发现，网民对互联网集群行为的信息感知特征可以分为七类，即影响程度、便捷程度、受关注程度、担忧程度、迅速程度、可控性、舆论导向；而且进一步确立了网民对互联网集群行为的信息感知特征维度由感知有意义与感知易执行构成，这有助于决策部门更好地把握互联网集群行为的发生和发展规律。

第三，本研究发现，除网民对互联网集群行为的信息感知外，心理安全、网络认同感、情绪体验也是影响互联网集群行为意向的重要中介变量，而且信息沟通渠道的丰富程度并不能直接影响信息感知水平，只有当网民之间的网络社会联结强或对网络认同感高时，才会对信息感知水平有较强的预测作用。此外，情绪感染敏感度会通过影响个体的情绪体验、心理安全或信息感知水平而间接影响互联网集群行为意向。这提示我们，心理安全、信息感知在互联网集群行为意向中具有突出的作用。

第四，本研究还对网络谣言的互联网集群行为意向做了单独分析，考察了信息表征类型、信息发送者的现实社会地位与网络地位对互联网集群行为意向的影响。结果表明，信息表征越丰富，网民对互联网集群行为的信息感知水平与参与意向越高，因此，不能忽视信息表征类型对互联网集群行为意向的影响。此外，要注意信息发送者的现实社会地位对于互联网集群行为意向与信息感知水平的影响，特别要重视信息发送者的作用，出台相应的针对性策略，来完成对互联网集群行为的合理引导。

（石密、时勘）

第六章

混合网络下的社会集群执行意向研究

第一节　社会集群行为意向

一、集群行为的定义

社会学家们对集群有明确而严格的定义，对什么是集群行为和集群行为产生的机制都有很深刻的理解和认识。由于对集群的定义不同即范围界定不同，研究方法、手段和目的不同，有时甚至研究的社会形态、对象、时期不同，因此形成了许多不同的理论。

美国社会学家霍曼斯（Ggorg C. Homans）在他的《人类集群》著作中认为，观察人们在各种集群中的实际行动与活动十分重要，因为，只有通过观察人们实际在做什么，才有可能形成与现实社会体系及集群行为相联系的概念。如表6-1所示，本研究对集群行为相关研究者的一些主要观点进行了整理，意在对集群相关的行为研究的发展做一简要阐明。

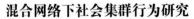

表 6—1　集群行为相关研究

学者	集群行为相关研究
Le Bon. G.（1896）	集群具有不同于组成它的个体特征的新特征，能产生一致性的集群意向，集群行为中个人责任感的下降、人与人之间情感和观念的相互暗示与感染是产生集群行为的三个主要原因
Park，R.E.（1921）	集群行为是个体行为受集群共同推动、影响及社会互动的结果
Keynes（1936）	将集群行为称为"羊群行为"
Turner（1964）	在集群中由于相互的社会影响，从个别人的可见行为中产生了新的规范
H. Blumer（1985）	集群中的人之所以有统一的行动，主要是成员相互刺激和感染的结果

尽管学者们对集群有关的行为进行了多个角度的研究，但是对集群行为的认识各有不同。最初，人们认为集群行为是一大群人以匿名的方式从事不寻常的活动；而戴维等（1999）则认为，集群行为是相对自发的、不可预知的、没有一个组织、不稳定的一种共同的影响或刺激的反应行为；另外，刘易斯（1989）认为，集群行为通过直接接触有行为影响力的人形成，往往这样的集群没有固定的组织结构，无法对他们的行为进行预测，行为和习惯与常人不一样，常常看起来很怪异。还有学者认为，集群行为是指大量的人相对自发和没有思维、情感和结构的行为方式（尹恩·罗伯逊，1988）。综上所述，集群行为可以理解为个体在社会互动中产生的新特征所导致的集群行为意向。

二、网络集群行为的界定

古斯塔夫·勒庞认为，很多人聚集在一起并不足以构成一个集群，只有当这些聚集起来的人所有情感和想法变成一个方向，他们的个性有意识地消失，形成一种集群心理时才能称为"心理集群"。虽然当今的网络集群概念与社会学理论的集群概念有很多相同点，但是，如今的网络集群与现实集群也有差异，如网络集群角色比较模糊、网络地位和现实地位不对等、社会关系相对简单（杨柳，2009）、集群意识和归属感不如现实集群持久。本研究根据近年来混合网络中的网民集群特征分析，发现网民们不管他们的现实地位、职业、性格等是否相同，网民间依靠信息的传播和分享临时性组成圈子，网络集群行为的参与者组成的这种暂时的异质集群，使网民心理上比自己独处时获得了更多的集群归属感和认同感。在这样的网络集群中网民自由地参与热点事件的讨论与交流，同时，网络的自由和开放又导致了网民情感和道德约束的降低，网民更多地为情绪所控制，网络中个体去个性化比较明显，在网络中网民可以直接达到感情宣泄的目的。

如上所述，在网络环境下网民个体导致更多的从众心理，同时网民也受到集群作用的影响，当他们与某一集群取得心理认同后，个体将受到集群心理的影响。人们分析集群心理时将集群比作智力低下的野蛮人、儿童或是女人，他们符合冲动、易变、急躁以及情感丰富的特征，他把集群看作是无意识的统一体，由不同个体所形成的集群也具有了新的属性，这个新的集群抛弃了单个人所具有的理性、推理、胆怯以及自卑，进入集群的个体表现出去个性化、急躁、道德感下降，甚至表现得更加非理性，如狂热而冲动。正如勒庞所说的那样，集群的道德观可能比个人高尚，也可能比个人低俗，集群行为往往极力逾越和摆脱理性的束缚，表现出极大的情绪化。在混合网络中对热点事件进行情绪化、符号化、虚拟化的信息讨论加速了情绪的积累及激化，情绪化在网络传播中成为信息的内隐载体，使网民在参与热点事件讨论时情绪化的集群行为更加突出，网络集群失范突出，无法正确预测网络集群性事件的发展路径。另外，虚拟网络与现实环境不可避免地产生交集，处于虚拟与现实交互中的网民很难区分个体行为的诱因，现实和虚拟情境彼此交互影响着网民集群行为。网络环境下的集群行为已经是既成的现实，应考虑如何因势利导，使其在社会管理和创新型国家建设方面发挥积极作用。在混合网络环境下，集群行为已经成为一股强大的力量，伴随技术的进步影响着人们的行动、行为和心理状态，是社会和谐、稳定的重要体现。

综上所述，本研究结合以往学者的研究成果和现实混合网络的发展趋势及特点，综合对网络集群行为进行了定义。本研究认为，网络集群行为是指一定数量的、相对无组织的网民针对某一共同影响或刺激，在网络环境中或受网络传播影响的集群行为。它既包含了网络上的言语或行为表达，同时也包含了涉及现实行为的集群活动，在混合网络中就网络集群性事件展开集群讨论与参与，通过集群认同、情绪感染、心理安全、社交网络连接强度及网络感知作用机制而形成的集群行为。

三、网络集群行为与集群行为执行意向

根据以往学者的研究发现，网络集群行为很难直接去测量，需要借助行

为意向的测量来预测集群行为发生的可能性，而且在诸多心智状态中，意向显得尤为重要。它是计划行为（Planned Behaviors）的唯一最佳预测指标（Krueger，1993）。通常人们很少仅仅停留在外显行为的表象，而是基于行动者的动机和目标去思考其行为的潜在意向（Baldwin & Baird，2001）。这说明，人们根据其行为意向对感知到的行为信息进行选择性编码。这一事实促动了学术界对意向研究的兴趣，学者们对公众如何理解意向充满了好奇和探索的动力，也使学者们对意向概念的界定进行了有意义的探索。由于研究内容、视角、方式等方面的差异性，研究者们对意向产生了不同的理解。意向可以表示为人们在给定的环境中对自己行为的预期，并进而将其操作化为个人行动的可能性（于丹、董大海、刘瑞明和原永丹，2008）。根据 Fishbein 和 Ajzen（1975）的理性行为理论，行为的直接影响因素是执行行为的意向。Carver 等（1982）认为，意向可以帮助测量行为发生的可能性，意向是目标导向行为的核心预测因素，因为意向会影响"人们为完成某种行为计划尝试付出的努力程度和努力方式"（Ajzen & Fishbein，1980）。这表明，意向塑造行为过程，行为意向是作为一种促进目标指向行为的发生策略被引入，它在个体的认知结构中处于核心位置（Baldwin & Baird，2001）。同时，涉及影响行为意向到某一行为的动机因素是人们计划为实现某种行为目标而尝试的指标。在使用某种技术时人们往往先计划使用该技术，然后才真正使用该技术（Mathieson，1991），然而，仅仅当个体进行行为选择时，行为意向才能真正地预测真实行为。由此可知，意向和行为之间存在密切联系，在个体实施行为的前因后果中意向起着与众不同的作用（戚陈炯，2008）。在行为发生的过程中，意向处于中间位置，个体与情境类因素通过意向影响行为，而意向可以划分为两个维度（简丹丹等，2010）：内控制点和外控制点、理性的意向和直觉的意向（Katz & Gartner，1988）。

然而，元分析研究结果显示，意向只能解释 20%～30% 的行为方差，仍有大部分的行为方差不能被解释（王光武，2010）。基于这种发现，Gollwitzer（1993，1999）提出了引导个体实现目标的两种心理意向——目标意向（Goal Intentions）和执行意向（Implementation Intentions），用于解释社会中具有相同行为意向的个体在实际行为上表现出的差异性。目标意向强调的是个体对既定目标的明确感知，而执行意向强调的是个体根据特定情境所做出的具体行动计划，它包括何时、何地以及以何种方式执行个人意向。

第二节　网络集群行为执行意向的维度研究

一、引言

网络集群行为的发生源于网络群体的空间聚集，其行为表现为集体化。近年来，网民在网络空间中的位置变得越来越重要，网民聚集的力量也越来越强大，网民在热点事件、社会问题的讨论上，信息交流显得特别活跃，这有利于对各种问题的督办和持续关注，也为社会管理和创新奠定了群众基础，可以广泛听取网民意见，这对鼓励网民建言献策起到了良好的示范作用。但是，在这样的公共话语平台上，网民的行为和言论常常变得非常激烈和情绪化，这在微博等新媒体中产生了巨大影响力。与此同时，网民在认知、情感或信念等方面的一致认同导致群体极化现象非常严重，使网络集群行为产生了无法预知的结果。因此，网络集群行为的规律感知成为当前信息安全和社会管理领域的热点课题。本节将编制网络集群行为的科学测量工具，重点探索网络集群行为执行意向的规律及其内部结构维度，这对进一步探索网络集群行为执行意向的影响因素及其作用机制具有重要的理论和实践意义。

二、理论分析与研究假设

对于网络集群行为很难直接去测量，需要借助行为意向来预测集群行为发生的可能性，而且在诸多心智状态中，行为意向显得尤为重要，它是计划行为的最佳预测指标。通常人们很少停留在外显行为的表象，而更多是基于行动者的动机和目标去思考其行为的潜在意向（Baldwin D. A. & Baird J. A.，2001），这说明人们根据其行为意向对感知到的行为信息进行选择性编码。这一事实促动了学术界对意向研究的兴趣，学者们对公众如何理解意向充满了好奇，从而对行为意向的概念进行了有意义的探索。Carver 等（1982）认为，意向可以帮助测量行为发生的可能性，意向是目标导向行为的核心预测因素，因为意向会影响人们为完成某种行为计划尝试付出的努力程度和努力方式（Ajzen I.，1970；Fishbein M. & Ajzen I.，1986）。这表明，意向塑造行为过程，行为意向是作为一种促进目标指向行为的发生策略而被引入的，它在个体的认知结构中处于核心位置。然而，Armitage 和 Conner 的元分析研究结果显示，意向只能解释 20％～30％ 的行为方差，仍有大部分的行为方差不能被解释（王光武，2010）。基于这种发现，Gollwitzer（1998，2006，2009）提出了引导个体实现目标的两种心理意向：目标意向（Goal Intentions）和执行意向（Implementation Intentions），用于解释社会中具有相同行为意向的个体却在实际行为上表现出的差异性。目标意向强调的是个体对既定目标的明确感知，而执行意向强调的是个体根据特定情境所做出的具体行动计划，它包括何时、何地以及以何种方式执行个人意向。

执行意向主要包含特定的情境线索、合适的目标导向反应，是通过"如果"和"那么"假设形式而建立起来的认知成分联结。Gollwitzer 在研究行为执行意向时所采取的形式为：如果我遇到线索 A，那么我将执行情境 B。在当前的混合网络中，这样的情境非常普遍，而且网络融合的便利化使网民花费很小的代价就可以将很多情境线索联系在一起，这比行为意向更加提高了实际行为发生的可能性，同时相似的个体行为意向聚集也助推了网民集群行为执行意向。然而，网络集群行为具有两面性：一方面，混合网络给网民带来了种种便利，如团购等网络集群行为改变了人们的生活方式，满足了人们的多种需求；另一方面，伴随着网络群体性事件产生的集群行为也对网民个体、社会及国家带来了巨大的冲击和伤害。这就对网络集群行为发生及发展的规律认识提出了更高的要求。不过，由于在当前混合网络环境中影响网络集群行为执行意向的因素呈现出复杂性、多样性、线索特征的不确定性，使测量网络集群行为执行意向时很难用传统的"如果—那么"测量工具测定。这主要归于两方面的原因：一方面，虚拟网络中界定"如果"和"那么"成分的因素受到社会因素，如社会与网络规范、网络群体认同、网络意见领袖等的影响；另一方面，网络集群行为执行意向还受到网络因素，如社交网络连接强度、网络中心性、网络边缘性、网络子群等的影响。由此，根据执行意向概念及网络集群行为研究现状，提出如下研究假设：

H1：网络集群行为执行意向呈现多个维度的结构。

H2：网络集群行为执行意向具有多重特性。

为了验证上述研究假设及测量网民对网络集群行为执行意向的感知，根据执行意向线索特征和执行意向的定义，本节根据"如果"和"那么"成分编制测量条目，开发网络集群行为执行意向问卷，通过探索性因素分析和验证性因素分析，探索并验证网络集群行为执行意向的内部结构，为进一步研究网络集群行为执行意向作用机制和引导策略奠定理论基础。

三、研究方法与程序

（一）研究被试

1. 执行意向的探索性因素分析

研究被试来自中国国际网络电视台国际在线、问卷星及自建的网络问卷系统等网站平台上的网民，通过在线取样的方式共收集到 210 份问卷，其中从中国国际网络电视台国际在线上获得 90 份有效问卷，从问卷星上获得 40 份有效问卷，从自建的网络问卷系统上获得 61 份有效问卷。三个在线抽样均采取了三种限制填答措施：第一，通过限定 IP 地址进行问卷填写，排除了重复提交问卷的可能性；第二，通过限定整个问卷填答的时间及单个问题的思考时间尽量保证被试真实的问卷评价；第三，通过限定问卷配额（地区、性别、居住地和学历等），使取样工作避免依赖某一类人群。通过废卷处理，得到 191 份有效问卷，被试的基本信息如表 6—2 所示。

表 6—2　执行意向的探索性因素分析被试情况一览

		样本量	百分比（%）			样本量	百分比（%）
年龄	16～24 岁	166	86.9	性别	男	97	50.8
	25～30 岁	15	7.9		女	94	49.2
	31～40 岁	9	4.7		总数	191	100.0
	41～50 岁	0	0.0	职业	学生	177	92.7
	50 岁以上	1	0.5		教师	1	0.5
	总数	191	100.0		中高层管理人员	8	4.2
月收入	低于 2000 元	172	90.0		普通员工	2	1.0
	2000～3000 元	3	1.6		进城务工	0	0.0
	3001～5000 元	1	0.5		其他	3	1.6
	5001～8000 元	3	1.6		总数	191	100.0
	8000 以上	12	6.3	学历	初中及以下	4	2.1
	总数	191	100.0		高中/中专	27	14.1

续表

		样本量	百分比（%）			样本量	百分比（%）
	农村	12	6.3		大专	0	0.0
	城镇	133	69.6		本科	132	69.1
居住地	中等城市	21	11.0	学历	研究生及以上	28	14.7
	大城市	25	13.1		总数	191	100.0
	总数	191	100.0				

2. 执行意向的验证性因素分析

研究被试主要来自网络论坛、门户网站、社交网络、博客、微博等网络平台上的会员，并且年龄在 18 周岁以上的网民，研究共取得 256 份有效问卷。其中，来自网络论坛的有效问卷为 16 份，占有效问卷的 6.3%；来自门户网站的有效问卷为 80 份，占有效问卷的 31.2%；来自社交网络、博客和微博的有效问卷为 160 份（其中，手机用户参与填答的有效问卷数为 10 份，第三方移动终端用户参与填答的有效问卷数为 10 份，电脑网络用户参与填答的有效问卷数为 140 份），占有效问卷的 62.5%。被试的基本信息如表 6-3 所示。

表6-3　执行意向的验证性因素分析被试情况一览

		样本量	百分比（%）			样本量	百分比（%）
	16～24 岁	187	73.0		男	141	55.1
	25～30 岁	49	19.2	性别	女	115	44.9
	31～40 岁	18	7.0		总数	256	100.0
年龄	41～50 岁	1	0.4		学生	228	89.0
	50 岁以上	1	0.4		教师	6	2.3
	总数	256	100.0		中高层管理人员	1	0.4
	低于 2000 元	8	3.1	职业	普通员工	13	5.1
	2000～3000 元	223	87.1		进城务工	5	2.0
	3001～5000 元	2	0.8		其他	3	1.2
月收入	5001～8000 元	5	2.0		总数	256	100.0
	8000 元以上	18	7.0		初中及以下	0	0.0
	总数	112	100.0	学历	高中/中专	27	10.5

续表

居住地		样本量	百分比（%）		学历		样本量	百分比（%）
	农村	112	4.7			大专	9	3.5
	城镇	141	55.1			本科	132	51.6
	中等城市	59	23.0			研究生及以上	88	34.4
	大城市	44	17.2			总数	256	100.0
	总数	256	100.0					

（二）研究工具

采用初步编制的网络集群行为执行意向测量问卷。以李克特七点评分量表来测量网民群体在集群行为执行意向上的差异，其中执行意向分量表每个测量条目均采用李克特七点量表评定。

（三）研究程序

1. 执行意向问卷的编制过程

首先，本研究通过 LocoySpider 数据采集软件连续 30 天对 50 多家互联网大型网站的网络集群行为信息进行元采集，还对新浪微博 30 名活跃网民交流信息进行滚雪球式采集，总共采集到 18000 多条网络集群行为相关主题信息。在此基础上，如图 6－1 所示，研究者利用 ROST Content Mining System 文本数据挖掘软件（基于文本挖掘的人文社会科学数字化研究平台，简称 ROST CM，由武汉大学沈阳教授课题组开发的科研工具软件）对集群行为信息进行了文本数据挖掘，主要方法是对采集到的微博信息进行中文分词、中文词频分析、词频编码和验证一致性。通过 ROSTCM 文本挖掘软件共归纳出 360 多个信息特征高频词，再通过两名研究生独立手工编码，将已经分词后的语义进行归类，并通过一致性检验，归类出 17 类语义线索特征。结果发现，这些高频词类特征与网络集群行为类型之间存在对应关系，包含了七大集群行为类型特征，说明这 17 类语义特征可以进一步提炼执行意向的情境线索特征。

2. 对 17 类特征进行语义分析

研究发现，有些特征之间还存在彼此包含和补充的关系，需要进一步进行提炼。因此，如图 6－2 所示，通过团体焦点访谈和文献研究，对上述方法采集到的信息进一步整理归纳。第一，研究者召集 10 名研究生、五名企业管理人员和三名教师进行了团体焦点访谈。由研究者汇报集群行为线索特征的研究经过

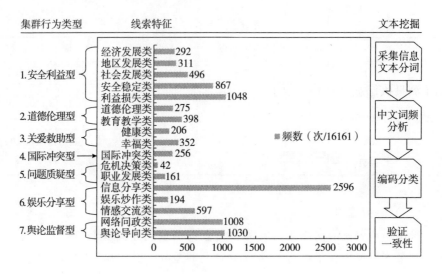

图 6—1　网络集群行为的语义分析结果

及初步结果。第二，来自新浪微博企业团队的负责人就集群行为线索特征提出修改建议，教师们从科学研究角度提出归纳方法，课题组研究生们根据文献研究和日常的网络集群行为特点提出线索特征的名称及含义，这样就保证了研究方法的科学性，充分吸取了网络企业管理人员的实践建议，同时利用课题组师生的科学研究方法及学术资源使集群行为线索特征的研究更加严谨。第三，研究者综合团体焦点访谈和文献研究的结果对线索特征进行了归类和命名，最终归纳出图 6—2 所示的网络集群行为执行意向的 11 大线索特征。

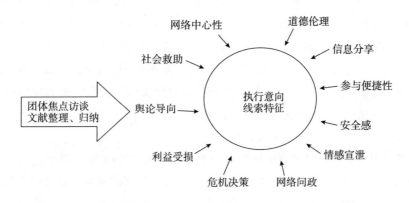

图 6—2　混合网络下网络集群行为执行意向线索特征归纳、提炼结果

　　由一名应用心理学专业、一名管理学专业的博士生与两名硕士生组成问卷编制小组，根据执行意向的定义和11个执行意向信息线索特征，严格按照"如果"和"那么"成分编制执行意向测量问卷，如表6－4所示，最后共编制了测量执行意向的16个条目。

表6－4　网络集群行为执行意向测量条目

测量条目
1. 如果我看到道德败坏的报道，那么我将和网友评论或转发它
2. 如果我认为某事件值得关注，那么我将它分享给更多的网友
3. 如果我非常方便参与网络群体事件的讨论，那么我将主动参与
4. 如果我缺乏安全感，那么我会寻求网友的帮助
5. 如果我遇到情感问题，我将在网络里进行宣泄
6. 如果我的利益直接或间接地受到损伤，那么我会在网络里进行控诉
7. 如果我面临重大危机，那么我会根据网友的建议进行决策
8. 如果舆论认为政府或媒体报道的事情与真相不符，那么我会和舆论保持一致
9. 如果我得到社会的救助，那么我会救助更多的人
10. 如果我遇到某官员不作为的行为，那么我将发动更多的网友参与网络问政
11. 如果有大量网友转发或评论我撰写的文章，那么我会努力吸引更多人的目光
12. 如果我掌握着大量的信息，那么我会与更多的网友分享它
13. 如果我是信息传递的中间人，那么我会使信息很快地传递下去
14. 如果我能不受别人的控制发布信息，那么我会发布更多的信息
15. 如果我不受别人的控制随时能获取信息，那么我会获取更多的信息
16. 如果我所在的网络成员集中发布或获取信息，那么我也会参与其中

3. 混合网络条件下问卷取样过程

　　本部分的数据主要是通过设计网络版的问卷调查系统在线填答获得，在该系统里对样本配额进行了设置，同时在系统后台对在线网民的 IP 进行了限制，避免同一被试多次填答问卷。其中，通过 E－mail 邀请了山东师范大学、河北师范大学、中国人民大学、中国科学院大学等高校的本科生及研究生进行网上问卷填答。另外，还邀请企业、事业单位、公务员等不同职业人员参与网络问卷调查。为保证数据调查的科学性、有效性，对企业人员网民以一对一的方式进行施测，在调查之前，对参与问卷调查的人员前往企事业单位进行培训，尽可能保证调查数据的真实性与可靠性。在调查时，调查者需要告知被试此次调查结果不会针对个人，仅作科学研究应用，所有数据将会进行统一处理，并保证对外完全保密，最后，让所有被试利用办公电脑、手机及家庭电脑在线填答网络问卷。整个调查历时一个月左右，总共在线反馈问卷 890 份，完整反馈问卷 540 份，完整反馈率为 61%。结束网上在线问卷调查之后，进行废卷处理工作，最后得到 256 份有效问卷。相对于纸质问卷的取样，网络问卷取样比较便利，效率很高，不过也有弊端，如有效且完整的反馈信息比较少，很多被试中途没有填完，经过多次 E-mail 提醒之后才进行完整反馈，随着混合网络在各行业的深入应用，相信网络问卷调查将会有新的突破。

4. 统计方法

第一，采用 SPSS18.0 运用探索性因素分析（Exploratory Factor Analysis，EFA）的方法，对网络集群行为执行意向的内部结构进行分析；第二，采用 SPSS18.0 在初测问卷的基础上分析问卷的内在一致性系数（Cronbach α 系数）；第三，采用结构方程软件 Amos17.0 对网络集群行为执行意向的结构效度进行验证性因素分析（Confirmatory Factor Analysis，CFA）。

四、结果及分析

（一）网络集群行为执行意向的探索性因素分析

首先，对本次问卷的调查数据进行 KMO 检验，结果为 0.914，且 Bartlett 球形度检验 Sig 值为 0，表明此数据符合探索性因素分析的条件。其次，采用主成分分析法与正交极大旋转法抽取因子对调查数据进行探索性因素分析（刘晓菁，2009）。提取特征根大于等于 1 的因子，根据碎石图抽取因子有效数目（陈永艳，2008）。判断一个条目是否保留的标准有两点：一是该条目是否在某一因素上的负荷超过 0.3（曹仰锋、吴春波和宋继文，2011）；二是该条目是否存在交叉负荷，即在两个因素上是否都有 0.3 的负荷。依照此原则，经过几次探索性因素分析，最终获得表 6－5 所示的结果，获得了网络集群行为执行意向的三因素结构。这三个因素的特征根均大于 1，单个方差解释率大于 20%，累积方差的解释率达到了 66.63%，各项目在相应因子上具有较高的负荷，处于 0.59～0.81。

表 6－5 网络集群行为执行意向的因素分析结果

条目编码	因素 1		因素 2		因素 3	
ZX11		0.768		0.117		0.278
ZX15		0.707		0.343		0.189
ZX16		0.686		0.433		0.111
ZX10		0.682		0.114		0.386
				0.230		0.431
				0.405		0.219
ZX12		0.592		0.192		0.500
ZX7		0.258		0.789		
ZX5		0.284		0.764		0.166
ZX6		0.168		0.744		0.230
ZX4				0.722		0.484
ZX8		0.338		0.719		
ZX1		0.216		0.163		0.809
ZX2		0.295		0.201		0.776
ZX3		0.261		0.351		0.725
ZX9		0.357				0.629
特征根	6	0.895	6	0.287	5	0.933
解释的方差变异量	23	87%	22	35%	20	40%
总计			66	63%		

具体而言，因素 1 含有七个测试条目，因素命名为"可控性执行意向"；因素 2 含有五个测试条目，因素命名为"安全性执行意向"；因素 3 含有四个测试条目，因素命名为"价值性执行意向"。

基于上述结果，网络集群行为执行意向维度由可控性执行意向、安全性执行意向、价值性执行意向三个因素构成。上述探索性因素分析结果表明，这三个因素的项目分布合理，且因素累积解释方差变异量为 66.63%，解释比例较高。因此，网络集群行为执行意向结构是可以接受的。

（二）网络集群行为执行意向的验证性因素分析

1. 信度分析

从内部一致性的结果来看，网络集群行为执行意向整个问卷的内部一致性系数为 0.922，其中可控性执行意向（7 个条目）的内部一致性系数为 0.89，安全性执行意向（5 个条目）的内部一致性系数为 0.847，价值性执行意向（4 个条目）的内部一致性系数为 0.826。这表明，网络集群行为执行意向问卷的题目设计是合理、有效的。

2. 验证性因素分析结果

采用 Amos17.0 对网络集群行为执行意向的结构效度进行验证性因素分析，得到拟合指数包括 χ^2/df、GFI、AGFI、NFI、IFI、TLI、CFI、RMSEA 等。在本研究中我们采用 χ^2/df、NFI、IFI、TLI、CFI、RMSEA，各指数的拟合标准如下：χ^2/df 小于 3 表示模型拟合较好，小于 5 表示模型可以接受，大于 10 表示模型不能接受（高杰和彭红霞，2009）；NFI、TLI、CFI、IFI 最好能大于 0.9，并且其值越接近于 1 越好，但最低要求是大于 0.85；RMSEA 介于 0 和 1 之间，越接近于 0 越好，而其临界值为 0.08（刘佳和马世超，2008）。结果如表 6-6 所示。

表 6-6　网络集群行为执行意向的验证因素分析结果

拟合指标	χ^2/df	RMSEA	GFI	TLI	CFI	NFI	IFI
拟合指标值	3.097	0.091	0.92	0.87	0.90	0.87	0.91

验证性因素分析的模型拟合指标结果表明，各拟合指标基本符合统计测量学的要求。与此同时，如图 6-3 所示，通过验证性因素分析，网络集群行为执行意向三因素模型得到了数据的支持，即网络集群行为的执行意向维度由可控性执行意向、安全性执行意向和价值性执行意向构成。由此可知，假设 H1 得到支持。

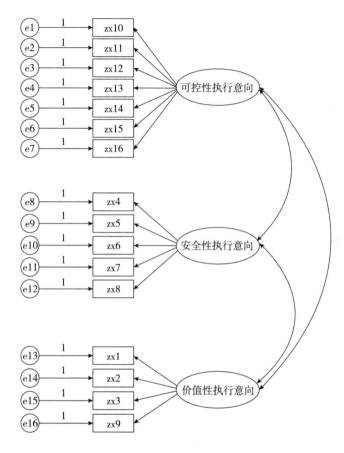

图6-3　网络集群行为执行意向的验证性因素分析结构

五、讨论与结论

(一) 讨论

第一，可控性执行意向、安全性执行意向、价值性执行意向可能有不同的层次结构，而且在不同的情境和热点事件中，网络集群行为都有可能从某一单一的执行意向裂变为一至两种类型的执行意向。通常，可控性执行意向对信息的发布、传播和中介作用比较显著，且网民群体规模大，涉及的人群广泛，信息传播速度快；安全性执行意向更多的是网民对于外界客观环境的安全性及利益平衡性的知觉；价值性执行意向强调群体行为的价值取向，是网民个体自我的价值判断和自我对热点事件的心理价值评估。

第二，网络集群行为可能从较低层次的执行意向维度上升到较高层次的执行意向维度，如 2012 年网络上高度关注的"少女毁容"事件中网络集群行为从安全性执行意向裂化为价值性执行意向，"全国'两会'热点事件"中网络集群行为从可控性执行意向裂化为价值性执行意向，网民不满足于信息分享和娱乐方面，更加关注提案的价值和会议的实质性成果。不过，网络集群行为也有可能从价值性执行意向裂化为可控性执行意向或安全性执行意向，这主要受到事件本身的属性、外部环境及网民群体情绪和话题走势等的影响，这就需要在今后的研究中去探索、实践和验证。由此可知，假设 H2 得到支持，即网络集群行为执行意向具有多重特性，三个维度的执行意向既有自身的特征，又彼此相互转化和影响。

第三，对执行意向的研究对于行为预测具有特别重要的作用，其意义在于：①研究所编制的网络集群行为执行意向问卷的效度和信度指标符合测量学的标准，这为今后探索网络集群行为规律提供了基本分析工具，也有助于决策部门更好地把握网络集群行为发生、发展的规律；②在以往学者研究互联网集群行为意向的基础上推进到网络集群行为执行意向的研究，通过关联情境线索特征和个体的目标导向使执行意向研究更具有可操作性和行为演化规律的解释力；③执行意向的研究对于网络消费行为具有启示意义，如分析产生实际购买行为的情境线索特征、网民消费的心理机制，还可进行大规模团购行为预测；④可控性执行意向、安全性执行意向和价值性执行意向可以分类预测集群行为，如娱乐分享型和问题质疑型集群行为可以通过可控性执行意向进行预测，安全利益型和国际冲突型的集群行为可以通过安全性执行意向进行预测，道德伦理型、关爱救助型和舆论监督型的集群行为可以通过价值性执行意向进行预测。

（二）局限性

尽管如此，执行意向对网络集群行为预测也具有一定的局限性：第一，目前还无法将执行意向所有线索特征进行计算机编程，无法在网络中进行大规模连续跟踪分析。第二，现实和虚拟行为有更多的相互交互反应，很难用问卷直接测量，需要进一步将网络语义和执行意向测量条目进行关联，以提高网络集群行为预测的准确性。

（三）初步结论

本研究得到如下初步结论：第一，网络集群行为执行意向测量问卷具有较好的信度和结构效度，可以进一步在真实网络环境中加以修正和应用。第二，网络集群行为执行意向的内部结构由可控性执行意向、安全性执行意向和价值性执行意向构成。第三，由于混合网络刚刚处于融合阶段，各种网络之间的边界并不是非常明确，使数据抽样并没有完全涵盖所有其他网络。研究发现，或许并不能完整地反映当前混合网络中的所有网民的集群行为执行意向，需要研究者今后密切关注网络发展的动态。

第三节　基于微博舆论传播的集群行为执行意向规律感知的研究

一、引言

自 2006 年 Twitter 出现以来，微博已迅速成为新媒体网络中一个有影响力的信息分享和交流平台，微博话题评论和转发等行为会不断演化成多种网络集群行为，正受到世界范围内的关注。根据网络集群行为执行意向理论，微博网民在舆论传播中不断动员、聚集的动力来自执行意向（王林、赵杨和时勘，2013）。该理论认为，当个体具有明确的目标线索并且受到情境线索的刺激时会有高的行为动机和目标激励，这些线索特征通常与微博话题热度及走势、情绪热度、语义网络及关注度等因素有关。因此，有必要针对微博网民集群行为的不同执行意向进行深入的比较研究，从而探索微博集群行为执行意向的演化规律，为微博社会管理提供理论支撑和实践指导，并就集群行为的不同执行意向提出个性化引导策略。

二、理论回顾、研究假设与研究目的

（一）理论回顾及研究假设

集群行为是集体共同推动和影响个体进行社会互动行为的结果，而网络集群行为属于特殊的集群行为方式，是一般集群行为的延伸、复制和创新。它除了具备一般集群行为的共有特质外，还具有诸多不一样的特质，如行为互动符号化、成员参与超功利化、成员关系松散与自发分工并存、不在场与匿名化状态下的有限理性，以及跨时空的"微观点"汇合成网络集群行为

（邓希泉，2010）。研究发现，微博集群行为主要以话题讨论为主，话题属性和扩散主体等影响热点话题的扩散，而微博网民在讨论话题的同时也在传递着情绪，微博评论记录着很多人对某热点事件的情绪状态，带有情绪化的符号、图片及博文在一天中的不同时间可能产生不同的变化和分布状态。传播学、网络学和情报学领域的研究发现，微博网民的粉丝数、转发数、博文评论数、原创观点数及个体的社会网络在很大程度上代表该微博用户的影响力（王林、赵杨和时勘，2013）。微博意见领袖一般具有较高的影响力、广泛的社会网络关系，占据着重要的网络结点，主导着微博舆论的发展方向和集群行为的执行意向。

执行意向是指个体以行动目标为导向，通过连接情境线索和目标导向反应，建立行为意向和实际行为之间的联系。在一定的情境或条件刺激下，执行意向被自动、有效并且无意识地启动，是一种行为临界状态，更能预测实际行为发生的可能性（Mendoza，Gollwitzer & Amodio，2010）。实证研究发现，基于热点事件的微博集群行为执行意向呈现出三个维度：安全性执行意向、价值性执行意向和可控性执行意向。然而，微博集群行为的三种执行意向之间有何差异，不同执行意向的集群行为是否遵循相同的演化规律，这些问题还没有明确的研究结论，本研究将对微博集群行为执行意向进行比较实验研究。因此，基于以上理论，提出如下研究假设：

H1：热点话题的走势影响集群行为执行意向，不同话题的走势分散了网民集群行为执行意向的意愿。

H2：网民群体的情绪在不同时刻呈周期性波动。

H3：微博网民的影响力受到粉丝数量、关注数及原创数的影响，关注数和原创数越多其粉丝数越多，粉丝数越多越能吸引网民的关注和跟帖。

（二）研究目的

本书对集群行为的安全性执行意向、价值性执行意向和可控性执行意向规律与感知进行实验研究。通过筛选网民近期关注的热门事件，分析热门事件的特征和网民集群行为的主要特征，确定该事件属于何种网络集群行为类型；根据该行为类型的特性初步分析将引发何种集群行为执行意向，并确定要进行观测的网络热门事件；根据三种执行意向的影响因素确定在微博上进行观测和采集的指标，通过连续的数据采集和指标对比分析，探索网民集群行为特性变化与网络集群行为形成及演化的规律，以及探索复杂网络中海量微博信息之间语义关联与聚集的规律感知，为大规模的网络集群行为预警分析和引导策略的导入提供理论和实践指导。

三、研究方法

（一）研究工具

（1）微博平台：主要借助腾讯微博平台进行实验观察。

（2）网站数据采集器：实验数据采集主要借助 LocoySpider 软件，又名火车采集器，是一款专业的网络数据采集、信息挖掘处理软件。

（3）文本数据挖掘：利用沈阳等（2009）设计编码的 ROSTCM 文本挖掘软件进行微博短信的内容挖掘分析和情感的初步分析。

（二）实验程序

实验分三个阶段，分别为微博信息采集、微博用户资料采集和数据处理及分析，如图 6-4 所示。

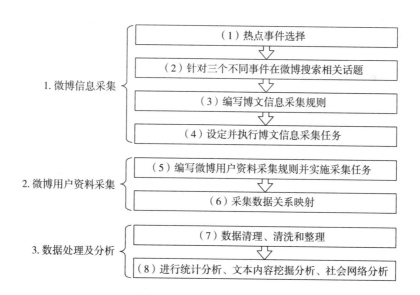

图 6-4 微博观测实验步骤

（三）实验观测内容

通过探索安全性执行意向、价值性执行意向、可控性执行意向的行为特征对其作用机制进行验证性实验研究。主要从行为特性和复杂网络特性的角度选择话题热度及走势、微博信息情绪热度、微博网络中心性，以及微博网民关注数、原创数和粉丝数的相关性及影响力等指标，因为这些指标对当前微博信息传播及网民集群行为具有较好的预测，同时也对预警分析和引导策略的网络实践具有指导作用。

（四）研究被试

（1）微博热点事件信息采集利用 LocoySpider 采集微博相关主题的交流信息；对采集数据进行处理，逐一删除微博空信息、无相关内容信息、重复信息、粉丝数及关注数不足 10 人的微博信息，得到本实验的研究数据，三个实验总共采集有效信息 2965 条，如表 6-7 所示。

表 6-7　微博交流信息采集一览

统计项		实验 1		实验 2		实验 3	
数据采集周期		（03.05～03.10）		（02.24～03.12）		（03.10～03.12）	
事件名称		少女自杀为穿越		活熊取胆		全国"两会"	
网络集群行为类型		安全利益型		道德伦理型		娱乐分享型	
				舆论监督型		问题质疑型	
观测执行意向维度		安全性		价值性		可控性	
有效信息（条）		1008		1279		678	
微博信息沟通渠道（条）	电脑	596	59.1%	577	45.1%	314	46.3%
	手机	299	29.7%	509	39.8%	215	31.7%
	客户端	83	8.2%	90	7%	79	11.7%
	即时通信	30	3%	103	8.1%	70	10.3%
	合计	1008	100%	1279	100%	678	100%

资料来源：腾讯微博。

（2）参与热点事件讨论的微博用户信息在表 6-7 的数据基础上，根据每条微博评论信息锁定该评论的博主 ID 及微博地址，形成微博地址列表；编写微博用户个人属性的采集规则，将微博地址列表导入 LocoySpider 的采集任务并运行该任务；共采集到参与上述三个热点事件讨论的 2479 个微博用户信息，如表 6-8 所示。

表6－8　参与热点事件讨论微博网民基本信息采集一览

统计项		实验1		实验2		实验3	
性别	男	573	58.7%	488	55.5%	426	68.3%
	女	397	40.7%	379	43.1%	191	30.6%
	组织	6	0.6%	12	1.4%	7	1.1%
	合计	976	100%	879	100%	624	100%
身份	认证	41	4.2%	40	4.6%	22	3.5%
	无认证	935	95.8%	839	95.4%	602	96.5%
	合计	976	100%	879	100%	624	100%
网络	意见领袖	25	2.6%	58	6.6%	21	3.4%
	活跃博主	286	29.3%	349	39.7%	238	38.1%
	普通博主	665	68.1%	472	53.7%	365	58.5%
	合计	976	100%	879	100%	624	100%

注：组织是指有些信息由组织发布，不是由个人发布，所以单独统计。

资料来源：腾讯微博。

（五）统计分析

本文采用 SPSS18.0 进行统计分析，使用 ROSTCM 文本挖掘软件进行中文词频分析、情感分析，应用 UCINET 社会网络分析软件和可视化 NetDraw 软件进行语义分析、网络中心性计算，对微博语义网络的集群行为规律进行对比分析。

四、结果及分析

（一）微博话题热度及走势对比分析

通过采集三个热点事件，本书对采集到的有效微博信息进行文本数据挖掘，利用 ROSTCM 文本挖掘软件对三个实验的微博采集信息进行中文分词、中文词频分析，如表6－9至表6－11所示，三个实验均出现网民反复讨论的热词，本章对这些高频词进行了热度和话题的走势分析。

表6—9 "少女自杀为穿越"热点事件中微博用户讨论热词及词频统计

热词	词频	热词	词频	热词	词频	热词	词频	热词	词频
穿越	467	教育	84	家长	52	影响	42	小学生	39
孩子	176	电视	74	池塘	47	父母	42	同年	37
越剧	132	电影	64	历史	47	清朝	41	皇帝	36
电视剧	95	社会	61	中国	46	现实	41	同月	36
自杀	94	生命	53	小说	45	问题	39	悲剧	34

表6—10 "活熊取胆"热点事件中微博用户讨论热词及词频统计

热词	词频	热词	词频	热词	词频	热词	词频	热词	词频
归真堂	1124	人类	130	问题	60	上市	46	企业	38
围观	738	胆汁	127	生命	58	事情	45	坚决	38
动物	346	反对	111	国家	58	行为	44	难道	37
黑熊	156	提问	79	利益	49	人性	43	亚洲	36
保护	135	抵制	74	取缔	49	爱心	42	基金	35
残忍	134	中国	74	社会	46	痛苦	42	法律	32

表6—11 全国"两会"热点事件中微博用户讨论热词及词频统计

热词	词频	热词	词频	热词	词频
代表	127	问题	53	公务员	33
全国"两会"	86	社会	47	房价	33
人民	76	中国	46	官员	31
提案	72	国家	40	真正	30
老百姓	58	农民	34	人大代表	30
政府	56	工资	33	百姓	29

由表6—9至表6—11可以看出，在这种网民大规模参与的集群行为中，热词被网民多次反复提及和讨论，不同的时间阶段有不同的网民参与某类话题，从而形成从不同侧面刻画该事件的集群行为。在讨论的过程中容易形成多个热点话题，而参与讨论某个话题的人越多，说明该话题的热度越大。在此基础上，计算出上述微博话题的热度（刘志明和刘鲁，2010）。话题热度计算公式如下：

$$热度 = \sum_1^k P_i, \ i \in (1, \ k) \qquad\qquad (6-1)$$

其中，P_i 是当前主题中参与讨论的人次数目，k 为该事件主题的个数。微博话题热度及走势如图 6-5 所示。

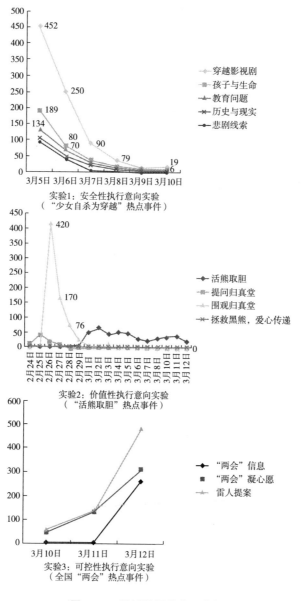

图 6-5　微博话题热度及走势

从图 6—5 可知，在实验 1 中，微博网民 3 月 5 日随着事件的报道产生高的关注度，并且快速裂化为五个高关注度的话题，经过一周的时间关注度衰减到一个很低的水平；在实验 2 中，微博网民从 2 月 24 日至 3 月 12 日共产生四个高关注度的话题，第一周以围攻归真堂和提问归真堂为主，第二周和第三周网民集中关注活熊取胆的过程及拯救黑熊，以爱心传递为主，形成周期性话题走势；在实验 3 中，3 月 10 日前网民并没有投入太多的关注度，话题是随着"两会"提案的出现及"两会"结束而慢慢出现三个高关注度的话题，截至"两会"结束，微博网民的话题讨论达到顶峰。

由此可知，在安全性执行意向的集群行为中，第一时间极为关键，如果事件与个体没有较强的关联，话题可能会逐步冷却下来，时间变量成为话题走势的重要推力；在价值性执行意向的集群行为中，要关注事件本身及价值规范、伦理道德方面引发的话题周期性变化的规律；在可控性执行意向的集群行为中，信息的有用性和传播价值往往影响话题走势，应重点关注信息交流与传播的可控性原则。由此可知，假设 H1 得到支持，即热点话题的走势影响网络集群行为执行意向。

(二) 情绪热度对比分析

情绪是个体对客观事物是否满足自己的需要而产生的态度的主观体验，即情绪是个体对外部人、事、物的主观体验（Kuhl J. & Kazen—Saad M.，1989）。微博情绪对网络集群行为执行意向的情境线索会产生影响，一旦执行意向的目标线索被情境线索刺激，微博集群行为执行意向可能会自动激活，这对集群行为规律感知和引导策略的制定具有重要意义。本研究对微博情感的判断一方面是基于心理学相关情绪理论，另一方面是通过情感计算技术，这是目前学术界的热点课题（Salmeron J. L.，2012）。本研究主要利用 ROS-TCM 文本挖掘软件的情感计算功能进行初次微博评论信息的情感计算，而在实验中发现，计算机识别微博的情绪状态并不是非常可靠的，对个别微博情绪状态的判断也不够准确，如对于一个表情符号、说反话、网络新词表达等方面需要人工标注。因此，我们邀请一名心理学专业博士生和一名管理学专业硕士生先独立检查每条微博的情绪类型和情绪强度，再共同对不一致的微博评论信息的情绪状态进行修订，以下结果分析都在上述研究工作基础上展开。

情绪热度是指某种情绪在所有评论中所占的比例，公式定义如下：

$$H_{t,i} = \frac{N_{t,i}}{\sum\limits_{i} N_{t,i}} \qquad\qquad (6-2)$$

其中，$N_{t,i}$ 表示 t 时刻第 i 种情绪对应的评论数量。根据式（6-2）在 Excel 中分别计算三个实验中微博交流信息的积极情绪、中性情绪、负性情绪的条数，然后，计算 24 小时内的微博信息总条数、均值和每种情绪所占的比例，即单一情绪的热度，得出单一情绪对比图（见图 6-6），以寻其差异性。

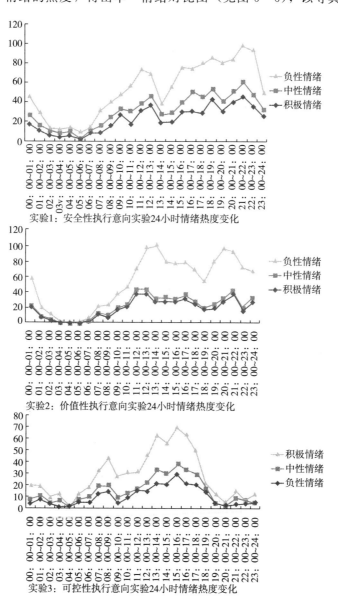

图 6-6　微博网民情绪的热度对比

从图 6-6 可知，三个实验中微博信息的单一情绪均出现波动性，早晨至中午单一情绪热度逐步攀升，甚至达到一天的最高值。三个实验均呈现出自身的规律性。例如，在实验 1 中，微博信息的情绪热度出现三个高峰和三个低谷；在实验 2 中，微博信息的情绪热度出现两个高峰和三个低谷；在实验 3 中，微博信息的情绪热度出现三个高峰和五个低谷。研究还发现，实验 1 和实验 2 的波形比较接近，基本上是从早上 6 点到中午 12 点，单一情绪热度单调增加，而实验 3 呈现出明显的不一致变化，即早上 4 点就出现单一情绪热度的增加，早上 9 点达到第一个情绪热度峰值，但 11 点之后又出现单一情绪的增加。这个周期性变化的曲线图对于我们很有启示：在微博中网民为讨论热点事件而出现单一情绪热度变化的时候，选择恰当的时间进行引导非常关键。由此可知，假设 H2 得到支持，即网民群体的情绪在不同时刻呈周期性波动。

（三）微博关注数、原创数及粉丝数相关性对比分析

学者通常在微博上以粉丝数作为该微博用户的影响力指标，认为粉丝数越多则影响力越大，然而，通过三个实验研究发现并不完全如此。网民在不同的执行意向下看重或关注的还有该微博用户的原创数或关注数，从而说明微博影响力有多个影响变量。通过 SPSS 软件对微博用户的关注数、粉丝数、原创数进行相关性分析，结果如表 6-12 所示。可以发现，在安全性执行意向的实验中，影响微博网民的主要因素是原创数和关注数，而与粉丝数无关；在价值性执行意向的实验中，影响微博网民的主要因素是粉丝数、原创数和关注数，而且关注数通过原创数影响粉丝数；在可控性执行意向的实验中，影响微博网民的主要因素是原创数和关注数，粉丝数在 0.05 的水平上显著相关，而且原创数直接影响关注数。由此可知，微博网民的影响力并非完全受到粉丝数、关注数和原创数的影响，假设 H3 得到部分支持。

表 6-12　微博用户影响力分析

实验 1：安全性执行意向实验微博影响力分析				
		关注数	粉丝数	原创数
关注数	Pearson 相关性	1	0.047	0.289**
	显著性（双侧）		0.141	0.000
粉丝数	Pearson 相关性	0.047	1	0.013
	显著性（双侧）	0.141		0.679

续表

实验 1：安全性执行意向实验微博影响力分析

		关注数	粉丝数	原创数
原创数	Pearson 相关性	0.289**	0.013	1
	显著性（双侧）	0.000	0.679	
	Estimnte	S. E.	C. R.	P
关注数（一）原创数	629109.888	72459.724	8.682	***

实验 2：价值性执行意向实验微博影响力分析

		关注数	粉丝数	原创数
关注数	Pearson 相关性	1	0.019	0.295**
	显著性（双侧）		0.572	0.000
粉丝数	Pearson 相关性	0.019	1	0.119**
	显著性（双侧）	0.572		0.000
原创数	Pearson 相关性	0.295**	0.119**	1
	显著性（双侧）	0.000	0.000	
	Estimnte	S. E.	C. R.	P
粉丝数（一）	22.469	6.317	3.551	***
原创数	510019.419	60847.371	8.390	***

实验 3：可控性执行意向实验微博影响力分析

		关注数	粉丝数	原创数
关注数	Pearson 相关性	1	0.044	0.505**
	显著性（双侧）		0.274	0.000
粉丝数	Pearson 相关性	0.044	1	0.080*
	显著性（双侧）	0.274		0.045
原创数	Pearson 相关性	0.505**	0.080*	1
	显著性（双侧）	0.000	0.045	
	Estimnte	S. E.	C. R.	P
粉丝数（一）	0.372	0.183	2.012	0.044
原创数	0.056	0.004	14.585	***

注： * p<0.05，** p<0.01，*** p<0.001。

(四)语义网络对比分析

本研究对三个实验所采集到的微博热点事件交流信息进行分词、中文词频分析,从而构建共现矩阵词表,在此基础上利用 UCINET 和 NetDraw 刻画语义网络图,如图 6—7 所示。

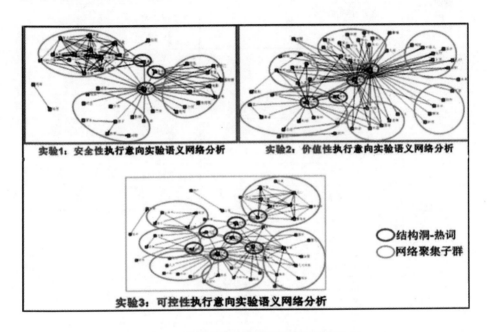

实验1:安全性执行意向实验语义网络分析 实验2:价值性执行意向实验语义网络分析

⬭ 结构洞-热词
◯ 网络聚集子群

实验3:可控性执行意向实验语义网络分析

图 6—7 微博网民信息交流的语义网络分析

在这三个实验中,社会网络结构呈现出多个子群,结构洞是联结多个微博网络讨论的核心,网民之间并没有直接的信息联系。由于结构洞上的信息强联结使网民之间在观点、价值认同、信息分享上达成了高度一致,因此,结构洞联结了多个网民集群中心。

从图 6—7 可知,三个实验中微博网民通过热点事件讨论形成多个网络集群中心,每个中心聚集特定的信息进行交流,而联结这些聚集子群的是网民反复交流的热词,这些热词一方面将不认识的网民聚集起来,加强了信任;另一方面由于网民之间并不认识,信息交流就更加顺畅,因此,这些热词就成为微博网民聚集的中介或结构洞。高网络中心性的交流信息容易引发网民群体的强连接,结构洞上的热词是网民群体议程不断延续的中介。进一步分析可知,在实验1中,以"自杀""穿越""遗书"等热词联结了三大网民集群中心，第一个集群中心主要讨论该事件的诱因，第二个集群中心主要讨论该事件的过程和细节，第三个集群中心主要讨论该事件的教训和启示。在实验2中，通过"围观""归真堂""保护""动物"等热词联结了六大网民集群中心。在实验3中，以"代表""人民""两会""提案""政府""问题""房价"等热词联结了六大网民集群中心。由此可知，通过语义网络对比分析能够更加清晰地看到网民群体的利益诉求，熟悉网民群体在网络中的子群结构及其演化规律。

五、讨论与结论

（一）讨论

通过三个在线实验，对网民集群行为的规律从话题热度和走势、情绪热度、语义网络和微博影响力的角度进行了探索，发现了一些有价值的规律。另外，通过实验发现，微博热点事件讨论中男性参与的比例高于女性，女性更加关注安全性和价值性的执行意向，男性比较关注可控性的执行意向。从认证身份来看，具有认证标志的微博网民不足5%，90%以上的微博网民没有认证标志；从网民的地区分布来看，呈现出一些地域偏向，广东、北京、江苏、河北、浙江、上海、山东七省市的微博网民在参与三个热点事件讨论中占据比例最大，这些地区的微博网民参与信息交流最多的是手机网络和电脑网络，网络融合的趋势为网民参与信息交流提供了越来越多的机会。

（二）初步结论

执行意向作为微博集群行为的重要预测变量，受到个体的目标意向和情境线索的影响，本研究从话题热度及走势、情绪、语义网络、影响力等线索特征角度对三种执行意向的差异性进行比较分析，得出如下结论：

第一，热点话题的走势影响集群行为执行意向，不同话题的走势分散了网民集群行为执行意向的注意力。

第二，网民群体的情绪在不同时刻呈现周期性波动，网民集群行为安全性执行意向、价值性执行意向、可控性执行意向呈现不同的情绪热度。

第三，高网络中心性的交流信息容易引发网民群体的强连接，结构洞上的热词是网民群体议程不断延续的中介；微博网民的影响力并非完全受到粉丝数、关注数和原创数的影响。

第四，微博信息沟通渠道呈现多元化趋势，网络集群行为执行意向呈现不同的群体差异性；不同性别、身份（认证）、地区的网民参与热点事件的程度有显著性差异。

总之，本实验研究结果对于感知网络集群行为执行意向有一定的启示，有助于相关决策者根据安全性执行意向、价值性执行意向、可控性执行意向的影响因素制定针对性的引导策略，对于加强社会管理和危机应对提供了一定的实践指引。

第四节　基于扎根理论的微博集群行为类型研究

一、引言

微博已成为大众化的信息分享与发布平台，其信息传播的影响力愈加广泛，特别是近年来在突发事件中微博第一时间报道热点信息，其传递的信息价值更加突出，这助推了微博网民的集群行为，其发生源于微博用户的博文评论聚集，其行为表现集体化已影响到决策者对突发事件的应急管理和引导策略。为此，很多学者从社会学、心理学和传播学等方面进行了探索，为决策者了解微博网民的群体心理、集群行为特征、谣言传播规律等提供了诸多理论和实践指南，一定程度上促进了和谐网络社区的建设。然而，在移动互联网时代，微博呈现出传播信息多样化、语义网络复杂化、关系连接社交化等特征，这不可避免地将社会热点事件推向公众视线，加速了微博热点信息的扩散，增强了大量网民的关注度和非理性行为，如微博网民在认知、情感或信念等方面的一致认同导致群体极化现象非常严重，微博集群行为产生了不可预期的结果。需要强调的是，信息技术高度融合、高速发展，这使微博信息的网络结构、信息传播渠道、信息发布方式、信息来源等方面呈现出更加高效、动态、耦合和聚融的特征，这很难用以往静态的研究方法追踪高速动态变化的微博信息。因此，本研究将通过动态数据采集、质性研究技术，从信息传播视角对微博网民集群行为进行分类，构建其执行意向作用模型，并检验信效度，以期对网络集群行为进行分类引导，制定个性化的网络舆情预警系统，这也是近年来信息安全、社会管理等领域所关注的热点课题之一。

二、相关理论回顾及研究设想

集群行为又称"聚合行为"或"集聚行为",是大规模群体性活动的代称,通常指集会、围观、狂欢、抢购等群体活动。如何认识集群行为以及如何对其进行防控已成为多门学科普遍关注的问题。在混合网络中对热点事件进行情绪化、符号化、虚拟化的信息讨论加速了情绪的积累及激化,情绪化在网络传播中成为信息的内隐载体,使网民在参与热点事件讨论时情绪化的集群行为更加突出,网络群体失范突出,无法正确预测网络群体性事件的发展路径,特别是意见领袖、草根力量、网络语义、谣言传播等不确定因素影响了人们对于微博集群行为的认知,甚至出现知觉错误,这影响了对微博集群行为的分类研究。然而,微博集群行为已经是既成的现实,应考虑如何因势利导,使其在社会管理和创新型国家建设方面发挥积极作用。

Eisenhardt(1989)认为,传统理论构建是将信息理解、历史文献及实践经验结合起来,而这种方法建构的理论与实际数据的连接十分有限,如不能实时连接微博海量大数据,则会导致对网络集群行为预警及引导比较滞后,已有理论假设无法解释微博等新媒体网络中的集群行为,对微博集群行为类型的研究也不满足实际应用的需要,不利于决策者根据微博集群行为表现制定科学的引导策略。因此,在云计算时代构建网络集群行为理论框架十分必要。本研究使用扎根理论研究方法,以微博互动平台为基础,采取活跃微博影响力排序的具体策略进行取样,选择了 800 名对群体性事件具有高关注度的微博用户。本研究运用扎根理论的流程是:以微博数据采集的方法收集资料并转换成电子文本,然后使用 Nvivo 8.0 软件对电子文本进行编码,确定微博集群行为的基本类型及特征,最后对研究结果进行检验和归类一致性指数信度评估。

三、研究方法

(一)质性研究方法

本研究运用扎根理论研究方法,在微博平台对微博用户评论或转发信息进行深入分析和挖掘,探索影响微博网民的集群行为类型的深层次心理因素、社会因素及网络因素,提炼出有价值的研究结论。

扎根理论由社会学家 Glaser 和 Strauss 于 1967 年提出,是在经验资料的基础上自下而上建构实质理论的一种实证研究方法，是对以往自上而下实证研究方法的一个很好的补充。通过探索微博网民的心理动机，从而更加深入地挖掘微博集群行为的类型及执行意向。它更加真实地接近、了解微博网民的集群行为表现。这里，研究者可以参与微博热点话题互动，便于收集、提炼博文资料，这增加了对微博集群行为执行意向的敏感度。

（二）研究工具

QSR Nvivo 8.0（以下简称 N8）是一种质性分析软件，可导入多种类型的资料，如图像、视频、访谈录音、中文文本等，通过编码技术简化了研究流程，大大提高了科研效率。N8 软件可以实现将非结构化文本信息进行索引编码、概念化及理论化等工作。

（三）研究程序

每天在微博平台上产生大量的评论信息，单个微博评论信息瞬间被海量信息所掩盖，这就需要对微博海量信息进行采集，加工成文本信息，进而挖掘微博平台上网民集群行为的科学规律，而对于文本信息的质性研究很多学者采用扎根理论法。如图 6－8 所示，根据扎根理论方法，研究者通过清晰的研究步骤反复循环采集微博互动信息，不断对微博信息进行整理、编码、分类、命名和理论建模，通过不断迭代最终建立相应理论并提出建议。

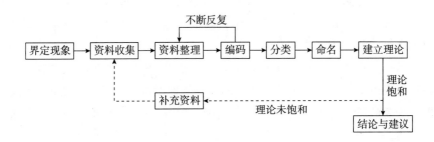

图 6－8　扎根理论研究的一般流程

1. 微博集群行为数据采集

本研究收集的资料主要来自主流微博网络平台，包括国内比较有影响力的新浪、腾讯、网易、搜狐等网络社交化平台。研究者选取了近年来比较有社会影响的网络群体性事件，通过 LocoySpider 数据采集软件在微博平台连续六个多月采集微博集群行为信息，其中编写了采集规则，设置和训练数据采集的效果，直到能按照研究所需并行、准确采集为止。研究者对采集到的大量微博数据资料分两个步骤进行处理：①按照发文频次、评论周期、参与次数、博文增加率、重复频率、影响力、是不是当事人、是否认证、是否名人、是否实名等规则，对采集到的微博资料信息进行了标记、排序、筛选，将明显低于各项参数指标的微博用户信息删除，确保研究数据资料能够涵盖参与微博集群行为的绝大部分微博用户，以使研究更加贴近实际；②对微博信息资料进行归纳、汇总、提炼，再通过专家及课题组研究人员进行团体焦点访谈，确保研究材料能够真实、准确地反映实际状况，最后将收集的所有资料融合成一个整体，正式命名为"微博集群行为资料"。

2. 资料及采集数据分析

从信息源的聚焦、信息发布、信息中介、信息传播到信息再加工的循环过程中，微博信息不断被转发、评论，其价值逐步显现出来。N8 软件继承了扎根理论的思想，使其成为质性研究的科研工具，其价值在于充分挖掘微博文本中的信息规律，并不断补充微博动态文本信息，使研究结果更加完备、科学，信息之间的逻辑层次也更加清晰。本研究将微博网民的博文信息等资料以电子文本的形式导入 N8 软件中，不断循环挖掘微博集群行为的概念及信息之间的关联特征、逻辑关系，从而挖掘网络集群行为的分类及特征，为网络舆情预警、大规模网络集群行为的计算机仿真提供新的视角。本研究根据逐渐抽象的程度对文本进行三个不同层次的编码：

（1）开放式编码。开放式编码（Open Coding）是对原始微博评论信息进行概念化的一个过程，具体来说，是指研究者编码时对微博评论句子或片段给予概念化标签，用概念和范畴来正确反映资料内容，并把抽象出来的概念"打散""揉碎"以及重新整合、聚类的过程。编码时，如表 6－13 所示，我们对微博评论信息资料逐字逐句分析并进行开放式编码，形成了 135 个开放式编码，在此基础上，每一个编码进行了初始概念化，完成了开放式编码范畴化，为下一步主轴编码奠定了研究基础。我们对每个范畴抽取了若干原始语句进行编码，限于篇幅表 6－13 中只保留了代表性的部分语句，希望对研究扎根理论的学者们有一些启示。

表6-13 开放式编码范畴化（部分实例）

范畴	原始资料语句（初始概念）
安全稳定性感知	A01 核试验好可怕，担心会破坏我们的环境（安全环境感知）；若干语句编码 A……
利益受损性感知	A20 弱势群体不一定非要用违法的方式维权（利益保障机制感知）；若干编码 A……
道德危机	A47 频频出现地沟油、假奶粉（道德信任危机）；若干编码 A……
正能量	A04 给每一位呼吁公平正义的朋友拜年（传递正义感）；若干编码 A……
人性关怀	A71 欢乐的常委新闻让政治更可亲（突破传统）；若干编码 A……
救助行为	A32 草堆看见的小狗，谁去救助一下（救助动员）；若干编码 A……
意见领袖	A13 我们相信，现在是媒体人比媒体更加重要（意见领袖影响力）；若干编码 A……
自我表露	A24 表叔事件后，戴表露过脸的领导心里都忐忑不安（恐惧心理）；若干编码 A……

注：A** 表示第 ** 位微博用户对关注事件的原始评论。每段话末尾括号中的内容表示对该原始语句进行归纳得到的初始概念。

（2）主轴编码。前面开放式编码的主要任务在于发掘范畴，而主轴编码（Axial Coding）的主要任务则是更好地发展主范畴的性质和层面，使范畴更严密，同时，将各个独立范畴联结在一起，发现和建立范畴之间的潜在逻辑联系。如表6-14所示，研究者共归纳出七个主范畴，即发现了微博集群行为的七大类型：安全利益型、国际冲突型、道德伦理型、关爱救助型、舆论监督型、问题质疑型、娱乐分享型。通过分析，发现这些类型在概念层次上确实存在内在联结。同时，通过主范畴探索出了微博集群行为的三种执行意向：安全性执行意向、价值性执行意向、可控性执行意向。

表6－14　主轴编码形成的主范畴

意向类型	主范畴	对应范畴	范畴的内容
安全性执行意向	安全利益型	安全稳定性感知	对安全环境、生活稳定性及心理安全感知
		利益受损性感知	利益损失的应对策略思考、利益相关性和利益保障机制的感知
		社会矛盾激化	贫富差距等导致的社会矛盾加剧和激化
		灾害灾难突袭	灾害预防、预警；灾难创伤恐惧
		地区发展失衡	人口流动性增加，而原有户籍等制度滞后
		经济结构失衡	失衡导致劳动力外流，远离市场化
	国际冲突型	国际冲突升级	导致网民动员，或对战争后果的反思
		国际环境恶化	周边环境的担忧，外部环境复杂
		国家矛盾激化	应对矛盾激化，矛盾聚焦
		跨国文化冲突	文化影响恐惧、文化兼容性及跨文化冲突
		爱国主义热情	爱国心愿、爱国意志及保家卫国的决心
价值性执行意向	道德伦理型	道德规范	道德行为准则、规范及认知
		道德失范	道德滑坡、沦丧及严重行为后果
		道德情感	道德与情感的底线和反思，爱的力量
		道德危机	道德理想、道德信任及行政伦理危机
		公德意识	陋习及公德意识的变革
		社会公平意识	社会公平正义感、公平秩序及角色感知
		价值观冲突	价值判断标准、意识形态与价值观念冲突
		伦理缺失	伦理缺失原因、危机及反思
	关爱救助型	幸福感	主观幸福感、幸福体验及违背幸福感
		正能量	传递正义感、积极的阳光心态及心理能量
		爱心接力	爱心帮扶及爱心接力的行为
		人性关怀	突破传统、亲近人民，个性化关怀及关注
		良知唤起	良知认知、良知缺失感知及呼吁良知
		救助行为	救助信息传递、救助动员及违规救助行为
		善举行为	善举的价值活动、能量及爱心传递行为
		帮扶行为	感恩帮扶及帮扶服务等救助行为

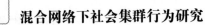

续表

意向类型	主范畴	对应范畴	范畴的内容
可控性 执行意向	舆论监督型	网络问政	网民反腐、监督行为及政府信息反馈行为
		舆论传播	舆论谴责、舆论追踪及快速传播的行为
		监管缺失	监管意识淡薄、监管真空及监管警醒行为
		制度缺陷	制度设计缺陷、机制创新意识淡薄的行为
		沟通障碍	缺乏沟通诚意、问责不力及沟通渠道受阻
		权力滥用	公权滥用危害、权力约束及争夺监督权
		贪腐渎职	遏制、惩治贪腐渎职及以史为鉴
	问题质疑型	真相质疑	真相揭露、内幕真相挖掘及质疑的回应
		问题追踪	热点问题深度追踪调查及报道
		人肉搜索	人肉搜索对象、特征及人肉搜索压力感知
		隐私曝光	隐私暴露、隐私保护意识、非法出售隐私
		意见领袖	话语权、影响力、洞察力及魅力
		谣言传播	谣言几何级扩散、传播、危害及惩治行为
	娱乐分享型	网上娱乐	名人追随效应、揭示娱乐内幕及娱乐吐槽
		网上炒作	人为炒作、恶意炒作、炒作信任危机
		个性炫耀	炫富、攀比、虚荣、讲排场和炫耀幸福等
		自我表露	表露恐惧、过度自我关注及心理投射
		涂鸦搞笑	逻辑错误、关系不清及网络社会功能

（3）选择性编码。在主轴编码阶段，伴随对主范畴的深入研究，范畴与范畴之间的关系会逐渐显现出来。选择性编码（Selective Coding）将进一步分析核心范畴与主范畴及其他范畴的联结，从而系统地处理范畴与范畴之间的关联，并以"故事线"的形式描绘微博网民集群行为现象。这里的"故事线"是主范畴的典型关系结构，它不仅包含了范畴之间的关系，而且包含了各种脉络条件，完成"故事线"后也就发展出了新的实质理论构架。如表6-15所示，通过挖掘主范畴，我们发现了微博集群行为执行意向的关系，这对于制定微博集群行为引导策略具有十分重要的作用。

表 6－15　主范畴的典型关系结构

典型关系结构	关系结构的内涵	微博网民的代表性语句 （提炼出的典型结构）
安全利益型→ 安全性执行意向	网民感知到的心理安全感因素是微博集群行为安全性执行意向的重要线索特征	B27 如今不断曝光的打深井将污水注入地下的消息，令人们开始每天关注饮用水的安全（安全稳定性刺激集群行为的安全性执行意向）
国际冲突型→ 安全性执行意向	网民感知到的国际冲突型诱因是微博集群行为安全性执行意向的重要线索特征	A121 美国、日本、朝鲜、韩国，你们可以停一停吗？人民伤不起啊（国际环境恶化激化集群行为的安全性执行意向）
道德伦理型→ 价值性执行意向	网民感知到的道德伦理型诱因是微博集群行为价值性执行意向的重要线索特征	A122 我们为什么普通人价值观和价值判断极为混乱？社会道德彻底沦丧？（道德危机及价值观冲突推动集群行为的价值性执行意向）
关爱救助型→ 价值性执行意向	网民感知到的关爱救助型诱因是微博集群行为价值性执行意向的重要线索特征	A132 一个正义缺失、良知麻木的社会，如何支撑起这个国家、这个民族的尊严与正气？（良知唤起促使集群行为的价值性执行意向）
舆论监督型→ 可控性执行意向	网民感知到的舆论监督型诱因是微博集群行为可控性执行意向的重要线索特征，它们激发了微博集群行为	A106 对"狡兔三窟"的排污企业，监管部门必须"挖地三尺"，遏制污染于未然之时（监管缺失导致集群行为的可控性执行意向）
问题质疑型→ 可控性执行意向	网民感知到的问题质疑型诱因是微博集群行为可控性执行意向的重要线索特征，它们激发了微博集群行为	A131 我们愤怒，但不失去理智；我们呐喊，但不传播谣言；我们热血，但不盲从暴力（谣言与辟谣助推集群行为的可控性执行意向）
娱乐分享型→ 可控性执行意向	网民感知到的娱乐分享型诱因是微博集群行为可控性执行意向的重要线索特征	A108 10 岁男孩拿 4000 元压岁钱炫耀遭多名孩子围殴（炫耀激怒从而导致集群行为的可控性执行意向）

基于以上典型关系结构，我们确定了"微博集群行为类型及执行意向作用路径"这一核心范畴。以此为基础，如图 6－9 所示，本研究建构和发展出一个全新的微博集群行为类型及其执行意向理论构架。

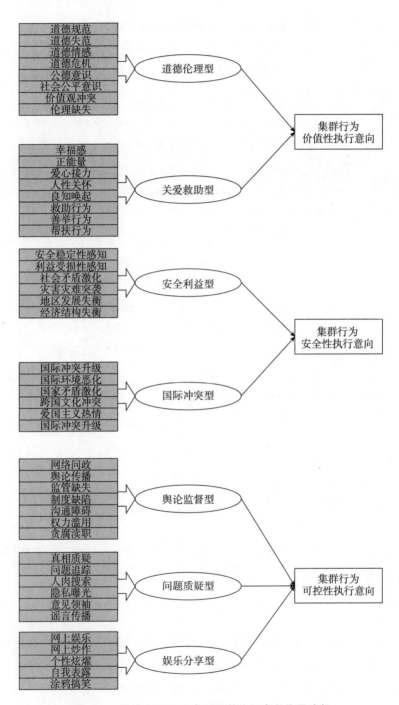

图6—9　微博集群行为类型及其执行意向作用路径

如图 6-9 所示，安全利益型和国际冲突型微博集群行为容易促使集群行为的安全性执行意向；道德伦理型和关爱救助型微博集群行为容易促使集群行为的价值性执行意向；舆论监督型、问题质疑型和娱乐分享型微博集群行为容易促使集群行为的可控性执行意向。

四、结果及分析

通常，在质性研究中信度是用于评估其质量的一个重要衡量标准。同时，效度也是用来评估质性研究质量的一个衡量标准，即能否反映微博网民真实的评论、经历、态度、行为与动机等。主要采用原始资料检验法、专家评价法、信息评估法等来检验模型和研究结果的有效性。

1. 原始资料检验法

对模型中的概念和关系返回加以审查：概念必须来源于原始资料，如"利益""害怕""伦理""底线""冲突""缺失""泛滥""正义""转发""帮忙""关注""救助""正能量""良知丧尽""道德危机""监管缺失""信任危机"等，均来自微博用户的原始评论博文。本研究通过数据采集技术获得了大量微博用户的博文数据，故有足够的微博资料的支持，并经过不断地反复归纳范畴及关系结构，最终确定了研究者的编码手册，这就更加有效地保证了从微博用户的原始博文资料中探索集群行为类型及其关系的可靠性。

2. 专家评价法

本研究在先后接受五位专家的反馈意见后，又多次回到原始资料，检验、修改自己的编码和进一步的研究结论，确实产生了很好的效果。比如，在编码舆论监督型主范畴时，经过与专家的互动和反馈，在舆论监督型的集群行为类型对应范畴中增加了"沟通障碍"，这对于今后引导微博集群行为具有很重要的作用。类似这样的过程在研究中不断进行了完善，使编码水平得到了较好的提升，对集群行为的深层次问题的探索也更加深入了一些。

3. 信度评估法

该方法主要运用归类一致性指数，即评分者之间对相同微博评论信息的内容分析编码归类相同的个数占编码总个数的百分比：$CA = 2 \times T1 \cap T2/T1 \cup T2$。其中，$T1$ 代表编码者 1 的编码个数，$T2$ 代表编码者 2 的编码个数。

本研究者首先对微博集群行为进行了编码，与课题研究小组成员六人反复回到 30 个原始资料文本进行讨论、修改并达成一致意见后，形成了研究者编码手册。除了研究者本人，我们还邀请曾经做过质性研究的研究生两名（非研究小组成员，已有编码的经验）分别对微博用户文本中 100%（30 个文本）、25%（8 个文本）的文本在本研究的编码手册的基础上进行编码。本研究中 T11、T21 分别为研究者本人、1 号研究生对 30 个文本各自的编码总数；T12、T22 分别为研究者本人、2 号研究生对 8 个文本各自编码的总数，即 $T11=475$，$T21=414$，$CA1=0.93$；$T12=248$，$T22=152$，$CA2=0.76$。这说明，本研究对文本内容的归类一致性可以接受。

总而言之，以上检验的结果表明，采用原始资料检验法、专家评价法，其模型和研究结果具有较好的有效性（效度不应该使用一致性的说法），说明本研究有较好的效度；采用信度评估法，一致性也较好。由此可以证明，本研究是有效的，结果是可信和可靠的。

五、研究结论、局限性及展望

（一）研究结论

第一，运用扎根理论获得了微博集群行为基本类型。运用 N8 软件初步产生了 135 个开放式码和 7 个关联式码；形成 3 个核心式编码：可控性执行意向、价值性执行意向、安全性执行意向。

第二，研究发现，微博集群行为分为安全利益型、国际冲突型、道德伦理型、关爱救助型、舆论监督型、问题质疑型和娱乐分享型。

第三，发现三种微博集群行为执行意向的关系特点及其作用机制。

（二）研究局限性及未来展望

1. 局限性

尽管本研究也尝试进行了信效度评估，而且效果较好，但质性研究的最大不足就是它的外部效度，本研究也不例外。由于缺乏验证，关于微博集群行为的七大类型及执行意向关系等结论是否具有普遍性问题，还有待在真实微博环境中持续验证。尽管如此，从本研究初步探讨得到的七种微博集群的行为类型、执行意向关系特点及其作用路径的理论，对于当前网络社会管理创新及引导策略的制定还是具有较好的理论和现实意义。

2. 未来展望

今后，将进一步以编制微博集群行为类型及执行意向量表、编写计算机仿真程序等方式继续探索微博集群行为线索特征、执行意向规律，并将所得结果用于验证此次初步探索的结论的适用性。

（王林、赵杨、时勘）

第七章
非常规突发事件的群际行为研究

第一节 理论依据与研究内容

一、需求分析与研究意义

非常规突发事件是指前兆不充分，具有明显的复杂性特征和潜在的次生衍生危害，而且破坏性严重，采用常规管理方式难以有效应对的突发事件。近年来，在世界范围内，具有极端破坏性的突发事件高发、频发，如我国的重症急性呼吸综合征（SARS）、南方雨雪冰冻、汶川大地震，国际上的美国"9·11事件"、印度洋地震海啸、美国卡特里娜飓风、日本地震海啸及引发的核泄漏事故等。这些非常规突发事件一般具有损失巨大、小概率、缺乏先验知识等特点，对其发生、发展很难进行预测，也缺乏成熟、有效的应对策略。因此，非常规突发事件的应对是当今各国政府管理部门和研究领域面临的重大挑战。

近年来，我国政府和学术界逐渐认识到以应急救灾为主的灾后管理模式已经难以应对当前和未来不断增大的灾害风险，开展有效的灾害风险管理是预防灾害、减轻灾害损失的重要途径。我国政府也提出了"预防为主、关口前移"的应急管理方针，《突发事件应对法》明确规定了"突发事件应对工作实行预防为主、预防与应急相结合的原则"，对突发事件风险管理工作给予高度重视。

（一）非常规突发事件的危险性识别方法

探索非常规突发事件的危险性识别方法是风险理论的首要问题。危险性识别是指在收集各种历史和统计资料等的基础上，通过调查分析，对尚未发生的、潜在的以及主客观存在的各种突发事件危险性，根据直接或间接的表象进行判断、分类和鉴定的过程。其主要任务是找出风险之所在及其引起风险的主要危险因素，并对后果做出定性分析。非常规突发事件风险不同于一般风险，它具有强突发性、不确定性和复杂关联性等特点，而且大多非常规突发事件无历史案例可依，因此，传统的危险性识别方法不适合非常规突发事件的危险性识别。非常规突发事件潜在的链式效应的危险性远远超过了突发事件本身，因此，针对非常规突发事件的危险性识别，需要从传统的单一突发事件的危险性识别转向注重突发事件链式效应的危险性识别上来。传统的针对单一突发事件的风险评估的研究思路认为，单个突发事件的风险是灾害事件发生可能性与造成的后果的乘积，然后，通过风险叠加等形式估算多种灾害事件发生时的综合风险，并不十分关注不同的风险源之间的关联性。事实上，承灾载体的破坏导致其蕴含的灾害要素被意外释放，是造成次生事件和事件链的必要条件，事件链是突发事件与承灾载体交互作用的结果。一方面，非常规突发事件的链式关系具有不确定性，很难预先识别出所有的致灾因子及其发生可能性和发生强度；另一方面，多种致灾因子的复合作用形式十分复杂，无法通过简单的叠加来反映其综合作用。从这样的认识角度来看，针对非常规突发事件链的危险性识别已经成为非常规突发事件风险理论的首要问题。因此，亟须从致灾因子、承灾载体及其相互作用关系的不确定性、模糊性、动态性和复杂关联性等特性的分析入手，重点关注非常规突发事件的强突发性、次生衍生性、扩散性、系统性和灾难性等特点，开展非常规突发事件链的危险性识别方法的相关研究。

（二）非常规突发事件的脆弱性分析方法

非常规突发事件情境下的承灾载体脆弱性分析是风险理论的又一关键环节，这里主要通过主、客观两个层面进行脆弱性分析，从系统角度提升承载载体的效能。比如，从社会层面对突发事件中民众的心理脆弱性进行了探索。主要从组织层面对客观脆弱性进行分析。为此，可以编制基于组织脆弱性分析的 SWOT 问卷系统，对于组织的优势、劣势、机遇和威胁进行全面分析。然后，针对组织面临的机遇与威胁，来确定组织的最佳战略，将现实情况与最佳战略进行对比分析，找出各环节的脆弱之处，进而确定改进的方向。对于相同的战略类型的组织，还应确定其战略强度，根据战略强度组织可以采取积极开拓或者求稳保守的战略。战略正负强度分别表示了不同的机会与优势、劣势与威胁共同组合作用可以达到相同的强度，反映了其相互转换的本质内涵。根据分析获得组织最佳战略，并将组织目前的现实情况与最佳战略对比，找出各环节的脆弱之处与改进方向，最后获得组织水平的胜任特征模型。

（三）应急管理有效性的鉴别方法

应急管理有效性是非常规事件风险管理的重要保障，非常规突发事件的灾害强度、影响范围和持续时间等都有很强的不确定性，因此，很难以常规的风险管理策略做定量化的危险性识别。同时，非常规突发事件因其明显的复杂性和潜在的次生衍生危害，造成的事故后果常具有模糊性的特征，仅依靠对承灾载体进行脆弱性分析并不能有效地解决非常规突发事件的风险管理需求。在范维澄（2009）提出的"公共安全三角形"理论中，有效的风险管理应由突发事件、承灾载体和应急管理三个范畴共同进行。因此，在危险性识别和脆弱性分析的基础上，还需对应急能力进行有效的评估和分析，以优化、提高面向非常规突发事件快速、高效的应急管理模式，做到"以不变应万变"，实现综合、全面的非常规突发事件风险管理策略。面对非常规突发事件，要做到有效的应急管理，包括物和人两方面。目前存在的问题是：一方面，现有的应急技术、应急装备和应急预案等还停留在针对单一突发事件的预防准备和事后处置阶段，难以承担对事件种类不明、影响范围不定、次生衍生灾害相互耦合，以至于事件后果模糊、难以判定的非常规突发事件的应急管理需求。面对非常规突发事件，常常要多个部门、多种应急手段共同作用，因此，其应急管理的有效性评价需考虑快速动态调整和高效多方协同等弹性应急能力。另一方面，在非常规突发事件中，人既是承灾载体，又是应急管理的主体，面对灾害，人的决策在很大程度上决定了应急管理是否能够有效地实现快速响应。因此，需要将人的因素引入非常规突发事件应急管理的有效性分析中。而现有的应急管理有效性分析多停留在物的层面，对于人的心理因素在应急管理中的作用机理和相互影响的研究尚不充分。因此，基于人在困难、挫折、失败等逆境时的心理协调和适应能力，即抗逆力模型的评价方法，已成为当前应急管理能力评价的又一热点问题。因此，综合考虑弹性应急能力和抗逆力的应急管理有效性分析方法的研究，将为我国非常规突发事件的风险管理提供新的重要保障。

二、风险综合表述的方法

（一）风险理论重大研究计划总集成平台

非常规突发事件应急管理研究目的在于集中我国相关研究领域的优秀学者，加速提高我国非常规突发事件应急管理的基础理论、方法、关键技术与系统操作平台的研究与应用水平，提升我国应对非常规突发事件的能力。目前，研究根植于当前国家的实际需求，将进行大量的现场调研、实地考察、问卷测试、案例分析及情境实验，并参加了一些实地演习，在此基础上，联合国内外管理、信息和心理等多个学科的研究人员，从信息、心理和管理等广泛的领域展开了研究，争取在非常规突发事件的演化规律建模、应急决策综合支持理论与方法、压力环境对个体心理的作用机理等方面取得成果。由于非常规突发事件的复杂特征，非常规突发事件风险的研究方法不同于传统的风险研究方法，目前尚未形成一个完整的理论和方法，急需开展系统性的研究。

（二）非常规突发事件风险理论研究需求

目前，国家应急平台体系包括国务院应急平台、地方各级政府应急平台以及所属部门应急平台等，目前的建设现状是：

（1）国务院应急平台目前已基本建成，构建了以国务院应急平台为中心，以省级和部门应急平台为节点，上下互通、左右衔接、互联互通、信息共享、互有侧重、互为支撑、安全畅通的国家级应急平台体系，实现对突发事件的监测监控、预测预警、信息报告、综合研判、辅助决策、指挥调度等主要功能。

（2）全国省级政府应急平台已基本建成，各地市政府及其部门的应急平台部分已完成初步建设，部分正在设计和建设之中，国家应急平台体系已初具规模。但如何为国家应急平台体系提供动态风险分析结果和非常规突发事件风险管理方案，是应急平台体系面向非常规突发事件科学实践的重要问题。因此，本项目的研究成果可以直接应用到集成平台体系中。

第二节 国内外研究现状及分析

一、突发事件风险理论的相关概念

突发事件风险理论研究是国内外相关学术界持续关注的热点。风险（Risk）、危险性（Hazard）、脆弱性（Vulnerability）和抗逆力（Resilience）是频繁出现的概念。国际标准化组织（ISO，2009）定义风险为目标的不确定性效应，是事件后果的严重程度及其发生概率。国际减灾战略（ISDR，2009）将危险性定义为具有潜在破坏力，可能造成人员伤亡、财产损失、社会经济混乱或环境退化的自然事件、现象或人类活动；脆弱性被定义为一种状态量，这种状态表示了一种损失的程度，由一系列能够导致社会群体对灾害影响的敏感性增加的自然、社会、经济和环境因素或过程决定；而抗逆力则被认为是反映了系统、社区、社会抵抗或改变的能力，使其在功能和结构上能达到一种可接受的水平。随着认识的深入，学者们对风险也给出了一系列的泛化表达方法，如"风险＝发生概率×损失""风险＝发生概率×不同影响强度""风险＝（致灾因子×脆弱性）/抗逆力"等。

Yacov Y. Haimes（2009）与 Terje Aven（2011）最近在 *Risk Analysis* 上发表文章对风险、危险性、脆弱性和抗逆力的概念进行了讨论。基于系统理论，他们认为，风险是时间、事件发生概率、系统状态和导致后果的函数；脆弱性是指易于受到自然危险源冲击或者蓄意攻击的一些系统状态，在数学表示上，系统的脆弱性是一个多维向量；抗逆力是代表系统状态的向量，表示系统经受住重大负面冲击时能维持在一个可接受的破坏水平并且能在可接受的时间和成本下恢复的能力。风险为事件（A）及其后果（C）的不确定性（U），数学表达为 Risk＝(A，C，U)；脆弱性是事件（A）发生条件下后果（C）的严重性或不确定性（U），数学表达为 Vulnerability＝(C，U|A)；抗逆力是任何事件（A）（包括预期外事件）发生条件下的后果（C）的严重性或不确定性（U），数学表达为 Resilience＝(C，U | 任何 A，包括预期外的 A)（Terje Aven，2011）。

国内外的其他学者也对风险、危险性、脆弱性和抗逆力有着各自的看法。

自然灾害风险是自然灾害事件发生的可能性以及由其造成后果的严重程度。灾害的脆弱性与物理因素、自然环境、社会经济和政治过程有着密切的关系，将脆弱性分为物理脆弱性、经济脆弱性和社会脆弱性等。Norris 等（2008）将抗逆力分为生理、生态系统、个体、家庭、社区、城市和社会等各个层面，个体抗逆力是遭受灾害时的一种积极适应模式、过程或能力，并提出，抗逆力是一种抑制最大潜在危险的能力以及灾后恢复的能力。抗逆力指个体面对灾难等重大压力的良好适应，也是个人面对生活压力和挫折的"反弹能力"；脆弱性被用于描述相关系统及其组成要素易于受到影响和破坏，并缺乏抗拒干扰、恢复自身机构和功能的能力；而抗逆力是承灾载体（自然或人类社会经济）承受灾害打击，遭受损失和破坏后，能够通过系统调整来恢复常态的能力。总体而言，虽然国内外各方面学者对风险、危险性、脆弱性和抗逆力等的具体定义有所差异，但都强调突发事件的不确定性，而且认为风险与突发事件、承灾载体和应急管理三方面因素有着密切的关系。

二、突发事件的危险性识别

国内外关于突发事件危险性识别方面的研究主要集中在致灾因子分析方面。致灾因子分析是研究给定地理区域内，一定时段里各种致灾因子发生的可能性和危险性，主要是通过概率统计的方法，基于研究区域地理特征、历史灾情、暴露要素等，分析致灾因子发生的概率和重现期等统计规律，预测某一强度的致灾因子在何时、何地发生等。但随着突发事件的日趋复杂化，特别是非常规突发事件的高度不确定性、缺乏先验知识以及带有次生衍生危害的特性，以往的基于概率统计的方法已经难以对非常规突发事件危险性进行分析和识别。

许多危险性识别相关的研究只针对单一致灾因子，如地震、洪水、台风等。张俊香（2009）应用直方图法、信息扩散法和内集—外集模型评估方法，对历史地震灾害进行了致灾因子风险分析。考虑到不同观测站历史数据的时间相关性，目前使用运动波理论对水流进行模拟，对洪水灾害进行了危害性分析。通过对历史数据的分析处理，他们提取了台风关键参数并进行了统计分析与建模，并用计算机模拟了台风风场，对台风灾害进行了危险性分析。张忠伟（2011）采用台风灾害数据库相关资料，以台风发生的频次、日最大降雨量等参数为评价指标，绘制了台风灾害致灾因子危险性区划图。

近年来，各种严重的非常规突发事件频发，这些非常规突发事件中往往有不止一种致灾因子。多灾种转化和耦合会给应急救援工作带来难以预料的困难，为了能更好地应对此类事件，需要开展多致灾因子综合作用所导致的极端突发事件的危险性分析。由于其内在的复杂性，目前多致灾因子综合作用方面的研究并不多，而且基本上仅形成了框架或处于定性、半定量研究阶段。杨远（2009）利用模糊综合评价法和层次分析法建立了城市地下空间多灾种危险性模糊评价模型，同时对模型中的各个指标进行了权重序数分析。Juan Pablo Lozoya（2011）基于驱动力、压力、状态、影响、响应（DPSIR）模型建立了针对海滩的多灾种风险分析框架，可以考虑自然灾害和人为事故，并提出了一个由灾害、资产和脆弱性模型三者组成，可以考虑任何灾害的定量多灾种风险分析框架。

非常规突发事件的一个重要特征是原生突发事件经常演化出一系列新的次生、衍生突发事件，形成危害性极大的链式效应。国外学界对于这类事件采取了许多不同方法进行研究，如多米诺效应、Na—tech事件等。国内学界对突发事件链式效应的研究比较系统，在世界相关领域一直处于前沿地位。郭增建等（1987）首次提出灾害链的理论概念：灾害链是"一系列灾害相继发生的现象"。他们运用系统理论观点，从数学层面分析了自然灾害系统的链式关系结构，建立了自然灾害链式效应数学关系模型，在灾害链模型的基础上提出了突发事件链的概念，将其应用领域从单一的自然灾害扩展到各种突发事件的应急工作上。有大量学者使用灾害链模型，对地震、台风等自然灾害进行了研究，并用事件链模型分析了自然灾害和人为事故耦合的案例。

由于非常规突发事件具有高度不确定性，在对突发事件链危险性进行分析识别时往往需要对突发事件链进行基于数据的不确定推理和识别。Nan Feng（2012）提出了一个信息系统安全风险管理评估模型，使用贝叶斯网络，从历史数据中识别风险因素的因果关系并预测危险事件的发生概率，并利用贝叶斯推理方法，把不确定性推理问题看作是给定完全观测数据时计算参数的后验概率，结合粗糙逻辑，最终研究了不确定性推理和数据分析的模式识别方法。赵艳林（2003）研究了基于工程中存在的不确定信息引起的灰色模式识别问题，利用灰数及其距离计算公式，提出了一种基于区间灰数模糊灰关联分析的灰色模式识别方法，并针对滑坡，研究了滑坡前兆突变异常识别方法，将滑坡位移观测值时间序列视为平稳随机过程，采用建立系统的同态模型方法提取短期异常，并给出了异常识别准则，利用灰色灾变对滑坡进行预测。

总的来说，目前对单一致灾因子危险性的研究很多，考虑多致灾因子耦合的研究较少；各种危险性评估方法框架以及定性研究多，定量评估的研究较少。非常规突发事件经常产生链式后果，且具有高度不确定性，需要使用基于数据的不确定推理和识别方法进行非常规突发事件链的危险性识别和分析。

三、承灾载体的脆弱性分析方法

承灾载体是突发事件的作用对象，是人类社会与自然环境和谐发展的功能载体，一般包括人、物、系统三个方面。承灾载体论者认为，没有承灾载体就没有灾害，承灾载体才是灾害造成损失的本质。而"脆弱性"（Vulnerability）一词源于拉丁文"vulnerare"，原意为"伤害"，属于社会学范畴，随后，这一术语被广泛应用于灾害研究中，泛指系统抗干扰能力低、自身稳定性差，在环境改变的情况下保持稳定状态的一种能力。所以，认识承灾载体的脆弱性及状态变化过程，对弱化灾害作用非常重要（范维澄等，2009）。

国内外关于承灾载体脆弱性方面的研究，目前有五种较为成熟的承灾载体脆弱性概念模型，包括压力与缓解模型（Pressure and Release Mode，PRM）、脆弱性地方模型（Vulnerability Place Model，VPM）、脆弱性的致灾因子维度模型（Hazards Dimensions of Vulnerability Model，HDVM）、人类生态危险性模型（Human Ecology of Endangerment Model，HEEM）和脆弱性循环模型（Circle of Vulnerability Model，CVM）。承灾载体脆弱性分析方法模型主要可以分为两个方面：一是从物和系统方面考虑，主要是在物理层面研究承灾载体的脆弱性；二是从人的方面考虑，从人员风险认知的角度研究人员的心理脆弱性。当非常规突发事件发生时，通过对物理、心理两个层面进行脆弱性分析，可以较为全面地对风险评估提供理论基础。

四、心理层面的脆弱性分析

从心理层面角度出发，与心理风险认知理论相结合，探索受灾民众的风险认知过程，以减少由于人为因素而导致的灾后风险扩散的可能性也非常重要。心理学家通过观察研究、焦点访谈法、问卷调查等研究方法，对风险认知及脆弱性做了评估。Sitkin 和 Weingart（1995）将风险认知定义为个体评估情境有多大的风险性，包括评估情境不确定性程度的概率估计、不确定性有多少可控性以及对这些估计的信心度。Sitkin 和 Pablo（1992）将风险认知定义为决策者评估情境所包含的风险，包括决策者如何描述情境、对风险的控制性及概率估计以及对估计的信心度。Slovic Pual（1993）认为，个体的风险认知水平将受到心理、社会和文化因素的影响，心理测量学范式用于对不同人群的研究，可以对个体的风险知觉和风险态度的异同性进行定量的测量，对事件更容易产生负面反馈的个体所知觉到的风险认知水平也更高。他的研究还发现，知识水平会影响个体的风险认知，当专家判断某种事物的风险水平时，他们的反应往往与其破坏力的技术评估高度相关，但是，普通民众的判断则与其他危险特征相关（如其危害是否会致命）。Satterfield 等（2004）发现，拥有较大权力与较高身份的白人男子要比妇女和非白人所知觉到的环境健康风险水平更低。这些研究表明，具有不同的心理特征、阶层背景的个体在对风险的认知水平以及脆弱性上都具有差异。Robin S. Cox 等（2011）建立了社会—心理模型，分析了火灾下个体和群体间的消极心理、社会和情感间的关系，并利用心理模型分析了洪水下的风险管理。

非常规突发事件一般具有情境依赖的特点，考虑以情境分析为技术手段，基于情境驱动型的脆弱性分析有助于解决该类问题。同时，将物理脆弱性与心理脆弱性相结合的综合脆弱性分析有助于全面降低承灾载体脆弱性，提高灾后风险管理工作能力与目标决策能力。

五、应急管理能力的评价研究

应急管理是指在突发事件和承灾载体所构成的灾害体系中，需要通过人为的干预作用，降低承灾载体的损害程度。非常规突发事件具有发生概率不确定、事故后果模糊且难以预测的特点，构建完整的非常规突发事件风险管理系统与模型，除需考虑突发事件的危险性、承灾载体的脆弱性之外，还需对应急管理的能力进行分析和评价，以实现突发事件不可预知的条件下以不变应万变的非常规突发事件的有效应对。应急管理能力是一个综合概念，包括自然与社会要素、硬件与软件设施、人员与体制资源、工程与组织能力等多个方面，因此，开展应急管理能力评价需要综合考虑各个方面的因素。

从研究对象来看，目前学术界对于应急能力评价的研究大多仍以单项灾种为主，其中包括城市防震减灾能力评价方法、地震应急准备能力评价体系、突发公共卫生事件政府应急能力的评价指标体系、气象服务保证能力评价指标体系、洪灾地区救灾防病应急能力评价指标体系和城市水安全应急保障能力评价指标体系等。这些应急能力评价指标体系的构建，多是针对单一的特定灾害，考虑了信息获取能力、决策指挥能力、资源保障和配置，以及应急队伍与装备等方面的因素。由于非常规突发事件通常伴随一系列次生衍生灾害，具有群发性和连锁性的特征，承灾载体面临的威胁往往并不是单一灾种，而是在时间、空间尺度高度耦合且具有复杂和不确定特征的多种灾害组合，因此，面向单一灾害的应急能力建设已无法满足非常规突发事件风险管理的实际需求。如何在涵盖多个灾种和多元应急要素基础上开展综合的非常规突发事件应急能力评价研究，逐渐为国内外的学者所关注。美国联邦紧急事务管理局和美国国家紧急事务管理委员会共同研究设计的应急准备能力评估标准，涉及突发事件应急管理的13个方面、209个要素和1014个指标。通过各州的应急能力评价，美国联邦政府试图解决现有应急管理能否满足各州的需求、是否达到应急管理机构的目标、能否灵活改变资源战略部署以帮助市民免予受灾等问题。邓云峰等（2005）从应急体系的构成角度出发，提出了评价应急能力的指标体系，包含组织体系、运作机制、法律基础和应急保障等系统，并建立了包含18个一级指标、涵盖应急体系所有内容的综合评价体系结构。钱永波等（2005）判断出城市突发事件应急能力最具重要性的六个一级指标，其中包括居民的应急反应能力、灾害监测与预警能力以及政府部门的快速反应能力、灾害防御能力、应急救援能力和资源保障能力。其他学者也从突发事件的过程管理和系统管理的理论角度出发，分析并提出了应急能力的相关因素。

从研究方法来看，现有的应急能力评价研究方法多采用定性和定量相结合的方法、多变量组合评价法，以及运用统计学中的评价方法，如因子分析和主成分分析来构建和验证评价模型等。其中使用最为广泛的，是基于指标体系的模糊综合评判方法等，如多元统计评价法、灰色系统评价法、层次分析法（AHP）以及最近涌现出的数据包络分析和人工神经网络等方法。

六、抗逆力的评价研究

抗逆力（Resilience）概念的提出，为应急管理能力评价模型提供了新的思路和方法。美国布法罗大学地震工程多学科研究中心（MCEER，2005）的众多科学家致力于通过改进关键性基础设施的工程和管理工具以增强社区的抗逆力。Bruneau 等（2003）认为，抗逆力由技术、组织、社会和经济四个相互联系的维度空间组成，有四个属性：鲁棒性（Robustness）、快速性（Rapidity）、冗余性（Redundancy）和智能化（Resourcefulness）。我们基于承灾载体的社会—经济损失模型，通过计算损失量对社区抗逆力进行了评价。Louis Anthony（2012）通过组织抗逆力的评价模型研究了重大突发事件下的应急决策所面临的挑战，还依据地震恢复力量化模型，运用决策流程图的方法对医院系统在地震情境下的应急能力进行了研究分析，从抗逆力的视角出发，结合脆弱性分析的结果设计并评价了政府面对洪水灾害时的应急管理策略。Sunil Prashar（2012）以印度德里应对气象灾害为例，提出了基于抗逆力评价的应急能力评估方法，它涉及自然、社会、经济和组织机构等多个方面。除上述对社区或组织等系统抗逆力进行的研究外，还有不少研究从人员心理抗逆力的视角出发对非常规突发事件的应急管理能力进行评价，建立了自我心理弹性量表来监测受灾人员心理，通过对心理抗逆力的评估，来评价个体和群众在面对突发事件时的应急反应能力。时勘（2010）通过研究救援人员抗逆力的测量模型，评估了非常规突发事件下救援人员的应急决策能力。

综上所述，现有的应急能力评价大多采用构建指标体系的方法，从单一灾害情境或应急体系的角度出发。由于非常规突发事件应对需快速、动态调整的弹性应急能力，上述的评估模型与方法已很难满足非常规突发事件风险管理的需求。且目前的应急能力评价方法，其对象多是政府和社会团体等大的应急主体，缺乏对人员个体和群体心理在应急管理中的作用机制的分析和研究。基于抗逆力模型的应急能力评估虽仍处于起步和探索阶段，但已逐渐成为面向非常规突发事件风险管理的研究热点。

七、突发事件风险综合表述理论与方法

突发事件风险理论的研究大致可分为以下三个发展阶段：

1. 致灾因子论阶段

该阶段即指 20 世纪 20～80 年代。致灾因子论学者认为，影响突发事件风险大小的主要因素来自致灾因子的危险性，侧重于根据致灾因子强度阈值刻画灾害等级，风险研究仅仅关注致灾因子发生的概率和强度，忽略存在于

日常过程中的承灾体脆弱性和承灾体与致灾因子相互作用所形成的风险（Hewitt，1998）。

2. 承灾载体论阶段

随着区域人口和经济的增长，灾害风险的大小与承灾载体的特性的关系越来越密切。从 20 世纪 80 年代起，人们不再一味关注致灾因子的研究，承灾载体的属性逐渐引起人们的普遍关注（Oliver Smith，2011），即关注致灾因子作用的对象——人类及其活动所在的社会与各种资源的集合，承灾载体（人类社会）面对致灾因子表现出来的脆弱性受到学者们的极大关注。灾害风险研究也由传统的致灾因子成灾机理分析及统计分析发展为与人类社会分析紧密结合，即不仅关注致灾因子分析，也注重承灾载体的脆弱性分析，其中承灾载体脆弱性的研究是重点。

3. 综合研究阶段

随着致灾因子论和承灾载体论学者从各自的研究领域对突发事件风险研究的深入，越来越多的学者开始从综合的角度考虑突发事件的风险，研究将致灾因子论和承灾载体论相结合的基于灾害系统的风险。灾害系统理论认为，灾害是孕灾环境、致灾因子与脆弱性相互作用的结果，在此基础上，形成了一定区域的灾害风险，其是由致灾因子（Hazard）、暴露（Exposure）、脆弱性（Vulnerability）三个因素相互作用而形成的，灾害风险评估则在这三个因素基础上进行评估（史培军，2009）。国内外基于灾害系统的风险理论提出了很多灾害风险评估的模型，特别是已从单一突发事件风险的研究转向多灾种的综合风险研究。UNDP（United Nations Development Programme）（2004）的灾害风险指数系统（DRI）是世界上第一个全球尺度的、空间分辨率到国家的人类脆弱性评价指标体系，灾害风险由致灾因子、物理暴露和脆弱性共同决定。欧洲多重风险评估（Multi－risk Assessment）是通过综合所有自然和技术致灾因素引发的所有相关风险来评估一个特定区域的潜在风险，这种风险评估方法试图决定一个亚国家尺度地区总体的潜在风险，即把所有相关的风险综合起来，是一种对具有空间相关的各种灾害的综合风险评估方法。评估的主要输出是总体致灾因子图、综合脆弱性图、总体风险图。美国 HAZUS 模型是由美国联邦应急管理署（FEMA）和国家建筑科学院（NIBS）共同研究的成果。HAZUS 模型是一个标准化的全国通用的多灾害损失估计方法，以现有的关于地震、洪水、飓风等灾害影响的科学和工程技术知识为基础进行损失估计，可以估算所有人口、建筑物、基础设施、交通运输、公共设施、机动车、农作物等的潜在损失。国内在 20 世纪末就已经有学者开始关注多灾种问题。王静爱等（2008）对中国以县级行政区为基本单元的多灾种强度和城市化水平做了评估，得到中国城市自然灾害区划图，并在系统论述国内外自然灾害风险研究理论方法的基础上进行了地级市、县、村三级尺度的自然灾害综合风险评估试点研究。史培军等（2011）选取了中国主要的 12 种自然灾害，完成了基于县级行政单元的全国多灾种综合风险评估与制图。

随着研究的日趋完善和成熟，研究者开始考虑怎样应对突发事件风险、怎样提高应对各种突发事件的能力问题。针对公共安全体系多主体、多目标、多层级、多类型的复杂特征，范维澄（2009）提出了"公共安全三角形"理论模型。该模型将公共安全体系分为突发事件、承灾载体和应急管理三大组成部分，通过物质、能量和信息三个灾害要素将三者联系起来，形成一个有机整体。突发事件指可能对人、物或社会系统带来灾害性破坏的事件；承灾载体是突发事件的作用对象，一般包括人、物、系统三个方面；应急管理则指可以预防或减少突发事件及其后果的各种人为干预手段。

由于突发事件的难以预测性、承灾载体后果的模糊性，更需要建立一个全面考虑各灾害要素的风险理论与方法。基于公共安全三角形理论，可以将突发事件的风险从突发事件、承灾载体和应急管理三个方面进行全面的考虑，从而形成更全面的突发事件风险理论与方法，将风险、危险性、脆弱性和抗逆力等概念综合起来进行考虑。

第三节　研究问题的提出

一、研究内容

我们针对非常规突发事件的复杂特征，试图研究面向非常规突发事件应急管理的风险理论与方法，构建全面考虑突发事件、承灾载体和应急管理，综合表述危险性、脆弱性和抗逆力的非常规突发事件风险理论模型。研究内容的逻辑关系如图 7-1 所示。

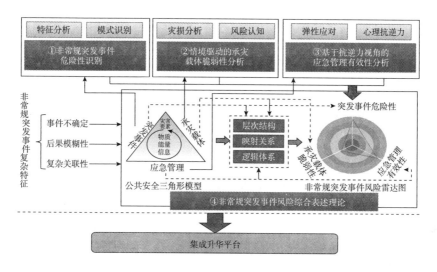

图 7—1　非常规突发事件的整体研究框架

（一）基于多源时空数据的非常规突发事件危险性识别

非常规突发事件的危险性取决于非常规突发事件发生的可能性和强度。非常规突发事件具有前兆不充分、易于引发次生衍生事件、破坏性严重等特征，使其发生可能性和强度都具有高度的不确定性，传统的基于历史经验和知识的推理方法来预测其发生可能性与强度已经难以应用。因此，如何及时、准确地识别非常规突发事件的危险性，已经成为非常规突发事件应急管理领域的一项关键科学问题。针对这个问题，我们拟构建一种基于多源时空数据的非常规突发事件危险性识别模式。其主要思路是，在国内外典型非常规突发事件特征分析的基础上，构建危险性识别的先验情境库，然后依靠监测数据，并结合动力学模拟、贝叶斯网络、突变理论等理论方法研究非常规突发事件链的演进机制，对非常规突发事件危险性进行综合识别。该研究包括如下内容：

1. 非常规突发事件特征要素分析

非常规突发事件具有前兆不充分、历史案例少甚至缺失等特点，无法通过传统的案例推理和概率统计等手段来预估其发生可能性和强度。但是，可以通过分析归纳已发生过的非常规突发事件的特征要素（如原生致灾因子类型、强度、作用形式与作用目标等），为实现非常规突发事件危险性早期识别提供依据。具体的研究内容包括：收集国内外非常规突发事件典型案例；研究已经发生过的非常规突发事件中的致灾因子类型、作用形式、影响目标和范围、后果和持续时间等特征要素；研究非常规突发事件与各种特征要素之间的逻辑关联关系。

2. 非常规突发事件危险性先验情境库构建方法

非常规突发事件中，一个原生事件作用于各种类型的承灾载体之上时，往往导致潜在的次生衍生事件，其发生、发展的进程具有高度不确定性，对各类型承灾载体的破坏作用具有模糊性（如无法预先准确知晓哪些承灾载体会受影响）。为了对潜在的非常规突发事件链的危险性进行识别，一种可能的思路是预先构建各种非常规突发事件情境，然后，在实际的非常规突发事件发生之初通过情境比对来预估其危险性。本部分主要研究内容包括：基于非常规突发事件特征要素分析，研究非常规突发事件致灾因子的先验知识库构建方法；结合致灾因子的先验知识库，研究各种类型的"致灾因子—承灾载体"逻辑集对关系模型；在此基础上，针对不同的致灾因子类型和强度，基于非常规突发事件情境推演方法，建立非常规突发事件的先验情境库。

3. 基于多源时空数据的非常规突发事件危险性识别方法

当一个非常规突发事件发生之初，依据非常规突发事件的先验知识库和情境库比对只能给出其危险性的先验判据，其判断结果必然是模糊的和不精确的。为了提高危险性识别的准确性和精度，还需要结合非常规突发事件发生之初的各种实时监测数据和模型预测数据等信息，对非常规突发事件的危险性进行综合识别。具体的研究内容有：基于实时监测、动力学模拟等多源时空数据，研究非常规突发事件情境的模糊识别方法；基于动态贝叶斯网络和模糊粗糙集等不确定性理论方法，探索非常规突发事件链情境的不确定性推理方法；在此基础上，获得非常规突发事件危险性的综合性识别方法，从而实现早期预警。

（二）非常规突发事件情境驱动的承灾载体脆弱性分析

非常规突发事件一般都极其罕见，通常没有可参考的历史统计数据，因此，难以获得发生概率以及灾害强度信息，这导致传统的"事件发生概率×可能的后果"形式的风险评估无法进行。如果我们对突发事件发生后的演化规律有一定的了解，可以直接假定诸如突发事件的强度、范围、持续时间等突发事件情境，从而基于突发事件与承灾载体的相互作用规律，开展不同非常规突发情境下的承灾载体的脆弱性分析，从而可以获得各承灾载体的潜在脆弱性大小。承灾载体包括人、物、系统三个方面，所以，承灾载体脆弱性分析可以从面向物和系统的客观物理脆弱性、面向人的主观心理脆弱性两个方面开展研究。

1. 基于非常规突发事件链情境的承灾载体物理脆弱性分析

非常规突发事件事先无法有效预测，发生后的演化过程也难以判断，因此，在假定的情境下进行针对非常规突发事件的承灾载体脆弱性分析，是获取各承灾载体的潜在脆弱性大小的有效途径。承灾载体在原生事件作用下的破坏导致其蕴含的灾害要素被意外释放，造成次生事件引发事件链。在突发事件链情境下，承灾载体的总损失与因不同的独立事件造成的损失不是简单的线性叠加关系。针对这些问题，需要研究非常规突发事件链情境下的承灾载体物理脆弱性分析方法。具体研究内容包括：假定不同程度典型非常规突发事件链情境，建立该情境下的单一突发事件—承灾载体的灾害损失关系模型；基于事件链复杂网络拓扑分析，研究突发事件与承灾载体间的交互作用关系；在此基础上，研究多种突发事件作用下的承灾载体物理脆弱性叠加计算方法。

2. 非常规突发事件中承灾民众的心理脆弱性分析

民众是非常规突发事件的承灾载体之一，在非常规突发事件爆发的情况下，生命财产遭受巨大损失，加之各类不确定性信息的广泛扩散，承灾民众往往表现出非理性的认知特征与行为方式。对该类心理与行为背后的基础理论进行深入探究，将有助于承灾民众的心理脆弱性分析，从而进一步建立社会心理与行为预警指标系统。我们将重点关注不同的社会群体，研究他们在非常规突发事件中的心理脆弱性、风险认知因素和行为特征，深入分析群体和社区民众的心理脆弱性特点，从而以心理风险认知为基础，构建非常规突发事件心理脆弱性的计算模型。

3. "物理—心理"耦合的承灾载体脆弱性时空地图表达与分析

面对非常规突发事件，承灾载体的脆弱性既包括物理因素的脆弱性，又包括民众心理因素的脆弱性，两者相互作用、相互影响，最终决定承灾载体的总体脆弱性。我们将对非常规突发事件中承灾载体脆弱性进行耦合分析，以典型承灾载体物理脆弱性和受灾人员的心理脆弱性分析计算模型为基础，探索"物理—心理"耦合的非常规突发事件脆弱性时空推演方法，构建非常规突发事件脆弱性时空耦合地图，并进一步开展脆弱性时空变化规律研究，获得基于情境的承灾载体脆弱性分析方法。

（三）基于抗逆力视角的非常规突发事件应急管理有效性分析

非常规突发事件的危险性在时空上具有高度的不确定性，且事件后果常具有模糊性的特征，因此，基于危险性识别和脆弱性分析的非常规突发事件风险管理策略在很多时候并不能有效降低突发事件风险。鉴于此，基于"以不变应万变"的非常规突发事件应急管理需求，我们将在非常规突发事件弹性应对能力评估模型的基础上，结合各类人员心理抗逆力评价方法及其对应急管理的作用机制研究，实现综合考虑弹性应急能力和人员心理抗逆力模型的非常规突发事件应急管理有效性分析方法。具体研究内容如下：

1. 非常规突发事件的弹性应急能力评估模型

目前，针对静态应急能力（如信息获取能力、资源保障和配置、应急队伍与装备等）的评估方法已经有很好的研究积累，但是，在突发事件不确定、事故后果模糊和信息缺失等条件下，"情境—应对"型的非常规突发事件应急管理需要具有基于情境推演和实时监测的快速动态调整应对能力和高效多方协同能力。因此，亟须开展对上述应急能力进行评估的方法研究。本部分研究内容包括：研究基于多种非常规突发事件情境推演的快速动态调整和高效多方协同的应急能力目标，为弹性应急能力评估提供检验标准；基于情境测试，研究快速动态调整能力和高效协同能力的评估模型与方法。

2. 个体和群体的心理抗逆力对应急管理的作用机制

应急管理的主体是人，人在面对非常规突发事件时的决策对于应急管理是否能快速、有效地响应至关重要。因此，亟须探索非常规突发事件中人的抗逆力模型要素与结构，探索心理抗逆力对应急人员在非常规突发事件中的决策、应对行为以及心理健康水平的影响机制。本部分的研究内容包括：研究非常规突发事件前后的个体心理抗逆力模型与内容及其评价方法；分析群体心理面对非常规突发事件时的抗逆力模型和表现形式；研究非常规突发事件中个体和群体的心理抗逆力对应急管理的作用机制。

3. 弹性应急能力与心理抗逆力相结合的应急管理有效性分析

面向非常规突发事件的有效应急管理，应是客观的弹性应急能力和主观的"临危不乱"等人员心理抗逆力的综合体现，因此，需建立全面考虑主客观因素的非常规突发事件应急管理有效性分析方法。本部分的研究内容包括：

在非常规突发事件弹性应急能力评价模型的基础上，构建心理抗逆力对应急能力影响的指标体系；基于不同心理模式和情境推演下的应急能力评价结果，研究心理抗逆力指标的数值估算方法；研究弹性应急能力与心理抗逆力相结合的应急管理有效性分析方法和应急能力提升方法。

（四）多维度非常规突发事件风险综合表述理论模型

非常规突发事件具有事件发生发展的不确定性、后果模糊性以及复杂关联性等特点，导致现阶段很难对非常规突发事件风险进行较为全面的分析。本部分通过分析并构建非常规突发事件风险要素层次结构模型，综合突发事件危险性识别、承灾载体脆弱性分析和应急管理、有效性分析的研究成果，建立非常规突发事件风险的多维度综合表述理论模型，并将其集成到升华平台上，从而实现对非常规突发事件风险的科学、有效应对。主要研究内容如下：

1. 非常规突发事件风险要素的层次结构模型

传统的风险分析方法无法解决具有复杂性的非常规突发事件风险问题，需要充分结合公共安全体系架构，构建全面考虑突发事件、承灾载体、应急管理的风险理论模型。为此，首先要明确风险要素相互逻辑关系与层次结构。本部分的研究内容包括：在危险性识别、脆弱性分析和应急管理有效性分析的研究成果基础上，明晰在主客观、时空耦合等多维度上影响突发事件危险性、承灾载体脆弱性、应急管理有效性的各风险要素，构建风险要素的集合模型；梳理各风险要素的相互作用与逻辑关系，构建风险要素的层次结构模型。

2. 非常规突发事件风险的多维度综合表述理论模型

本部分将构建全面考虑突发事件、承灾载体、应急管理的综合表述危险性、脆弱性、抗逆力的风险理论模型，研究内容包括：研究统一的非常规突发事件危险性、承灾载体脆弱性及应急管理有效性的分级标准；基于风险要素层次结构模型，构建非常规突发事件风险的多维度综合表述理论模型，并形成非常规突发事件风险综合表述雷达图。通过风险雷达图，不仅可以直观地表述当前非常规突发事件危险性、承灾载体脆弱性、应急管理有效性和综合风险的程度及其在时间尺度上的动态变化特征，而且可以快速判断当前的薄弱环节，为非常规突发事件风险管理提供科学、有效的建议。

3. 非常规突发事件风险理论方法的集成研究

本部分将重点实现项目研究成果在集成升华平台上的集成，研究内容包括：以典型非常规突发事件为例，基于集成升华平台开展危险性识别、脆弱性分析、应急管理有效性分析和风险雷达图的实证性研究，对研究成果进行检验和评价。

二、研究目标

本研究力图在非常规突发事件危险性识别、承灾载体脆弱性分析、应急管理有效性评估、风险综合表述理论等方面取得创新性成果，为"情境—应对"型非常规突发事件应急管理和风险应对提供科学依据，具体目标如下：

（1）提出基于多源时空数据的非常规突发事件危险性识别模式。

（2）提出非常规突发事件情境驱动的、"物理—心理"时空耦合的承灾载体脆弱性分析方法。

（3）提出基于抗逆力视角的非常规突发事件应急管理有效性分析方法。

（4）构建全面考虑突发事件、承灾载体和应急管理，综合表述危险性、脆弱性和抗逆力的非常规突发事件风险理论模型。

三、拟解决的关键科学问题

本研究拟解决以下关键科学问题：

1. 不确定条件下的危险性识别方法

非常规突发事件具有不确定性强、破坏性大、次生衍生灾害相互耦合作用等特征，难以使用常规的历史灾情数据分析等方法对非常规突发事件的发生可能性和强度等进行预测。因此，如何建立有效的危险性识别方法，已成为建立非常规突发事件风险理论的关键问题之一。本研究拟在对非常规突发事件特征要素分析的基础上，通过建立"致灾因子—承灾载体"集对关系模型和非常规突发事件危险性的先验情境库，结合非常规突发事件情境推演方法，探索基于多源时空数据的非常规突发事件危险性识别方法。

2. 非常规突发事件与承灾载体交互作用的脆弱性分析方法

由于非常规突发事件的不确定性，以及承灾载体物理脆弱性和人员心理脆弱性的相互耦合作用，承灾载体的损失后果呈现出模糊性和复杂性的特征。因此，如何研究非常规突发事件与承灾载体交互作用下的承灾载体脆弱性叠加问题，并建立"物理—心理"耦合的脆弱性分析方法，是本研究需要解决的关键问题之一。本研究拟在非常规突发事件情境驱动的条件下，分析研究突发事件与承灾载体的灾害—损失叠加关系，结合人员风险认知模型，构建心理脆弱性的计算模型，并最终探索"物理—心理"耦合的承灾载体脆弱性时空推演方法。

3. 基于抗逆力视角的应急管理有效性分析方法

有效的应急管理不仅包含应急队伍、应急资源、应急装备等客观层面的应急能力，还跟人的决策指挥、临场应变等主观能力息息相关。在非常规突发事件情境下，人既是应急管理的主体，也是承灾载体，人的心理因素与应急管理相互耦合、共同作用，使全面、综合的应急管理有效性评价更加复杂和困难。因此，本研究拟解决的关键问题之一，是在非常规突发事件情境推演的基础上，通过情境测试，研究快速动态调整和高效多方协同应急能力评价模型，将人的心理抗逆力模型与非常规突发事件弹性应对能力结合起来，通过情境推演确定心理因素的量化指标，并最终确立基于抗逆力视角的应急管理有效性分析方法。

4. 非常规突发事件风险的多维度综合表述模型

非常规突发事件风险管理是面向突发事件、承灾载体和应急管理等多个维度的复杂、开放的巨系统，其风险要素繁多且相互耦合作用。因此，如何归纳整合不同维度灾害情境下的识别、分析与评价方法，实现非常规突发事件风险的综合表述，是本研究需要解决的关键科学技术问题之一。本研究拟在公共安全三角形理论的基础上，建立一种综合考虑突发事件危险性、承灾载体脆弱性和应急管理有效性的非常规突发事件风险多维度综合表述模型，并以风险雷达图的形式直观地呈现出非常规突发事件的整体风险和风险管理中需要加强的薄弱环节。

（黄宏、时勘）

| 第八章 |

认知与情绪对灾难事件后继风险决策的
影响机制研究

第一节 研究内容与设计

一、研究背景

人类在历史的长河中一直伴随着灾难事件的身影，如美国纽约"9·11事件""非典"（SARS）疫情、汶川和玉树地震等。联合国的一份报告显示，每年死于重大自然灾害的人数超过 2 万人，直接造成经济损失 190 亿美元。世界卫生组织（WHO）的统计数据显示，每年死于灾难事件的人数为 10 万～15 万人，受伤人数超过 1000 万人，永久伤残者约 100 万人。而在中国，国家安全生产监督管理总局仅 2009 年一年的统计数字显示，全国发生的灾难事故造成的人员伤亡总计也超过 1 万人。这些触目惊心的数字显示，各种类型的非常规的灾难事件可谓层出不穷，并且持续性和破坏性呈上升趋势，对国家安全、人民生命财产和身心健康产生了巨大的负面影响。

这些灾难事件确实具有非常规性、不可预期性、结果不可控和悲惨性等特点，虽然发生的概率比较低，但是带来的负面影响、造成的损失却是巨大的。研究显示，灾难事件不仅极大地影响了人们的生活适应和情绪状态（如抑郁、焦虑以及创伤后应激障碍等），也影响了人们的风险决策。比如，"9·11事件"后，意大利的彩票销售量下降了 25％，创历史最低；SARS 使我国的旅游和投资贸易极度下降；等等。这些都说明灾难事件不仅对人们产生了极大的心理冲击，而且增加了人们未来行为和反应的不准确性，从而影响个体的风险决策。

以往的研究往往关注个体在遇到灾难事件时的风险决策，却忽视了决策行为中一个非常普遍而又重要的现象——灾难事件的后继风险决策。最近，研究者开始日益关注此类行为，主要探讨灾难事件发生后，个体在面对风险事件时如何通过感知觉、记忆、思维等进行判断与选择的过程。比如，"9·11事件"后，许多美国人外出选择乘汽车而不是飞机；甲型H1N1流感发生后，很多人选择吃牛、羊肉，而不吃猪肉；等等。可见，非常规灾难事件发生后，人们对风险事件的决策出现了不同于以往的趋势，这些差异势必会影响到个体决策策略的选择和决策质量，从而影响到个体的积极情绪或主观幸福感。同时，这也会影响政策制定者如何建设灾后公共安全体系。

以往关于灾难事件后继风险决策的研究往往局限于一般现象性解释或者局限于某一因素对其影响的探讨，没有深入地探索灾难事件后继风险决策的心理影响因素以及机制。本研究将以决策的认知神经经济模型为框架，引入影响非常规灾难事件后继风险决策的关键心理因素（认知与情绪），探讨两者对灾难事件后继风险决策的影响因素和影响程度，以及如果有影响，影响的机制是什么，从而为随后人们的风险决策质量的提升以及政府灾后安全体系的构建提供可靠的依据。

二、研究意义

（一）理论意义

本研究在认知神经经济模型的框架下，运用心理学行为实验与心理测量的方法来探讨认知与情绪对灾难事件后继风险决策的影响机制，不仅验证决策的认知神经经济模型，而且将丰富风险决策的理论和方法。为此，可以确定的理论意义是：

（1）采用文献与理论分析的研究方法，对风险决策以及决策的认知神经经济模型进行整理与分析，构建认知与情绪因素对灾难事件后继风险决策影响的理论框架，在保持认知因素恒定的情况下，把情绪因素细分为特质焦虑情绪、预期后悔情绪以及先前情绪或偶然情绪，来探讨认知与情绪对灾难事件后继风险决策影响的机制是单一影响的过程，还是共同影响的过程。

（2）运用对比分析与综合分析的方法，对情绪与风险决策的相关理论进行仔细分析，还可能进一步丰富情绪与风险决策的相关理论论证：是情绪维持学说（Mood Maintenance Hypothesis）还是情绪泛化学说（Affective Generalization Hypothesis）的作用。

（二）实践意义

非常规的灾难情境虽然对个体的生活与适应产生了重要的影响，但是，对个体的决策影响意义会更为巨大。个体在灾难事件情况下的后继风险决策，是一种需要耗费大量认知资源和情绪资源的重要决策。如果个体能够更充分地运用认知资源、管理好自我的情绪资源，则个体可以更好地选取风险决策的有效策略，做出较高质量的灾难事件后继风险决策。这从小处可以减少损失，挽救自我的生命和财产，从大处则可以挽救人民生命财产，维护国家安全和社会稳定。如果个体灾难事件后继风险决策不当，则会直接对危机决策主体以及国家安全、人民生命财产造成巨大的威胁和损失。目前，我国正处于社会经济转型的关键期，各种社会问题日益突出，加之自然灾害、人为事故等不可预测性因素的侵扰，如2011年7月发生的"甬温铁路"重大事故等，各种类型的非常规灾难事件的发生是不可避免的。因此，加强灾难事件后继风险决策的研究，探寻影响灾难事件后继风险决策质量的因素及其过程，是避免和减少人民生命财产损失、提升人民幸福感的重要途径。

当前，研究者们从数学、运筹学、经济学等学科角度出发，对非常规灾难事件后继风险决策展开了一系列研究，但是，这些研究缺乏对灾难事件后继风险决策的心理因素的探讨。本研究从心理科学的视角，将采用行为实验的方法探讨认知与情绪因素对灾难事件后继风险决策的影响及其机制，目的是更好地了解受众个体的心理因素在灾难事件后是否影响其风险决策，如果影响是如何影响的，企图揭示认知与情绪影响灾难事件后继风险决策的机制。这一结果可以为个体对灾难事件的应对以及决策者素质的提升提供指导，为危机管理部门进行有针对性的培训与公共政策的制定提供有价值的参考意见。

三、研究目标及拟解决的关键问题

（一）研究目标

本研究的主要目标是在认知神经经济模型的框架下，探讨认知与情绪因素对灾难事件后继风险决策的影响及作用机制，具体可以分为三个子研究目标。

研究目标一：从个体神经生理支持的过程出发，研究特质焦虑情绪和过度自信对灾难事件后继风险决策的影响及作用机制。

研究目标二：从个体神经生理支持的过程出发，探讨先前情绪、偶然情绪和过度自信对灾难事件后继风险决策的影响及作用机制。

研究目标三：从个体神经生理支持的过程出发，获取预期后悔情绪和过度自信对灾难事件后继风险决策的影响及作用机制。

（二）拟解决的关键问题

问题 1：如何科学地界定灾难事件后继风险决策的理论内涵

虽然风险决策的研究已经持续了几十年，但是，对于灾难事件或者小概率高影响事件下的风险决策的研究还较为薄弱，至今尚未形成一个较为清晰和明确的理论界定。本研究通过文献分析以及行为实验的方式，将归纳出灾难事件后继风险决策的共同理论要素，进而演绎出灾难事件后继风险决策的具体的理论内涵。

问题 2：如何对灾难事件的认知与情绪因素进行有效的测量

关于认知因素（过度自信）的测量，以往的研究较少有具体的测量工具。本研究在以往的文献分析与相关工具的基础上，将开发出测量过度自信的工具，以测量个体的过度自信效应。对于情绪问题的研究，主要包含两个层面的问题：一是关于情绪诱发的问题。先前情绪与预期情绪都采用传统经典的范式进行诱发，前者采用电影片段的方式诱发被试的偶然情绪，后者则采用问题诱发的方式诱发被试的预期后悔情绪。二是关于情绪测量的问题。对于特质焦虑情绪的测量主要使用状态与特质焦虑量表（STAI）进行测量，而对于预期后悔情绪的测量，主要是根据问题诱发预期后悔的程度而确定。

问题 3：如何对灾难事件的后继风险决策进行测量和干预

如何测量灾难事件后继风险决策是研究的关键。本研究在以往风险决策研究的基础上，将通过心理学的访谈与测量的方式，开发出信度和效度较高的非常规灾难事件后继风险决策测量问卷，对灾难事件后继风险决策进行有效的测量；同时，在以往研究的基础上，尝试提出提升个体灾难事件后继风险决策的有效策略以及政府灾后安全体系构建的一些具体参考意见。

四、研究方法及技术路线

（一）研究方法

1. 文献分析与对比分析法

使用 Science Direct、EBSCO、ProQuest、Elsevier 以及中国知网等相关数据库对文献进行检索，对检索到的风险决策的相关文献进行分类与整理，明确文献的具体学科与研究背景、理论研究的范式及其具体应用情况，并对不同类型的风险决策进行对比分析，归纳与总结出以往风险决策，特别是非常规灾难事件后继风险决策的内涵、测量手段与作用机制方面的理论发现与不足。

2. 心理访谈与内容分析法

为了开发认知与情绪对灾难事件后继风险决策实验所需要的具体测量工具，本研究运用心理学的访谈手段，在征得被试同意的情况下记录被试的访谈内容，并将其转录成文本进行内容分析，从中提取测量灾难事件后继风险决策以及测量认知或情绪的原始题目。

3. 测量与统计分析的方法

本研究对形成的初始问卷进行大规模的测查，并对大规模测查的结果进行因子分析、项目分析等，形成信度和效度较高的测量工具。

4. 行为实验法

本研究将采用心理学的实验法，在控制好无关变量的基础上，操作认知与情绪变量，考察两者对灾难事件后继风险决策是否有影响以及影响的具体机制，尝试初步形成干预灾难事件后继风险决策的相关策略以及组织干预策略。

（二）技术路线

本研究的技术路线如图 8-1 所示。

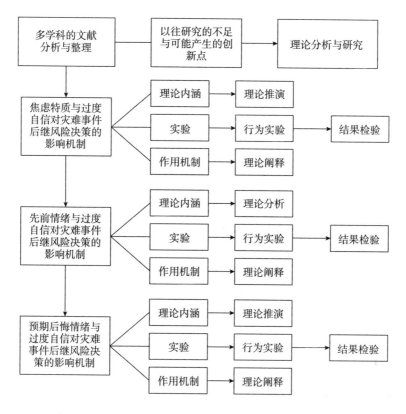

图 8—1　本研究的技术路线

五、研究特色与创新

本研究的特色与创新之处如下:

1. 以心理科学与决策科学的视角研究后继风险决策的内涵

以往对非常规灾难事件后继风险决策的研究大都集中在数学、运筹学等学科领域,对灾难事件后继风险决策的心理因素的挖掘较少。本研究尝试在以往研究的基础上,从心理科学与决策科学的视角出发,探索灾难事件后继风险决策的内涵,并提出较为可靠的理论解释。

2. 探索灾难事件后继风险决策、过度自信及相关情绪的测量方法

过去的研究对风险决策的测量主要集中在一般经济决策、日常生活决策的测量上,没有具体考察灾难事件后继风险决策的测量。本研究将开发非常

规灾难事件后继风险决策的测量问卷，对灾难事件后继风险决策进行有效测量；同时，对于实验中要考察的认知因素（过度自信）以及相关情绪，基于以往的研究基础，本书探索和开发出测量认知与情绪因素的工具。

3. 考察认知与情绪对灾难事件后继风险决策的影响及作用机制

以往的研究虽然提出了阐释灾难事件后继风险决策的认知神经经济模型，但是没有对模型进行深入验证，缺乏相关的实证支持。本研究通过行为实验的方法，引入个体神经生理支持的认知与情绪因素，将考察认知与情绪对非常规灾难事件后继风险决策的影响以及作用机制，以期丰富认知神经经济模型以及相关灾难心理学和风险决策的相关理论。

第二节　灾难事件后继风险决策的研究综述

一、灾难事件后继风险决策的内涵

（一）风险决策的界定

风险决策（Risk Decision－making）的研究已经持续了几十年，国外研究者对该领域进行了较为深入的探讨，比较具有代表性的观点主要有：风险决策就是要在损失或收益、损失或收益的权重以及两者联系的不确定性中进行权衡，做出优化的选择。也有人提出，风险决策是指通过估计或预测未来事件发生的概率而采取预期期望结果或效果最好的方案进行选择或决策，但是，这一选择过程与结果具有很大的不确定性。在国外学者研究的基础上，国内很多学者对风险决策也进行了较为深入的探讨，比较具有代表性的观点主要有：风险决策主要是指当决策者或决策主体面临两个或两个以上的不确定条件下的决策后果时，决策主体要依据自我对决策后果的概率估计与判断做出最佳的选择。风险决策是决策者从已经给定的概率分布中选择出最佳分布的过程，但是这一过程具有不确定性。综合以往国内外学者的研究，本研究将风险决策界定为：当决策者面临两个或者两个以上的不确定情境下的决策后果时，决策者根据当时情境以及相关条件对决策后果的概率进行评估与判断，从而选择出自我感受最佳的方案的过程。

（二）灾难事件后继风险决策的界定

在风险决策研究的基础上，一些研究者开始关注灾难事件后继风险决策的研究。小概率高影响事件具有发生概率小但是负面影响和付出代价大的特点，受到小概率高影响事件影响的个体在随后的决策中都会受到巨大的影响，可能会更倾向于规避风险的选择。李金珍、李纾和许洁虹（2008）也对小概率高影响事件或灾难事件后继风险决策进行了分析，认为受到灾难事件情境影响的个体在面对随后的风险决策时，自我风险知觉提升以及对未来的不确定感增强。时勘（2010）也认为，非常规的灾难或灾害事件对个体的风险决策产生了重大的影响。综上所述，本研究认为，灾难事件后继风险决策是在特定情境下的一种风险决策，它主要指灾难事件发生后，决策者再次面临两个或两个以上的不确定性的决策方案时，运用感知觉、注意、记忆以及思维等对决策方案进行评估与概率判断，从而选择出自我感觉最佳方案的过程。

二、风险决策与灾难事件后继风险决策的理论

灾难事件后继风险决策是一种特殊情境下的风险决策，自然风险决策阐释的相关理论对于灾难事件后继风险决策也具有一定的适应性。

（一）风险决策与灾难事件后继风险决策的传统理论

1. 标准化理论（Normative Theories）

标准化理论也称为规范性理论，该理论主要以客观世界决定论为指导，考察决策者如何做出规范与理性决策的过程。这一理论认为，决策者往往具备"完全理性人"的特征，运用数学模型可建构出一套合乎逻辑的运算公式，来对复杂情境和决策情境中的方案进行判断与选择，以期选择出符合最大期望效应（Expected Utility Theory，EU）和主观期望效应的最优化方案。然而，人类的决策信息系统以及加工系统并非完全都是无限的，已经有很多研究者证实人类的理性资源是有限的，每次决策时不可能提取所有的相关信息进行计算与决策，只能提取有限的相关信息进行决策。偏好系可传递性等决策都是违背了传统的期望效应理论。因此，标准化理论对风险决策的阐释受到了挑战。

2. 前景理论（Prospect Theory）

在对风险决策阐释的标准化理论的基础上，研究者打破传统效用理论的框架，提出了解释风险决策的一种新的范式——前景理论，前景理论提出了风险决策的两个重要前提：价值函数和权重函数。这一思想的提出，克服了传统标准化理论的局限，更好地描述了人类是如何进行风险决策的，即研究

人类进行决策背后的认知过程与加工模式。另外，前景理论还提出了两个重要概念：风险寻求（Risk Seeking）和风险规避（Risk Aversion）。这也是风险决策的信息加工策略。其中，风险寻求主要指人们在进行风险决策时往往倾向于选取冒险的选项；而风险规避则是指，决策者在进行风险决策时更倾向于选取风险较小、较为确定的选项，保护目标免受风险的影响。由此，Kahneman 和 Tversky（1982）通过著名的亚洲疾病实验证实了风险决策中的框架效应的存在，这也解释了很多标准化范式不能解决的问题。

3. 齐当别决策模型

这是由我国著名的决策心理学专家李纾（2005）提出的，该理论不同于主流的风险决策理论，它不是把风险决策过程作为一个函数表达式去计算，而是从行为水平上揭示风险决策的过程。齐当别决策模型认为，决策者的理性资源是有限的，只能在有限的维度上进行决策；人类在进行风险决策时，不是去最大限度地追求期望值，而是在某种形式上辨别选择方案或对象之间是否存在优势关系；人类在进行决策时会利用弱势原则将一维度上差别较小的两种可能结果人为地齐同掉，而在另一维度上把差异较大的两种方案作为最终决策的依据。

4. 进化论的研究范式

该理论认为，人类在进行风险决策过程中要注重个体与环境的互动，强调个体对环境的适应性，其代表性人物是德国人类认知与适应性行为研究小组的 Gigerenzer，他（1999）提出，人类决策不是 Kahneman 和 Tversky 提出的决策启发式会存在偏差或缺陷，而是快速节俭启发式的决策，这也是生态理性的表现。这一理论主要强调在生态理性的视角下，考察风险决策的结果与环境的比较与权衡，尝试从人类适应环境的角度做出合理、有效的启发式策略。

（二）风险决策与灾难事件后继风险决策的认知神经经济模型

神经经济学是一门较为新颖的学科，它主要是使用神经科学的方法来考察决策与风险决策的相关神经机制。这一学科借助神经科学的手段，打破了心理学、经济学以及神经生物学的界限，为风险决策以及灾难事件后继风险决策的研究提供了重要的理论基础。Gutnik 等（2006）在以往研究的基础上，提出了阐释风险决策和灾难事件后继风险决策的认知神经经济模型。具体模型如图 8—2 所示。

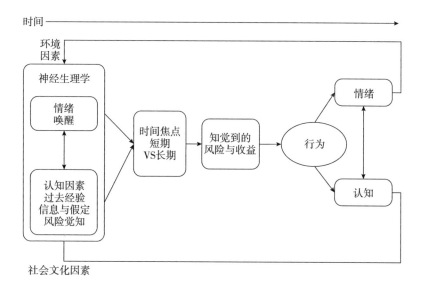

图 8—2 灾难事件后继风险决策的认知神经经济模型

该模型认为，物理环境因素与社会文化因素是个体外的两个重要因素，个体的神经生理支持的情绪（如情绪唤醒等）和认知（如信念与假设、过去的经验等）两个主要的过程之间是相互作用的。而环境因素与社会文化因素则对个体的认知与情绪过程产生影响，凸显出个体风险决策过程中的认知与情绪因素。这一模型是动态的，体现了随着时间与决策环境的变化的风险决策过程。当个体对自我喜欢的方案进行风险决策时，岛叶、前扣带回、腹内侧前额叶的功能活动会增强。Jollan 和 Lawrence（2010）的研究进一步证实，在不确定的条件下，个体选择具有风险的选项时，其岛叶的前部、腹侧纹状体及眶额叶的外侧活动会明显加强。与风险决策有关的脑机制方面主要包括额叶、扣带回、杏仁核、纹状体、岛叶和其他特殊脑区，神经经济学从个体差异角度阐释了风险决策和小概率高影响事件。

三、灾难事件后继风险决策的影响因素

灾难事件后继风险决策的影响因素有很多，而本研究主要关注认知神经经济模型下的灾难事件后继风险决策，主要总结为两类重要的影响因素：一是认知因素，二是情绪因素。下面就影响灾难事件后继风险决策的这两类因

素进行详细论述。

（一）影响灾难事件后继风险决策的认知因素

1. 过度自信

自从 Adams（2005）发现对自信和判断准确性的错误标定后，心理学家和行为经济学家开始关注这一现象，并且将其定义为"过度自信效应"（Overconfidence Effect）。20 世纪 80 年代后，过度自信开始逐渐引起研究者的关注，并且开展了一系列在投资、谈判等实践领域的研究。但是，直到目前为止，心理学方面对"过度自信"一直没有形成一个明确的定义。一些研究者从认知心理学的角度出发，提出过度自信是指个体系统地低估某类信息而高估其他类型信息。比如，Gervaris、Heaton 和 Odean（2002）将过度自信定义为自我知识的准确性比事实中程度更高的一种信念，也就是个体对自我信息赋予的权重高于事实权重。另一些学者认为，过度自信是指相对于他人，过度评价自我个体表现。在国内，一些学者对过度自信的内涵进行了相应的探讨。于窈和李纾（2006）把过度自信定义为个体对一般知识问题的概率判断经常会偏离某种准则。还有人把过度自信定义为个体对自我的评价往往偏离准则，在进行相关判断与决策时出现过分乐观和控制错觉的一种认知偏差。

从上述研究者对过度自信的界定不难看出，研究者各自从不同的视角对过度自信进行了说明。本研究在前人研究的基础上，认为过度自信是指个体在进行判断与决策时过度相信自我的评价能力，导致出现个体对问题的概率判断会偏离某种校准或准则，出现过度乐观和相信自我能够控制未来发展结果的认知偏差。

过度自信是影响风险决策的重要因素，这不仅出现在东方文化背景下，也存在于西方文化背景中。人们往往过于相信自己的判断与决策能力，人类对于较好的随机事件发生的概率有着过度乐观主义倾向。对于以往过度自信与风险决策的研究，可以总结为以下几个方面：

（1）信息的过度反应与风险决策。以往的大量研究显示，对信息的反应是行为科学和决策科学关注的重点之一。同时，研究者还提出对信息的过度反应会导致过度自信效应。个体往往对一些新近的和凸显的信息特别关注，导致过度自信效应，从而出现采用直觉决策的方式。这同时也说明，决策者在日常决策中对一些非突出和以往发生的信息过分轻视。有人提出了"过度反应"一词，它是针对贝叶斯规则提出的，人类往往不遵循贝叶斯规则而出现过度反应进行决策，从而产生决策偏差问题。

（2）个体的利己主义评价会影响风险决策。在通常状况下，个体往往会认为自我做出的判断与选择或者决策是正确的，更容易将成功的原因归结为自我的能力和知识准确性，这种利己主义评价会让个体过度自信，从而影响个体的风险决策。

（3）职业不同引发不同的过度自信，从而影响风险决策。一些职业的从业者，如投资专家、律师、医生和心理学家在决策与判断过程中存在过度自信效应。当从事的是需要快速、清晰反馈和仔细推算的职业时，如气象学者、桥牌运动员，在决策时往往倾向于采用风险规避策略。

（4）信息的数量与问题的难易程度会影响过度自信，从而影响风险决策。个体在风险决策中，随着自我所把握的决策信息的数量的提升会提升自己的过度自信水平，从而影响风险决策。但是，这并没有提高人们风险决策或者对其预测的质量。有些研究也证实了这一结果。除信息数量对过度自信产生影响外，问题的难易程度也会对过度自信产生影响，从而影响风险决策。当呈现的问题非常困难时，人们会产生过度自信，从而影响风险决策；而当呈现的问题较为容易时，则会出现相反的结果。

2. 风险知觉（Risk Perception）

风险知觉是 Bauer（1960）首先提出的，随后研究者不断对其进行完善，提出风险知觉主要是指个体对外界客观存在的风险的感知，并且这种感知会影响个体随后的风险决策。一些研究者对风险知觉的特征进行了归纳与总结，认为风险知觉主要有三个基本的维度：一是知觉到风险的恐怖性、灾难性、恐惧性等；二是个体对未知风险的觉知，即个体对未来发生风险的感知程度；三是个体对特定风险感知的数量。除此之外，还有很多因素会影响个体的风险决策，如灾难事件发生的时间特点、个体对风险概率的估计等。风险知觉与风险决策和灾难事件后继风险决策的关系是非常紧密的。集体主义文化中的个体所感觉到的风险比实际要小，所以在风险决策中更倾向于采取风险寻求的策略。这是因为集体主义文化中的成员更容易得到社会网络的帮助与支持。他们探讨了风险知觉与博彩行为的关系，结果发现，被试参赌意愿不受风险知觉程度的影响。在研究灾难事件"非典"中的"心理台风眼"效应时，结果也发现，风险知觉是影响灾难事件后继风险决策的重要因素。"心理台风眼"效应的研究又进一步提出，公众往往依靠风险知觉对风险事件进行知觉与判断，风险事件的性质、受众的背景以及两者的交互作用会对灾难事件后继风险决策产生重要的影响。美国发生"9·11事件"后，人们对乘坐飞机的风险知觉比开汽车的风险知觉要高很多。这就是说，发生灾难事件后与发生灾难事件前人们对期望结果的概率感知会发生显著性的变化。灾难事件发生后（恐怖分子袭击），人们的风险知觉程度升高，在进行风险决策时变得更加保守，不愿意冒任何风险。还有研究更进一步证实了灾难事件发生后，人们对坏的事件的风险知觉程度提升，导致出现风险规避的现象。

3. 时间压力

任何决策都不能脱离时间的连续体，而许多决策都是在有时间限制的情况下进行的。在总结前人研究的基础上，有人提出了决策的时间压力效应的概念（Time Pressure），认为拥有充足的时间，决策制定者可以搜寻一切尽可能充分或者优化的策略来解决问题；而当分配给决策制定者的时间比实际需要或者知觉的时间少时，就可能引起时间压力的情绪情感体验，从而影响决策中的信息加工和决策质量，决策制定的时间压力效应就产生了。时间压力对风险决策以及灾难事件后继风险决策产生了重要的影响。在探讨时间压力对风险决策的影响时，结果发现，高时间压力会导致风险决策策略发生偏转，采用较为保守的策略。通过研究时间压力与风险决策策略的关系，结果发现，在高时间压力情境下，决策者往往采用非线性决策策略，而在非时间压力情境下，决策者倾向于采用线性决策策略。在研究时间压力对偏好反转的影响时，结果显示，时间压力对风险决策的偏好反转中的选择任务有影响，而对定价任务没有影响。

既然任何决策都是在时间的连续体内做出的，当然灾难事件后继风险决策也不例外。比如，一个月内和一年内要求被试做出灾难事件后继风险决策，提供给被试加工这一决策任务以及内容的时间不同，导致被试选择的策略不同，从而出现灾难事件后继风险决策质量以及策略的差异。有人开始考虑将时间压力引入模拟灾难情境下的风险决策，考察有无时间压力对灾难事件情境下的风险决策的影响。时间压力下决策的代价/收益理论（Cost/Benefit Theory）认为，决策者在时间压力下采用的策略是基于付出最小的成本和获取最大的收益而做出的。在时间压力情形下，决策者由于没有足够的时间来加工信息，往往会用决策的准确性来换取决策的速度，即采用启发式策略。灾难事件后继风险决策是在时间的连续体内进行的，因此时间压力也是影响灾难事件后继风险决策的重要变量。根据时间压力下决策的代价/收益理论，决策者在进行灾难事件后继风险决策时由于缺乏时间搜寻信息，认知资源受到限制而采用启发式决策策略。而决策的认知神经经济模型认为，灾难事件发生后，决策者在进行决策时更加理性，避免损失。

4. 认知闭合需要

认知心理学的观点认为，人类在决策信息加工过程中会表现出较为稳定的特性，用于描述个体信息加工较为稳定的倾向的概念就是认知闭合需要（Need for Cognitive Closure）。将认知闭合需要被定义为个体应对混乱、模糊和不确定时表现出的动机，个体希望给问题一个明确解答或答案的愿望。按照个体所具备的这种认知的强烈程度，将认知闭合需要分为低认知闭合需要者和高认知闭合需要者。两类不同的认知闭合需要的个体在进行决策时，表现具有显著性的差异。具体来说，高认知闭合需要的个体在面对不确定或模糊情境时，往往喜欢排除新异的信息，希望能够即刻做出决策或确定行为的重点；而低认知闭合需要的个体往往对模糊性具有较高的容忍度，希望能够通过收集更多的信息来进行思考从而做出决策。

关于认知闭合需要与风险决策的关系，以往的许多研究进行了探讨，这对灾难事件后继风险决策具有重要的启发意义。比如，有人研究发现，高认知闭合需要的个体更愿意采用启发式推理来进行决策，并进一步证实了认知闭合需要不同的个体在进行决策时，所采用的信息加工模式是不同的。刘雪峰、张志学和梁均平（2008）研究了认知闭合需要与风险偏好的关系，结果发现，认知闭合需要对风险偏好产生了影响，进一步分析发现，在模糊情境下，高认知闭合需要的个体倾向于即刻做出决策，而低认知闭合需要的个体则延缓做出决策。在正性框架下，高认知闭合需要的个体往往倾向于立即做出决策，往往采用启发式决策；而在负性框架下，高认知闭合需要的个体会延缓决策。这表明，任务框架会对高认知闭合需要个体的信息加工方式产生重要的影响。因此，在灾难事件后继风险决策的研究中也要特别关注认知闭合需要不同对其造成的差异。

除了上述过度自信、风险知觉、时间压力以及认知闭合需要等认知因素对风险决策和灾难事件后继风险决策产生影响外，还有选择性知觉、归因方式、决策风格以及经验等都会对风险决策和灾难事件后继风险决策产生影响，这里不做赘述。

（二）影响灾难事件后继风险决策的情绪因素

关于情绪与风险决策的关系，一直是研究者关注并值得深入研究的课题。著名决策心理学专家 Hastie（2001）在知名的心理学杂志 *Annual Review Psychology* 上发表文章指出，情绪是未来决策领域要解决的 16 个关键问题之一。情绪在决策过程中起着非常重要的作用，甚至是决定决策过程的关键因素。个体眶额的损伤对风险决策有重要的影响。而眶额的损伤可能会对个体的情绪产生重要的影响。还有研究者提出，发生灾难事件后，个体进行决策时多以情绪为主导，多依靠直觉进行决策。可见，情绪对风险决策、灾难事件后继风险决策的影响以及探究情绪与风险决策、灾难事件后继风险决策的关系是至关重要的。研究使用 Science Direct、EBSCO、ProQuest、Elsevier 以及中国知网等相关数据库检索到相关文献 800 余篇，仔细分析这些文献后不难看出，有三类情绪出现的频率是较高的，但是没有研究者进行总结概括，本研究将其概括为特质焦虑情绪、先前情绪（偶然情绪）和预期后悔情绪。下面分别进行论述。

1. 特质焦虑情绪

焦虑（Anxiety）是一种与个体紧密相关并且对个体产生重要影响的负性情绪状态。当前心理学家对焦虑的分类主要涉及两种：一种是特质焦虑（Trait Anxiety），另一种是状态焦虑（State Anxiety）。前者主要指个体的一种稳定的人格特质，其产生情绪的机制是内部的，与外部刺激无关；后者则主要是一种暂时性的感受，与外部刺激有一定的关联。本研究主要关注特质焦虑与风险决策以及灾难事件后继风险决策的关系。关于特质焦虑与风险决策的关系，有许多研究者提出了不同的观点。有学者认为，特质焦虑较高的个体往往倾向于高估未来风险决策的风险，而导致选择较为保守的风险决策策略。Eisenberg、Baron 和 Seligman（1998）则研究发现，特质焦虑的不同水平与风险决策策略具有显著性的相关关系，特质焦虑较高的个体比一般普通个体更倾向于采用风险规避型的决策策略。在面临相同的决策情境时，特质焦虑较高的个体更容易表现出焦虑情绪，从而影响决策策略的选择。这同样对灾难事件后继风险决策具有重要的影响。

然而，为什么焦虑情绪，特别是特质焦虑情绪会导致决策者在风险决策中倾向于更加保守呢？也就是说，特质焦虑影响风险决策的内在机制什么？大量的研究者开始探讨这一问题，并且产生了一些有用的成果。有人提出了认知资源因素理论来解释特质焦虑对风险决策影响的内在机制，认为高特质焦虑水平的个体往往分配给决策者信息加工的认知资源较少，导致决策者的认知资源紧张而没有能力做出准确的判断，最后选择风险规避策略。这一说法也得到了一些实证的支持。特质焦虑水平较高的个体往往不能很好地分配认知资源，在进行决策时不能搜寻可能的信息与策略，导致非常草率地选择策略。Krain 等（2008）运用功能磁共振成像（fMRI）研究了不确定情境下焦虑障碍个体与正常个体的决策的认知神经机制，结果发现，焦虑障碍个体明显比正常组个体完成决策任务的耐性差，并且焦虑障碍患者的眶额叶、扣带前回和杏仁核等脑区的激活程度比正常组被试更强。这一研究表明，特质焦虑水平不同的个体具有明显不同的内在神经机制。

认知资源因素理论虽然对特质焦虑水平与风险决策的关系进行了论述，但是，这一理论还没有摆脱传统的"期望效用"理论的束缚，只是将情绪作为认知的"副产品"。为了进一步探讨焦虑情绪是否会削弱决策者的信息加工，研究者们提出了解释这一现象的情绪取向的理论。这一理论认为，情绪会影响决策者的决策动机，而特质焦虑较高的个体则更倾向于情绪取向。即高特质焦虑的个体之所以采用保守的风险决策策略，不是为了规避决策失败本身，而是为了规避决策失败带给决策者的负面情绪（Raghunathan & Pham，1999）。研究者采用相关实验论证了这一发现，探究了高特质焦虑与风险决策的负面结果以及风险决策负面结果带来的主观情绪。结果发现，高特质焦虑与风险决策负面结果带来的主观损失感受程度具有显著的正相关，并且同风险决策本身负面结果相比，高特质焦虑与风险决策本身负面结果带来的主观损失程度具有更为稳定的关系。个体特质焦虑水平的提高会增强个体对自身情绪的关注。虽然情绪取向的理论解释了许多以往理论所不能解释的现象，但是也有研究者不支持情绪取向的理论。比如，高特质焦虑个体对负性刺激的反应皮肤电显著比低特质焦虑个体的要低，这就违背了情绪取向的理论。因此，这一理论也需要进一步地论证。

2. 先前情绪

在综述先前情绪与灾难事件后继风险决策之前，需要先对先前情绪做一个界定。以往研究者对情绪的分类有多种，但是，决策研究者按照诱发来源将情绪分为伴随情绪或整合情绪、体验情绪（Integral Emotion）和先前情绪或与任务无关的情绪、偶然情绪（Incidental Emotion）。体验情绪主要是指由当前决策问题本身而诱发被试或个体体验到的情绪，如购物时因担心物品质量而产生的害怕情绪。先前情绪或偶然情绪是指决策者在进行决策时感受到或体验到的同决策任务无关的情绪，如决策时因实验室内温度过高而产生的情绪。总之，体验情绪主要来源于内部；而偶然情绪则来自外部，虽与决策任务无关，但是仍可以影响决策行为。本研究关注的是偶然情绪对风险决策的影响。对偶然情绪与风险决策的关系可以总结为两个层面的研究：一是关于偶然情绪与风险决策的结果研究。比如，Hermans、Houmer 和 Eelen（2001）研究发现，处于积极情绪状态的被试更容易规避风险，而在消极情绪状态下的被试则容易去冒险。刘永芳、毕玉芳和王怀勇（2010）通过把偶然情绪分为积极情绪和消极情绪，探讨了情绪对自我与他人风险决策的影响。除上述发现外，Yuen 和 Lee（2003）同样运用偶然情绪的分类方式，把情绪分为积极情绪和消极情绪，探讨了偶然情绪对风险决策的影响。结果发现，积极情绪状态下的个体容易低估风险产生的概率，出现风险寻求的倾向；消极情绪状态下的个体容易高估风险产生的概率，出现风险规避的倾向。这两种争论一直贯穿于偶然情绪与风险决策的研究中，也体现在具体情绪与风险决策的研究上。比如，Raghunathan 和 Pham（1999）将情绪分为具体的悲伤和担忧情绪，研究了悲伤和担忧对决策的影响，结果发现，担忧的个体倾向于选择安全选项，悲伤的个体则倾向于选择风险选项。Drucktnan 和 MeDermot（2008）则将情绪进一步具体细分，考察了热情、愤怒和沮丧三种具体情绪对风险决策框架效应的影响，结果发现，热情情绪和愤怒情绪都倾向于寻求风险，而沮丧情绪则倾向于规避风险。

上述分歧也促使研究者对偶然情绪与风险决策关系的内在机制进行探讨，促进了许多研究理论以及相关有意义结果的产生，这也构成了偶然情绪与风险决策关系研究的第二个层面——关于偶然情绪对风险决策影响的机制探讨。Isen 和 Patrick（1983）首先提出情绪维持假说（Mood Maintenance Hypothesis）来解释偶然情绪与风险决策的关系，认为处于积极情绪状态下的决策者为了维持个体自我的当前情绪、避免消极情绪或其他不良情绪的出现，而减少冒险的机会，采取风险规避策略；而处于消极情绪状态下的个体则正好相反，可能倾向于寻找冒险，提升获取收益的机会，从而产生积极情绪或良好的情绪，以便改善原来的消极情绪状态，采用风险寻求的策略。Johnson 和 Tversky（1983）则提出情绪泛化学说（Affective Generation Hypothesis）来

解释偶然情绪与风险决策的关系。该学说是在由非常规灾难事件引发的具体
情绪状态对风险决策的影响基础上提出的，认为诱发个体负性的情绪信息后，
个体会对具有相同情绪效价但无任何关联的风险事件的发生概率增加，而倾
向于风险规避。而当诱发个体正性情绪或积极情绪后，个体则对发生类似相
同风险事件的发生概率会降低，而倾向于采用风险规避。综观以往关于偶然
情绪与风险决策关系的文献，可以发现，情绪维持学说和情绪泛化学说是探
讨情绪与风险决策的理论基础。随后的情绪信息等价说（Feelings as Informa-
tion）、情绪一致性效应假说（Mood Congruence Effect）、风险即情绪模型
（Risk－as－Feelings）（见图 8－3）以及情绪启发式（The Affect Heuristic）
都受到这两个基础理论的影响。有研究者对情绪对灾难事件后继风险的影响
也做了一些描述性的阐释。比如，有研究者认为，情绪维持假说在灾难事件
后继风险决策中并没有得到印证。还有研究者认为，灾难事件发生后，个体
正处于负面情绪状态，个体并不是选择寻求风险，而是采用更为确定和安全
的策略（李金珍、李纾和许洁虹，2008）。

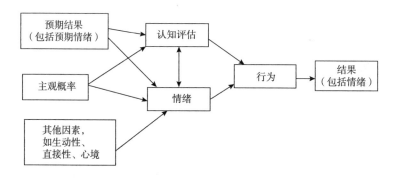

图 8－3　风险即情绪模型

　　两种理论的争论以及相关理论的发展不仅阐释了情绪与决策的关系，而
且也涉及了情绪影响决策的信息加工方式。同时，Chuang、Kung 和 Sun
（2008）考察了情绪与决策信息加工的关系，消极情绪的被试较积极情绪的被
试更倾向于探索性的行为，积极情绪的个体更多采用启发式信息加工，而消
极情绪的个体则更多采用系统的信息加工。

　　3. 预期后悔情绪

　　作为影响风险决策的重要情绪因素——后悔，很早就有心理学者对其进

行了研究与探讨。Loomes、Sugden 和 Bell（1982）研究认为，后悔是对决策选项与事情发生的状态之间进行比较的结果。在以往研究的基础上，有人更进一步地考察了后悔的内涵，提出后悔是一种基于认知的负性情绪或消极情绪。如果个体能够认知到先前进行差异性的选择会产生更好的决策结果，后悔情绪就产生了。而 Camille 等（2004）则从反事实性思维的角度出发定义了后悔，认为后悔同个体的责任感相关，是个体在理解和运用反事实能力的基础上而引发的一种基于认知的情绪。后悔有很多种分类，我们只关注基于后悔发生时间的分类，主要分为预期后悔（Anticipated Regret）和体验后悔（Experienced Regret）。预期后悔主要是指个体对各种反事实进行比较时，会预期自我可能会感受到后悔，并且尝试采用多种方法将后悔降低到最低。体验后悔则是指个体在决策后，通过与实际的比较而感受到后悔。预期后悔与体验后悔的一个重要差异是：预期后悔发生在决策前，而体验后悔则发生在决策后。本研究关注的是预期后悔情绪与风险决策的关系。

关于预期后悔与风险决策的关系一直是研究者关注的重要课题之一。在探讨两者关系的同时，一个值得关注的重要问题就是如何对预期后悔进行测量。研究者对此提出了两种重要的方法：一是虚拟情境故事法或实际情境回溯法，主要采用决策后果启动个体的预期后悔情绪。二是问题诱发法。这一方法也是当前研究者经常使用的，让被试回答一些能够产生后悔的问题，以此来诱发被试的预期后悔情绪。比如，假如你选择了较差的选项，你会感到后悔的程度。被试回答这些问题后，会产生与自我假想结果之间的对比，进而产生预期后悔情绪。

在这些研究的基础上，许多研究者开始探讨预期后悔情绪与风险决策的关系，主要分为两个重要的层面：一是关于预期后悔情绪对风险决策影响的结果研究。许多研究者通过实验或测量的方式探讨了预期后悔情绪对风险决策影响的结果。比如，有研究发现，当母亲预期到小孩可能死于接种疫苗的后悔情绪时，就会决定不让小孩接种疫苗，其实小孩死于疾病的概率远远高于死于接种疫苗的概率。如果让个体预期感受到不安全行为会产生后悔后，个体在近期内会降低报告不安全行为的数量。对消费领域的预期后悔与风险决策的关系研究发现，仅仅诱发被试的预期后悔情绪就可以改变被试随后的购买意愿和购买行为。预期后悔情绪让个体在进行风险决策时倾向于采用风险规避的策略。

以上研究仅仅是关注预期后悔情绪对风险决策影响的结果，而缺乏对预期后悔情绪对风险决策影响的机制探讨，这也构成了这一领域研究的第二个重要层面。许多研究者在关注预期后悔情绪对风险决策影响的结果的同时，也开始探索预期后悔情绪对风险决策影响的内在机制。比如，在前景理论或展望理论（Kahneman & Tversky，1982）的基础上，有人提出了后悔理论来阐释预期后悔与风险决策的关系，首次把预期后悔作为影响决策的一个参数来看待，建立后悔函数。该理论认为，如果决策者意识到自我决策的选择不如另一种选择时，便会产生后悔情绪，这会让决策者在决策过程中追求后悔的最小化。同时，这一理论还提到预期后悔会使决策者在进行风险决策时倾向于选择更为安全的选项，以避免体验到后悔带来的负面情绪。但是，随后一些研究者也提到预期后悔情绪也可能会提升个体风险决策的风险寻求行为。Inman 和 Zeelenberg（2002）的研究表明，预期后悔会让个体在随后的风险决策中有可能采用风险规避策略，也有可能采用风险寻求策略，这主要取决于信息反馈。关于后悔的判断理论，本研究在总结以往研究的分歧基础上，对相关理论进行了整合，认为同决策相关的后悔主要包括两个重要的因素：一是后悔的情绪体验与对决策结果的评估有关；二是后悔的产生同选择一个很差决定的自责感有关。人类产生后悔情绪，有可能是因为决策结果不好，也有可能与自我做出了错误决策有关。两者只要有一个发生，就会产生后悔情绪。

影响灾难事件后继风险决策的情绪因素除了特质焦虑情绪、偶然情绪和预期后悔情绪外，还有预支情绪、具体情绪等，这里不做详述。

四、认知与情绪对灾难事件后继风险决策影响的研究评价

（一）研究的总体评价

总结以上关于灾难事件后继风险决策的相关研究，不难看出，认知与情绪两类因素在灾难事件后继风险决策中起着非常重要的作用，特别是认知神经经济模型提出，在个体神经支持的生理过程因素中，认知因素与情绪因素可能会对灾难事件后继风险决策产生重要的影响。以往对灾难事件后继风险决策的研究大多停留在描述性阶段，缺乏相关的实证支持，特别是没有考察认知与情绪是否共同作用于灾难事件后继风险决策这一重要的问题。

其实，关于认知与情绪因素孰轻孰重一直是决策研究领域争论的问题。

早期的研究者认为，认知评价在决策中起着主导作用，将情绪完全排斥在决策研究的大门外。随着神经系统科学、神经生物学和脑科学等学科的发展，一些研究者才开始把情绪和理性结合起来研究，试图找到对决策行为更为准确的解释。至此，情绪在决策中的作用日益提升，甚至有的研究者认为，情绪对人类决策的影响超过了理性。Clore 和 Schwarz（1994）提出了情绪信息等价说，认为情绪可以作为一种信息线索直接影响判断。Loewenstein 等（2001）提出的风险即情绪模型认为，决策过程中的即时情绪可以直接影响决策行为与认知评估。国外研究者在综合影响灾难事件后继风险决策的认知和情绪因素的基础上，开始考虑两者是否共同影响灾难事件后继风险决策，但是尚未形成一些具体的研究。

在国内，风险决策的概念及理论模型已经被引入经济、金融等专业的教学和实践中，但是，对灾难事件后继风险决策的科学研究尚处于起步阶段。国内研究者已经意识到该研究领域的价值，开始将一些相关的理论和研究引入国内，有关文章介绍了灾难事件后继风险决策的理论模型和影响因素（李金珍、李纾和许洁虹，2008），也开始探讨预支情绪对灾难事件后继风险决策的影响，特别是时勘等（2010）的《灾害心理学》一书对灾难事件后继风险决策的干预策略进行了相应的论述。但是，总体而言，国内关于非常规灾难事件后继风险决策的研究，尤其是实证研究仍然特别薄弱。本研究将为推进国内关于灾难事件后继风险决策的实证研究做出一定的贡献。

（二）未来发展趋势

综观上述研究，虽然对灾难事件后继风险决策的研究取得了一定的成果，但是，还是存在诸多的不足，这些存在的问题，就构成了今后研究的趋势。主要的问题有如下几个方面：

1. 认知与情绪因素怎样影响灾难事件后继风险

以往的研究认为，影响灾害事件后继风险决策的因素为认知与情绪因素，但是缺乏有效的实证支撑。尤其是认知与情绪因素怎样共同影响灾害事件后继风险决策？是独立影响的模式、交互影响的模式，还是中介影响的模式？如果是中介影响的模式，是认知通过情绪因素影响灾害事件后继风险决策，还是情绪通过认知因素来影响灾害事件后继风险决策？本项目拟在进化论研究的范式下对该问题进行探索。

2. 灾难事件后继风险决策的内在机制

以往的研究认为，决策者存在两种不同的思维与决策系统：一种是直觉系统，在决策时更多地依赖于无意识过程，加工过程相对自动化；另一种是分析系统，包含意识和有意认知过程，应用各种算法和规则来产生合乎逻辑的决策。在灾难事件发生后，个体的决策能力会降低。更有研究者提出，灾难事件发生后，人们的决策方式更加直观化，较少采用分析方式进行决策。这些都缺乏有效的实证支持。灾难事件后继风险决策的机制到底是什么？这是一个非常有意义而且值得深入研究的科学问题，对突发公共事件的应急预案系统和应急管理标准体系的构建具有重要的研究价值。

3. 灾难事件后继风险决策是否存在跨文化的差异

以往的研究显示，华人比西方人更加过分自信和有风险倾向，该文化差异反映到灾难后继风险决策上是否同样存在差异？这也是今后研究的重要问题。

4. 研究手段的多样化和复杂化

本项目非常重视情绪在灾难事件后继风险决策中的作用。关于情绪的测量是一个特别需要重视的问题。如果使用的工具不合适，则直接会导致无法测量到所要研究的问题，本研究将重点关注相关的测量问题，如特质焦虑情绪、先前情绪以及预期后悔情绪等问题的测量。

第三节　特质焦虑与过度自信对后继风险决策的影响

一、引言

从美国的"9·11事件"，到发生在我们身边的"非典"、5·12汶川地震、甲型H1N1流感、4·14玉树地震以及雨雪冻灾等，可以说灾难事件一直伴随在人类身边。这些非常规的灾难事件具有不可预期性、结果不可控和悲惨性等特点，虽然发生的概率比较低，但是带来的负面影响、造成的损失却是巨大的。研究显示，灾害事件不仅极大地影响了人们的生活适应和情绪状态（如抑郁、焦虑以及创伤后应激障碍等），而且也极大地影响了人们的风险决策。这些都说明灾害事件不仅对人们产生了极大的心理冲击，而且增加了其未来行为和反应的不准确性，从而影响个体的风险决策。

由于灾难事件的特殊性与巨大危害性，有关灾难事件的研究已经引起了许多研究者的关注。特别是近期关于灾难事件后继风险决策的研究也逐渐开展起来。Gutnik 等（2006）提出的认知神经经济模型指出，影响灾难事件后继风险决策的主要有两个重要的因素：认知因素与情绪因素。这两个因素是个体神经生理支持的两个重要过程，但是一直缺乏具体实证的支持。本研究将引入认知因素（过度自信）与情绪因素（特质焦虑）探讨两者对灾难事件后继风险决策的影响以及作用机制。

要想深入分析认知与情绪对灾难事件后继风险决策的影响，必须先从以往的研究文献着手，单独分析认知因素（过度自信）与情绪因素（特质焦虑）与灾难事件后继风险决策的关系。关于特质焦虑与风险决策的关系，主要集中于两个层面的问题：一是特质焦虑对风险决策结果的影响。比如，特质焦虑水平较高的个体往往不能很好地分配认知资源，在进行决策时不能搜寻可能的信息与策略，导致非常草率地选择策略。还有许多研究者认为，高特质焦虑会造成决策者采用风险规避的策略（Krain et al.，2008）。但是，也有研究者提出了相反的结果，认为高特质焦虑的个体不一定会采用风险规避的策略。二是特质焦虑对风险决策影响的内在机制。一些研究者开始用"认知资源因素"理论来阐释特质焦虑对风险决策影响的内在机制，认为是决策者所分配的认知资源过少导致决策紧张而采取风险规避策略。另一些研究者则认为，高特质焦虑的个体之所以采用风险决策的保守策略，不是为了规避决策失败本身，而是为了规避失败带给决策者的负面情绪（Raghunathan & Pham，1999）。

除特质焦虑对风险决策具有重要的影响外，认知神经经济模型还认为，过度自信对风险决策也具有重要的影响。有研究者认为，个体的风险偏好与人类的过度自信有关，过度自信水平较高的个体往往会高估自我的能力而做出非理性决策，个体往往对一些新近的和突显的信息特别关注，导致过度自信效应，从而出现采用直觉决策的方式。个体在风险决策中，随着自我所把握的决策信息的数量的提升而提升自己的过度自信水平，从而影响风险决策。但是，这并没有提高人们风险决策或者对其预测的质量，管理者的过度自信会低估投资项目的风险，而做出符合股东利益的决策。

虽然上述研究都不同程度地涉及情绪与认知因素对风险决策的影响，却未考察两者是否共同影响风险决策，更未涉及其对灾难事件后继风险决策的影响。认知神经经济模型认为情绪与认知因素是影响灾难事件后继风险决策的重要因素，而特质焦虑和过度自信则分别为影响灾难事件后继风险决策的情绪和认知因素（李金珍等，2008）。特质焦虑和过度自信是单独影响灾难事件后继风险决策，还是共同影响灾难事件后继风险决策，以往的研究没有问答这一问题。实际上，认知与情绪因素在决策中孰轻孰重一直是研究者争论的问题。近年来，情绪在决策中的作用日益提升，有的研究者甚至提出情绪对决策的作用超过了理性，并提出决策过程中的情绪可以直接影响决策。

以往有关特质焦虑、过度自信与风险决策的研究，均未考虑或者同时考虑特质焦虑与过度自信对灾难事件后继风险决策的影响。特质焦虑和过度自信在灾难事件后继风险决策中仍然起作用吗？特质焦虑、过度自信是独立影响还是共同影响灾难事件后继风险决策？它们之间存在什么样的关系？为了探讨这些问题，我们设计了本研究，拟考证这样的假设：特质焦虑和过度自信显著影响灾难事件后继风险决策，并且两者存在显著的交互作用。

二、研究方法

（一）研究被试

120 名大学生参加本次实验。其中，高特质焦虑、低过度自信的被试 30人，高特质焦虑、高过度自信的被试 30 人，低特质焦虑、低过度自信的被试30 人，低特质焦虑、高过度自信的被试 30 人。其中，男生 55 人，女生 65人，平均年龄为 22.33 岁（标准差为 0.36），听力和视力（或矫正视力）正常，以前均未参加过类似的实验。需要说明的是，同时使用状态—特质焦虑问卷和过度自信问卷对 600 名被试进行测量，然后筛选出这四类被试共 120名参加实验。筛选的原则是，根据状态—特质焦虑问卷的常模，男性得分与女性得分都超过 48.85 分才属于高特质焦虑，而男性得分与女性得分都低于 33.37分才属于低特质焦虑。过度自信水平的筛选规则是，得分高于或等于 35 分为高过度自信，得分低于或等于 20 分为低过度自信，对高、低过度自信水平的个体得分进行差异性检验，结果显示，高、低过度自信水平的被试具有显著性差异，$t(1,118)=18.24$，$p<0.001$，$d=0.56$，统计检验力 $1-\beta=0.96$。

（二）研究设计

采用 2（特质焦虑情绪：高和低）×2（过度自信水平：高和低）的两因素被试间实验设计，其中自变量为特质焦虑情绪和过度自信水平，因变量为风险决策策略，即通过风险偏好的得分来确定风险规避或风险寻求。

（三）研究工具

1. 状态—特质焦虑问卷

该问卷包括两个分量表：状态焦虑问卷和特质焦虑问卷。问卷总体包含40个项目，其中第1～20个项目主要用来测量个体的状态焦虑，即测量个体在最近某一段时间或某一时刻的短暂的主观感受，其中一半是描述正性的题目，另一半是描述负性的题目。第21～40个项目主要用来测量个体的特质焦虑，即测量个体较为稳定的焦虑倾向，是一种人格特质，其中9个题目是正性的，11个题目是负性的。该量表为四点计分，涉及正性情绪项目则反向计分，计算被试得分总和。根据常模，男、女生低于33.37分为低焦虑水平，男、女生高于48.85分为高焦虑水平。该量表重测信度系数为0.9，具有良好的信度和效度。

2. 过度自信问卷

主要在参考以往过度自信问卷（Russo & Schoemaker, 1992；胡辉，2009）的基础上，自编过度自信问卷。问卷包含10个题目，内容关于一般性知识，而非任何专业知识。每一题目后有两个选项，每个选项要求被试在五点量尺上对自我做出这一选择的自信心水平进行选择，其中1代表50%～60%的把握正确完成这一题目，5代表90%～100%的把握正确完成这一题目，依次类推。该问卷的 Cronbach α 系数为0.88，具有良好的信度和效度。

3. 灾后风险决策问卷

风险决策通过灾后风险偏好问卷进行测量。该问卷包含20个项目，每个项目都置于灾后情境中，包括 A、B 两个方案，每个方案后面用五点计分的方式要求被试对其风险偏好进行选择，其中1表示非常不喜欢该方案，5表示非常喜欢该方案。经检验，该问卷的 Cronbach α 系数为0.8，具有跨项目的一致性。

（四）研究程序

实验在安静的实验室内进行，高特质焦虑、低过度自信的被试30人，高特质焦虑、高过度自信的被试30人，低特质焦虑、低过度自信的被试30人，低特质焦虑、高过度自信的被试30人，分别参加灾难事件后继风险决策的实验。实验程序采用 E-Prime 2.0 编制，整个实验在计算机上由被试独立完成。

被试进入实验室后，让被试安静地坐在座位上，然后开始实验。被试首先进行人口学变量的填写，接下来独立完成灾后风险决策问卷。指导语为"该测验是一个有关个人倾向程度的测验。每个项目都假如你正处于灾后的情境中，请你完成后面的题目，你有大量的时间完成问卷，请独立完成"。正式实验开始前，被试完成两道练习题目，但不记录实验结果。最后，向被试说明实验程序，并就实验给被试造成的负面情绪给予适当的安抚。

（五）数据分析

运用 SPSS16.0 和 Microsoft Excel 2007 对获得的实验数据进行分析与管理，并且采用 Greenhouse－Gesisser 的方法对 p 值进行校正。

三、研究结果与分析

（一）共同方法偏差检验

研究采用控制非可测潜在方法因子的方法，对样本数据进行共同方法偏差的检测。该方法就是将共同方法因素作为潜在变量列入结构方程模型，考察所有核心变量在该方法潜变量上的载荷，比较控制前后的模型拟合指标。假如共同方法因素模型各项拟合指标显著好于无共同方法因素的模型，则可以证实各个研究变量之间有显著的共同方法偏差；反之，则不存在共同方法偏差。温忠麟、侯杰泰和马什赫伯特（2004）指出，采用卡方规则进行模型比较，并针对样本大小来选取临界值。按照本研究的样本量，应该选取 α＝0.01（N≤150）为临界值。表 8－1 显示了检测结果。结果分析表明，$\Delta \chi^2 = 55.7$，$\alpha = 0.019 > 0.01$。也就是说，共同方法因子模型并没有显著优于无共同方法因子模型，说明本研究的共同方法偏差不显著。

表 8－1　共同方法偏差检验结果

模型	χ^2/df	CFI	GFI	IFI	TLI	RMSEA
控制前	1.92	0.93	0.89	0.93	0.95	0.045
控制后	1.92	0.93	0.91	0.93	0.95	0.045

（二）特质焦虑和过度自信对灾难事件后继风险决策的影响

对获取的数据进行初步的分析发现，没有无效数据。120 名被试在各种实验条件下的冒险得分的平均数和标准差如表 8－2 所示。

表 8－2 不同特质焦虑情绪状态和过度自信水平下冒险得分的平均值与标准差

过度自信水平	高特质焦虑		低特质焦虑	
	平均数	标准差	平均数	标准差
高过度自信	3.65	0.36	2.25	0.31
低过度自信	1.93	0.25	1.78	0.21

利用 SPSS16.0 对表 8－2 中数据进行方差齐性检验，结果发现，Levene's 检验中的高特质焦虑与低特质焦虑组的 p 值均大于 0.05，两者均通过检测，方差为同质，可以进行方差分析。进行 2(特质焦虑情绪：高和低)×2(过度自信水平：高和低)的两因素方差分析，结果显示：特质焦虑情绪的主效应显著，$F(1,116)=17.18$，$p<0.001$，$\eta_p^2=0.43$，统计检验力 $1-\beta=0.98$，进一步分析发现，高特质焦虑的个体比低特质焦虑的个体更加倾向于采用风险寻求策略；过度自信水平的主效应显著，$F(1,116)=11.21$，$p<0.01$，$\eta_p^2=0.15$，统计检验力 $1-\beta=0.74$，高过度自信的个体比低过度自信的个体冒险得分高；特质焦虑情绪和过度自信水平的交互作用显著（见图 8－4），$F(1,116)=6.21$，$p<0.05$，$\eta_p^2=0.23$，统计检验力 $1-\beta=0.52$。进一步简单效应检验显示，过度自信水平不同的被试在高特质焦虑状态下的差异显著，$F(1,116)=6.17$，$p<0.05$，高过度自信比低过度自信的被试在高特质焦虑状态下冒险得分高，更加倾向于风险寻求；特质焦虑水平不同的被试在高过度自信状态下的差异显著，$F(1,116)=5.88$，$p<0.05$，高特质焦虑比低特质焦虑的被试在高过度自信状态下冒险得分高，更加倾向于风险寻求。

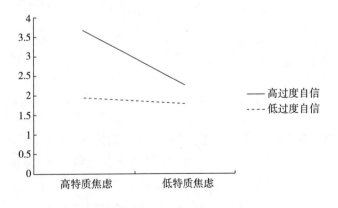

图 8－4 特质焦虑与过度自信的交互作用

四、讨论与结论

（一）讨论

关于特质焦虑与风险决策的研究已经持续了几十年的时间，研究者也得出了一些较为有意义的结果。比如，一些研究者认为，高特质焦虑的个体在进行风险决策时，往往倾向于选择风险规避的策略。而另一些研究则认为，高特质焦虑的个体也可能选择相反的风险寻求的策略。认知资源因素理论和情绪取向理论都对高特质焦虑情绪与风险决策的关系进行了阐释，认为高特质焦虑的个体采取风险规避策略的原因，可能是因回避失败本身或者回避失败本身而产生的负面情绪所致。

本研究的结果显示，特质焦虑显著影响了灾难事件后继风险决策，而且高特质焦虑的个体更加倾向于风险寻求，这同以往的研究结果出现了显著性的差异。产生这一问题的原因可能体现在以下两个方面：一是实验材料的差异问题。以往探讨特质焦虑与风险决策关系所采用的实验材料大多是经济决策，而本研究所使用的材料是关于生命或人身方面的决策。前者虽然涉及经济上的损失或收益，对于个体非常重要，但是，较之生命决策或人身决策的问题可能显得没那么重要了。因此，在进行有关生命的决策时，高特质焦虑个体更关心的是可以挽救的生命的绝对数量，而会在一定程度上忽略概率大小，从而出现风险寻求的倾向。二是本实验探讨的是发生灾难事件之后的风险决策。灾难的巨大破坏性和震撼性使人们的压力倍增，高特质焦虑个体的情感体验更为强烈，决策偏向于不理智。由于灾难已经造成了一定程度上不可挽回的痛苦结果，因此，高特质焦虑个体在此基础之上抱着"不会比这更差了""搏一把"等心态，做出了倾向于风险寻求的决策。而低特质焦虑个体在经历灾难事件后，体验到的压力和情感起伏比高特质焦虑个体要小，所以，他们会综合考虑概率和事件发生背景，决策偏向于理性，做出偏向于风险规避的决策。

研究结果还显示，过度自信对灾难事件后继风险决策产生了重要的影响。这同以往的研究结果是一致的。进一步分析发现，过度自信水平高的个体在灾难事件后继风险决策中倾向于风险寻求，而低过度自信的个体则出现相反的现象。这同以往的研究存在一些差异，比如 Choi 等（2004）的研究发现，美国发生"9·11事件"后，人们在进行风险决策时更加倾向于规避风险。但是，也有研究已经表明，"过度自信"存在明显的跨文化差异，华人比美国人更加显示出过度自信，个体相信好事情出现在自我身上的概率高于均值，而坏事情出现在自我身上的概率要低于均值。因此，即使灾难事件的发生对个体的过度自信水平产生了一定程度的校正，但是，由于中国人的过度自信水平较高，更加追求风险，因此，高过度自信水平个体的灾难事件后继风险决策仍倾向于风险寻求，而低过度自信者则倾向于风险规避。

本研究还产生了令人感兴趣的结果，即特质焦虑和过度自信交互影响灾难事件后继风险决策。这进一步说明，认知与情绪影响灾难事件后继风险决策的机制不仅仅是单独影响，而且还有交互影响的过程，这也支持了Gutnik等（2006）提出的认知神经经济模型。对特质焦虑与过度自信两者的交互作用进行简单效应检验发现，高过度自信比低过度自信的被试在高特质焦虑状态下冒险得分高，更加倾向于风险寻求。按照认知资源因事理论与情绪取向的理论，高特质焦虑的个体往往倾向于选择风险规避的策略，但是如果遇到灾难事件这种具有高度时间紧迫性、高压力性的事件后，个体的风险决策策略会发生一定的程度的偏好反转。特别是高过度自信的个体自我完成冒险决策的能力强，更加倾向于追求更大的收益，所以会选择自我感受较好的风险寻求策略。高特质焦虑比低特质焦虑的被试在高过度自信状态下冒险得分高，更加倾向于风险寻求。在高过度自信状态下，特质焦虑情绪较高的个体往往分配给自己决策的资源较少，倾向于直觉决策，而特质焦虑水平低的个体则会更好地加工决策的信息，倾向于分析式决策，因此前者更加倾向于风险寻求，而后者则倾向于风险规避。

（二）结论

研究考察了特质焦虑与过度自信对灾难事件后继风险决策的影响，我们的结论是：

第一，特质焦虑主效应显著，高特质焦虑者在灾后决策中更倾向于风险寻求，低特质焦虑者在灾后决策中更倾向于风险规避；过度自信水平主效应显著，高自信水平者在灾后决策中更倾向于风险寻求，低自信水平者在灾后决策中更倾向于风险规避。

第二，特质焦虑与过度自信之间存在交互作用，两者共同影响灾难事件后继风险决策。即高过度自信者比低过度自信的被试在高特质焦虑状态下冒险得分更高，更加倾向于风险寻求；高特质焦虑比低特质焦虑的被试在高过度自信状态下冒险得分更高，更加倾向于风险寻求。

五、研究的不足与展望

本研究的不足之处与展望包含如下方面：

1. 灾难事件后继风险决策的决策机制

灾难事件发生后，人们的决策是变得更加理智还是更加不理智，即人们的决策究竟是直觉的还是分析式的，一直是学者们激烈讨论的问题。本研究的结果显示，在涉及人身方面的决策时，个体（特别是高特质焦虑个体）的决策变得更加不理智，他们多运用直觉做出决策。而在涉及情感、经济决策方面，以及私人性灾难事件和公众性灾难事件背景下，人们的决策系统究竟是倾向于直觉还是倾向于分析，仍有很大的研究空间。

2. 灾难事件后继风险决策的群体差异

有研究表明，灾难事件对人们的影响是有群体和个体的差异的，灾难事件可能对于男性、白人、经济状况好的人的影响比女性、有色人种（People of Color）和穷人的影响要小。而这种灾难对于群体的不同影响反映到灾难事件后继风险决策上会不会有所不同，也是值得研究的问题。

3. 灾难事件后继风险决策的个体差异

本研究在严格控制个体性别、年龄、决策风格等特征的条件下，探索了特质焦虑情绪和过度自信对灾难事件后继风险决策的影响，获得了一些有意义的发现，但远没有搞清楚灾难事件后继风险决策偏好发展的规律。特别是本研究中严格控制的变量是否影响灾难事件后继风险决策？它们同本研究设计的变量之间是否存在交互影响？如果存在，是如何影响？上述这些问题需要在未来的研究中进一步探讨。

第四节　先前情绪与过度自信对后继风险决策的影响

一、引言

伴随着美国"9·11事件"、韩国大邱地铁纵火案以及中国的7·23甬温线特别重大铁路交通事故等灾难事件的频繁发生，小概率高影响事件所带来的巨大影响越来越引起研究者的关注。许多研究者认为，灾难事件不仅严重影响了人们的生活，而且对灾后的风险决策也产生了重要影响（李金珍、李纾和许洁虹，2008）。由于灾难事件后继风险决策这一领域的特殊性，至今缺乏足够多的实证成果的支撑。有研究者尝试用认知神经经济模型来讨论灾难事件后继风险决策，认为个体神经生理支持的情绪与认知因素是影响灾难事件后继风险决策的重要因素，并且两者可能共同对灾难事件后继风险决策产生影响（李金珍等，2008）。

关于情绪与风险决策的研究，主要涉及三个层面：一是特质情绪对风险决策的影响；二是预期情绪对风险决策的影响；三是先前情绪对风险决策的影响。近年来，大量的研究集中在探讨先前情绪对风险决策的作用上，即探讨与当前决策任务无关因素所诱发的情绪体验对风险决策的影响。积极情绪状态下的个体更倾向于规避损失，而消极情绪状态下的个体则更倾向于风险寻求。Lerner 和 Keltner（2001）发现，处于气愤情绪状态下的人们更加倾向于搜寻风险。研究者尝试用心境一致性假设（Mood Maintenance Hypothesis）来解释该现象，积极情绪状态下的个体为了保持当前的情绪而规避风险，而消极情绪状态下的个体为了改变当前不好的情绪倾向于风险寻求。

认知神经经济模型的研究表明，风险偏好与人类的过度自信有关：过度自信会让个体决策建立在失真的假设上，而无法做出理性决策。许多研究支持或部分支持了这一假设。个体在进行判断与决策时的自信心水平的概率远远高于实际的概率。医生在进行临床诊断决策时，随着信息量增大的过度自信水平并没有使诊断正确率相应提高。管理者的过度自信会低估投资项目的风险，而做出符合股东利益的决策。CEO 的过度自信显著影响了企业的并购风险决策。Malmendier 和 Tate（2008）发现，市场对过度自信 CEO 的风险决策做出了强烈的负反应。高层管理人员的过度自信降低了我国上市公司的并购绩效。

虽然上述研究都不同程度地涉及情绪与过度自信因素对风险决策的影响，却未考察两者是否共同影响风险决策，更未涉及其对灾难事件后继风险决策的影响。认知神经经济模型认为，情绪与认知因素是影响灾难事件后继风险决策的重要因素，而先前情绪和过度自信则分别为影响灾难事件后继风险决策的情绪和认知因素（李金珍等，2008）。先前情绪和过度自信是单独影响灾难事件后继风险决策，还是共同影响灾难事件后继风险决策？以往的研究没有问答这一问题。实际上，认知与情绪因素在决策中孰轻孰重一直是研究者争论的问题。早期的很多研究认为认知因素主导决策，完全把情绪阻挡在决策研究的大门之外。而随着认知神经科学等学科的不断发展，有些研究者开始考虑情绪在决策中的作用，尝试将情绪和理性结合起来进行探讨，找到对决策行为的准确解释。至此，情绪在决策中的作用日益提升，有的研究者甚至提出情绪对决策的作用超过了理性。Clore 和 Schwarz（1994）的情绪信息等价说认为，情绪可以作为一种信息线索直接影响决策。也有人提出，决策过程中的情绪可以直接影响决策。

以往有关情绪、过度自信与风险决策的研究，均未考虑或者同时考虑先前情绪与过度自信对灾难事件后继风险决策的影响。先前情绪和过度自信在灾难事件后继风险决策中仍然起作用吗？先前情绪、过度自信是独立影响还是共同影响灾难事件后继风险决策？它们之间存在什么样的关系？为了探讨这些问题，我们设计了本研究，拟考证这样的假设：先前情绪和过度自信显著影响灾难事件后继风险决策，并且两者存在显著的交互作用。

二、研究方法

（一）研究被试

80 名大学生参加本次实验。其中，高、低过度自信的被试各 40 人，男生 35 人，女生 45 人，平均年龄为 22.23 岁（标准差为 0.34），听力和视力（或矫正视力）正常，以前均未参加过类似的实验。需要说明的是，高、低过度自信的被试是通过使用自编的过度自信问卷对 200 名大学生的测量而选出的，得分高于或等于 35 分为高过度自信的个体，40 人，得分低于或等于 20 分为低过度自信的个体，40 人，对高、低过度自信水平的个体得分进行单因素方差分析，结果显示，高、低过度自信水平的被试具有显著性差异，$F(1,78)=821.33$，$p<0.001$，$\eta_p^2=0.53$，统计检验力 $1-\beta=0.98$。

（二）研究设计

采用 2（先前情绪：积极情绪和消极情绪）×2（过度自信水平：高和低）的两因素被试间实验设计，其中自变量为先前情绪、过度自信水平，因变量为风险决策策略，即通过风险偏好的得分来确定风险规避或风险寻求。

（三）研究材料和工具

1. 情绪诱发材料

视频是诱发情绪最为直接、有效的方式，本研究使用 Corel VideoStudio Pro X4 视频处理软件截取《说不出的爱》和《笑话》两段视频分别做成诱发消极和积极情绪的材料，每段视频大约持续 4 分钟。通过对视频诱发效果的检测发现，两段视频各自能够诱发出实验需要的情绪。最终确定这两段视频作为诱发消极和积极情绪的材料。

2. 过度自信问卷

在参考以往过度自信问卷（胡辉，2009）的基础上，自编过度自信问卷。问卷包含 10 个题目，内容关于一般性知识，而非任何专业知识。每一题目后有两个选项，每个选项要求被试在五点量尺上对自我做出这一选择的自信心水平进行选择，其中 1 代表 50％～60％的把握正确完成这一题目，而 5 代表 90％～100％的把握正确完成这一题目，依次类推。该问卷的 Cronbach α 系数为 0.88，具有良好的信度和效度。

3. 灾后风险决策问卷

风险决策灾后风险偏好问卷进行测量。该问卷包含 20 个项目，每个项目都置于灾后情境中，包括 A、B 两个方案，每个方案后面用五点计分的方式要求被试对其风险偏好进行选择，其中 1 表示非常不喜欢该方案，5 表示非常喜欢该方案。经检验，该问卷的 Cronbach α 系数为 0.8，具有跨项目的一致性。

4. 情绪自评量表

使用张卫东、刁静和 Constance（2004）修订的 PANAS 量表，即情绪自评量表。量表主要使用情绪形容词来评定个体的情绪，主要包括 PA（积极情绪）和 NA（消极情绪）两部分。个体在进行情绪评定时，需要在五点量表上对情绪进行评估，其中 1 表示没有体会到情绪，5 表示体验到的情绪非常强烈，依次类推。该量表的 Cronbach α 系数为 0.87，表明具有良好的信度。

三、研究结果与分析

（一）共同方法偏差检验

研究采用控制非可测潜在方法因子的方法对样本数据进行共同方法偏差的检测。该方法就是将共同方法因素作为潜在变量进入结构方程模型，考察所有核心研究变量在该方法潜变量上的载荷，比较控制前后的模型拟合指标。假如共同方法因素模型各项拟合指标显著好于无共同方法因素的模型，则可以证实各个研究变量之间有显著的共同方法偏差；反之，则不存在共同方法偏差。温忠麟、侯杰泰和马什赫伯特（2004）指出，采用卡方规则进行模型比较，并针对样本大小来选取临界值。按照本研究的样本量，应该选取 $\alpha =$ 0.01（N≤150）为临界值。表 8－3 显示了检测结果。进一步分析表明，$\Delta \chi^2 = 43.6$，$\alpha = 0.018 > 0.01$。也就是说，共同方法因子模型并没有显著优于无共同方法因子模型，本研究的共同方法偏差不显著。

表 8－3　共同方法偏差检验结果

模型	χ^2/df	CFI	GFI	IFI	TLI	RMSEA
控制前	1.91	0.94	0.89	0.93	0.95	0.048
控制后	1.91	0.94	0.90	0.93	0.95	0.048

（二）先前情绪诱发效果

表 8－4 显示了使用 PANAS 量表对两段视频诱发的情绪效果的得分。对积极视频诱发的积极情绪得分和消极情绪得分进行差异显著性检验，结果显示，$t_{积极}(1, 78) = 20.36$，$p < 0.001$，$d = 0.82$，统计检验力 $1-\beta = 0.91$。同样，对消极视频诱发的积极情绪得分和消极情绪得分进行差异显著性检验，结果显示，$t_{消极}(1, 78) = 26.44$，$p < 0.001$，$d = 0.84$，统计检验力 $1-\beta = 0.92$。

表 8－4　两段视频诱发出相关情绪的平均值与标准差

视频	积极情绪		消极情绪	
	平均数	标准差	平均数	标准差
笑话	4.28	1.03	1.22	0.55
说不出的爱	1.18	0.23	4.27	1.02

（三）先前情绪和过度自信对灾难事件后继风险决策的影响

实验中没有发现无效数据，各种实验条件下冒险得分的平均数与标准差如表 8－5 所示。

表 8-5　不同情绪状态和过度自信水平下冒险得分的平均值与标准差

过度自信水平	积极情绪		消极情绪	
	平均数	标准差	平均数	标准差
高过度自信	3.29	0.29	2.12	0.28
低过度自信	1.98	0.23	1.88	0.22

利用 SPSS16.0 对表 8-5 中数据进行方差齐性检验，结果发现 Levene's 检验中的积极与消极情绪组的 p 值均大于 0.05，两者都通过检测，方差同质，可以进行方差分析。进行 2(先前情绪：积极情绪和消极情绪)×2(过度自信水平：高和低) 的方差分析，结果显示：先前情绪的主效应显著，$F(1, 76) = 13.08$，$p < 0.01$，$\eta_p^2 = 0.51$，统计检验力 $1 - \beta = 0.97$，积极情绪状态下被试的冒险得分更高；过度自信的主效应显著，$F(1, 76) = 14.55$，$p < 0.01$，$\eta_p^2 = 0.48$，统计检验力 $1 - \beta = 0.95$，高过度自信比低过度自信的冒险得分更高；先前情绪和过度自信的交互作用也显著（见图 8-5），$F(1, 76) = 6.63$，$p < 0.05$，$\eta_p^2 = 0.36$，统计检验力 $1 - \beta = 0.85$。进一步简单效应检验显示，过度自信水平不同的被试在积极情绪状态下的差异显著，$F(1, 76) = 11.17$，$p < 0.01$，$\eta_p^2 = 0.42$，高过度自信比低过度自信的被试在积极情绪状态下冒险得分高，更加倾向于风险寻求。

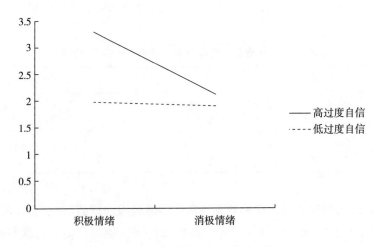

图 8-5　先前情绪与过度自信的交互作用

四、讨论与结论

(一) 讨论

以往的研究显示，情绪词语、情绪图片、音乐和电影都能诱发相关情绪，而视频则是诱发相关情绪最为直接和有效的方式。本研究采用剪辑的电影片段诱发被试的相关情绪，结果显示，两段视频均成功诱发了被试的积极情绪和消极情绪，也正是实验所希望诱发的情绪，从而进一步验证了电影视频诱发情绪的有效性。

本研究的实验结果表明，先前情绪的主效应显著，积极情绪比消极情绪的个体更加倾向于风险寻求，这与情绪维持假说相悖 (Isen & Patrick, 1983)。情绪维持假说认为，处于积极情绪状态的个体为了维持好的情绪而倾向于风险规避，而处于消极情绪状态下的个体则为了缓解自我不好的情绪更愿意冒险。造成本研究与先前研究相悖的原因，可能是实验任务的差异。先前研究使用的实验任务大部分为经济决策等任务，而本研究则采用灾难事件风险决策为任务，两者的风险程度以及造成的后果具有显著性差异。在非常规灾难情境中，处于积极情绪状态下的个体由于对情境把握程度较低，会出现更愿意赌一把的决策倾向。这进一步支持了情绪泛化假说 (Johnson & Tversky, 1983)，即积极情绪导致个体对风险事件的感知频率显著降低，做出较为乐观的预测与估计，而消极情绪则提升了对风险事件的感知频率，对风险做出较为悲观的估计。本研究的积极情绪状态的个体会低估灾难事件和风险事件发生的概率，从而对灾难事件后继风险决策趋向于风险寻求。而处于消极情绪状态的个体感知灾难事件和风险事件发生的频率上升，为了避免产生更强烈的消极情绪，对灾难事件后继风险决策趋向于风险规避。这同以往一些研究的发现一致。除了情绪对灾难事件后继风险决策产生影响外，认知神经经济模型认为，过度自信（认知因素）也是影响灾难事件后继风险决策的重要因素。以往研究对过度自信影响风险偏好至今未有定论，本研究结果显示，过度自信显著影响风险偏好，并且高过度自信比低过度自信的个体更加倾向于风险寻求，这主要是因为过度自信水平较高的个体往往低估小概率事件发生的频率，对自我决策持有较高的效能感，往往决策建立在失真的基础上，无法进行理性决策，因此，灾难事件后继风险决策倾向于风险寻求。而低过度自信的个体虽然自信心程度较高过度自信水平的个体低，但是，在实际决策过程中对事件发生的自信心水平高于实际发生概率，有时会影响决策绩效，这同以往的发现一致（Malmendier & Tate，2008）。

解释灾难事件后继风险决策的认知神经经济模型还非常关注个体神经生理支持的两个基本过程——情绪与认知是否共同影响灾难事件后继风险决策。本研究的结果显示，情绪（先前情绪）和认知（过度自信）的交互作用显著，这表明，两者交互影响灾难事件后继风险决策。进一步分析发现，高过度自信者在积极情绪状态下比在消极情绪状态下更倾向于风险寻求。积极情绪让高过度自信的个体更加高估自我进行决策或控制结果的能力，对不同信息源的预测效度估计存在误差，低估风险事件发生的概率，从而决策倾向于风险寻求，这与自我提升理论的假设一致，即风险的价值取决于服务内心深处的自我提升的期望。而对低过度自信水平的个体而言，积极情绪并未过度提升其自信心水平，他们希望能够规避风险，以维持现状和保持稳定的局势，所以，灾后的风险决策倾向于风险规避。虽然研究结果支持了认知神经经济模型的假设，但是，情绪与认知影响灾难事件后继风险决策的内在机制是什么？决策的双加工模型认为，人类判断与决策存在两种不同的决策系统：一种为直觉决策系统，决策过程倾向于自动化加工；另一种为分析决策系统，决策过程倾向于控制加工，运用各种算法和规则产生符合逻辑的决策。结合本研究结果及其灾后决策的特征，情绪与认知影响灾难事件后继风险决策的内在机制应该倾向于直觉决策系统，更依赖于无意识加工。

总之，灾难事件后继风险决策偏好是对内外部环境变化非常敏感的变量。本研究在严格控制个体性别、年龄、决策风格等特征的条件下，研究了先前情绪和过度自信对灾难事件后继风险决策的影响，获得了一些有意义的发现，但远没有搞清楚灾难事件后继风险决策偏好发展的规律。特别是本研究中严格控制的变量是否影响灾难事件后继风险决策？它们同本研究设计的变量之间是否存在交互影响？如果存在，是如何影响？上述这些问题需要在未来的研究中进一步探讨。

（二）结论

研究考察了先前情绪和过度自信对灾难事件后继风险决策的影响，我们的结论是：

第一，先前情绪的主效应显著，积极情绪比消极情绪的个体在灾后风险决策时更加倾向于风险寻求；过度自信的主效应显著，高过度自信比低过度自信的个体在灾后风险决策时更加倾向于风险寻求。

第二，先前情绪和过度自信水平交互影响灾难事件后继风险决策。高过度自信者在积极情绪状态下比在消极情绪状态下更倾向于风险寻求；消极情绪状态下过度自信水平不同的个体之间没有显著差异。

第五节　预期后悔与过度自信对后继风险决策的影响

一、引言

近年来，灾难事件频繁发生给人类的生活和适应造成巨大的影响，比如美国的"9·11事件"、中国的 7·23 甬温线特别重大铁路交通事故等。这些小概率高影响事件不仅会影响人类在灾难事件中的决策，而且会影响事后的决策，特别是对风险决策造成巨大的影响。如"非典"事件发生后，中国的旅游业一段时间出现萧条现象。日本地震发生核泄漏之后，德国政府为了规避核泄漏的风险，做出了到 2020 年全部取消核电站的决策。可见，非常规灾难事件后，人类对风险的评估、对风险决策策略的选择较灾难事件之前发生了重要的改变，这些势必会影响人类决策的质量，进而影响其情绪和心理幸福感。因此，研究非常规灾难事件后继风险决策不仅具有一定的理论价值，而且对提升人类的积极情绪和心理幸福感具有重要的实践价值。

灾难事件后继风险决策主要是指灾难事件发生后，个体面临两个或两个以上不确定结果通过感知觉、注意、记忆、思维等进行判断与选择的过程。对灾难事件后继风险决策最有代表性的解释是 Gutnik 等（2006）提出的认知神经经济模型。该模型指出，对灾难事件后继风险决策产生重要影响的两大因素分别是个体神经生理支撑的认知因素和情绪因素。有研究者开始探讨认知因素对灾难事件后继风险决策的影响，认为过度自信是影响灾难事件后继风险决策的重要因素，但是缺乏具体的实证支持。过度自信主要是指个体受到自我感觉、信念等主观因素的影响，往往过度相信自我的决策能力，而高估自我成功的概率。先前的一些研究也证实，过度自信对风险决策产生了显著影响。比如，Oskamp（1965）对医生临床诊断决策的研究发现，医生的过度自信显著影响了诊断的正确率。对 CEO 的风险决策研究发现，过度自信让

CEO 在市场风险决策中遭受了强烈的打击。显然，过度自信对风险决策具有重要的影响，但是，过度自信是否对灾难事件后继风险决策具有显著性影响以及影响的模式是什么至今尚未有定论，这也构成了本研究关注的第一个问题。

除了关注认知因素，也有研究者开始关注情绪因素对灾难事件后继风险决策的影响，主要涉及先前情绪对灾难事件后继风险决策的影响（李金珍、李纾和许洁虹，2008）。而先前的研究认为，预期后悔也是影响风险决策的重要情绪因素。预期后悔主要是指人类进行决策前，预期自我可能会产生后悔，并力图通过各种手段将这一未来的后悔降低到最小。有研究发现，如果母亲预期到小孩由于接种疫苗而死亡的后悔情绪时，即便小孩死亡的概率很高也不愿意给小孩接种。Zeelenberg 和 Pieters（2007）认为，人类在预期后悔情绪状态下可能会采用风险规避策略，也可能采用风险寻求策略，这取决于反馈的信息。可见，人类在预期后悔状态下是风险寻求还是风险规避至今没有达成共识，更没有探讨预期后悔对灾难事件后继风险决策的影响，这也成为本研究关注的第二个问题。

虽然上述研究都不同程度地涉及过度自信与预期后悔对风险决策的影响，但是并没有考察两者对灾难事件后继风险决策的影响，更没有探索两者是否交互影响灾难事件后继风险决策。认知神经经济模型也指出，认知与情绪因素可能会共同影响灾难事件后继风险决策。本研究引入过度自信（认知因素）和预期后悔（情绪因素），探讨两者对灾难事件后继风险决策的影响，更进一步地考察过度自信与预期后悔是单独影响还是共同影响灾难事件后继风险决策。基于认知神经经济模型以及以往的研究，我们提出如下假设：预期后悔和过度自信影响灾难事件后继风险决策，并且两者存在显著的交互作用。

二、研究方法

（一）研究被试

采用过度自信问卷对 465 名大学生进行过度自信水平的测量，筛选出高、低过度自信的被试各 60 名，共 120 人。其中男性被试 65 人，女性被试 55 人，平均年龄为 22.46 岁（标准差是 0.22），被试的视力（或矫正视力）均为良好，此前从未参与过相关实验。对高、低过度自信水平的个体得分进行差异性分析，结果显示，高、低过度自信水平的被试具有显著性差异，t（1，

118）＝43.36，p＜0.001，η_p^2＝0.67，统计检验力 1－β＝0.96。

（二）研究设计

实验使用 2（预期后悔：启动、未启动）×2（过度自信水平：高、低）的两因素被试间设计，其中自变量为预期后悔和过度自信，因变量为灾难事件后继风险决策的策略，即通过计算决策风险偏好的分数来认定被试倾向于风险寻求还是风险规避。

（三）研究材料和工具

1. 诱发预期后悔情绪的材料

预期后悔情绪的诱发主要有两种方法：一是故事反馈法，二是问题诱发法。本研究主要采用问题诱发的方法，通过让被试回答一些容易引发后悔的问题，来诱发其预期后悔情绪。比如，设想你家所在地区发生地震，你的父亲和母亲被一块石板压住，你只能选择救其中一人，你救了父亲或母亲后，你的另一位亲人去世了，你会体验到多大程度的后悔？八个类似的问题被设计，并且通过验证具有良好的信度和效度。

2. 过度自信问卷

主要在参考以往过度自信问卷（胡辉，2009）的基础上，自编过度自信问卷。问卷包含 10 个题目，内容关于一般性知识，而非任何专业知识。每一题目后有两个选项，每个选项要求被试在五点量尺上对自我做出这一选择的自信心水平进行选择，其中 1 代表 50％～60％的把握正确完成这一题目，而 5 代表 90％～100％的把握正确完成这一题目，依次类推。该问卷的 Cronbach α 系数为 0.88，具有良好的信度和效度。

3. 灾后风险决策问卷

风险决策通过灾后风险偏好问卷进行测量。该问卷包含 20 个项目，每个项目都置于灾后情境中，包括 A、B 两个方案，每个方案后面用五点计分的方式要求被试对其风险偏好进行选择，其中 1 表示非常不喜欢该方案，5 表示非常喜欢该方案。经检验，该问卷的 Cronbach α 系数为 0.8，具有跨项目的一致性。

4. 情绪自评量表

使用张卫东、刁静和 Constance（2004）修订的 PANAS 量表，即情绪自评量表。量表主要使用情绪形容词来评定个体的情绪，主要包括 PA（积极情绪）和 NA（消极情绪）两部分。个体在进行情绪评定时，需要在五点量表上对情绪进行评估，其中 1 表示没有体会到情绪，5 表示体验到的情绪非常强烈，依次类推。该量表的 Cronbach α 系数为 0.87，表明具有良好的信度。

（四）研究程序

运用过度自信问卷筛选出得分高于或等于 35 分的被试 60 人为高过度自信者，而得分低于或等于 20 分的被试 60 人为低过度自信者。从 120 名被试中随机选取各 30 名高、低过度自信心水平的被试参加启动预期后悔的实验，而剩余的 60 名被试参加未启动预期后悔的实验。整个实验在安静的实验室里进行，具体的实验程序如下：

（1）启动预期后悔情绪组：被试安静坐在实验室的实验椅上。先让被试完成诱发被试预期后悔情绪的问卷。接下来让被试完成灾后风险决策的问卷。具体的指导语为"假设题目中呈现的灾难刚刚发生过，你刚好处于现在的情境中，请你完成后面的答题，答案无对错之分，请自己完成"。实验前后会有两道题目作为缓冲题目，不记录结果。

（2）未启动预期后悔情绪组：基本程序同启动预期后悔情绪组，只是被试不完成预期后悔情绪的诱发材料。

（五）数据分析

运用 SPSS16.0 和 Microsoft Excel 2007 对获得的实验数据进行分析与管理，并且采用 Greenhouse－Gesisser 的方法对 p 值进行校正。

三、研究结果与分析

（一）共同方法偏差检验

研究采用控制非可测潜在方法因子的方法对样本数据进行共同方法偏差的检测。该方法就是将共同方法因素作为潜在变量进入结构方程模型，考察所有核心研究变量在该方法潜变量上的载荷，比较控制前后的模型拟合指标。假如共同方法因素模型各项拟合指标显著好于无共同方法因素的模型，则可以证实各个研究变量之间有显著的共同方法偏差；反之，则不存在共同方法偏差。温忠麟、侯杰泰和马什赫伯特（2004）指出，采用卡方规则进行模型比较，并针对样本大小来选取临界值。按照本研究的样本量，应该选取 $\alpha = 0.01(N \leqslant 150)$ 为临界值。表 8－6 显示了检测结果。进一步分析表明，$\Delta \chi^2 = 48.7$，$\alpha = 0.015 > 0.01$。也就是说，共同方法因子模型并没有显著优于无共同方法因子模型，本研究的共同方法偏差不显著。

表 8－6　共同方法偏差检验结果

模型	χ^2/df	CFI	GFI	IFI	TLI	RMSEA
控制前	1.93	0.92	0.88	0.91	0.94	0.043
控制后	1.93	0.92	0.89	0.91	0.94	0.043

（二）预期后悔情绪诱发效果

本研究中预期后悔情绪的诱发结果直接关系到随后实验的效果。对预期后悔启动组与未启动组中后悔情绪的统计结果如表 8－7 所示。从表 8－7 中启动组与未启动组预期后悔情绪的状态看，启动组预期后悔情绪非常高（4.68，接近最高分5），而未启动组的预期后悔情绪非常低（1.02，几乎接近最低值1）。对两组的预期后悔情绪得分进行差异性检验，结果显示，$t(1, 118)=35.68$，$p<0.001$，$d=0.87$，统计检验力 $1-\beta=0.93$。

表 8－7　诱发预期后悔情绪的平均值与标准差

	平均数	标准差
启动组	4.68	1.13
未启动组	1.02	0.23

（三）预期后悔和过度自信对后继风险决策的影响

对实验数据进行整理与分析，没有发现无效数据。不同实验条件下灾难事件风险偏好的得分情况如表 8－8 所示。

表 8－8　预期后悔和过度自信水平下风险偏好的平均分与标准差

过度自信水平	启动预期后悔情绪		未启动预期后悔情绪	
	平均数	标准差	平均数	标准差
高过度自信	1.12	0.33	−1.06	0.03
低过度自信	3.98	0.45	0.38	0.24

使用 SPSS16.0 对表 8－8 中的数据进行 2（预期后悔：启动、未启动）×2（过度自信水平：高、低）的方差分析，结果表明：预期后悔的主效应显著，$F(1, 116)=23.56$，$p<0.001$，$\eta_p^2=0.58$，统计检验力 $1-\beta=0.94$，启动预

期后悔情绪比未启动预期后悔情绪的被试冒险得分低；过度自信的主效应显著，$F(1, 116)=20.67$，$p<0.001$，$\eta_p^2=0.52$，统计检验力 $1-\beta=0.91$，低过度自信比高过度自信的被试冒险得分低；预期后悔和过度自信的交互作用显著（见图 8-6），$F(1, 116)=9.56$，$p<0.05$，$\eta_p^2=0.41$，统计检验力 $1-\beta=0.34$。对交互影响进行简单效应检验发现，预期后悔水平不同的被试在高过度自信水平上存在显著性差异，$F(1, 116)=13.22$，$p<0.01$，$\eta_p^2=0.48$，高过度自信的被试在未启动诱发预期后悔情绪状态下倾向于风险寻求，而在启动预期后悔情绪状态下更倾向于风险规避。

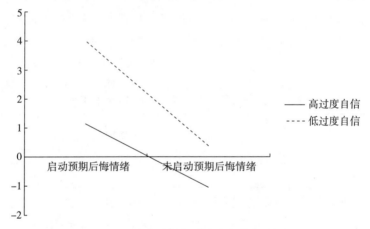

图 8-6　预期后悔情绪与过度自信水平交互作用

四、讨论与结论

（一）讨论

预期后悔情绪的诱发成为本研究成败的关键。以往的研究显示，诱发预期后悔情绪主要有两种方式：故事反馈法和问题诱发法。故事反馈法主要控制所选项和未选项之间的结果，让被试产生假想的比较而产生预期后悔；问题诱发法则通过让被试回答一些后悔的问题，来诱发被试的后悔情绪。过去大量的研究显示，后者较前者更容易操作，并且诱发效果较好。本研究采用问题诱发法来引发被试的预期后悔情绪，结果显示，启动组的预期后悔情绪接近最高分 5，并同未启动组被试的预期后悔情绪进行差异性比较发现，两者差异极其显著，启动组的预期后悔情绪诱发效果非常好，达到实验要求。

　　实验结果显示，启动预期后悔情绪组比未启动组的灾难事件后继风险决策冒险得分低，说明启动预期后悔情绪组的被试比未启动组被试更加倾向于风险规避。究其原因，启动组的被试可能意识到自己选择的结果可能不如另一种选择结果，就会产生后悔情绪。决策者往往在决策过程中追求后悔的最小化。启动组被试为了追求未来决策后悔的最小化，而更加倾向于规避风险，以避免损失厌恶，这同 Loomes 和 Sugden（1982）提出的后悔理论是一致的。认知神经经济模型不仅指出情绪是影响灾难事件后继风险决策的重要因素，而且认为认知因素也是至关重要的因素。本研究引入过度自信因素（认知因素），探讨了过度自信对灾难事件后继风险决策的影响，结果发现，过度自信显著地影响了灾难事件后继风险决策，并且低过度自信比高过度自信的个体更加倾向于风险规避。这主要是因为，高过度自信的个体往往自我效能感较高，在进行判断与决策的过程中会过度相信自我的能力与判断的准确性，所进行的判断与决策多数建立在非理性的基础上，导致出现过度估计小概率高影响事件发生的概率而出现风险寻求现象。而低过度自信的个体对自己的判断与决策能力同高过度自信者正好相反，导致出现风险规避现象。

　　虽然预期后悔情绪与过度自信单独对灾难事件后继风险决策产生了影响，但是，两者是否共同影响灾难事件后继风险决策也是本研究关注的重要问题之一。实验结果发现，预期后悔情绪与过度自信交互影响灾难事件后继风险决策，这也进一步验证了认知神经经济模型的假设。实际上，情绪与认知在决策中的作用一直是研究者争论的重要问题之一。有研究者认为，情绪是一种认知线索，通过影响认知过程而改变风险偏好。也有研究者认为，情绪不需要通过认知过程而直接影响风险偏好（Loewenstein，Weber & Hsee，2001）。情绪与认知因素在灾难事件后继风险决策中的地位孰轻孰重一直是争论的焦点。本研究结果证实，情绪（预期后悔）和认知（过度自信）共同影响了灾难事件后继风险决策，两者对灾难事件后继风险决策的影响是交互影响的模式。进一步分析发现，高过度自信的被试在未启动诱发预期后悔情绪状态下倾向于风险寻求，而在启动预期后悔情绪状态下更倾向于风险规避。本研究通过问题诱发的形式诱发被试的预期后悔情绪，这种情绪使被试对决策的自我效能感水平产生严重下降，导致被试对未来决策的自信心水平不足，从而出现规避风险的倾向。高过度自信水平的个体由于受到预期后悔情绪的影响，而出现决策自信心水平的下降，为了更好地维持当前的情况，灾后风险决策更加倾向于风险规避。而未启动组的被试则决策的自我效能水平较高，往往对未来或灾难风险的估计不够，从而出现风险寻求现象。

总之，灾难事件后继风险决策对环境变化非常敏感。本研究虽然在严格控制年龄、性别等变量的前提下探讨了预期后悔与过度自信对灾难事件后继风险决策的影响，取得了一些相关成果，但是，依然未搞清楚控制的变量是否影响灾难事件后继风险决策，是否同研究中的变量存在交互作用。这些问题需要在随后的研究中进一步探索。

（二）结论

本研究引入预期后悔情绪（启动、未启动）与过度自信水平（高、低）两个变量，探讨了两者对灾难事件后继风险决策的影响。结果发现：

第一，预期后悔情绪对灾难事件后继风险决策产生了显著性影响，启动预期后悔情绪的被试与未启动的被试相比，更加倾向于选择风险规避；过度自信对灾难事件后继风险决策具有显著性影响，低过度自信的被试与高过度自信的被试相比，更加倾向于选择风险规避。

第二，预期后悔情绪与过度自信两者交互影响灾难事件后继风险决策，进一步简单效应检验发现，高过度自信的个体在未启动预期后悔情绪状态下倾向于风险寻求，而在启动预期后悔的情绪状态下更加愿意规避风险。

第六节　结论和启示

一、总体结论

第一，特质焦虑主效应显著，高特质焦虑者在灾后决策中更倾向于风险寻求，低特质焦虑者在灾后决策中更倾向于风险规避。过度自信水平主效应显著，高自信水平者在灾后决策中更倾向于风险寻求，低自信水平者在灾后决策中更倾向于风险规避。特质焦虑与过度自信之间存在交互作用，两者共同影响灾难事件后继风险决策。即高过度自信比低过度自信的被试在高特质焦虑状态下冒险得分高，更加倾向于风险寻求；高特质焦虑比低特质焦虑的被试在高过度自信状态下冒险得分高，更加倾向于风险寻求。

第二，先前情绪的主效应显著，积极情绪比消极情绪的个体在灾后风险决策时更加倾向于风险寻求。过度自信的主效应显著，高过度自信比低过度自信的个体在灾后风险决策时更加倾向于风险寻求。先前情绪和过度自信水平交互影响灾难事件后继风险决策。高过度自信者在积极情绪状态下比在消极情绪状态下更倾向于风险寻求；消极情绪状态下过度自信水平不同的个体之间没有显著差异。

第三，预期后悔情绪对灾难事件后继风险决策产生了显著性影响，启动预期后悔情绪的被试与未启动的被试相比，更加倾向于选择风险规避。过度自信对灾难事件后继风险决策具有显著性影响，低过度自信的被试与高过度自信的被试相比，更加倾向于选择风险规避。预期后悔情绪与过度自信两者交互影响灾难事件后继风险决策。进一步简单效应检验发现，高过度自信的个体在未启动预期后悔情绪状态下倾向于风险寻求，而在启动预期后悔的情绪状态下更加愿意规避风险。认知与情绪对灾难事件后继风险决策的影响机制是共同影响的过程，进一步支持了认知神经经济模型。

二、研究启示

本研究得出以下两方面的启示：

1. 对个体风险管理的启示

灾难事件的高影响、高代价和悲惨性，让处于灾难中的个体经受了巨大的心理创伤，也影响了个人的生活与心理健康水平，更重要的是影响了个体的风险决策。根据三个研究的结果，过度自信与情绪对灾难事件后继风险决策产生了重要的影响。个体对风险的管理，要从认知与情绪因素入手。首先，个体要有效的调整认知，意识到个体在经历灾难事件后自我的自信心水平受到了严重影响，遇到风险决策的时候，要调整自我的信心水平，以防止错过好的机会或者避免更大的失败。其次，个体要做好相应的情绪管理。三个研究均显示，情绪是影响灾难事件后继风险决策的重要因素。对于高特质焦虑的个体一定要注意自己在风险决策中的规律，特别是遇到灾难事件后发生的变化，更好地调整自我的焦虑状态。而对于容易受到先前情绪，比如因天气、温度等产生的情绪影响的个体，要注意在积极和消极情绪状态下非常规灾难事件后继风险决策的规律，管理好自我情绪，进行理性决策。对一些情境或问题能够引发个体预期后悔情绪的个体，要学会分析情境与问题对自我的价值，不要受到其负面的影响，导致错过好的机遇。

2. 对于组织风险管理的启示

非常规灾难事件发生后，对于灾难的救援与重建工作，组织需要发挥重要的作用。而在组织中的风险管理以及组织决策中，领导者起着重要的作用。三个研究均显示，过度自信与情绪影响灾难事件后继风险决策。研究者认为，做好组织风险管理以及灾区的有效风险决策，需要做好以下几点：①要对领导干部进行分类，或者有效选拔。特别是针对高过度自信和高特质焦虑的领导干部，组织要给予相应的关注，必要时进行针对性的培训与干预。②要做好领导干部的情绪管理。情绪是影响决策的重要因素，对于容易受到外部情绪影响的领导干部，要进行积极的情绪管理宣传与培训工作，增强其应对灾难事件的抗逆力水平。③要将个体的认知与情绪因素纳入组织风险管理中，关注群体的认知与情绪对组织决策的影响。

（王大伟、时勘）

| 第九章 |

基于社会网络大数据的文化心理数据库构建

第一节　社会网络大数据研究的整体构想

一、社会网络大数据的研究现状

（一）社会网络大数据为文化心理研究提供新的研究视角

"一带一路"倡议是中国的国家新规划，即推动与周边国家利益共同体、命运共同体的建设，通过投资、技术转让和援助，一步一个脚印地带动国内腹地和沿途国家的发展，改善自身形象，取得各国信任，深化与沿途各国的经贸、人文、生态、科技、教育等各领域合作，从而实现全方位开放格局。从古至今，人类一直努力拓展生存空间，增进相互了解，这里，加强互利合作的"一带一路"倡议构想不是平面的或者单线条的，而是一个集交通、贸易、人员往来和文明交流于一体的多层面、立体化的运行机制。在这一机制下，不同民族的文明交流、不同国家的人文合作是"和平合作、开放包容、互学互鉴、互利共赢"丝绸之路精神的历久弥新的基础和保障，人文合作可以在"一带一路"建设过程中发挥独特的重要作用。

关于如何更好地促进我国与"一带一路"周边国家间的经济、人文交流，其中，了解并熟悉这些国家的文化心理特点，使我们能更好地了解不同国家、不同民族之间的人文差异以及不同群体的行为特征，可以使我们更易于从不同的层面解释国际关系现象，尤其是事件当中的行为体——个人；也易于理解不同国家、民族之间的误解、冲突等现象。而社会网络大数据为我们观察这种现象提供了一种全新的途径和研究视角，用户在社会网络平台上自发地表达或分享自己的情感、观点和社会态度，为社会心理和文化研究提供了大量真实可靠的潜在数据源。所以，利用社交网络大数据和机器学习方法来构建"一带一路"周边国家文化心理数据库，可以助力"一带一路"经济、人文合作，为国家制定相关政策提供理论依据与建议。

由于互联网服务和 Web 2.0 应用的普及，互联网逐步呈现出显著的人文、社会化特征，各类利用社会关系和群体智慧特征的网站平台不断涌现。当前，网络信息沟通和交流的主渠道包括新闻及评论、搜索引擎、博客、微博、论坛、电子邮件、即时通信、在线聊天社区等，越来越多的网民通过这些社会媒体进行信息交流，基于互联网的这个"虚拟社会"与真实社会之间的互动日益显著。相比诸如搜索引擎和网络门户之类的传统应用，用户在社会网络平台上能够即时地直接发布和获取信息。网络虚拟社会的人由于频繁地互相接触，形成了共同的兴趣、共同的利益，塑造了"大众的力量"（Power of the Crowds）。社会媒体传播的信息包含了网民对当前社会各种现象以及诸多热点问题的立场和观点，话题涉及政治、经济、军事、娱乐、体育、卫生、科技、个人生活等各个领域。这种通过网络舆情所体现出的群体特征已经成为影响社会持续有序发展、维护社会和谐与稳定的重要因素。

（二）社会媒体为文化互动心理研究提供了新的信息来源

社会媒体已经成为人们社会生活的重要组成部分之一，它不仅改变了人们互相交流的方式，也对包括心理学在内的广泛研究领域产生了重要的影响。社会媒体的兴起使心理学家可以借助于计算的力量，通过媒体数据构建社会、文化、行为的心理模型，获取关于人类行为的新的规律。应该说，社会媒体改变了研究人员收集数据的方式，虽然获取数据的方式并不总是准确的，因为偏见和其他问题往往会使研究人员陷入困境，但是，社会媒体网站可以获得人们行为的电子痕迹，这样，可以更准确地了解他们的行为。最近的一项研究表明，人们往往更喜欢在社会媒体上表达自己，而不是理想化自己。这使从社会媒体上获得的数据能更准确地反映每一个个体。有研究者（Eichstaedt et al.，2015）研究了 Twitter 帖子和心脏病的关系，研究发现，在一个社区，和愤怒、敌意、行为脱离等有关的语言与心脏疾病风险的上升是有关联的，而表现正面情绪和积极接触的语言则与较低的风险有关。

Twitter 用户不一定是心脏疾病的高风险人群，但他们是为一个社区带来心脏疾病高风险的"金丝雀"。Twitter 能够反映一个社区的负面感受，显示出导致心脏病风险上升的社会压力和环境压力。研究结果显示，Twitter 成了一个社区的健康风险因素的准确预测者，用 Twitter 语言分析来预测心脏病发生风险的准确度，或许和传统的流行病风险预测方法一样，有时则准确度更高。

社会媒体使研究者能够在宏观层面检查不同文化的相同点和不同点，传统的跨文化研究需要用少数人做高频次的定性分析。墨尔本大学的 Margaret Kern 和宾夕法尼亚大学的 Maarten Sap 利用 Twitter 来研究跨文化的语言使用的差异（Kern & Sap，2016），他们使用不同的语言分析方法分别检查了八个国家（美国、加拿大、英国、澳大利亚、印度、新加坡、墨西哥和西班牙）的两种不同语言（法语和西班牙语）的 Twitter 帖子，结果发现，不同国家之间在情感与积极情绪相关的标志性流行语言，如艺术家、骂人的话，以及负面情绪相关的攻击性语言等方面，有很多相似点，但在特定文化的情绪表达方面却存在很多差别。

罗德岛大学 Harlow 教授和莱斯大学 Oswald 教授做了一项研究（Harlow & Oswald，2016），他们找出了利用大数据进行心理学研究的 10 篇论文，这 10 篇都是涉及一些重要和特有观点、问题和应用的代表性论文。该研究发现，在利用大数据进行心理学研究的这些文章中，通常都具有如下共同特征：①跨学科合作研究，如社会科学、应用统计学和计算机科学的结合，这种结合有助于大数据研究在合理的理论和实践中进行，以及提供有效的数据检索和分析。②在 Facebook、Twitter 和其他社会媒体网站上所获取的大量数据集，为洞察广泛的人群的态度和行为提供了一个心理窗口。③在分析从公共或私有来源获得的大量数据集时，需要确定并处理和伦理相关的一些敏感问题。④将一个数据集上开发的模型应用于另外的数据集或保留样本时，不可避免地需要验证大数据中的预测模型。当心理学家运用诸如 Twitter 这类社会媒体数据做心理学研究时，不可避免地会遇到编程、数据访问和分析等不熟悉的技术。然而，Murphy（2017）介绍了从 Twitter 可获取什么样的数据，并提供代码和分步指导来引导研究人员熟悉这类技术方法。该论文还回顾了从这些数据获取心理洞察的方法、带来的挑战和潜在的解决方案，提供了使这些任务更易于完成的代码。

（三）社会网络大数据在文化心理研究中的现状

社会媒体是人们表达思想并与其他网络用户互动的一个便利的渠道，越来越多的用户以及日益增长的用途使社会媒体成为研究人员强大的信息来源。近几年，涌现出一批具有代表性意义的大数据心理学研究，并得到了一些主流心理学期刊的认可。例如，在2014～2015年，有多篇基于Facebook、Twitter、Google的大数据心理学研究相继在心理学领域的国际顶级期刊，如美国的《人格与社会心理学》《心理科学》等杂志上发表。这意味着基于大数据的心理学研究领域已经逐渐步入主流心理学研究的视野，并开始展示其蓬勃的生命力。近年来，社会媒体分析在各个研究领域也得到了相当的关注，从研究社会媒体的使用与心理健康的关联（Jelenchick，Eickhoff & Moreno，2013），到分析社会媒体对人际关系的影响（Ward，2016）。最近的一项调查显示，在美国，18～29岁中超过70%的成年人，30～49岁中超过55%的成年人在Facebook上有简档（Profile）。此外，50～64岁中33%的成年人一直使用Facebook，86%使用互联网的美国人中有24%使用Twitter进行交流（Greenwood，Perrin & Duggan，2016）。社会媒体是通过如下一些方式帮助用户创建、表达和共享信息及想法的系统：①维护系统内的个人简档；②与社交网络内的其他用户进行私下或公开的互动；③通过搜索或利用平台推荐来扩展他们连接的用户；④也可以离开社交网络并删除他们的连接。

有关人类的心理及行为特征的研究自心理学创建以来就一直在进行，成果很多。譬如，症状自评量表SCL90是国际上著名的心理健康测试量表之一，是当前使用最为广泛的精神障碍和心理疾病门诊检查量表，它可以从十个方面帮助测试者了解自己的心理健康程度。社会距离量表也称为鲍格达斯量表，是用以衡量人们对某个事物态度的重要工具，亦是一种研究偏见行为成分的重要工具。社会距离量表是测量对少数民族态度的较早的量表之一。这里依据的是人对某一群体的偏见越深，就越不愿与该群体的成员交往的原则。测量的方法是由研究者设计出一套能反映不同社会距离的意见，让被试根据自己的实际看法，根据自己感情做出的第一反应，从七种关系中选出自己愿意与某个群体的一般成员产生一种或一种以上的关系。国内学者编制的社会支持评定量表（SSQ）用于测量个体的社会支持度，该量表共有十个条目，包括客观支持（三条）、主观支持（四条）和对社会支持的利用度（三条）三个维度。态度作为一种潜在变量，无法直接被观察到，但可通过人的语言、行为以及对外界的反应等间接地进行测量，因而，也有研究人员编制了单维度量和多维度量的态度量表。态度量表是常用的且较为客观的测量态度的工具，它能够测量出态度的方向和强弱程度，通过一套有关联的叙述句或项目，由个人对这些句子或项目做出反应，根据这些反应推断个人以至团体的态度。

所有这些研究都是通过编制的各种心理测试量表，让测试者通过填写调查问卷的形式收集相关数据完成的。然而，在互联网时代，在社会网络遍及我们生活的方方面面之际，用户在网络上留有大量的行为数据，这就使我们采用社会网络媒体大数据和计算机技术来研究人类的心理及行为特征成为可能。这种研究通常需要综合运用心理学、社会学、统计学、计算机和人工智能的技术来完成，是一项涉及多学科的综合研究课题，也对研究人员提出了较高的知识背景要求。目前这类研究大都由心理学家和计算机学家合作完成。

我国在这方面的研究基础还比较薄弱。在中国期刊网 CNKI 数据库输入"网络用户行为研究"作为检索主题词，检索出的 16300 篇文献中归属于互联网技术的有 4438 篇，计算机软件及计算机应用的有 3781 篇，电信技术的有 1718 篇，新闻与传媒的有 1142 篇，而属于心理学的只有 83 篇。如雷雳等（2006）对青少年神经质人格、互联网服务偏好与网络成瘾的关系进行了研究；孙国庆等（2011）对中学生手机网络成瘾与网络使用自控力进行了研究；此外，还有网络成瘾青少年心理特征及神经递质、微量元素水平，大学生手机依赖状况及其与人格特质，医科大学生手机网络成瘾与冲动性的研究，以及对 SNS 社交网络个人用户持续使用行为的影响因素的研究。从事网络用户行为研究的主体是从事互联网和计算机应用的人员，研究的目的主要是应用于精准营销、产品设计、行业报告、个性化推荐、广告系统、活动营销、内容推荐、兴趣偏好等，而非研究个人或群体的学术价值观、政治价值观、世界价值观、信念和规范、文化的国民性、对金钱的观念、对国家的态度等文化心理，以及社会信任、社会互动、群际威胁等社会文化心理方面的内容。

（四）社会网络数据挖掘与用户行为特征

基于社会网络大数据对用户的各种特征进行挖掘。用户画像（Personas）也称人群画像，是真实用户的虚拟代表，是建立在一系列真实数据之上的目标用户模型。通常，用户画像是根据用户社会属性、生活习惯、消费习惯和行为特征等信息抽象出的一个标签化的用户模型。构建用户画像的核心工作即是给用户打"标签",而标签是通过对用户信息进行分析而得来的高度精炼的特征标识。标签一部分是根据用户的行为数直接得到的,另一部分必须通过一系列算法或规则挖掘得到。比如,用户在社会媒体网站或 APP 上主动填写和上传的数据,严格一些的平台(如电商平台)会要求用户上传身份证、学生证、驾驶证、银行卡等,这就是直接得到的数据,这种数据的准确性比较高。而通过用户在社交网站的一些行为,如关注、转发、点赞等,可以推断出他喜欢某个人或赞同某些观点,通过他的发言可以推断其性格特点,这都需要通过算法或数据挖掘来推断。目前,运营社交网络的公司都在利用其掌握的媒体数据从事用户画像的相关研究工作,并应用于精准营销、产品与服务设计、行业报告与用户研究。例如,腾讯公司利用其社交网络微信/QQ及支付的应用,不仅获得了用户的兴趣偏好、地理位置、人口统计学信息等数据,还获取了用户身份证、银行卡等数据。他们在用户画像数据方面有广泛的维度,且在兴趣、心理特征等标签上可以获得很高的准确率。阿里巴巴的数据标签已经逐步整理到阿里的数据超市——全局简档(GProfile),GProfile 是以消费者简档为核心构建内容,通过分析消费者的基础信息、购物行为以描绘其特征画像。在阿里数据的平台上,GProfile 主要根据用户在历史时间内的网购行为记录,从网购时间点、内容深度剖析,提供用户基础属性、社交行为、互动行为、消费行为、偏好习惯、财富属性、信用属性和地理属性八大类标签服务。具有互联网和计算机背景的研究人员所做的基于社交网络挖掘用户行为特征的研究非常多。张磊(2014)进行了社交网络用户的人格分析与预测研究。杨善林等(2015)综述了当前在线社交网络用户行为的研究目前主要集中的三个方面,即用户采纳与忠诚、用户个体使用行为和用户群体互动行为。用户采纳与忠诚的研究解释了用户为什么使用社交网络,用户个体使用行为的研究揭示了用户如何使用社交网络,用户群体互动行为的研究揭示了用户之间的互动机理。他们从不同的角度对社交网络用户行为的用户影响力、推荐系统和不同用户位置的社交网络的研究进行综述,提出了未来社交网络用户行为挖掘的研究方向。

目前,我国也有一些心理学研究开始采用统计学和计算机技术,取代传统的让用户填写调查问卷的方式,研究网络用户行为的心理学特征。姚琦等(2014)从心理学视角对社交网络用户的个体行为进行了分析;他们还研究了人格特质和网络印象管理策略对微博使用行为的影响。他们在有关社交网络的情感图谱研究、对微信用户使用行为的现况进行了调查与分析，还研究了大学生网络使用行为与社交孤独的关系以及社交网站中的上行社会比较与抑郁的关系。白朔天和朱廷劭（2015）研究了基于微博行为的公众社会心态感知，针对心理健康状态与主观幸福感，研究了基于网络数据分析的心理计算方法。周阳等（2017）对基于网络平台的群体和个体的社会态度进行了研究。目前我国学者所做的这类研究，限于条件，如数据获取受限（无法随意地爬取诸如微博这样的社会网络数据），可以获取的社会媒体数据资源非常有限，难以开展统计学意义上的分析和研究。此外，所能够分析的心理学特征也非常有限，涉及文化心理分析的几乎没有。

国外这类研究则广泛得多。例如，石溪大学、宾夕法尼亚大学和墨尔本大学曾做过一项联合研究（Schwartz et al.，2013），提供了研究社会心理过程的新视角。他们分析了从 75000 名志愿者的 Facebook 消息中收集到的 7 亿个单词、短语和主题数据，同时也采用了标准的个性测试方法，由此发现了开放媒体词汇语言与个性、性别和年龄有着显著的关联，这类数据有助于对区分人的语言进行全面探索，找出用传统封闭词汇分析不出的关联关系。该研究能够发现神经质人士会不成比例地使用短语"病态"（Sick）和词汇"沮丧"（Depressed）这样的特征。此外，利用社会媒体作为工具的心理学文章数目越来越具有的影响力，研究人员可以使用社会媒体平台收集关于用户的各种信息，如存在于个人简档中非语义特征的人口统计学数据，以及具有语义特征的喜欢（Likes）、收藏（Favorites）、关注（Follow）、文本帖子（Text Post）和消息（Message）。利用社会媒体数据，研究人员可以在个人、社区和国家层面上发现用户的众多特征。一些研究人员通过分析社会媒体数据，不仅可以分析消费决策以及政治导向/观点，还可理解人们广泛的行为和态度。

总之，基于大媒体数据的人们的文化心理的研究在我国还处于初级阶段，而客观现实对于这方面的要求甚为迫切，所以，需要开展此方面的课题研究。

二、可以开展的研究工作

（一）"一带一路"倡议的客观要求

"一带一路"建设在合作、互动过程中面临诸多未知的风险因素、群际冲突、文化差异所带来的问题。然而,"一带一路"涉及几十个国家、十几种语言,以及不同的宗教信仰,进行风险评估和文化融合建设并非易事,社会媒体和快速增长的网络大数据为这一问题的解决提供了有利的工具。长期以来,心理学研究人员一直采用问卷调查的方式测量人们的想法、情感和性格,这种方式受时效性、社会赞许性等因素影响,且自陈方式的测评周期长、成本高,无法及时获取用户的心理状态,还存在纵向追踪研究不具有实施可行性的缺点。社会媒体的出现为心理学研究提供了新的途径,像微博、论坛、Twitter 和 Facebook 的大范围使用产生并融合了心理学、社会学、统计学和计算机科学研究的数据。不少研究人员也已开始探讨如何借助社会媒体研究人的性格、心智和心理健康,以及跨文化差异。随着万维网、互联网、云计算、三网融合等 IT 与通信技术的迅猛发展,涌现了众多对当今社会、组织和人产生巨大影响的社会媒体(Social Media),其主要特点是用户有效参与的"能互动的"媒体,这类媒体允许人们撰写、分享、评价、讨论和相互沟通。社会媒体改变以往媒体一对多的传播方式为多对多的"对话",是人们彼此用来分享意见、见解、经验和观点的工具和平台,现阶段主要包括社交网站、微博、微信、博客、论坛、播客等。在社会媒体领域,用户创造内容(UGC)和消费者产生的媒体(CGM)是其关键特征。目前,通过社会媒体产生的数据呈现快速增长态势,整个信息社会已经进入网络媒体化的大数据(Big Data)时代。

大数据是指无法在一定时间内用常规机器和软硬件工具对其进行感知、获取、管理、处理和服务的数据集合。随着社会媒体渗透到人类生活的方方面面,社会媒体信息急剧增长,大数据量、高性能、高准确度的媒体大数据处理成为服务社会、服务学科研究的重要需求,受到各国的高度重视。通过对社会媒体大数据进行深度分析和关联挖掘,建立符合媒体内容理解的计算模型,实现异构媒体(图像、视频、音频和文本)的结构化描述和语义协同,突破媒体内容理解的关键技术,提升媒体大数据的利用价值,为基于语义的媒体搜索与服务等相关应用的发展提供技术支撑。基于机器学习的信息挖掘和海量媒体数据管理技术的大规模网络信息服务是互联网新经济加速发展的增长点,已经成为提升国家软实力、促进社会和谐发展的基础性问题,是推动社会主义文化大发展大繁荣的关键点,更是关系国家政治、军事安全和社会稳定的核心点。

（二）可以开展的研究工作

然而，由于网络媒体大数据所具有的结构复杂、动态演化，以及语义表示不规范和不确定性等特点，要实现文化心理内容的精确提取与深度挖掘，构建"一带一路"周边国家文化心理数据库，进而从群际互动和文化融合的角度探讨"一带一路"周边国家的文化互动心理机制，还将面临一系列挑战性的问题。所以，我们拟开展有限的研究工作，主要包括以下四个方面：①对多源异构的社会网络大数据如何实现实时高效的获取？②对获取来的数据如何进行文化心理特征提取？③对面向文化心理内容的社会媒体大数据如何进行分析与挖掘？④如何利用数据可视化技术搭建周边国家文化心理展示平台？如图9－1所示。

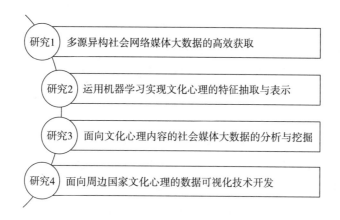

图9－1　本研究的总体框架

1. 多源异构社会网络媒体大数据的高效获取

数据是我们构建数据库的基础，传统信息发现和抽取技术主要被应用于小规模的文本数据，而社会网络大数据的大规模和多源异构性给信息感知和抽取带来了很大的挑战。首先，社会网络数据类型繁多，结构复杂多样，不同社交网络平台对同类信息的表示往往大不相同，这使信息抽取算法很难得到很高的精度和稳定性。其次，社会网络大数据抽取算法需要处理 TB 甚至 PB 级的数据，传统抽取算法为了提高精度往往采用复杂模型而影响性能。本部分的目标是研究能兼顾准确度和性能的高效获取社会网络大数据的算法。对社会网络中的中英文媒体数据进行采集获取，我们需要涵盖包括微博、论坛、新闻、博客、音视频分享服务，国外的 Twitter、Facebook，一些国外地区或群体的 BBS 等多种互联网信息发布与交换通道，需要能够提供实时、增量、鲁棒的采集系统架构。针对多数社会网络系统存在的限制数据爬取政策，结合我们课题的特点，需要针对新浪微博、Twitter、Facebook 等几个主要的社会网络平台设计专门的网络爬虫系统。我们拟从如下几个方面研究数据的高效采集方法：高效分布式可扩展的网络爬取系统；智能增量采集技术保证数据实时性；针对微博、Twitter、Facebook 的特色采集技术。

2. 运用机器学习实现文化心理的特征抽取与表示

对社会网络大数据做行为及心理分析是本课题的核心工作。在课题具体的实施方案上，我们在对社会网络数据进行特征抽取与表达时，将采取特征工程的方法。首先，要对数据进行质量评估，通过数据内在的关联性和一致性的分析，获取高质量的数据；其次，我们要分析特征的分布以及相关特性，提出有效的特征抽取机制；再次，我们要进一步分析特征的显著性，对特征进行筛选；最后，在此基础上，我们最终将实现面向社会网络数据的特征抽取与表达框架。在社会网络中，由于信息缺失、数据噪声、隐私保护等，不易发现准确、真实的单用户行为特征；大数据为行为特征发现提供了可行基础。本研究将在用户心理行为的语义特征、结构特征、情感倾向三个方面展开。通过对所抓取的社会网络中用户的心理行为特征进行分析，设计数据挖掘算法，发现主要行为特征语义属性；对社会网络中的用户关联关系和交互结构进行分析，对结点度、聚集系数、特征路径长度以及膨胀率等指标进行计算，从多个角度刻画社会网络用户群体行为特征；针对超大规模的真实社会网络上用户情感倾向，利用差序格局的概念建立情感差序格局，区分出中心群体、边界群体和外围群体三个集群阶段，对用户群体特征、情感演变进行分析。

3. 面向文化心理内容的社会媒体大数据的分析与挖掘

本研究将对社会网络媒体大数据的文化心理内容进行多来源、多模态的有效聚合，并深入分析其中所蕴含的群体、事件与观点，按不同的层次和维度呈现用户所关心的个体与群体文化心理特征，以及针对网络媒体大数据所聚合而来的深层内涵，如用户的兴趣图谱、多尺度有重叠的网络群体、热点或突发事件的来龙去脉与发展态势等。具体研究内容包括：社会网络媒体中的群体分析与挖掘、社会事件的观点挖掘与分析、面向文化心理内容的社会网络媒体信息过滤与推荐。

4. 面向周边国家文化心理的数据可视化技术开发

数据可视化旨在借助图形化手段，清晰、有效地传达与沟通信息。但是，这并不意味着数据可视化就一定因为要实现其功能用途而令人感到枯燥乏味，或者是为了看上去绚丽多彩而显得极端复杂。为了有效地传达思想观念，美学形式与功能需要齐头并进，通过直观地传达关键的方面与特征，从而实现对于相当稀疏而又复杂的数据集的深入洞察。然而，设计人员往往并不能很好地把握设计与功能之间的平衡，从而创造出华而不实的数据可视化形式，无法达到传达与沟通信息的主要目的。因此，本研究在综合态势分析的基础上开发多层次、多维度的可视化展示平台。研究的具体内容包括：①跨媒体群体及用户行为的多层次、多角度综合呈现。研究基于跨媒体群体及用户行为的多层次、多角度综合呈现技术，分别从群体总体态势走向、群体综合对比、群体与个体的关系等方面进行多层次、多角度的综合对比呈现。②社会信息网络中实体相关属性特征呈现。研究面向社会信息网络中的实体相关属性特征呈现技术，针对新闻、论坛、博客、微博、社交网站等不同类型的网络媒体，对个体和群体相关属性特征进行展现，可实现多维度、多视角的展示方法，同时支持根据领域相关属性进行筛选。③异构媒体群体及用户信息的关联呈现。研究基于异构媒体的群体及用户信息的关联呈现技术，针对不同网络媒体的实体对象之间的关联关系通过有向图技术在多维空间进行信息呈现，通过实体的属性信息、实体的关联信息以及网络结构来呈现群体及用户的关系信息。

（三）研究目标和预期成果

项目的研究目标是在分析社会网络媒体大数据的基础上，研究社会媒体大数据的高效获取方法，运用机器学习等方法实现社会网络大数据文化心理内容的特征抽取、表示与深度挖掘，以及面向文化心理内容的社会网络媒体大数据的聚合和多层次呈现，构建"一带一路"周边国家文化心理数据库，助力"一带一路"经济、人文合作，为国家制定相关政策提供心理学的依据与建议。预期成果和预期目标是：①研制社会网络媒体大数据的高效获取方法；②建立社会网络用户行为与特征分析模型，提出社会网络媒体中用户群体、用户观点、用户行为挖掘算法；③提出针对新闻、论坛、博客、微博、社交网站等不同类型社会网络媒体的汇聚分析架构，研制热点和突发社会事件的发现算法和事件观点分析算法;④研发面向文化心理特征的一体化呈现技术,支持层次化、多特征空间的信息呈现方式。

三、总体研究思路和技术框架

(一)总体研究思路

针对社会网络媒体大数据的体量巨大、异构多源、模态多样等特征,本研究将秉持系统、深入和实用性的原则,围绕基于社会网络大数据构建"一带一路"周边国家文化心理数据库所面临的挑战与关键科学问题,研究利用机器学习支持的大数据分析技术,从全局、多方位对社会网络大数据进行个体及群体的文化心理分析。

(二)技术框架

研究内容具体包括社会媒体大数据的高效获取方法,运用机器学习等方法实现社会网络大数据文化心理内容的特征抽取、表示与深度挖掘,以及面向文化心理内容的社会网络媒体大数据的聚合和多层次呈现。研究的技术框架如图9-2所示。

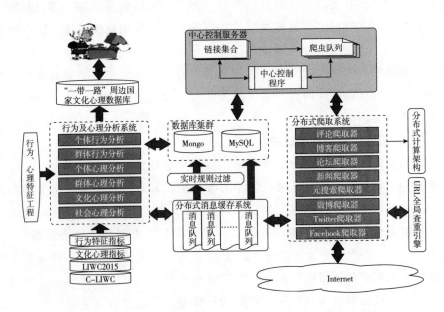

图9-2 "一带一路"周边国家文化心理数据库建设技术框架

第二节　多源异构社会网络媒体大数据的高效获取

本节首先要研究的是多源异构社会网络媒体大数据的高效获取，这里包括高效分布式可扩展的网络爬取系统、智能增量采集技术保证数据实时性，以及针对微博、Twitter、Facebook、论坛等的特色采集技术三方面的研究内容。

一、高效分布式可扩展的网络爬取系统

爬虫系统采用以爬取队列为中心的分布式系统架构，将爬取队列设置在中心控制服务器作为主节点，执行抓取任务的爬虫程序部署在各分布式爬取系统上作为从节点，从节点的爬虫程序会从主节点的待爬取链接队列获取链接进行爬取，抓取到的数据会保存在 MongoDB 数据库或数据库集群中。如图 9－3 所示，该分布式爬虫架构分为三大部分：中心控制服务器、分布式爬取系统和 MongoDB 数据库集群。

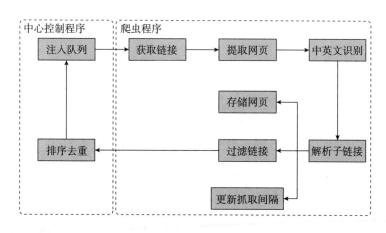

图 9－3　爬虫运行流程

1. 中心控制服务器

中心控制服务器主要需要完成两大任务：一是维护分布式爬虫共同访问的爬虫队列，该队列存储在 redis 内存数据库中，保证多个爬虫可以同步访

问，当队列过长时新产生的待抓取链接会保存到链接集合进行排序和去重操作，完成后再分批插入 redis 队列中，同时链接预处理程序也会查询 MongoDB 数据库集群中达到再次抓取时间的链接插入该集合中一并进行排序和去重。二是通过查询 redis 内存数据库中用于统计爬虫运行状况的列表实现对爬虫的监控，当有爬虫未完成任务队列就意外关闭或终止时则清空其失效信息，并将其任务队列分配给其他爬虫队列。

2. 分布式爬取系统

选择多台服务器作为从节点，部署爬虫程序。爬虫程序实现从主节点 redis 队列获取要爬取的网页链接，访问互联网爬取该网页，运用中文识别技术辨别该页面是否为中文，如果为中文页面则调用保存程序，保存程序会判断该网页与其过去版本有无差别，有差别则将页面保存至数据库中，无差别则只保存该时间节点信息。之后解析页面包含子链接，根据爬虫重新抓取策略更新链接抓取间隔时间，之后对子链接进行过滤，过滤规则可由用户自定义，用户只需重新实现该程序即可。过滤后将子链接注入爬虫队列中。各爬虫程序可以独立运行，只与主节点和数据库有交互，各从节点互不影响，因此，实现了良好的可扩展性，可以随时中断其中任意几个爬虫，也可以添加任意个爬虫。

3. MongoDB 数据库集群

爬虫实现了将网页元数据、网页留痕时间信息、链接信息、网页统计信息存入 MongoDB 数据库中，该数据库可以是单独的 MongoDB 数据库，也可以是实现分片的 MongoDB 数据库集群。本研究所实现的系统是存入 MongoDB 数据库中的，要更换为集群只需修改配置文件，不需修改程序。

4. 爬虫系统的流程

整个系统三层架构互相协调运行，共同完成数据收集任务，同时每一层都可以实现自身的规模扩展，而不影响其他两层运行，因此整个架构都具有较好的可扩展性。该爬虫运行流程设计为循环抓取直至队列为空后一小时后停止，在此期间有新的链接注入队列或数据库中、有链接达到再次抓取时间被注入队列则爬虫再次开始抓取。总体上采用广度优先抓取策略，但同时也结合等待时间调整队列排序。爬虫具体运行流程如图 9—3 所示。

（1）首先用户可向队列直接注入链接等待爬虫抓取，注入的链接可以被设置为强制立即执行抓取，则该链接会有强制抓取标志被插入强制抓取队列队首待抓取。

（2）爬虫程序会首先查看强制队列是否有待抓取链接，有则获取链接，没有则根据自己的编号先从自己编号对应的队列获取抓取链接，如果该队列没有链接则循环从公共队列中获取链接，将该链接插入链接应插入的带编号的子队列，直到该链接应该插入该队列，则爬虫直接获取该链接。

（3）爬虫访问互联网，获取页面内容以及其他页面信息，如页面类型、Matadata 信息、页面 title 等。

（4）对抓取到的页面执行中文识别，如果是中文页面则进入下一步，如果不是中文页面再检查是否是英文页面，如果也不是英文页面则将内容丢弃再去获取链接。

（5）对得到保留的页面进行子链接解析。

（6）将获取的页面保存到数据库中，此时要判断该页面与之前保存版本是否相同，如果相同则只保留该时间点作为一个留痕点，如果是新页面则保存内容。

（7）根据该链接内容是否与之前版本相同同时结合所包含子链接与之前子链接版本比较的更新程度，以一定比率增减该链接重新抓取间隔。

（8）过滤子链接，一方面过滤外链接（此处用户可以自定义），另一方面过滤不到抓取时间的链接。

（9）判断此时 redis 爬虫队列是否够长，不算长则直接将链接注入队列，较长则将链接注入链接集合。

（10）对集合中的链接进行排序和去重，此处排序主要参考等待时间和深度进行排序，将等待时间长和深度浅的排在前面。

（11）爬虫系统按照以上十个步骤循环执行，其中第一步和第十步是中心控制程序进行的，其余是在各分布式爬虫服务器进行的。

二、智能增量采集技术保证数据实时性

互联网中信息量的快速增长使增量采集技术成为网上信息获取的一种不可或缺的手段，可以避免重复采集未增变化的网页带来的时间和资源上的浪费。我们利用式（9—1）定义网页 e_i 的时新程度：

$$A(e_i;t) = \begin{cases} 0, & \text{若 } e_i \text{ 在 } t \text{ 时刻是最新的} \\ t - LMT(e_i), & \text{否则} \end{cases} \quad (9-1)$$

估算单个网页在一段时间内的平均时新性及平均年龄分别为：$E[F(e_i;$

t)$]=0 \times Pr\{T \leqslant t\}+1 \times [1-Pr(T \leqslant t)]=e^{-\lambda_i t}$，$E[A(e_i；t)]=t[1-(1-e^{-\lambda_i t})/\lambda_i t)]$，并以此估计网页的变化，实现网页的增量采集。经实际系统验证，该方案实际可操作，降低了信息的冗余度，提高了采集效率。

三、针对微博、Twitter、Facebook、论坛等的特色采集技术

2017 年 5 月 16 日，微博公司公布的数据显示，截至 2017 年 3 月 31 日，微博月活跃用户达 3.4 亿人，超过"微博鼻祖"Twitter。微博具有简单、不对称和碎片化的特点，微博用户虽然遍及世界各地，但基本上都是中文用户，每个用户都可以创作和发布微博、关注其他用户、对任何一条微博发表评论并转发。微博仍然是我们研究该课题主要的数据获取源，但是对微博数据的爬取受到很多限制。Twitter 是目前普及度最广、用户人数最多的全球化社会媒体之一，支持 33 种语言版本，2017 年第二季度 Twitter 月度活跃用户达到 3.28 亿人，广泛地聚集着各个国家、各个阶层、各种职业的用户。另一个社交网络服务巨头 Facebook，其 2017 年第二季度的业绩显示，全球月度活跃用户规模达到了 20.1 亿人，也就是稍微少于全球人口的 1/3。除了 Facebook 主站之外，其旗下的两大社交平台：Instagram 拥有 7 亿非常活跃的用户，WhatsApp 的用户更是超过了 10 亿人。微博用户基本上都是中文用户；Twitter 和 Facebook 的特点是国际化，运行的系统支持多种语言，拥有世界各国、各地区的用户，获取这两大平台上的数据，非常有助于我们分析"一带一路"周边国家民众的观点、看法、社会心理和文化心理特征。然而，这几个最具数据价值的社交网络均属于 Deep Web，其数据采集存在很多技术难题。我们拟对这几个社交网络的采集技术在多方面展开科研攻关，设计专门的数据爬取器。例如，我们针对微博的 API 受限的情况，将使用多代理、多渠道分散采集的方法，打散采集请求，提高单位时间的采集能力。又如，对评论、视频源地址等脚本信息的采集，我们拟通过全自动模拟浏览器用户的行为，稳定地对各种脚本信息实施异步、分布式的并行高速采集。

此外，我们还筹备了更广泛的数据平台。目前，"一带一路"周边国家，包括美国、加拿大等国的 BBS 华人互动平台，我们已经联系到如下平台，我们在新西兰、澳大利亚、新加坡、缅甸、菲律宾、泰国课题组都有专门的人员来维持服务，进行数据挖掘和采集工作。有些网站在国内一般无法登录，我们通过公安部系统达成一致，均可以上网采集数据。此外，联想集团的全球

网络，包括在印度、俄罗斯的各地联想账户，也对于课题组开通，帮助进行数据库采集。贸促会的I—Cover系统、中石化的海外华人交流平台均可以在下一阶段与我们项目组开展合作。目前，已有的BBS网络沟通系统如表9—1所示。

表9—1　课题组已有的BBS网络沟通系统

1. 综合性网站	华声报中国侨网：http：//www. chinaqw. com/news/index. shtml 华人社区：http：//bbs. chineseforum. cn/forum. php 未名空间：https：//www. mitbbs. com/pc/pcmain. php 天涯论坛：http：//bbs. tianya. cn/ 华声报网址上有各国的新闻和论坛：http：//www. chinaqw. com/news/index. shtml
2. 各国网站	美国中文网：http：//news. sinovision. net/portal. php? mod＝list&catid＝1 洛杉矶华人论坛：http：//www. chineseinla. com/f. html 加拿大加西网：http：//www. westca. com/Forums/index/lang＝schinese. html 俄罗斯：https：//zh. wikipedia. org/wiki/BBS 英华园的链接：https：//ikcn. net 俄罗斯：https：//zh. wikipedia. org/wiki/BBS 今日悉尼：http：//www. sydneytoday. com 新西兰天维网：http：//www. skykiwi. com/ 新西兰天维网华人社区：http：//bbs. skykiwi. com/forum. php 日本华人BBS小春网：https：//www. incnjp. com/forum. php? forumlist＝1&mobile＝ 菲律宾华人网菲龙网：http：//www. flw. ph 泰国华人论坛：http：//bbs. taiguo. com/ 泰国泰华网：http：//www. thaicn. net/ 泰国泰娱乐：http：//bbs. taiyule. cn/ 印度尼西亚：http：//www. ydnxy. com/ 柬埔寨中文社区：http：//www. 7jpz. com/forum. php? mod＝guide&view＝newthread 马来西亚华人论坛大马网：http：//www. malcn. com/forum. php 马来西亚华人的百度贴吧：https：//tieba. baidu. com/f? kw＝%C2%ED%C0%B4%CE%F7%D1%C7%BB%AA%C8%CB&fr＝ala0&tpl＝5 老挝华人论坛老挝通：http：//bbs. laowotong. com/ 文莱在华交流网站上的论坛：http：//hrjl. net/forum. php? mod＝forumdisplay&fid＝46 文莱在华人网上的论坛：http：//bn. chineseforum. cn/

3. 企业网站	联想集团全球官网的地址是 http://www.Lenovo.com。除此之外，公司在 Facebook、Twitter 上有公司公共账号，在中国就是微博的联想官网，各个国家也有 Facebook、Twitter 公共账号，开设的网站如 Lenovo India（联想印度）、Lenovo Japan（联想日本）等。 中国对外承包工程商会，iCover 管理中心有危机管理网站：www.icover.org.cn

第三节　运用机器学习实现文化心理的特征抽取与表示

一、基于词语计量的文本分析工具

社交网络为我们提供了海量的自然语言文本（微博、博客、微信等）数据，相比于传统心理学研究中分析使用的访谈文本，它们是人真实的内心状态与心理特质的反映。我们拟采用 LIWC（Linguistic Inquiry and Word Count）文本分析工具对从社交网络上爬取的这些数据进行行为及心理分析。

LIWC 是由得克萨斯大学奥斯汀分校和奥克兰大学的学者共同开发的用于语词计量分析的工具，该工具被心理学研究者广泛应用于对文本的分析处理，特别是对语言心理特征的分析有较好的效果。无论是小文本或大文本数据集，LIWC 都可以做简单而快速的量化分析，目前最新的版本是 LIWC2015。对于经验丰富的研究人员，LIWC2015 使用更加灵活，它可以将导入的英文和其他语言的文本文件的不同类别的词语（特别是心理学类词语）加以计算，如因果词、情绪词、认知词等心理词类在整个文本中的使用百分比。

数据的特征化处理是能否达成本课题目标的关键，图 9—4 示意了我们将采纳的社会网络数据的特征化处理方案，下面对其中所采纳的一些关键技术进行说明。

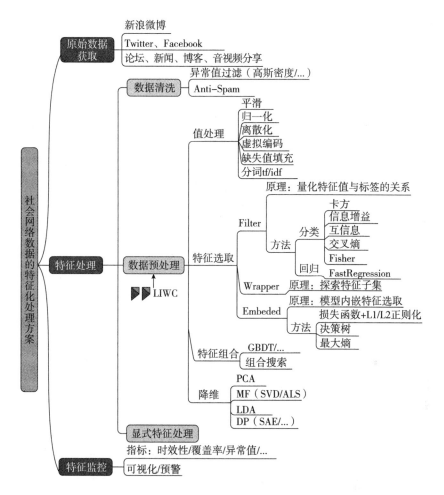

图 9—4 社会网络数据的特征化处理方案

LIWC 主要包括两个部分：程序主体和词典。其中，核心为词典，词典定义了词语归属的类别名称以及字词列表；程序通过导入词典和文本将文本中的词语与词典进行一一比对，并输出各类词语的词频结果。目前的 LIWC 包含四个通用描述性类别（总词数、每句词数、超过六字母字词百分比、词抓取率）、22 个标准语言特性类别（如人称代词、助动词、连词、介词）、32 个心理特性类别（如社会过程词、情感过程词、认知过程词、生理过程词等）、七个个性化类别（如工作、休闲、家庭、金钱等）、三个副语言学类别（如应和词、停顿赘词、填充赘词等），以及 12 个标点符号类别（如句号、逗号、冒号、分号等），总计拥有 80 个字词类别、约 6400 个字词和词根。

LIWC 可以精确识别语言使用中的情感。例如，在写作积极经历时，个体更多使用积极情绪词；而写作消极事件或创伤经历时，更多地出现负面情绪词。同时，情绪词的使用也被用作评价个体书写投入程度的指标。比如，遭遇家庭暴力的女性在书写中使用更多情绪词来描述暴力事件，说明她们沉浸于创伤事件，从而导致对身体疼痛的感知增加。

学者们开发了能进行中文文本处理的繁体和简体中文版。我们在使用中文版时还需要根据中文与本土特点做词典类别的扩充。比如，针对繁体与简体中文的差别，需要对相应的词汇进行校正。此外，还应增加一些更能反映中文特点的语词类别。

二、数据清洗

面对纷繁复杂的社会网络数据环境，在进行数据特征抽取和表达之前，有必要对信息本身的质量进行评估，丢弃其中的噪声和垃圾内容，以免对后续的分析计算过程产生干扰。其主要方案包括：结合社会网络数据自身的属性信息，以及相关用户的使用信息、行为信息，来识别和发现网络数据中的垃圾数据，这包括分析数据的可信度、重要度、影响力等，建立相应的质量评估指标体系；并进一步通过对多源数据在内容、结构等方面的相互联系的分析，发现其内在的关联性和一致性，利用这些特性，更好地识别高质量的社会网络数据。

异常值分析过滤是分析检验数据中是否有错误数据或者不合理的数据，如果有，则将这些数据剔除。常见的异常值分析方法有：简单统计量分析方法、3σ 原则。简单统计量分析方法可以对变量做一个描述性统计分析，然后查看数据是否合理。例如，比较常用的统计量包括最大值与最小值，如果变量超过了最大值、最小值的范围，那这个值就为异常值。如果数据的分布服从高斯分布（正态分布），则采用 3σ 原则。3σ 原则是指测量值如果与平均值的偏差超过 3σ，即为异常值。理论依据是：当 $X \sim N(0, 1)$，$p\{-1 \leqslant X \leqslant 1\}$ = 0.683，$p\{-2 \leqslant X \leqslant 2\}$ = 0.954，$p\{-3 \leqslant X \leqslant 3\}$ = 0.997。那么，如果随机变量 X 服从正态分布，$\mu - 3\sigma$ 到 $\mu + 3\sigma$ 的区间内，概率密度曲线下的面积占总面积的 99.7%。换句话说，随机变量 X 落在 $\mu - 3\sigma$ 到 $\mu + 3\sigma$ 的区间外的概率只有 0.3％。这就是 3σ 原则。原理很简单，但非常实际，三个标准差以外的数据就可以认为是异常值了。

三、特征选取

不论什么算法与模型，效果的上限都是由特征来决定的，而不同的算法与模型只是不断地去逼近这个上限而已，因而，特征选取对结果的质量具有重要的决定作用。特征选择算法可以被视为搜索技术和评价指标的结合。前者提供候选的新特征子集，后者为不同的特征子集打分。最简单的算法是测试每个特征子集，找到究竟哪个子集的错误率最低。这种算法需要穷举搜索空间，难以算完所有的特征集，只能涵盖很少一部分特征子集。选择何种评价指标很大程度上影响了算法。而且，通过选择不同的评价指标，可以把特征选择算法分为三类：包装类（Wrapper）、过滤类（Filter）和嵌入类（Embedded）。通常对数据往往可以提取很多相关的特征，然而，很多特征质量不高，甚至包含噪声，对进一步的数据处理带来不利的印象。因此，我们需要进一步分析特征之间的传递性，定义和度量异构特征的显著性，通过结合信息熵模型，来对特征进行有效的选择。信息熵在机器学习中广泛被用于评价特征的有效性，它衡量了对于一个数据对象，在已知每个特征存在与否的情况下，关于类别预测我们所能获得的信息的比特数。假设 $\{c_i \mid i=1, \cdots, m\}$ 表示所有的类别，那么，一个特征 t 的信息熵定义如下：

$$G(t) = -\sum_{i=1}^{m} P(c_i) \log P(c_i) +$$

$$P(t) \sum_{i=1}^{m} P(c_i \mid t) \log P(c_i \mid t) +$$

$$P(\bar{t}) \sum_{i=1}^{m} P(c_i \mid \bar{t}) \log P(c_i \mid \bar{t})$$

在对数据进行特征抽取和表达时，选择合适的特征是一个关键问题。在这里，我们拟结合多源异构数据（文本、图片、用户产生内容等）来分析特征在相关数据上的分布特点，如词分布的特征、语言模型的特征、链接特征等。我们将探索多源数据特征之间的相关性和差异性，从而更好地对数据进行特征抽取和表达，具体包括：

1. 文本数据的特征抽取与表达

对文本数据的特征抽取方面，传统的词袋模型虽然模型简单，但是对文本的语义描述不足，缺乏表达文本特征内在的联系，我们需要进一步考虑利用语言模型、短语特征、命名实体等信息，来作为文本更为丰富的特征。而短语特征、命名实体等特征则是文本信息中更具语义信息的特征。

2. 图像、视频数据的特征抽取与表达

对图像数据进行特征抽取与表示，传统的方法主要是利用图像、视频数据中的视觉特征信息。而为了更好地表达图像，我们还需要进一步利用图像、视频周围的文本、用户提供的标签等信息。不仅如此，由于人工标注的标签的信息虽然质量很高，但是规模往往很小，因此，我们拟进一步研究自动标注技术。通过对实例图像视频和手工标注的学习，利用图像特征相关性进行标注的传播，达到自动标注的目的，从而实现对图像、视频数据更高质量的特征表达。

3. 用户产生内容的特征抽取与表达

对于大量的用户产生内容，如查询日志、社会标注数据，我们在特征提取与表达时，往往需要结合这些数据的特点，充分利用其包含的大量链接信息、出现频次、内在结构关系来进行特征抽取，结合聚类等方法，获取其中的基本话题单元、核心概念，从而有效地表达这类数据的特征。嵌入类算法在模型建立的时候，会考虑哪些特征对于模型的贡献最大。最典型的是决策树系列算法，如 ID3 算法、C4.5 算法以及 CART 等。决策树算法在树生成过程中，每次会选择一个特征。这个特征会将原样本集划分成较小的子集，而选择特征的依据是划分后子节点的纯度，划分后子节点越纯，则说明划分效果越好。由此可见，决策树生成的过程也就是特征选取的过程。另外一个标准的嵌入类方法是正则的方式，如 L1 正则的方式可以用来做特征选择。在 L1 正则中，最后系数为 0 的特征说明对模型贡献很小，我们保留系数不为 0 的特征即可，这样就达到了特征选择的目的。包装类特征选取是利用学习算法的性能来评价特征子集的优劣。因此，对于一个待评价的特征子集，包装类方法需要训练一个分类器，根据分类器的性能对该特征子集进行评价。包装类方法中用以评价特征的学习算法是多种多样的，如决策树、神经网络、贝叶斯分类器、近邻法以及支持向量机等。相对于过滤类方法，包装类方法找到的特征子集分类性能通常更好。但是，因为包装类方法选出的特征通用性不强，当改变学习算法时，需要针对该学习算法重新进行特征选择。由于每次对子集的评价都要进行分类器的训练和测试，所以，算法计算复杂度很高，尤其对于大规模数据集来说，算法的执行时间很长。过滤类方法是实际中使用最广泛、最频繁的特征选择方法，过滤特征选择方法运用统计方法将一个统计值分配给每个特征，这些特征按照分数排序，然后决定是被保留还是从数据集中删除。常见的统计量包括信息增益、信息熵类。卡方也是常见的用于做特征选择的方式，Fisher Scores 也是过滤类中常见的指标。

四、特征组合

严格意义上来说，特征组合也属于特征选取的一部分。以工业界最常见的 LR 模型为例，LR 模型本质上是广义线性模型（对数线性模型），实现简单而且容易并行，计算速度也比较快，同时使用的特征比较好解释，预测输出的概率在 0 与 1 之间也非常方便易用。但是，与一般模型的容易 Overfitting 不一样，LR 模型却是一个 Underfitting 模型，因为 LR 模型本身不够复杂，甚至可以说相当简单。而现实中很多问题不仅仅是线性关系，更多是复杂的非线性关系。在这个时候，我们就希望通过特征组合的方式来描述这种更为复杂的非线性关系。目前，常见的用于特征组合的方法有 GBDT 和 FM 方法。

五、数据降维

降维，又称为维度规约。现实世界中得到的数据一般都有冗余，要么有一些是无用信息，要么有一些是重复的信息，我们针对这部分冗余数据进行一些处理之后，可以明显减少数据的大小与维度的多少。数据经过降维处理以后，会大大节约数据存储空间，同时，也会大大地减少数据的后续处理计算时间。一般来说，数据降维可以从两个方面来实施，比较简单的一种方式是提取特征子集，然后用这部分子集来表示原有数据。例如，图像处理里面，如果一幅 128×128 的图片，只有中心 32×32 的部分有非 0 值，那么就只取中心 32×32 的部分。另一种是通过线性/非线性的方式，将原来高维空间变换到一个新的空间，这个新的空间维度比原来的高维空间要小，这样就达到了降维的目的。常用的降维技术有主成分分析、奇异值分解和线性判别分析。

第四节 面向文化心理内容的社会媒体 大数据的分析与挖掘

一、网络媒体中的群体分析与挖掘

社会网络媒体用户之间存在多种类型的关系，每种类型的关系都可以独立地定义出一种社会网络结构，而整个网络是这些多类型网络的非线性叠加。不同类型的网络结构中蕴含着多尺度的网络群体，小到由几个节点构成的诸如三角形、完全子图等基元（Motif），大到由数千个甚至数万个节点构成的群体。事实上，群体的多尺度特性体现了网络媒体用户在组织形式上的层级结构，不同尺度的群体对应着网络不同层面上的功能单元。另外，多种类型关系并存使群体之间高度重叠，而且因不同的关系形成的群体之间会互相影响。同时，网络群体时刻在发生着演变发展，新的个体的加入、已有个体的离去随着时间的推移始终在进行。因此，本研究拟探索网络媒体中多尺度群体的分析和挖掘。我们具体地探索一种能刻画异质关系网络群体，其多尺度、高重叠、多关系相互影响等特性的统一框架，并依此研究适合大规模异质关系网络的多尺度且有重叠群体挖掘的快速算法，以及对网络群体的演化发展进行建模和计算。

二、社会事件的观点挖掘与分析

及时、准确地掌握社会网络媒体用户对热点和突发事件的观点，有助于决策者正确判断事件的态势，做出合理的决策。因此，分析和挖掘社会网络用户对社会事件的观点具有重要意义。本研究将探索基于浅层语义分析的事件观点的挖掘技术，从信息内容和主体等方面对事件中所包含的观点进行聚类，进而判别各种观点和主体所表现出的情感倾向性，挖掘并推荐其中的代表性观点和言论。对于用户表达的观点，需要分析其表达的情感倾向。从大的方面来说，可分为积极和消极两方面，进一步又可将这两类的程度细分为强、中、弱等，因此，我们将研究观点的情感倾向及强度的判别和度量，同时，基于对情感词与话题观点之间关系的挖掘和分析，将探索与上下文有关的词语共现及语句的情感特征抽取方法。此外，对于用户表达的观点而言，特征有时并不明确，我们将重点解决从语句中抽取情感特征，以及综合分析多语句情感特征的问题。大家知道，语句中情感词与用户的观点具有紧密的关系，情感的表达通常表明某种特定观点。语句观点的分析也应充分考虑情感和话题这两类信息的表达需要是如何在语言层面上完成的。特别是在以动词表示情感时，两者需要在句子层面体现，因此，我们将在句子层面上探索观点的分析模型。

三、面向文化心理内容的社会网络媒体信息过滤与推荐

为应对互联网上信息爆炸问题，方便用户及时获取各种网络媒体上有价值的高质量的信息，需要探索面向文化心理需求的媒体信息过滤与推荐技术，通过个性化搜索服务和个性化信息推荐，来满足用户个性化的需求，并通过多源、异构信息的高效融合，满足用户的多样性综合信息需求。具体的研究内容包括：探索个性化搜索结果排序和个性化查询推荐技术；支持面向不同用户的搜索提供满足其个性化需求的搜索结果排序和查询推荐，以提升高信息获取的针对性；探索个性化的信息主动推荐技术，主动为用户推荐个性化、时效性强的文化心理媒体信息；探索跨新闻、博客、论坛、微博等多源、异构信息的过滤和融合的关键技术，为用户提供不同类型的综合文化心理信息需求。

四、基于信息内容聚合的综合态势分析

这里主要探索基于多源异构信息融合的社会事件信息的综合态势分析技术，试图获取面向社会事件/网络舆情的多层次、多维度、支持时空演化的综合态势分析模型，全面刻画事件的全生命周期，从不同粒度、不同维度深度刻画事件综合信息，为社会事件的评估和处置提供基础参照体系。具体表现是：

（1）要探索舆情多层次、多维度综合指标体系研究，建立适用于网络舆情传播、演化分析的综合指标体系，为全面刻画网络舆情事件提供基础参照。

（2）研究社会事件/网络舆情综合指数计算方法与宏观态势模型，在指标体系基础上，针对实际需求，建立涵盖多级、多维、多粒度的宏观舆情指数。

（3）探究科学、可行的指数计算方法，在此基础上，获得宏观态势模型，为网络事件的分析和处置提供量化的基础。

第五节　面向周边国家文化心理的数据可视化技术开发

一、系统的三层结构设计

本系统采用三层结构设计。前端展示平台，整合了 Spring 开源框架；然后，基于 MVC 模式设计，使用 JSP 技术实现 Web 网页的编写；再采用 MongoDB 文档数据库作为社会媒体数据的底层存储。三层结构如图 9－5 所示。

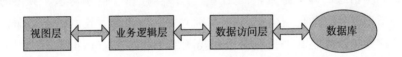

图 9－5　系统三层结构

系统的三个逻辑层次说明如下：

1. 视图层

视图层也称为表示层，提供对文化心理分析结果的展示，为客户端展示由服务器端应用返回的数据，主要由 JSP 结合 JavaScript 实现。

2. 数据访问层

数据访问层提供社会媒体数据存取服务，基于 JavaBean 组件实现，后台媒体数据存储基于文档数据库 MongoDB 来实现。

3. 业务逻辑层

业务逻辑层包含业务规则和业务逻辑两部分，连接了视图层和数据库访问层，基于 Spring 框架实现。借助于 Spring 对 IoC 容器支持，各组件可以松耦合的方式组合在一起，组件与组件之间的关系通过 Spring 的依赖注入进行管理。同时，系统中的各组件面向接口编程，降低了系统异构的代价。

系统采用 MVC 三层模型处理方式。MVC 即模型（Model）、视图（View）和控制器（Controller）的简写，是一种划分层次的编程思想，它强调应用程序的输入、处理和输出相互隔离,各部件完成自己的任务。其中,模型、视图和控制器对应 MVC 模式的三个核心部件。MVC 模式处理过程首先是控制器接收用户的请求,并决定调用哪个模型来进行处理,模型处理完用户请求后返回数据,最后控制器调用相应的视图并把数据呈现给用户。该模式的目的主要是实现应用系统的职能分工。其中,视图层主要用于系统与用户的交互;模型层主要实现系统中的业务逻辑,通常用 JavaBean 来实现;控制层则由 Servlet 来实现,它是 Model 与 View 之间沟通的桥梁,负责分派用户的请求并选择恰当的视图展示数据。

二、社会媒体数据的处理

社会媒体数据是我们课题研究的基础,以新浪微博数据为例,有关媒体数据处理的流程大致说明如下。由于微博数据的爬取受到限制,爬虫程序基于多线程的方式实现,需要注册多个新浪微博应用从而关联每个爬取线程。爬取程序基于 HttpClient4.1 编写,通过调用新浪微博开放平台提供的 PublicTimeline 接口和 UserTimeline 接口,尽可能多地获取最新微博数据。我们将采用基于新浪微博开放平台提供的普通应用来实现,每个应用仅有测试权限,访问微博的次数以及获取的数据量受到了很大的限制。为了克服数据获取的限制,系统采用多线程的方式来爬取更多的微博数据,预先注册多个微博平台应用,然后启动多个(默认为五个)爬取线程。其中每个线程对应一个应用,每隔 30 秒访问一次新浪微博开放平台的 API,主要是为了保证一小时之内一个应用调用 PublicTimeline 接口的次数(120 次)不超过 150 次,并且一小时之内总的访问次数(600 次)不超过 1000 次,具体过程如图 9—6 所示。每次访问可以获取近 200 条最新的微博数据,五个线程同时运行便可以在一分钟内收集 2000 条微博数据。

系统基于话题标签的统计实现,选取 5 分钟作为时间间隔,统计每个时间段内各个话题标签的出现次数,总共需要处理约 2000×5=10000 条微博记录。但是,在对具体的微博数据分析后发现,并不是每条微博都包含话题标签,可以认为这些数据对系统的热点事件发现没有参考价值,需要过滤去除,仅保留有效的微博记录,一方面可以减少存储空间,另一方面也可以提高数据查询的效率。本系统在具体的实现过程中保留了两份微博数据:一份是获取的全部微博数据,备份保留以作备用;另一份则是带有话题标签的微博数

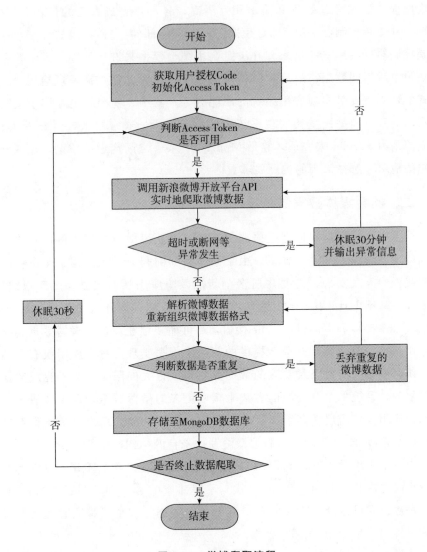

图9-6 微博爬取流程

据，主要用于系统数据统计以及事件主题词的抽取。由于需要反复地访问这些数据，系统在保存微博数据时已经提取了其中的话题标签并且分词处理了微博内容，这些数据保存在一起以便后续步骤的频繁访问。

微博爬取程序需要长时间不间断地调用新浪微博开放平台的 API，经过一段时间后难免会被其察觉而受到限制，同时鉴于微博内容具有不规范和随意性等特点，处理的过程中可能有异常发生。系统具有良好的兼容性，允许这些特殊情况的发生，具体的异常会发生在每个线程内，可以通过线程休眠后重新运行来缓解上述情况的发生。系统还提供了良好的辅助日志，具体到每个类都可以通过日志输出来监控运行状况，便于异常发生时的应急调控。详细的微博爬取流程及异常控制如图 9-6 所示。

　　系统采用多线程方式设计微博爬虫，各个线程间相互独立地运行以爬取微博数据，难免会获取到相同的微博数据，因而首先需要对微博数据去重。考虑到微博的数量以及微博数据的特点（每条微博都具有唯一 ID），本系统主要采用 Java 自带的 HashSet 结合数据库 MySQL 存储来完成微博数据的去重效果。获取的微博数据本身就是 JSON 格式的文档，正好可以存储到 MongoDB 文档数据库中，具体过程可以参见下面的数据存储设计。此外，应用微博数据的 StatusID 来作为微博文档的存储 ID，也可以利用 MongoDB 数据库中文档的全局唯一性来防止微博数据的重复保存。

三、数据库的存储设计

　　对于绝大部分社会媒体数据，不但需要实时地获取，而且要解决其数据量庞大的存储问题。我们选用文档数据库 MongoDB 作为系统的数据存储层，同时，辅以关系数据库 MySQL 做临时存储，并采用 DAO 层基于 Morphia 框架的设计。鉴于所获取的社会媒体数据以微博数据为典型代表，这里，以微博数据为例说明我们系统的数据存储构想。

　　MongoDB 数据库中存储的主要内容如下：status 集合用于原始媒体数据的存储。对于微博数据主要是话题标签和文本内容（不考虑微博用户之间的关系等），因而忽略了微博数据中的用户信息以及其他不相关的部分，仅保留了微博的 ID 属性、text 属性、图片链接、关注数量、转发数量等数据。

　　status 集合的结构如图 9-7 所示，其中 _id 和 mid 分别对应原始媒体数据的 _id 和 mid，唯一标识该微博文档，text 属性表示微博的文本内容，userName 属性表示发表微博的用户，createdTime 属性表示微博发表的具体时间，thumbnailPic、bmiddlePic、originalPic 三个属性分别对应微博不同版型图片的链接，repostsCount 属性表示微博转发数量，commentsCount 属性表示微博评论数量，tagList 为话题标签或新闻主题列表，nounList 为微博的名词列表，termList 为微博过滤后的分词列表。

Key	Value	Type
► _id	3552750221050958	String
mid	3552750221050958	String
text	【影像】春天在哪里呀，春天...	String
userName	人民日报	String
createdTime	1362525122000	Int64
thumbnailPic	http://ww1.sinaimg.cn/thum...	String
bmiddlePic	http://ww1.sinaimg.cn/bmidd...	String
originalPic	http://ww1.sinaimg.cn/large/...	String
repostsCount	772	Int32
commentsCount	257	Int32
⊞ tagList [1]		Array
⊞ nounList [2]		Array
⊞ termList [2]		Array

图 9—7　集合 status 的 Json 结构

top 集合，用于存储新闻微博的主题词，其中每个文档代表一个新闻微博的主题词。top 集合的结构如图 9—8 所示，_ id 属性由 MongoDB 自动生成，具有全局唯一性，count 属性表示主题词累积出现的数量，lastTime 属性表示最后更新主题词的时间，name 属性表示主题词的具体名称，num 属性记录处理主题词的次数，sidList 为包含该主题词的微博 ID 列表，topList 为共现主题词列表。

Key	Value	Type
► _id	517178c7a1ee2aa863d55a32	ObjectId
count	1	Int32
lastTime	1362532807000	Int64
name	教育部长	String
num	1	Int32
⊞ sidList [1]		Array
⊞ topList [2]		Array

图 9—8　集合 top 的 Json 结构

　　tag 集合，用于存储普通微博的话题标签或者新闻微博的标题，其中每个文档代表一个话题标签或新闻标题。tag 集合的结构如图 9－9 所示，_ id 属性由 MongoDB 自动生成，具有全局的唯一性，count 属性表示话题标签累计出现数量，lastTime 属性表示最后更新话题标签的时间，name 属性表示话题标签的具体名称，num 属性记录处理话题标签的次数，sidList 为包含该话题标签的微博 ID 列表。

Key	Value	Type
_id	517178c7a1ee2aa863d55a21	ObjectId
count	1	Int32
lastTime	1362537901000	Int64
name	文化艺术界委员热议：我们的...	String
num	1	Int32
sidList [1]		Array

图 9－9　集合 tag 的 Json 结构

　　topic 集合，用于存储新闻微博的热点事件，其中每个文档代表一个新闻微博的事件。topic 集合的结构如图 9－10 所示，_ id 属性由 MongoDB 自动生成，具有全局唯一性，标识该新闻事件，num 属性表示该热点事件更新的次数，lastTime 属性表示最后更新该事件的时间，topList 为该事件主题词列表，tagList 为该事件的新闻标题列表，sidList 为该事件相关的微博 ID 列表。event 集合用于存储微博热点事件以及新闻微博热点词，其中每个文档对应一个热点事件或者新闻热点词。

　　event 集合的结构如图 9－11 所示，_ id 属性由 MongoDB 自动生成，具有全局唯一性，标识该事件或热点词，lastTime 属性表示最后更新时间，name 属性为事件或词汇的名称，num 属性表示更新的次数，tagCount 属性表示话题标签的数量，tagList 为话题标签或新闻标题列表，termList 为主题词列表。

Key	Value	Type
▸ ⌐ _id	517178c7f47486d05b878eef	ObjectId
├─ num	1	Int32
├─ lastTime	1362541021000	Int64
⊞ ├─ topList [8]		Array
⊞ ├─ tagList [1]		Array
⊞ └─ sidList [1]		Array

图9-10　集合 topic 的 Json 结构

Key	Value	Type
▸ ⌐ _id	517179c1a1ee2aa863d560ac	ObjectId
⊞ ├─ imageList [3]		Array
├─ lastTime	1363611142000	Int64
├─ name	事件	String
├─ num	0	Int32
├─ tagCount	2	Int32
⊞ ├─ tagList [2]		Array
⊞ └─ termList [50]		Array

图9-11　集合 event 的 Json 结构

四、基于社交媒体的情感分析处理

社会网络媒体中所表达的用户情感意向在文化心理、社会心理特征分析的过程中具有重要作用。情感分析是利用计算机程序分析自然语言中所传达的情感倾向的过程，也叫作观点挖掘，是分析人类对于某一实体或者概念等事物的观点、评价、褒贬、态度和情感的研究。这一领域有很多问题值得研究，例如，经常在许多文献中出现的类似名词，如情感分析、影响力分析、观点挖掘、观点抽取、情感挖掘和主观性分析等，其实质都是情感分析下的某个分支问题。针对情感分析的研究，最早出现在 2003 年前后的学术论文中，实际上关于情感与观点的研究在更早就已经出现过。"观点"这个词实际上有很宽泛的含义，大部分情感分析都主要关注观点表达的倾向性，即观点表达积极情绪还是消极情绪。

随着大数据时代的来临，情感分析的发展逐步加快，大量的情感分析工作都是关注在社会网络媒体上的。实际上，情感分析目前正是社交网络相关分析的核心研究领域，对于情感分析的研究不单单与自然语言有交叉，和许多基础学科，如政治、经济等社会科学也有学科交叉之处。观点几乎出现在所有的人类活动中，因为观点影响着我们日常的活动。在商业运营中，商家或者服务提供商希望从用户的反馈中得到用户对于其所提供的服务或产品的反馈信息，帮助改善自己的服务与营销策略。政客希望在正式投票之前，从各个渠道得到选民对于自己政治主张的反馈以修正竞选策略。因此，大量的民调等活动已经成为商业活动中必不可少的环节。以民意调查、预选的方式进行调查活动以抽取民众观点的活动已经在市场营销、公共管理等领域被广泛采用。

随着社交媒体的爆炸式增长，很多个人与机构在进行决策的时候，都会事先进行一次舆情相关的调查分析工作。但是，从广阔的互联网中获取到大量的观点语句并不容易，网络资源的多样性导致数据的收集会由于数据格式的不同而难以获得。监控与分析其本身就是很难的任务，因为虽然每个数据源都有大量的带有观点的文本，但是，它们却以独有的方式分布在多处，且并不是单纯地在评论列表或者博客文本中，甄别观点出现的位置就是很难的问题。另外，人的阅读能力并不能够处理大量相关的文本，主观色彩也对于观点挖掘产生影响，所以，自动化的观点分析是必要的。

目前，网络媒体重塑了很多基础行业，更多的行业不光依靠网络上的信息，企业内部的用户反馈渠道同样也被用于分析，很多的内部反馈系统也有了用户观点挖掘与情感分析功能的需求。由于情感分析应用已经普及几乎每一个可能的行业及领域，从消费产品、服务，医疗保健到金融服务，甚至社会活动和政治选举都有所涉及，实际应用和产业利益均为情感分析提供了有力的动机。

情感分析有不同的层次，大致可以分为文档级别、语句级别以及实体级别，更有挑战性的问题在于，观点亦可被分为普通观点与比较型观点。普通观点表达对一个事物或其某个方面的情感，而比较型观点则表达观点持有人在某个维度上两个或多个实体之间的情感倾向差异，例如，"苹果手机比三星手机更好用"，即表达了用户在易用性维度上更倾向于喜欢苹果手机，而不是三星手机。但也有对于苹果手机本身的看法。

毋庸置疑,最好的情感指示标志是各类情感词,因为往往文本中的用词会最直接地体现情感倾向,例如,"很好""支持"等词语表达正面积极的意思,而"反对""糟透了"等词语则明显表达一些负面的信息。处理词语、短语或者某种语法结构也同样可以表达情感倾向信息。使用指示词汇进行情感倾向分析的原因显而易见,所以,拥有指示信息的情感词汇被广泛用于情感分析。多年来,学术界设计了许多成熟的方法进行情感词的发现、筛选、分类以及应用。

但是,我们也要看到,单单使用情感词进行情感分类也有一些不可避免的问题,比如自然语言过于复杂以至词法研究不太能满足情感分析的要求,情感词作为必不可少的因素不能忽略,但是,对于情感分析而言,基于情感词的分析还有改善的可能性。实际上,很多情感词在某些特定的语法环境中会表达完全相反的意思,最典型的例子是反讽句。在反讽句中,情感词的意义会被转换,正面意义会变为消极意义,反讽句的出现频率并不高,但是,反讽句的处理确实是目前情感分析中比较困难的问题之一。

在一些文本中,情感词的出现并不一定能保证产生情感倾向,典型的例子出现在条件句或者疑问句当中。例如,疑问句"iPhone 的通话质量很好么?"虽然出现了主体与评价词,但是,疑问句并没有适当的情感倾向价值。另外,条件句的情感倾向也并不能仅仅通过情感词来表达,例如,"如果三星手机不那么耗电,那还是不错的",这句话虽然同样包含了评论主体和正面情感词,但是,作为条件句,也不能肯定该条件句表达了完全正面的情感倾向。有些反讽句与条件句也会表达情感倾向,例如,反讽句常在评论中用来表达负面信息,例如,"如果你追求安全舒适,请选择沃尔沃汽车",表达了对于主体的正面积极评价。很多没有情感词的文本同样可以表达情感倾向信息,如客观句也能表达一定的情感倾向,例如,"诺基亚手机真的可以砸核桃?"虽然没有出现典型的情感词,但是,仍旧表达了对于诺基亚手机质量的正面的积极情绪。

我们设计了一个图 9—12 所示的基于互信息的情感分析算法,为了提高计算效率,在内存中维护一个哈希表,随着系统驻留在服务器端的时间增长,缓存对计算效率的保持至关重要,即随着计算压力的增大,并不会造成计算效率严重下降。该算法可以进行情感倾向的得分计算。

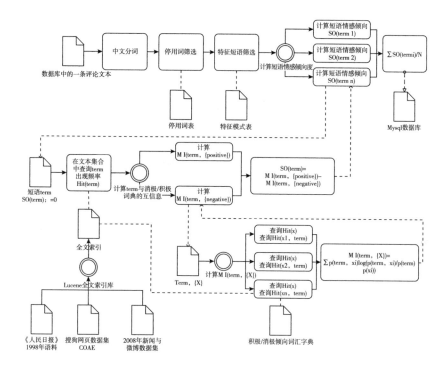

图 9—12　情感分析处理

五、需要探索的核心问题

由于网络媒体大数据所具有的结构复杂、动态演化，以及语义表示的不规范和不确定性等特点，要实现文化心理内容的精确提取与深度挖掘，构建"一带一路"周边国家文化心理数据库，进而从群际互动和文化融合的角度探讨"一带一路"周边国家的文化互动心理机制，面临一系列挑战性的问题。本课题需要解决的关键性问题和重点、难点问题说明如下：

1. 如何高效地获取社会网络媒体大数据

数据是我们构建数据库的基础，社会网络媒体的数据样本规模巨大、特征空间多维、数据类型多变（如网页、文本、图片、视频等），使社会网络媒体数据结构复杂、差异性大，不仅要求信息获取方法具有很强的普适性，而且对网络媒体数据内容提取中最基本的特征空间维度表达以及相应的计算带来了很大的挑战。如何高效地获取社会网络大数据是本课题研究的关键问题之一。传统信息发现和抽取技术主要被应用于小规模的文本数据，而社会网络大数据的大规模和多源异构性给信息感知和抽取带来了很大的挑战。面对海量的社会网络媒体信息、极其多样化的信息形式，既要准确地识别、提取不同来源和形式的信息，又要高效地采集大量的信息，还要能够及时地跟踪信息的变化，并且希望维护的工作量尽可能地小。这对任何一个系统来说，都是一个很大的挑战。本部分的目标就是研究能兼顾准确性和性能的高效获取社会网络大数据的算法，解决社会媒体大数据的高效获取问题。

2. 如何运用机器学习等方法实现文化心理内容的特征抽取与表示

用户画像是对人的深入挖掘，除了基本的人口统计学信息、地理位置、设备资产等客观属性之外，其兴趣偏好、性格特征、文化心理等是自由度很大的标签，准确地描述个体与群体的文化心理特征，即是在用户兴趣、价值观、人格层面进行准确的人物画像，这需要设计合适的文化心理指标，包括心理现象的测量和跨文化的比较。心理现象对人的心理过程（如认知、情感、意志和行为）和个性特征（如心理倾向和社会性）进行挖掘。跨文化是"一带一路"沿线国家基于文化特征的指标和内容的比对，如一个国家的国民是否有集体主义精神、环保意识，这就涉及人的价值观，需要设计表征个人主义—集体主义的文化心理指标、表征环保意识的心理指标。这需要基于这些指标做更深入的人格建模，而无法通过用户行为直接产生。因而，基于社会媒体从群际互动和文化融合的角度挖掘人的心理、人格层面的特征可以使我们获取群体文化心理方面的一些结论。在网络媒体大数据中，用户的心理特征不是单一的，而且无法用简单的语言、规则等来精确表示。因此，需要设计提供分析用户行为特征的心理指标，来发现用户的兴趣、偏好及个性特征，从而学习用户的文化心理特征。但是，网络中用户行为的多样性和不确定性，又使用户的行为与兴趣建模面临巨大的挑战。面对网络中用户规模巨大、用户特征的多样性和个性化极为明显的特点，要挖掘用户的心理特征，需要对用户的行为进行归纳，提炼出面向不同心理特征的共性属性，需要解决基于文化心理学知识的语义表示模型和理解方法，以及随着信息增量而进化的学习方法。

3. 如何实现面向文化心理内容的社会网络媒体大数据的分析与挖掘

建立基于社会媒体大数据的"一带一路"周边国家文化心理数据库，最终是要向用户呈现不同国家、地区的个体和群体的文化心理特征。这需要对社会网络媒体大数据的文化心理内容进行多来源、多模态的有效聚合，并深入分析其中所蕴含的群体、事件与观点，按不同的层次和维度呈现用户所关心的个体与群体文化心理特征。还需要建立多通道媒体信息的统一数据存储与管理系统，以及构建用于支持文化心理数据库分析的各种文化心理指标库，为加工及分析处理提供统一的支撑。研究面向文化心理内容的社会网络媒体大数据的分析与挖掘技术是本课题研究的基础。课题研究需要解决的难点和关键问题是如何利用社交网络大数据，探索运用机器学习等方法实现社会网络大数据文化心理内容的特征抽取、表示与深度挖掘，以及面向文化心理内容的社会网络媒体大数据的聚合。

4. 如何有效地呈现文化心理数据库中的内容

构建文化心理数据库的目的是要助力于"一带一路"经济、人文合作，为相关政策提供心理学的依据与建议，如何使其内容直观和易于理解也是本课题面临的难点和重点需要解决的问题。本课题中我们将重点研究如下一些关键问题：①跨媒体群体及用户行为心理的多层次、多角度综合呈现问题。我们将研究基于跨媒体群体及用户行为心理的多层次、多角度综合呈现技术，分别从群体总体态势走向、群体综合对比、群体与个体的关系等方面进行多层次、多角度的综合对比呈现。②社会信息网络中实体相关属性特征呈现问题。我们将研究面向社会信息网络中的实体相关属性特征呈现技术，针对新闻、论坛、博客、微博、社交网站等不同类型的网络媒体，对个体和群体相关属性特征进行展现。据此，可实现多维度、多视角的展示方法，同时支持根据领域相关属性进行筛选。③异构媒体群体及用户信息的关联呈现问题。我们将研究基于异构媒体的群体及用户信息的关联呈现技术，针对不同网络媒体的实体对象之间的关联关系通过有向图技术在不同维度空间进行信息呈现。通过实体的属性信息、实体的关联信息，以及网络结构来呈现群体及用户的关系信息。

（何军、胡鹤、王璞巍、朱厚强、时雨）

第十章

基于大数据的风险管理系统和展示平台

第一节　风险管理系统的文化心理研究概述

一、涉外风险管控与文化心理研究

随着全球经济一体化和我国市场经济的不断推进，境外项目作为我国企业"走出去"、融入全球经济的重要方式之一，其发展取得了令人瞩目的成绩，在我国对外投资与合作中也扮演着越发重要的角色。相对于境内项目而言，境外市场所面临的风险更加复杂，国别投资安全环境不容乐观，政治风险、地区动荡、社会治安、暴恐袭击、传染疫情、数据安全事件频发，不确定性更高，因此，境外项目风险管理的重要性可见一斑。我们在为各类中资企业"出海扬帆"提供智力咨询、建言献策的过程中发现，不同企业对境外投资合作项目在东道国的行业发展脉络的把握、项目尽职调查、资信评估、国别风险研究、突发事件应急管理、劳工福利、法律纠纷、安全保障、环境保护等属地化措施方面，其理解与实施均和境内存在很大差异。例如，如何对业主的资信状况进行背景调查？如何防范东道国税收、法律、环境保护合规风险？如何做好突发事件的应急管理？这是一个 PDCA 的循环，每一环节都需要精耕细作，而且缺一不可。

对于上述这些问题，我们在组建 iCover 平台的基础上，结合早期研究成果，如《境外中资企业机构和人员安全管理指南》《境外企业项目外源风险管控评价体系》《企业境外项目风险管理指引》等，已直接细化为在信息推送、安全评估、安全培训、保险保障、危机管理、安全人才、外包服务、应急系统等方面落地的解决方案，并在各类风险事件中经过实践检验，不断迭代和优化，趋于成熟，获得国家有关部委与中资企业的一致认可，并于 2015 年 11 月荣膺中国社会组织促进会"优秀品牌服务项目"称号。

但是，随着风险防控研究的不断深入，我们发现，中资企业通常重点关注的政治、经济、法律、环境、技术等领域风险，基本属可量化研究的显性风险，采取科学的应对措施就能规避或减缓，但还有更多的隐性风险正不断威胁中方境外项目的平稳运行，如境外中资企业时常因跨文化管理、宗教信仰、风俗习惯、价值观等差异，遭遇政府审查、文化禁忌、合规争议等各类风险事件，与当地利益相关方产生误解和摩擦，甚至爆发矛盾冲突，这些问题与文化心理有很大的关系，需要在加强文化心理数据库建设方面做更为专门的工作。为此，在多年工作实践中，特别是针对"一带一路"周边国家若干重大项目的安全风险评估领域，我们看到了太多因"民心不通或半通"导致不成功，甚至惨痛教训的案例。对于此类隐性风险，企业如何实施风险防控，值得持续、深入研究。本研究上接天气、下接地气，连接政府与企业，打通媒介与智库，以多学科、跨学科的思路，在心理学、传播学、比较政治与政策研究、语言学研究等领域共同发力，选择"一带一路"周边的资源国家、节点国家和风险国家，争取在隐性风险防范研究领域有所突破。

二、文化心理研究的研究现状

随着中国经济的崛起，大批中国企业进入了国际工程市场。工程项目参与主体众多，不同文化背景很有可能引起冲突，阻碍项目开展。但是，目前相当一部分中资企业并未对文化风险引起充分重视，或者不具备有效的应对与缓解措施，因此，业界开始从文化风险源、风险应对与缓解措施入手，对文化风险进行详细的研究分析，并试图提出系统的文化心理的管理方法。

（一）文化心理的风险研究与实践稀缺

近年来，在国际项目领域，特别是工程项目建设领域，文化风险管理的研究开始受到重视。2008 年，同济大学协同 CIBW112 建筑文化委员会在上海共同组织举办了跨国建筑工程项目国际会议，旨在提高文化意识、避免项目纠纷，保证高效绩的工程项目。会议上，不少学者发表了对于国际工程项目多元文化环境管理的看法，提出了如何从多元文化环境的角度减少业主和工程领域专家对于项目理解的偏差，从而提高工程项目的绩效，从文化理论和分类的角度，强调了文化的兼容性在国际项目中的冲突管理。除此之外，学者们就企业跨文化管理介绍了相关的研究工作，但研究主要集中在较为宏观和定性的层面。如梁勇、陈剑锋和王飞针（2000）从内、外两个大方向考察了国际承包工程多元文化环境的形成，从决策、人际关系和交流三方面阐述了多元文化环境所造成的文化差异对组织行为产生的影响，最后根据我国文化风险管理水平的现状，提出了企业提高该水平的五条宏观对策。王尚雪（2009）对文化因素在国际工程承包项目的程序和管理中起到的作用进行了深刻分析，并认为，深层次的文化因素始终伴随着国际工程承包项目的全生命周期。此外，由于文化的可变性以及国际工程承包项目的短暂性，浅层次的文化影响因素还是能通过必要的管理手段进行管理和处置的，但具体哪些属于深层次的文化因素、哪些是浅层次的文化因素，并没有给出详细的标准与分类。

从实际应用和微观角度研究国际工程项目建设的文化风险管理的成果也非常缺乏。如武琼（2008）以大连国际苏里南道路项目为例，对国际工程承包项目的文化冲突和文化风险进行探讨，从内、外环境分析了项目面临的矛盾，并从文化整合、用人机制、组织沟通、领导方式和公关协调五个方面总结了该项目成功实施的经验，以期为我国境外工程项目的跨文化管理提供可资借鉴的思路和建议。随着国际工程的不断发展，除了关注工程本身，许多学者也逐渐从企业管理的角度着手开展研究。如陈娟（2008）从文化差异的角度对国际工程承包国有企业在跨文化经营中面临的冲突进行了深入分析，并建立了冲突成因分析框架和模糊综合评判数学模型，从定性和定量角度揭示了影响企业跨文化经营的主要冲突因素，并结合实际课题，从实证角度证实了其分析框架及冲突管理方案的可行性。不仅如此，许多学者还将目光转移到国际市场竞争中产生的一种新型企业组织模式——国际工程承包联营体，该联营体强调打破企业的有形界限，充分利用多方资源达到共赢。国际工程承包联营体涉及多个企业的文化融合问题，因此，联营体的文化建设具有重要的研究价值。针对这一课题，国际工程联营体文化风险的多维性应涵盖国家文化和企业文化，尤其是国际工程独特的行业文化，并针对国际工程联营体的管理绩效问题，试图建立在国际工程不同文化背景下，组织在联营体中如何管理文化风险、实现优势互补、达到利益均衡的一种新型的文化风险冲突管理模式。董磊、刘淑华和常斌（2010）依据企业管理的相关理论，以及与国际工程承包联营体内部管理的原则相结合，对联营体的文化建设进行了研究，针对联营体存在的文化差异和文化冲突问题，分析了文化差异对联营体积极和消极的影响，并进一步探索了联营体文化建设的作用、原则和模式，提出了建立联营体良好文化氛围的政策建议。

（二）境外项目成果偏离目标的原因分析

那么，境外项目成果偏离目标的原因何在呢？归纳起来，主要有如下几个方面：①风险管理中介机构发展缓慢，缺少保险经纪人、代理人和风险管理咨询公司为境外中资企业提供专业的风险管理咨询服务；②境外中资企业风险管理水平低下，风险意识薄弱，对境外工程项目风险认识不足，风险识别不够全面，风险评价误差大，风险控制手段欠缺；③境外中资企业文化风险管理缺乏，对境外项目中多元文化环境的重要性认识不足，未对项目文化管理予以足够重视，时常以国内项目管理的惯性思路管理境外项目；④境外中资企业项目管理水平落后，对风险大、投资规模大、技术复杂的境外项目缺乏丰富的管理经验和科学的内部管理体系；⑤境外中资企业对项目后评价工作重视不足，缺乏项目全生命周期的管理意识，尤其是在项目已完成并运行一段时间后，缺乏对其目的、执行过程、效益、作用和影响进行系统、客观的分析和总结，无法为未来项目决策和管理水平的提高提供帮助。

（三）管理方法与测评指标的理论依据

我们主要以"一带一路"周边国家跨文化互动合作风险为视角，探索文化心理数据库及展示平台。在此过程中，我们不仅需要收集可量化、标准化、格式化、结构化的"硬信息"，还要获得难以量化、非标准化、非格式化、非结构化的"软信息"。为此，需要深入了解当地的政治法律、历史宗教、社会文化、民族特征、语言习惯和风土人情等，这就要求我们放弃急功近利的心态，立足长远，深入百姓，真诚交友。当前，国内外专家和学者开展了与文化心理领域相关的管理方法和指标的评估研究，主要的理论研究包括：

1. 杰夫雷·西蒙的政治风险评估框架

政治风险评估方法很多，比较全面的是杰夫雷·西蒙的政治风险评估框架，他参考1969年由罗伯特·斯托伯提出的投资环境等级评分法，主要设置了八个指标，每个指标又分成4～7级，并分别赋值0～12分。针对具体的东道国对各个指标的特征进行选择，然后，将八个选项的赋值相加得到一个总值，总值越高，表明东道国政治风险越低。不过，该方法的一个主要缺陷是对各个指标同等对待，需要适当加以调整。例如，可根据跨国经营的特征，对于影响较大的事项赋予较高的权重，各个指标的赋值的区间也可根据情况调整。在实践中，企业需要对预警结果和实际的状况进行对照，并对模型的实用性不断加以修正，对照修正的时间间隔因企业而异。在经过一段时间的评估和修正后，可以设立一定的等级区间，以便更好地从总体上把握风险的特征。当然，在使用东道国政府的抽样评估结果时，一定要小心谨慎，因为一些国家政府，尤其是一些发展中国家，出于吸引外资的考虑，往往可能会隐瞒某些不利的信息。

2. 理查德·罗宾森的产品政治敏感性测定法

仅进行总体政治风险评估是不够的，产品政治敏感性的测定也很重要，因为其真实的目的在于预测政治性变化对特定企业经营活动的影响程度。企业特定风险的评估和预测，其核心在于分析项目的产品、业务特点和经营模式，识别可能出现的政治风险和特定类型。此种产品政治敏感性测定方法认为，不同产品具有不同的政治敏感性，这取决于东道国对该产品重要性的认识。政治敏感性低的产品，政治风险相对较小，但得到东道国政治鼓励的可能性也小；相反，政治敏感性高的产品，政治风险相对较大，但得到东道国政治鼓励的可能性也大。具体而言，罗宾森将影响一种产品政治敏感性的因素分为 12 类，并根据其特征进行评分。对于各要素的打分为 1～10，绝对否定的为 10，绝对肯定的为 1，介于两者之间的酌情赋值。12 个因素累计评分值越小，该产品的政治敏感性越强，否则越弱。

3. BERL 政治风险指数评估方法

政治风险指数是富兰德指数中 LRenvir 指标的重要构成要素，占 LRenvir 的 40％。政治风险指数通过设定多个影响因素，并对关键影响因素灵活赋予权重的方法，来评估一国社会政治环境。全球共有 85 位左右的科学家和外交官定期为 BERL（Business and Economic Research Limited）提供数据，且不与其他风险评估数据重复，对一国当前的、未来一年的和未来五年的社会政治环境进行评估。具体分为两个步骤：

步骤一：由国际性银行专家对四项影响因素和两项风险征兆打分，每项最高 7 分（表示没有问题）。其中，内部因素包括政治分裂程度，语言、种族、宗教分裂程度，保卫政权的能力；社会精神层面包括排外主义、民族主义、腐败、裙带关系和包容心态；社会环境包括人口密度和贫富差距、引发政府激进的可能性；外部因素包括主要的敌对势力、其他地区政治势力的负面影响。两类政治风险征兆包括社会冲突（包括游行、罢工和街头暴力）和非宪法变化（暗杀和游击战争导致的政治不稳定性）。

步骤二：专家对上述因素中可能对政治稳定产生决定性影响的某个或多个因素给予0～30分不等的额外加分。

4. ICRG 的政治风险评估方法

ICRG（International Country Risk Guide）的政治风险评估方法预先设定了12项政治风险影响因素并赋予相应分值，以此对 ICRG 所涵盖的国家的政治稳定情况进行比较评估。得分越低的国家风险越高，得分越高的国家风险越低，如表10－1所示。

表 10－1 ICRG 的政治风险评估指标说明

项目	解 释	指标
政府稳定性（12分）	用以评估一国政府对既定方案的执行能力及其政权稳定性	政府统一性（4分）
		立法能力（4分）
		民众支持度（4分）
社会经济环境（12分）	评估可能制约一国政府施政或引发社会不满的社会经济压力	失业（4分）
		消费者信心（4分）
		贫困（4分）
投资情况（12分）	评估一国政治、经济和金融之外对外来投资产生影响的因素	项目合同可行性/利用情况（4分）
		利润汇出情况（4分）
		延期付款情况（4分）
内部矛盾（12分）	用以评估一国政治冲突及对该国造成的实际和潜在的影响。国内不存在武装敌对势力以及政府不对人民随意进行直接或间接暴力镇压的国家得分最高，卷入持续内战的国家得分最低	内战/政变威胁（4分）
		恐怖主义/政治暴力（4分）
		内乱（4分）

续表

项目	解　释	指标
外部矛盾 （12分）	用以评估他国对一国政府形成的风险，包括非暴力性外部压力（如外交压力、断绝援助、贸易限制、领土纠纷、制裁等）和暴力性外部压力（如因国界冲突引发的全面战争等）。外部矛盾会对外来投资产生多方面的负面影响，如造成贸易受限、投资受制裁、经济资源未能优化配置等	—
腐败 （6分）	用以评估一国政治体制的腐败程度。政治体制腐败对外来投资的负面影响表现在以下几个方面：影响经济金融环境、降低政府和商业效率、形成政治进程不稳定风险。商业领域腐败是最普遍的腐败形式，往往与进出口许可证、外汇管制、税收评估、警察保护或贷款相联系，导致商业效率低下甚至造成外来投资暂停或撤离。其他腐败形式也应纳入评估范围。腐败最大的风险是导致一国政治机构重组甚至导致一国法律和社会秩序崩溃，国家失控	—
军队干预 政治 （6分）	由于军队不是选举产生的，因此，军队干预政治即便是在外围层面也将导致民主问责威信降低。在某些国家，军队掌权可能会迫使经选举产生的政府改变既定政策或者根据军队意愿更换政府。军队掌权或存在军队掌权威胁的国家政治风险高，因为当政府不能有效运转时该国不能为外来投资创造良好的环境。全面的军队政权风险最高：在短期内全面的军队政权可以稳定局势降低商业风险，但从长期来看风险必然上升，一是由于此种政权将产生腐败，二是由于很可能滋生反动政府	—
宗教关系 紧张程度 （6分）	紧张的宗教关系往往在由单一宗教组织统治的社会或政权中产生，因为占统治地位的宗教组织往往企图以宗教教义取代法律，排斥其他宗教参与政治或社会进程，独统国家，抑制宗教自由	—
法律和 社会秩序 （6分）	法律用以评估一国立法能力和公正性，社会秩序用以评估一国公民守法情况	法律（3分）

续表

项目	解　　　释	指标
种族关系 紧张程度 （6分）	种族关系紧张程度用以评估一国种族、民族或语言分裂程度。种族和民族关系紧张程度较严重的国家得分较低，紧张关系程度较轻（种族差异化仍然存在）的国家得分较高	社会秩序（3分）
民主问责制 （6分）	基于五种不同类型的民主形式分别评估一国政府对公民的负责程度，交替执政性民主得分最高风险最低，独裁统治得分最低风险最高。一是交替执政性民主，二是统治性民主，三是事实上的一党制，四是法律上的一党制	—
行政机构 （4分）	执行力和行政水平越高的行政机构，分值越高，风险越低；反之则分值越低风险越高	—

5. PDCA 循环

PDCA 循环也叫戴明环，又称质量环，是管理学中的一个通用模型，最早提出研究构想后，后来被美国质量管理专家挖掘出来，并加以广泛宣传和运用于持续改善产品质量的过程中。现在的 ISO9004：2000 标准提到的"增强满足要求能力的循环活动"即是指 PDCA 循环。许多人认为，PDCA 循环是质量管理的重要工作方法，它也是做好一切工作的科学工作程序，包括安全风险管理工作。PDCA 循环所代表的含义为：P（Plan）——计划，包括方针和目标的确定以及活动计划的制定；D（Do）——执行，指具体运作，实现计划中的内容；C（Check）——检查，总结执行计划的结果，找出问题；A（Act）——行动（或处理），对总结出的检查结果进行处理，继续遵循和推广成功经验，将未解决的问题总结经验教训后在下一 PDCA 循环中予以解决。PDCA 循环可以使我们的思想方法和工作步骤更加条理化、系统化、图像化和科学化。它具有如下特点：

（1）大环套小环，小环保大环，推动大循环。一个企业中各层级都有自己的 PDCA 循环，层层循环，大环套小环，大环是小环的母体和依据，小环是大环的分解和保证，彼此协同，互相促进，推动各级小环向企业的总目标迈进。

（2）不断前进、不断提高。PDCA 循环并不是运行一次就完毕了，而是一个循环运转结束后，解决一部分问题，实现提高，同时发现新问题，再制定下一个循环，再运转，再提高。

（3）阶路式上升。PDCA 循环不是在同一水平上循环，而是每循环一次，工作就前进一步，水平也提高一步。每通过一次 PDCA 循环，都要进行总结，提出新目标，再进行第二次 PDCA 循环，使工作不断实现上升和提高。

（四）不足之处

虽然业界对境外项目的管理研究已取得一定的成绩，但对文化心理管理的研究还存在以下不足：

（1）由于境外工程项目的风险管理是基于项目风险管理发展起来的，专门针对此内容的基础理论研究成果并不多，对于该课题的探索多数集中在与国内工程项目风险管理的差异性方面，并仅以风险识别与风险应对为主。

（2）研究者对于境外项目的风险因素的识别与管理多数凭借实践经验，缺乏系统、科学、有效的识别和管理方法。

（3）结合境外项目开展实际情况，由于人文认知差异而形成的项目文化风险在境外项目中缺乏研究，且针对文化风险因素的研究多数集中在宏观层面和案例经验总结与借鉴上，特别缺乏从理论应用和不同参与主体的角度对文化风险进行系统管理研究。

（4）对实际境外项目缺乏对项目全过程的风险管理与项目后评价结合的相关研究，无法为未来的境外工程项目提供参考与借鉴。

（5）在案例分析中，多数集中于某一具体的境外项目，缺乏针对具体类型的境外项目风险管理方法的研究，实务应用也有待深入。

三、已有的研究基础

（一）国家核心政策法规和指导文件研究

随着我国对外投资合作规模不断扩大和"一带一路"建设的不断推进，面临的国际形势日趋复杂多变，各类境外安全风险事件时有发生，不仅对境外经营造成影响，而且严重威胁我国境外人员的生命财产安全。为完善境外安全风险控制体系，指导企业加强境外安全风险防范，保障"走出去"战略的顺利实施，国家已发布多个核心政策法规和指导文件，成为境外安保的主要制度保障。这些文件包括：《国家涉外突发事件应急预案》（国办函〔2005〕59号）、《国务院办公厅转发商务部等关于加强境外中资企业机构与人员安全保护工作意见的通知》（国办发〔2005〕48号）、《对外投资合作境外安全风险预警和信息通报制度》《境外中资企业机构和人员安全管理规定》（商合发〔2010〕313号）、《中国企业海外安全风险防范指南》《境外中资企业机构和人员安全管理指南》《对外投资合作境外安全事件应急响应和处置规定》（商合发〔2013〕242号）、《中国领事保护和协助指南》。目前，我们主要将《境外中资企业机构和人员安全管理指南》（以下简称《安全管理指南》）作为本研究的主要指导文件。《安全管理指南》的主要内容是将 PDCA 循环作为安全风险管理方法，通过计划、执行、检查和行动四个环节，构建企业境外安全管理体系。其对加强境外中资企业和人员安全保护具有现实的指导意义，具有很强的可操作性。在安全手册中，可用于数据库编码的常用词汇有：境外中资企业、威胁、风险、脆弱性、风险识别、风险评价、风险评估、风险处置、风险规避、风险转移、可接受风险、低合理可行（As Low As Reasonably Practically，ALARP）、风险严重区和 ALARP 区。这类词汇体现的原则也提供了项目风险确定的判据标准，项目风险辨识也应该以此为原则。

（二）境外中资企业的安全风险管理研究

安全风险管理是指企业围绕其总体安全政策和管理目标，通过明确各部门分工和职责，配置各项资源，在业务管理的各个环节和经营过程中系统地识别、分析、评价、处置、监测和评审威胁或潜在威胁境外业务安全风险的过程。这里涉及的关键概念有：

1. 风险识别

通过风险识别应确定企业活动、产品或服务中能够控制或能够施加影响的健康、安全与环境危害因素，在识别过程中应综合考虑。风险识别应考虑过去、现在、将来三种时态和正常、异常、紧急三种状态。

2. 风险类别

《安全管理指南》将安全风险分成政治风险、经济风险、自然灾害风险、医疗卫生风险、恐怖活动风险、社会治安风险、其他风险等类别，并给出了各类别主要内容。

3. 风险评价准则

企业基于"低合理可行"的原则，制定合适的风险评估准则，明确不同风险的可接受标准。

4. 风险处置

境外各作业项目都应该根据风险评估的结果，建立风险登记表。风险在不同作业项目，甚至同一作业的不同阶段都是不断变化的，所以，风险登记表也是一个需要及时更新的文档。境外中资企业所涉及的突发事件因地处境外，除生产安全事件外，需高度重视和面对的是社会安全事件。

境外中资企业应通过危险分析与应急能力评估来确定应急管理对象，改进应急管理。应基于对境外生产经营活动的风险分析来确定作为应急对象的突发事件，形成文件并及时更新。危险分析是企业应急预案编制的基础和关键过程，有助于确定需要重点考虑的危险和紧急情况，明确应急对象，使应急预案能够针对风险最大的事故（事件）进行处置。危险分析一般包括危险因素辨识、脆弱性分析和风险评估三个过程。此外，境外中资企业明确突发事件的预警条件和预警级别及预警解除条件，预警条件以突发事件发展趋势的预警信息为依据，把预警工作向前延伸，逐级提前预警，提高预警时效。境外中资企业的预警可分为红色、橙色、黄色、蓝色四级，预警信息一旦发出，有关单位应启动相应的应急预案。

（三）"一带一路"周边国家突发事件案例数据库构建与突发事件演变规律研究

1. "一带一路"周边国家突发事件案例数据库构建

采用手工收集、自动收集等多种方式进行"一带一路"周边国家发生的常态事件与突发事件的收集整理工作。其中，手工收集包括现场实地考察调研、与"一带一路"周边国家相关安全应急研究机构沟通获取资料信息等方式；自动收集包括收集国际相关在线学术数据库、国际新闻网络、报纸书籍等媒体获取相关资料信息等方式。据此，结合国内外对突发事件类型划分标准的对比，构建基于"人—机—环"系统角度的"一带一路"周边国家突发事件案例数据库集。

2. "一带一路"周边国家突发事件区域分布特征及事件特点研究

在"一带一路"周边国家突发事件案例数据库集构建基础上，采用 GIS、统计学等方法对"一带一路"周边国家突发事件区域分布特征进行系统分析，研究"一带一路"周边国家突发事件在不同时间、不同区域的分布特征，相关利益人的人口密度分布特点、救援装备的分布特征及现场环境的整体特点。本研究将针对不同时间、不同区域及相关利益人采取的应急响应措施的共性和差异、不同救援装备资源利用情况、现场环境受不同因素影响的变化规律等。

3. "一带一路"周边国家突发事件的演变规律研究

在上述研究的基础上，从"人—机—环"系统出发，综合运用相关分析、比较分析、专家评判及数理统计等方法，探索"一带一路"周边国家突发事件演变规律问题。具体方案包括：①"一带一路"周边国家突发事件发生致因源耦合概念、特征的提取；②影响突发事件发生的人、机、环三大因素数据的梳理及突发事件发生致因源耦合要素的提取；③"人—机—环"三维耦合致因机理的提出，形成耦合影响因素间的关系结构，从而建立"一带一路"周边国家突发事件发生致因耦合模型，并进一步探讨周边国家突发事件发生致因的直接耦合机理、间接耦合机理。

4. 实证研究的效果验证和不断完善

采用构建的数据库及演变规律理论方法对"一带一路"周边若干国家突发事件进行回顾性分析及前瞻性情景预测研究，并进行若干试点应用研究。在项目成果实施后，选择公共安全、应急管理等安全应急专家若干名，用德尔菲法经过两轮专家评估，编制项目实施效果问卷，并采用 SPSS 软件验证问卷效度、信度。在此基础上，采用问卷调查、访谈法等对项目实施试点国家相关人群（应急决策层、应急执行层、应急队员层）进行系统调研，对成果进行修改和完善。同时，邀请相关领域专家若干名对项目成果现场评估，提出修改建议。经持续推进再验证后，再不断扩大实施范围。此外，子课题组在境外安全研究方面做了大量的实践工作，为团队介入基于"一带一路"周边国家的文化心理数据库建设奠定了坚实的基础。

（四）境外企业项目外源性风险管控评价体系

我国商务部联合中国对外承包工程商会（以下简称承包商会）在编著《境外中资企业机构和人员安全管理指南》和在业内推广应用的基础上，进一步开展企业境外项目外源风险管控课题研究，最终发布"境外企业项目外源风险管控评价体系"和"境外企业项目外源风险管控评价软件"，旨在指导企业完善境外风险管控体系，掌握风险评估和管控的工具，以进一步全面提升企业境外风险管控能力与水平。该体系建立在知识工程理论、模糊数学知识和软件工程理论基础上，是一个开放性的多层非线性的风险与知识（应对措施）博弈网络，也是企业境外项目外源风险管控情况评估的知识体系。该体系重点涵盖了恐怖主义与社会治安风险、政治风险、经济风险、法律风险、环境风险、医疗卫生风险六类一级风险和 42 个二级风险，提出了对应的应对防范措施，在为企业评估境外工程类、投资类项目外源风险等级的同时，也为企业采取风险防范措施提供借鉴。对于企业境外项目而言，外源风险管控评价软件既可以进行事前评估，也可以进行事中评价，还可以进行事后评审，能够指导和帮助企业检测具体境外项目，应对存在的问题和不足，并有针对性地持续改进，从而不断完善项目外源风险管控工作。

（五）中国外交风险预警的基本模型

探索我国外交预警的基本模型的根本目的是，就中国与他国外交摩擦、外交纠纷乃至外交冲突的潜在可能发出及时、准确的预警信号，并根据潜在风险的性质、类型和具体征兆，提出针对性强、可操作性强的响应建议。与现有的多数早期预警模型一样，中国外交预警模型的建构也应遵循简单、可衡量、一致性和准确性四个基本要求。另外，中国外交风险预警模型还包括三个核心要素：一是参照国际上主要的早期预警与响应模型，重点聚焦对象国的内部稳定，建构"对象国国别稳定指标"；二是注重其对中国外交的影响，建构"双边关系稳定指标"；三是虑及中国崛起的体系效应，建构"多边关系稳定指标"。

1. 对象国的国别稳定指标

中国外交对象国的内部稳定程度是决定中国与该国的外交风险高低的根本要素。事实上，美国、英国、德国、荷兰等西方发达国家建立脆弱国家或失败国家指标正是为了服务于其外交决策。但对中国而言，由于始终坚持不干涉别国的内政原则，因此，对象国的内部稳定不能成为中国外交风险预警的唯一指标。参照既有的对象国的风险预警模型，结合我国外交的特殊性，中国外交风险的预警模型中的对象国国别稳定指标可由政治、经济、社会与外交等六项具体指标构成。这些指标包括：指标1，政治制度稳定性；指标2，外交政策稳定性；指标3，经济发展稳定性；指标4，贫富差距变化趋势；指标5，经济结构转型速度；指标6，外交政策支持度。上述六项指标共同构成了对象国国别稳定指标，但考虑到不同要素的重要性也不相同，在模型建构中应对政治、经济和社会指标赋予不同的权重。具体而言，考虑到中国经济快速崛起、中国与对象国经济联系及外交政策的特殊性，可赋予政治和经济类指标更高的权重，而赋予指标6略低的权重。

2. 双边关系的稳定指标

美国、英国等发达国家的外交早期预警和响应主要基于对象国的稳定水平，较少考虑相互之间关系的稳定程度，因此，表现出明显的强权主义或单边主义倾向。中国仍是一个崛起中的国家，对于外交风险的评估、预警和响应必须充分虑及外交关系的相互性，这不仅包括双边关系，也包括三边乃至多边关系的稳定性。唯有如此，中国的外交风险的早期预警和响应才可能更为有效、更为合理，且更有利于中国的可持续崛起。在考虑外交关系相互性方面，双边关系稳定性显然比多边关系的稳定性更为重要，因为前者直接涉及中国与对象国的关系，指标设计需覆盖政治外交、经济合作、军事交流和人文交流四个领域。此外，指标 7，外交相似度；指标 8，经济合作牢固度；指标 9，安全交流密切度和指标；指标 10，人文交流密切度也是务必考虑的内容。考虑到上述四个指标对中国与对象国外交关系的影响是不同的，因此，也必须对其进行权重赋值。我们将对象国分为两类：对于发展中国家，四个指标的权重赋值可相对平均；但对欧美发达国家和中国邻国，则应适度降低经济指标的重要性，相对平衡地突出政治、军事和人文交流的重要性。

3. 多边关系的稳定指标

中国外交潜在的风险可能来自对象国本身，也可能来自双边关系，还可能来自第三方或多方。因此，要对中国外交风险进行预警，也应虑及多边关系对双边关系造成的潜在冲击。多边关系影响双边关系的渠道主要是三个层次：一是体系层次；二是多边国际组织层次；三是多边国家关系，如印度对中国与巴基斯坦关系的影响，或美国对中日关系的影响。衡量多边关系稳定程度的具体因素主要有两个：指标 11，国际组织内互动密集度；指标 12，第三国制造麻烦。这两个指标可以衡量第三方对中国与对象国造成外交风险的可能性。

将上述对象国国别的稳定指标、双边关系稳定指标和多边关系稳定指标相结合，并赋予不同的权重，可大致得出中国外交风险预警的基本模型。这一模型兼顾国别、双边和多边（全球）三个层次，可能避免相关国际模型仅聚焦国别稳定度的偏颇，凸显出中国崛起这一特性对外交风险的重要意义，更能从早期预警和早期响应的模型及体制建设上做出贡献。

四、境外项目的文化风险分析

（一）文化风险源

以社会组织的范围大小和层次为标准，境外项目的文化风险源可细分为员工、组织和社会的文化风险三大类。员工文化风险主要体现为当地员工和劳工的工作态度、职业道德、教育程度，以及境外中资企业在外人员与当地员工在语言、沟通、认知等方面的差异与矛盾；组织文化风险主要指境外中资企业与包括业主、分包商、供应商等在内的其他项目干系人在项目开展过程中，在语种、商业环境、价值观、信誉等方面的文化差异与矛盾；社会文化风险则主要包括境外中资企业对项目所在地的宗教信仰和风俗习惯的认知、项目所在国的政府办事效率、社会风气和民众情绪等因素。

（二）社会文化风险事件

既往案例表明，与员工文化风险和组织文化风险相比，社会文化风险对境外项目建设的影响是最为关键和致命的。社会文化风险的主要风险事件共八项：

（1）当地民众存在排外情绪，不配合工程项目的开展，举行诸如扰乱施工现场、抗议等活动，造成施工环境混乱、施工人员伤亡等，导致工程不能顺利开展。

（2）政府办事效率低下、信用差、廉洁程度低、官僚习气重，常常出尔反尔、收受贿赂，公职人员品行败坏、职业道德差。

（3）项目所在地社会不稳定，治安混乱，偷盗成风。

（4）项目所在地当局对劳工、周边环境等方面的过分保护，给中资企业工作开展造成一定困难与阻碍。

（5）中资企业在外人员不了解或不尊重当地宗教文化或民族风俗，触犯当地禁忌。

（6）当地宗教活动或节日习俗造成工期暂停、进展滞后，如伊斯兰教的礼拜、朝觐等。

（7）当地宗教或风俗在饮食方面的限定，造成中资企业在外人员水土不服等不适现象。

（8）当地宗教对外来员工的限制多，影响正常工作开展。

（三）可参考的资源

（1）政府之间的国际组织：世界银行、国际货币基金组织（IMF）、世界贸易组织（WTO）、经济合作与发展组织（OECD）、世界卫生组织（WHO）、联合国有关各机构（如联合国贸发会议、工业发展组织和计划开发署等）、亚洲开发银行（ADB）、多边担保机构（MIGA）。

（2）各国官方或半官方机构：商务部从 2004 年底开始建立的国别投资经营障碍报告系统；商务部投资促进局发布的《中国对外投资促进国别/地区报

告》和国别投资指南；各国官方支持的出口信用机构（ECA），如中国出口信用保险公司发布的《国别风险分析报告》等；中国对外承包工程商会的iCover平台；透明国际组织（TI）；人权国际组织；绿色和平组织；大赦国际组织。

（3）非政府组织（NGO）和私人组织或商业机构：行业商协会组织、政治风险集团（PRS）、瑞士商业环境风险情报公司（BERL）等。

（四）世界主要国家和地区社会安全风险等级

目前，最为权威的是世界主要国家和地区社会安全风险等级表（李媛等，2015）所确定的通用标准，如表10-2所示。

表10-2　世界主要国家和地区社会安全风险等级

	极高风险	高风险	中等风险	低风险
亚洲区	巴基斯坦、伊拉克、阿富汗、也门、叙利亚、缅甸东北/东南边境地区	土耳其、伊朗、越南、菲律宾、巴勒斯坦、黎巴嫩、印度尼西亚、斯里兰卡、缅甸、沙特阿拉伯、印度、老挝、以色列、东帝汶	泰国、蒙古、马来西亚、柬埔寨、孟加拉、尼泊尔、朝鲜、巴林、阿曼	新加坡、韩国、日本、中国香港地区、中国澳门地区、中国台湾地区、阿联酋、卡塔尔、约旦、不丹、科威特、马尔代夫、文莱
非洲区	苏丹、南苏丹、尼日利亚、利比亚、索马里、马里、中非、埃塞欧加登地区	肯尼亚、阿尔及利亚、刚果（布）、布隆迪、尼日尔、乍得、刚果（金）、安哥拉、埃塞俄比亚、埃及、利比里亚、塞内加尔、科特迪瓦、喀麦隆、塞拉利昂、马达加斯加、布基纳法索	南非、毛里塔尼亚、赞比亚、卢旺达、乌干达、厄立特里亚、加纳、津巴布韦、莫桑比克、摩洛哥、几内亚、突尼斯、冈比亚、几内亚比绍、马拉维、圣多美和普林西比	坦桑尼亚、加蓬、纳米比亚、多哥、塞舌尔、吉布提、贝宁、科摩罗、赤道几内亚、博茨瓦纳、佛得角、莱索托、毛里求斯、斯威士兰

续表

	极高风险	高风险	中等风险	低风险
拉美区	哥伦比亚东北/西南部山区	委内瑞拉、哥伦比亚、海地、洪都拉斯、危地马拉、尼加拉瓜、墨西哥、厄瓜多尔、特立尼达和多巴哥	秘鲁、古巴、玻利维亚、巴西、哥斯达黎加、阿根廷、智利、萨尔瓦多、圭亚那、乌拉圭、牙买加	多米尼加、英属维尔京群岛、百慕大、巴拿马、巴拉圭、苏里南、安提瓜和巴布达、巴巴多斯、巴哈马、伯利兹、多米尼克、格林纳达、圣卢西亚、圣基茨和尼维斯、圣文森特和格林纳丁斯
北美区				美国、加拿大
欧洲区			阿尔巴尼亚、波兰、塞尔维亚	英国、德国、荷兰、法国、挪威、希腊、奥地利、芬兰、罗马尼亚、瑞士、爱沙尼亚、匈牙利、比利时、卢森堡、丹麦、瑞典、意大利、马耳他、摩纳哥、西班牙、葡萄牙、爱尔兰、安道尔、捷克、斯洛伐克、斯洛文尼亚、保加利亚、拉脱维亚、立陶宛、冰岛、波黑、黑山、克罗地亚、列支敦士登、马其顿、塞浦路斯、圣马力诺
大洋洲区		巴布亚新几内亚	汤加、斐济、所罗门群岛	澳大利亚、新西兰、瓦努阿图、密克罗尼西亚、基里巴斯、库克群岛、马绍尔群岛、瑙鲁、纽埃、帕劳、萨摩亚、图瓦卢

	极高风险	高风险	中等风险	低风险
欧亚地区		吉尔吉斯斯坦、格鲁吉亚、乌克兰、哈萨克斯坦、塔吉克斯坦、乌兹别克斯坦、土库曼斯坦	阿塞拜疆	俄罗斯、亚美尼亚、白俄罗斯、摩尔多瓦

注：以上国别或地区为世界主要区域。

第一类国家是"一带一路"上的节点国家，如土耳其、巴基斯坦、哈萨克斯坦、希腊、俄罗斯等15个国家，这些国家法律制度比较健全，国际合作和保护意识比较强，所以这类国家的风险主要来自政府与人民的信任与支持。

第二类国家属于"一带一路"上中国投资特别密集的国家，需紧密管控其投资风险，如印度、斯里兰卡、希腊、伊朗、新加坡等国。据研究，这些国家的投资风险中相当部分是来自政府和民众的不信任甚至宗教文化心理领域的排斥情绪。

第三类国家是"一带一路"上能源资源丰富的国家，如吉尔吉斯共和国、俄罗斯、伊朗和哈萨卡斯坦等。

资料来源：李媛、汪伟、苗埰：《基于ICRG数据的中国海外投资国家风险评价分析》，《沈阳工业大学学报（社会科学版）》2015年第4期。

五、本课题拟解决的重要问题和研究价值

（一）本课题拟解决的重要问题

"一带一路"倡议的目的，是通过实现沿线国家的共同繁荣和区域和平，最终惠及民生。政府可能会更迭、官员可能会更换，最终起决定作用的是每个国家的国民和该国的文化，所以，"一带一路"倡议的各项合作应惠及参建国家的百姓。应该看到，中国在一些国家开展的合作项目承受了巨大的政治、经济与道德风险，甚至遭遇惨痛的历史教训；同样，我们也看到，与另一些国家的合作却并未因对方内部政治、经济因素的变化而变化，两国之间的传统友好关系历久弥新，相关风险被化解或延缓。对此，本子课题的研究拟解决以下几个层面的问题：

1. 微观层面：研究"隐性风险"

隐性风险一般具有三个特点：隐蔽性、长期性和严重性。隐蔽性是指此

类风险或属一种文化或心理领域的印象、看法和偏见；长期性是指此类风险难以自动消失，或者很难采取奏效的风控措施使其改变；严重性是指对中资企业开拓境外市场形成的威胁与破坏力不亚于显性风险。我们需要在已有风险研究体系与研究工具的基础上，借助本总课题相关的其他子课题所研究得出的"心理行为指标"成果，从心理学、传播学、组织行为学角度，对既往案例再认识，重新剖析、解读传统风险评估手段所难以发现的"隐性风险"。

2. 中观层面：探索"风险应对—知识体系"

从本课题搭建的数据库中提取原始数据，尝试寻找相关性或统计规律，研究不同时空背景下，文化、认知、意识形态等领域各项元素与因子的"量子纠缠"，通过分析梳理可能的风险源，探索解决文化冲突的风险模型与监测指标群，并尝试建立可对抗或干预风险的"风险应对—知识体系"。同时，建立健全包容显性风险和隐性风险的"系统风险观"理论体系，以期满足用户今后在早期预警、事前预防、事中预控、事后应急等不同层面的管理与决策需求。

3. 宏观层面：建立"跨文化互动合作"风险防范机制

长期以来，由于缺乏对该领域文化心理风险的识别评估与应对处置机制，我国跨文化互动合作的文化心理风险管理领域一直存在形式主义的痼疾，效果不够理想，有时甚至事与愿违，或者被某些域外势力"抓住小辫子"，直接或间接地延缓或阻碍了若干重大合作，干扰了基础设施互联互通项目的推进与落地实施。鉴于"跨文化互动合作"工程在"一带一路"倡议建设中的重要性，有必要改变以往流于形式、不重效果的做法。各部门将组成"跨文化互动合作"风险防范联合工作组，加强对企业赴相关风险国家和地区投资的指导和监督，从文化心理风险视角，及时警示和通报有关国家政治、经济和社会重大风险，提出应对预案和防范措施，切实维护我国企业境外合法权益，加强相应的安保培训，落实保险保障措施，提升企业境外投资安全风险的综合防范能力。

（二）本课题的研究价值

本课题的研究价值包含以下几个方面：

第一，引起境外中资企业对多元文化环境的重视。随着科学技术水平和工程技术的不断发展与成熟，硬环境对境外工程项目成败的影响越来越小；相反，诸如文化等软环境因素却对境外工程项目的成败起着越发重要的作用。

但与技术因素相比，文化因素较为隐性，易被企业管理层忽略。本研究有助于境外中资企业认识到文化管理的必要性和重要性。

第二，提高境外中资企业对项目文化风险的管理水平。在充分认识文化风险的基础上，如何开展文化风险领域的管理工作尤为关键。而正确、科学、有针对性的管理方式不仅可以节省管理成本，同时也可以有效地缓解风险、减少损失。本研究有助于改善企业以惯性思维对待境外项目的现状，对企业项目文化管理水平的提升有积极的意义。

第三，提高境外中资企业的国际竞争力。面对中国"走出去"政策的实施，越来越多的中国企业将目光投向"一带一路"周边国家市场。利用科学、系统的管理方法充分识别境外项目的文化风险，并开展有效的应对与缓解措施，有利于境外中资企业有目标、有方向、有计划地拓展国际业务板块，在激烈的国际市场竞争中赢得先机、不断发展。

第二节　文化心理指标的循环校验

利用网络数据进行心理建模的前提是明确现实行为与网络行为的表征关系。但是目前，不论是心理学自上而下的理论研究，还是数据驱动的自下而上研究，都未能形成系统、综合的映射集合。网络行为与心理特征究竟有着怎样的表征关系，是大数据心理学亟待解决的问题。虽然我们已经探索出了一套"周边国家文化心理特质体系雏形"，但是，要以此作为数据挖掘的指导和模型检验的标准，仍需要我们以现实为依据，进行理论与实践相结合的往复改进与完善。具体而言，目前数据科学家以社会媒体数据为依据进行的网络行为研究，主要集中于语义特征提取和行为特征提取两大主题。相对应地，心理学研究也应以现实的文化心理现象为依据，探索语言—心理和行为—心理的表征关系。譬如，我们已经发现，在网络用户的语义特征方面，"我"和"我们"这类人称代词能够分别反映个体主义和集群主义的不同文化倾向，我们由此形成了"个体/集群主义词库"。类似的还有"高/低权利距离词库""文化包容/排斥词库"等；我们也已经发现，在网络用户的行为特征方面，较高频率的文化相关内容搜索表征更高程度的文化融合倾向、较高频率的暴力词使用表征更高程度的文化排斥倾向等。总之，结合传播学分析技术、心理学元分析技术和关键行为编码技术，我们初步形成了一套针对"一带一路"文化心理的《语言—心理词库》和《行为—心理图谱》。而这一初步成果，已经可以用来为社会媒体大数据挖掘和深度剖析提供指导。同时，我们将借助iCover 这一境外工程风险管控平台，对既有的"周边国家文化心理指标体系"进行现实检验。

一、主要的研究内容

本研究主要解决如下三个问题：

（1）如何结合现有的案例文本资源，对既有的文化心理指标体系进行循环校验？

（2）如何在完备的文化心理指标体系上发展一套科学的文化风险管理体系，填补当前涉外项目文化风险管理的空白？

（3）如何在综合态势分析的基础上开发面向周边国家文化心理的多层次、多维度可视化展示平台，充分发挥文化心理数据库的洞察和沟通功效？本研究的逻辑关系和研究方法如图 10—1 所示。

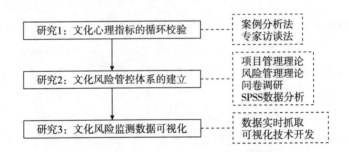

图 10—1 本研究的逻辑关系和研究方法

二、文化心理指标的循环校验

（一）文化心理指标的持续改进与完善的指导思想

首先，以我们的"周边国家文化心理指标体系"为指导，设计出涉外人文经济合作的文化风险指标体系，在具体项目中帮助企业进行境外项目的文化心理风险评估。其次，使用我们开发出的"周边国家文化心理数据库"来对具体涉外项目的文化心理风险进行监测和预警。最后，结合文化心理理论和数据驱动的文化现象呈现，设计外派人员的文化心理教育、风险应急防护等培训工作。

具体的评估需要检验如下几点：

（1）覆盖率。是否某些文化心理现象在我们的文化心理指标体系中找不到，需要增补。

（2）异常值。是否有些文化心理指标存在概念歧义、概念交叉、跨文化差异等问题，需要重设。

（3）时效性。文化心理特征相对恒定，但在一定时间窗口内也会发生变动，如社会变迁对国民幸福感的影响就呈现时间序列的变化。因此，对我们的文化心理指标体系，需要在经年累月的应用中进行时效性检验，及时调整。

（4）权重分。评估过程中一般要根据指标的重要性进行加权处理；评估结果不再是具有具体含义的统计指标，而是以指数或分值表示参评对象"综合状况"的排序。

（二）文化心理指标和模型的评估程序

对于所设计的文化心理指标和模型我们将采用适宜的评估方法进行评估、改进，如可采用综合评估的方法对模型进行评估，也就是利用多项文化心理指标对某个文化心理现象的某种属性进行定性、定量评估，或者对多个评估现象的属性进行定性、定量评估，其基本思想是将多个指标转化为一个能够反映某种文化心理现象来进行评估，如不同国家的文化排斥、不同地区的文化认同、不同地区的文化融合等。

1. 综合评估法的特点

评估过程不是逐个指标顺次完成的，而是通过一些特殊方法将多个指标的评估同时完成；评估过程中一般要根据指标的重要性进行加权处理；评估结果不再是具有具体含义的统计指标，而是以指数或分值表示参评对象"综合状况"的排序。综合评估可采用计分法、综合指数法、Topsis法、秩和比（RSR）法、层次分析法、主成分分析法、数据包络分析法、模糊评估法、多元统计分析法等。

2. 综合评估包括的要素

（1）评估者。评估者可以是某个人或某团体。评估目的的给定、评估指标的建立、评估模型的选择、权重系数的确定都与评估者有关。评估者在评估过程中的作用是不可轻视的。

（2）被评估对象。在我们的课题里，被评估对象包括不同国家和地区群体的学术价值观、政治价值观、社会信任、社会互动、群际威胁、世界价值观、大五类人格等。

（3）评估指标。评估指标体系是从多个视角和层次反映特定评估客体数量规模与数量水平的。它是一个"具体—抽象—具体"的辩证逻辑思维过程，是人们对现象总体数量特征的认识逐步深化、求精、完善、系统化的过程。

（4）权重系数。相对于某种评估目的来说，评估指标相对重要性是不同的。权重系数确定的合理与否，关系到综合评估结果的可信程度。

（5）综合评估模型。所谓多指标综合评估，就是指通过一定的数学模型将多个评估指标值"合成"为一个整体性的综合评估值。

3. 综合评估的过程

我们将按照如下步骤完成综合评估的过程：①确定综合评估指标体系，这是综合评估的基础和依据；②收集数据，并对不同计量单位的指标数据进行同度量处理；③确定指标体系中各指标的权数，以保证评估的科学性；④对经过处理后的指标再进行汇总，计算出综合评估指数或综合评估分值；⑤根据评估指数或分值对参评对象进行排序，并由此得出结论。

（三）文化心理指标和模型的评估方法

我们将采用如下一些方法来评估文化心理指标与模型：

（1）行为事件访谈法。以编码词典为引导，继续收集沿线国家不同文化背景的管理者和行业专家的案例，询问词典采集的编码条目是否全面和准确。

（2）团体焦点访谈法。将具有相同专家水平的人员集中，针对再次获得的群际文化心理行为指标，采用头脑风暴的方式，征询专家的意见，从而获得团体焦点访谈的新结果，验证心理行为指标系统。

（3）编码词典抓取法。通过实际的上网抓取信息的操作，征询沿线人员的意见，再次归纳出得到验证的文化心理指标体系。这样，循环往复地验证获得的数据库指标系统，直至系统完善。

（四）文化心理指标和模型的有效性检验

以涉外工程的待出发人员为被试，对其实施文化认知提升、情感态度矫正、突发事件应急技巧培训，培训采用对比模式，一部分采用经过安全管理应急的模式，另一部分采用常用的培训模式，然后对培训效果进行检验，以证实我们新提出的安全管理模式的有效性。通过比较前测数据与后测数据之间的差异，来对其进行验证。在分析培训有效性的过程中，我们也将对提出的培训模式的完备性进行循环论证，修改不完善的地方，直至培训模式中包括的文化心理指标日趋完善。

三、循环校验的培训和检测过程

（一）循环校验的培训模式

iCover 平台已经集成了大量的涉外工程风险管理案例文本，可以作为我们检验文化心理特征体系完备性的效标数据。为了验证和校对既有的文化心理指标体系，我们采用案例编码和文本挖掘的方法开展具体工作。通过对每个案例进行心理指标分析，我们还可以得出相应的测评结果转化表，为之后的风险管控工作提供具体建议。校验的培训模式如图 10-2 所示。

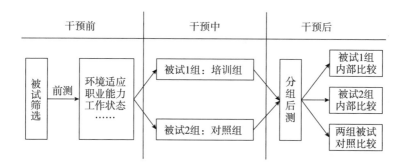

图 10-2　利用涉外工程人员培训来验证指标及模型的有效性

这个培训有两个功能：一方面，通过对比培训，探索环境适应、职业能力和工作状态究竟受什么因素影响更多；另一方面，征求受训者的意见，看我们确立的心理行为指标是否全面，如果不全面，就要在培训过程中补充增加，直至心理行为指标趋于完善。以下尝试以埃塞俄比亚动乱、缅甸莱比塘铜矿事件和巴基斯坦宗教暴恐三个案例来展示文化心理指标的校验工作。

（二）循环校验的案例说明

案例一：埃塞俄比亚紧急状态危机

近些年来，埃塞俄比亚局势相对平稳。1991 年之前，这个国家处于军政府统治，国家动乱旷日持久，最终，军政府被现在的执政党联盟 EPRDF 推翻。执政党政治强人梅莱斯·泽纳维（Meles Zenawi）自 1991 年冲突结束后，一直掌管着执政党和国家。埃塞俄比亚实行议会制，总统基本是虚位元首（即不掌握实权），政府首脑为总理。自新宪法颁布后，梅尔斯一直担任总理至 2012 年。2012 年梅尔斯去世，由现任总理海尔马里亚姆·德萨莱尼（Hailemariam Desalegn）代理总理，并于 2015 年正式当选总理。2016 年 10 月下旬，埃塞俄比亚奥罗米亚地区民众因征地拆迁等问题与政府意见不一，进而引发大规模群众示威，并与军警发生冲突。冲突造成了多人伤亡，局势持续紧张。根据人权组织统计，埃塞俄比亚几个月来的示威活动导致了数百人丧命。根据埃塞俄比亚宪法，在遇到外部势力入侵、社会秩序严重混乱或遭遇大规模自然灾害等状况下，内阁会议有权宣布国家进入紧急状态。国家紧急状态下可以执行如下行动：未经授权即可搜寻和没收财物（个人、车辆、民宅）；未经审判即可监禁嫌疑人；动用军队维护公共秩序；实施宵禁、封路以及其他限制活动的措施；控制媒体。10 月 4 日，首都亚的斯亚贝巴西南 15 千米处，民众游行示威爆发冲突，政府海关、法院受冲击，部分地区发生骚乱及车辆被砸烧情况，进出市区道路被军警封闭。10 月 5 日，埃塞俄比亚政府为了维稳和安全管理需要，下令屏蔽手机移动网络，并封锁社交媒体。10 月 6 日，中国驻埃塞俄比亚大使馆在当地发出内部通知，因近期局部地区骚乱活动仍未停止，建议各中资机构中方人员不要外出活动。10 月 10 日，由于埃塞俄比亚政府紧急调集军警，大部分地区已经得到了控制，很多外资企业集中的地方埃塞俄比亚方面已经安排军警进驻保护。埃塞俄比亚当地时间上午 11 时，埃塞俄比亚手机移动网络恢复正常。

案例二：缅甸莱比塘铜矿事件

缅甸蒙育瓦莱比塘铜矿项目位于缅甸联邦西北部实皆省南部蒙育瓦镇，距离缅甸第二大城市曼德勒 120 千米。莱比塘铜矿原本由加拿大艾芬豪矿业公司经营，但因西方对缅甸的持续制裁，艾芬豪最终决定退出。2010 年 6 月 3 日，在中缅两国总理见证下，莱比塘铜矿项目产品分成合同正式签署，项目总投资为 10.65 亿美元。中方业主为万宝矿业有限公司，而缅甸合作方是缅甸联邦经济控股公司。项目分为基建期和生产期两个阶段，其中，基建期 17 个月，主要工程包括约 2000 万方剥离量和 6.6 千米的道路建设，合同额约 6000 万美元；生产期总服务年限约 32 年，年采剥总量约 2760 万立方米，合同额约 8000 万美元/年。2011 年 7 月 8 日，中国水电顺利中标承建缅甸蒙育瓦莱比塘铜矿项目，并由水电十局有限公司作为牵头方与水电三局有限公司组成联营体，具体实施该项目的前期基建及 10 年生产期的采剥工作。项目奠基仪式于 2012 年 3 月 20 日在蒙育瓦莱比塘铜矿项目举行。首次停工发生在 2012 年 6 月 4 日，莱比塘铜矿项目部接到业主方万宝矿产及缅甸经控公司的通知，莱比塘铜矿项目因故全面停工。后来复工。2012 年 8 月 28 日，铜矿采剥作业设备开始搬回莱比塘铜矿。2012 年 9 月 9 日，缅甸莱比塘铜矿项目复工当日即完成采剥工程量约六万吨，创下铜矿项目自开工以来最高日产量。再次停工为 2012 年 11 月，当地居民再次针对铜矿项目进行大规模抗议。11月 18 日起，数百名当地农民、僧侣和维权人士进入莱比塘铜矿作业区抗议，在工地附近搭建了六个临时营地，投诉铜矿拆迁补偿不公、污染环境等。抗议者还占领了万宝公司在铜矿附近的营地，铜矿的建设工作被迫全部中断。2012 年 12 月 2 日，缅甸总统办公室网站公布了一项声明，任命由 30 人组成的委员会调查莱比塘铜矿，昂山素季担任调查委员会主席。委员会将对抗议活动及其相关社会和环境问题进行调查，并对中缅合资铜矿扩建计划是否应该继续执行提出建议。同时，时任总统吴登盛也于当日签署命令，组建莱比塘铜矿调查报告执行委员会。委员会主席由总统府部部长吴拉吞担任，成员共 15 人，万宝矿业总经理耿一也是委员会成员之一。

案例三：巴基斯坦宗派暴力恐袭事件

2017 年 1 月 16 日，巴基斯坦首席部长签署行政命令，将武警部队的特殊警务权力再次延长三个月直至 4 月中旬。2017 年 3 月 21 日，拉合尔市旁遮普大学的两个学生组织发生暴力冲突，起因系"普什图族学生会"成员在该校组织"普什图文化日"活动，遭"伊斯兰学生促进会"成员威胁和攻击。前者搭建的营地被后者纵火点燃。警方随后赶到，用催泪瓦斯驱散冲突的学生，至少七名学生受伤。目前，当地政府在白沙瓦通向拉瓦尔品第和伊斯兰堡的 M1 公路增设了联合检查站。在首都，除传统安保戒备区域外，当局进一步加强了 F—6、F—7、F—10、G—6 与 Blue Area 与 Red Zone 的安防措施。巴基斯坦政府在首都伊斯兰堡、拉瓦尔品第、拉合尔（旁遮普省）、卡拉奇（信德省）及白沙瓦（开普省）等地提升安保等级，针对部分关键设施加强安保力量。美国驻巴基斯坦拉合尔总领馆也宣称，近期限制职员外出行动，并提升使馆安保等级。旁遮普省已增加了军方武警的力量，并针对格罗尔（Karor）、Layyah、拉瓦尔品第等地宗教学校实施一系列搜捕行动。信德省北部布罗西族地区，特别是希卡普尔（Shikarpur）、苏库尔（Sukkur）极端主义分子变得活跃。俾路支省内务和部落事务部长称，目前，有数以千计的阿富汗塔利班组织成员正潜伏于各类伊斯兰教神学院内。2017 年 3 月 21 日，巴基斯坦反恐部门（CTD）宣布，其已抓获恐怖组织"哈菲斯·布罗西集团"重要头目舒埃布·布罗西，其手下曾被控参与袭击警察等恐怖活动。2017 年 3 月 22 日，机场安保部队在阿拉伊克巴尔国际机场附近的一处安检站查获一辆可疑汽车，司机系极端组织嫌犯且携带大量武器弹药。警方认为，其有恐袭预谋。2017 年 3 月 24 日，巴基斯坦当局挫败首都伊斯兰堡伊斯兰强硬派集会企图，警方包围红色清真寺和伊玛目住所，防止集会发生。该未遂集会旨在要求对那些在社交媒体上侮辱伊斯兰教者执行死刑判决。2017 年 3 月 25 日，不明身份的武装分子在巴基斯坦 Singo Lane 地区投掷手榴弹，造成至少 12 人受伤，疑与低收入地区的帮派争斗有关。

（以上三个案例均据境内、外媒信息及 iCover 平台当地信源综合编译）

（三）循环校验的编码说明

数据库编码结果如表 10-3 所示。

表 10-3　数据库编码结果

编码结果		案例 1	案例 2	案例 3
静态指标	世界观 世界主义			√
	支配主义			
	平等主义	√	√	
	价值观 提升		√	√
	超越			√
	保守	√	√	
	国民性 外向			√
	认真	√	√	√
	谦虚			
	情绪	√	√	√
	宜人			

续表

编码结果			案例 1	案例 2	案例 3
动态指标	他国认知	包容知觉			
		威胁知觉	√	√	
		分化知觉			√
		极端偏见		√	√
	认知比较	国际地位			√
		贫富差距		√	
		相对剥夺	√	√	
		社会正义	√	√	
		同化压力			√
	亲社会行为	社会遵从			
		目标一致			
		合作寻求		√	
		利他主义			
	反社会行为	政治分裂	√		√
		宗教紧张			√
		种族纷争			√
		恐怖主义	√	√	√

以上编码就是参加培训班的学员根据课题组提供的文化心理编码系统，将案例的内容认真阅读后，进行的编码系统转化。学员们结合文化心理的风险因子，确认每一事件的实际情况，分别对三个事件进行应用分析，做出编码实际情况的统计结果。在此基础上，分别针对三个案例，面向政府、合资企业和公民提出建议，如表 10－4 所示。

表 10-4 测评结果及对策建议

案例一：2016 年埃塞俄比亚动乱

评估	埃塞俄比亚国家政体的弱点在于： (1) 执政党其实是一个政党联盟，以民族为界 (2) 执政党加强权力的结果，导致政治可支配的利益非常大 (3) 政治接班人和政党的自我更新非常关键
预警（风险数据）	(1) 如果埃塞俄比亚地方冲突演化为民族冲突，则军队发挥的效用可能降低 (2) 一旦有某个党派领袖宣布脱离执政党并反对执政党的统治，则冲突可能会突然激化 (3) 由于新任总理正式上任不久，政党本身又处于新旧更替中，所以潜在的威胁和各种不可控因素仍然存在
应用　　对策建议	1. 对于我国政府的建议 (1) 密切关注军队。埃塞俄比亚军事力量强大，军事装备水平和军事素养在非洲数一数二。军队将是埃塞俄比亚稳定的中流砥柱。埃塞俄比亚军队的高层基本都是提格雷族，因此，可以说提格雷人民解放阵线（TPLF）掌控着埃塞俄比亚军队。但目前来看，埃塞俄比亚军队基本掌控全局 (2) 密切关注各主要党派最高领袖的动态。埃塞俄比亚基本上不存在反对派，2015 年选举议会 547 票，执政党赢得 500 票，其余票数由执政党的盟友获得。但执政党的党派比较复杂，党派最高领袖基本代表其所在的民族或地区的利益
	2. 对于中资企业的建议 对于奥罗米亚州的项目，如项目当前仍需运营，建议为其设定范围，并强化物防、技防、人防等措施；或者暂停运营，完成关键数据的电子传输并销毁敏感的公司资料，签署授权并移交控制权，将设备、物资和材料转移至安全地点集中管理，制定当地友人看管物资和设备的人员名单，最大限度地保护项目财产安全；同时，加强与现场业主联系，以便能够得到驻守工地部队的看管

案例一：2016年埃塞俄比亚动乱		
应用	对策建议	3. 对于中国公民的建议 （1）强烈建议推迟前往埃塞俄比亚的所有行程。身在首都亚的斯亚贝巴和奥罗米亚州以外的个体人员，在形势明朗前，请推迟前往前述地区 （2）身在奥罗米亚州的个体人员，应选择安全地点进入"安全留守"阶段，同时考虑在条件具备时，尽快从当前的安全地点转移至首都。身在该国其他地区的个体人员，应立刻采取行动，提高"安全留守"能力，做好随时进入长期"安全留守"的准备 （3）对通信设备和通信方式应特别注意，每日测试当地移动电话卡、卫星电话以及国际电话的漫游服务等，采用预付费移动电话则应确保话费充足 （4）勿出于好奇，跟风模仿具有宗教、政治色彩的动作，或在公共场合讨论政治。请勿在郊区单独行动，或在夜晚单独出行
案例二：2012年缅甸莱比塘铜矿事件		
应用	评估	（1）莱比塘铜矿项目造成当前的局面，主因是缺乏透明度，开发商、当地民众及地方政府间缺乏沟通交流 （2）土地征用费用偏低及工作权益未得到充分保障导致示威，加之土地征用过程中有关方面缺乏解释及外地组织和团体介入，引起事态升级 （3）项目在征地补偿和环境保护的标准上偏低，未充分考虑到普通民众的利益 （4）双方认可的调查委员会对化解事端起到了重要作用 （5）铜矿项目虽有不足，但可以改进
	预警（风险数据）	（1）铜矿项目是双边正式签约项目，如果单方面停止项目，会影响我方在缅甸的信誉和投资信心 （2）从国际关系层面考虑，项目的停止会影响双边关系 （3）停止项目将影响当地民众的未来利益，并对环境恢复带来诸多困难

续表

案例二：2012年缅甸莱比塘铜矿事件

应用	对策建议	1. 对于利益相关方的建议 （1）综合考虑经济、社会、环保、国际关系等因素，莱比塘铜矿项目应该继续实施，但需要采取改进措施 （2）对环境保护、当地民生补偿、公司合作协议等进行必要改进 （3）建议开发商与当地协商，将项目地的寺庙完整搬迁 （4）建议警察部队规范和改进执法行为 （5）呼吁民众和政府机构增强法治意识
		2. 对于中资企业的建议 （1）中方企业对缅方社区关系估计严重不足，致使民众造成误解。建议提升项目透明度，通过福利、活动等手段增强民众对项目的认知 （2）中资企业缺乏信息沟通机制，甚至被外来示威组织操作议程。建议通过官方渠道传播项目信息，并辅之以媒体、社交平台等宣传渠道，增强项目方与外界接触，强化沟通 （3）充分发挥双方认可的调查委员会的作用，保证调查委员会充分理解并支持中方企业的理念和行动，帮助事端的化解
		3. 对于中国公民的建议 （1）充分知晓当前双方形势，在特殊敏感时期做好自身安全防范，以积极态度保持思想稳定工作，避免发生内部混乱局面 （2）中资企业在外人员，应在总公司领导下，配合做好人员安置、损失评估、赔偿、取证调查、公关协调、恢复等后续事宜，以积极心态协助事端化解 （3）建议其他驻外机构及人员加强境外安全与危机管理培训

案例三：2017年巴基斯坦宗派暴力恐袭事件

应用	评估	（1）由于本次冲突涉及长久以来的种族宿怨，或持续发酵，引发巴内部族群对峙进一步升级 （2）冲突疑与低收入地区的帮派争斗有关 （3）人弹可能为10～12岁的巴基斯坦少年 （4）潜伏的基地组织可能为印度次大陆分支与逊尼派极端组织虔诚军（LeJ），目前出现新的活动迹象，据说与近期多桩警察被袭案有关 （5）巴基斯坦塔利班等某些一度处于休眠状态的分支机构，存在复苏迹象，部分机构相互融合可能意在扩大势力范围

		案例三：2017年巴基斯坦宗派暴力恐袭事件
应用	预警（风险数据）	（1）目前极端组织"伊斯兰国"正寻求支持者，这些被动员者不必前往叙利亚和伊拉克战场，而是直接在本国就地发动"圣战"，这将使巴基斯坦本土遭遇恐怖袭击的风险进一步增加 （2）巴基斯坦旁遮普省首府拉合尔及该邦其他城市的政府机构、学校等重要基础设施，2017年2～3月可能遭巴基斯坦塔利班及其关联机构策划的自杀式恐怖袭击，要有预防措施（被预测到） （3）巴基斯坦境内的国际和本地外语学校可能遭遇武装袭击（被预测到） （4）在巴基斯坦信德省、俾路支省及旁遮普省等地可能发生新一轮宗教恐袭（被预测到） （5）巴基斯坦塔利班等极端组织有可能在下一阶段针对露天市场、大中型公交中转枢纽等人群拥挤场所，以及西方人经常光顾的酒店、大型购物中心、高档餐厅等场所发动突然袭击（被预测到） （6）位于卡拉奇的巴基斯坦信德省高等法院、信德省议会大厦、皇后市场、Zainab Market、MA Jinnah Road，以及位于卡拉奇国防区房管局的Do Darya海景路区域的餐馆将成为可能的被袭目标
	对策建议	1. 对于我国政府的建议 （1）近期限制职员外出行动并提升使馆安保等级 （2）关注冲突各方所提的议题。议题越具体，则冲突延续的可能性越小，也意味着冲突方是要解决具体问题的；议题越抽象，如直接反对国家政治制度、要求民主等，则冲突延续的可能性就更大一些 （3）关注受冲击的商业机构。如果出现巴基斯坦联邦或省邦重要基础设施，如电力公司等受不断的冲击，应高度警戒，预期后期冲突可能局部升级，应该有预防措施
		2. 对于中资企业的建议 （1）当地中资企业及员工需高度警惕，严格出行管理，做好预案，保障安全。必须在以上地区出行者，需提前安排当地军队武装护卫随行 （2）建议与当地政府部门保持沟通，不间断地评估形势和风险，以决定是否需要采取进一步的风控措施。建议公司安全负责人清点一线员工，并确保公司内部的应急计划足够应对今后局势的进一步变化

续表

		案例三：2017年巴基斯坦宗派暴力恐袭事件
应用	对策建议	(3) 在条件允许的情况下，为住所和办公室等地采取特别的封闭和安全措施，并检查确认无误。每天对配备的应急通信设备进行检测，确保其能正常收、发信息，并使用卫星电话作为备用设备。确保所有一线员工的护照、签证等证件的有效性 (4) 和所有应急资源及外部供应商保持紧密联系，确保采取可持续性的商业措施，一旦需要，确保业务持续计划和关停程序能按照公司要求得到执行
		3. 对于中国公民的建议 (1) 建议中方人员做好巴基斯坦旁遮普省南部与东北部长期面临种族冲突的准备 (2) 建议中方人员谨慎前往，关注媒体报道，提高警惕，注意防备 (3) 应绝对避免进入所有集会、游行场所，尽量避免接近清真寺、学校、公共场合及政府服务设施，以免遭遇可能的恐怖袭击，回避穆斯林冲突或其他的分离主义暴力风险的场所 (4) 确保住所和工作场所备有足够的现金、饮水、食品、汽车、燃料等必要应急物资 (5) 对通信设备和通信方式应特别注意，每日测试当地移动电话卡、卫星电话以及国际电话的漫游服务等，采用预付费移动电话则应确保话费充足 (6) 勿模仿具有宗教、政治色彩的动作，避免在公共场合讨论政治。请勿在郊区单独行动，或在夜晚单独出行

第三节　文化风险管控体系的建立

　　经过几轮理论结合实验的循环校验，我们将以周边国家文化心理指标为指导的数据库投入现实使用，经过信息系统建设与运营、风险分析和危机预警的建立健全、咨询与培训服务系统的建立健全这三个步骤，我们将能建立起针对"一带一路"周边国家的文化风险管控体系。

一、管理体系的建立

（一）信息系统的建设与运营

我们要努力建设以保障科学决策为目标，以全面整合、共享情报信息资源为基础，以实现对信息实时侦控为核心功能的情报信息网络。情报信息工作贯穿于各类影响涉外安全事件的预防与处置工作的始终，对于牢牢掌握涉外安全管理工作主动权起着关键性作用。基于此，情报信息网络以情报信息主导涉外安全管理工作为基本理念，建立多层级、全方位、有重点的情报信息收集、报送网络，实现内部涉外安全情况信息和统计数据的全面整合、共享，并进行科学的、有组织的分析研判，提出风险警告和趋势分析，建立风险指标体系，实现对"一带一路"周边国家"跨文化互动合作"领域风险管理总体形势的有效把控，为领导科学决策提供参考。同时，大量的情报信息在经过"跨文化互动合作"领域的风险防范机制的完整处置后，积累、转化为具有典型性、完整性和可借鉴性的案例，最终以案例的形式进入涉外突发事件案例资源库。

（二）风险分析和危机预警系统的建立健全

我们要建设以实现涉外安全长效管理为目标，以储备涉外安全管理资料为内容的风险分析和危机预警系统。特别要加强以辅助科学决策为核心功能的基本情况库和涉外突发事件案例资源库的建设。大家知道，"两库"是整个体系的知识辅助系统，它通过数据的动态更新、经验的持续积累、处置方法的不断完善来服务于整个体系。通过调用"两库"的信息，结合当前最新安全情报进行关联性判断，从而明确突发事件的发展趋势，保证科学分析并确定风险等级，在技术上可确保准确、及时地发出危机预警。

（三）咨询与培训服务系统的建立健全

通过以上两点，我们可以为未来用户的内部管理活动，如涉外突发事件应急处置决策、指挥、执行等，提供有力的辅助支持。根据情报研判、风险分析和危机预警所确定的风险等级，有助于设计一套完善的标准化处置流程，该流程明确不同级别事件的处置责任主体、处置时限、工作标准。同时，针对标准化处置流程无法解决的个别重大突发事件，建立专家评审分析、情况会商等一系列研判机制，确保对特殊类事件的科学决策。同时，通过调用"两库"中同类案例的发生原因、处置过程、成功经验和失败教训，使各单位、各部门增强涉外安全防范意识；通过调用各类涉外安全事件标准化、规范化的处置方法，以及各种处置方法可能产生的效果和可能造成的负面影响，为领导科学决策提供参考。"两库"中储存的相关资料、数据在积累到一定数量后，还可对危机预警和科学决策中的风险指标体系、标准处置流程等进行调整，使之更加精确、科学、合理。

二、iCover 平台：文化风险管控体系

（一）iCover 平台的关键信息

目前，由北京安库风险信息技术服务有限公司所运营的 iCover 平台，其框架为：一个平台，iCover 平台；一本指南，《境外中资企业机构和人员安全管理指南》；一套工具，境外企业项目外源风险管控评价体系、评价模型软件；一种报告，《国别项目安全风险评估报告》；一套系统，境外安全风险信息应急管理系统；一个网站，www.icover.org.cn；一个微信公众号，oicover。如百度搜索以下四个关键词——"境外安全""境外风险""境外安全服务""境外风险管理"，iCover 平台均出现在搜索结果的第一页。因此，若进一步开展与本课题相关的文化心理数据库工作，iCover 平台将把注意力集中于境外项目安全领域文化心理的数据库集成和后续安全管理的实践服务方面，保证项目聚焦于风险管理，力争做出比原来的工作更有效的成绩。

（二）iCover 平台的最佳实践

iCover 平台的后续最佳实践将围绕信息预警、安全评估、安保安防、全球救援、安全培训、保险保障、危机管理、外包服务、应急系统九大领域，主要内容如表 10－5 所示。

表 10－5　iCover 平台的后续实践示例说明

信息预警	通过信息源的采集、翻译和分析，对全球政治、经济、文化、社会、自然、市场、公共安全及卫生健康等领域信息进行数据化处理，建立境外风险预警管理机制，监测境外风险动态变化，完善企业项目风险信息库，提升企业风险应急响应能力。目前，iCover 平台信息网络覆盖全球 200 多个国别地区，信息类别包括新闻资讯、法律法规、行业数据、产业动态等，可满足多语种、按需定制、精准推送等要求，助理企业全面掌握境外相关风险信息，成为企业境外风险管控的有力助手

风险评估	围绕六大类、40多个外源性风险因素，采用东道国一线专业机构视角，深度剖析并跟踪国别风险状况，全方位评估境外项目真实风险。同时，为企业提供安全风险防范策略，为日常培训演练与风险应对解决方案提供指导建议，助力项目顺利实施
人保安防	从人防、物防、技防和消防入手，为境外中资企业提供境内外安保安防项目设计实施及现场运维管理等一站式落地解决方案，并参与执行，有效地进行营地、办公区、避难所的安全设计和管理，陆上、海上项目安保力量的协调，为营地、工业园区及人员搭建最佳安全屏障
全球救援	利用覆盖100多个国家和地区的全球网络与合作机构转运点，可实现境外中资企业人员紧急撤离、危机救助、转运等服务功能，最大限度、最快速地保障人身安全，给企业一个放心，给家人一个安心
安全培训	以《境外中资企业机构和人员安全管理指南》（详细介绍请见下文）及《对外投资合作在外人员行前安全教育指引》为核心体系和行业标准，以境内外专业培训基地及师资库为依托，注重理论与实践融会贯通，通过严格的资质认证，为企业培养思想、技能过硬的属地化安全管理员，针对企业特定需求研发培训模块与课程，实施培训定制方案，助力企业境外安全管理工作顺利实施
保险保障	建立保险保障专属平台，开发保险保障应用系统，满足企业用户的在线投保、理赔和结算等服务需求。保险险种灵活、多样，可根据企业需求进行定制化设计、研发，除了传统的人身与财产险种外，还涉及战争、绑架、勒索、恐怖主义、自然灾害、疾病等多种特殊险种
危机管理	联手多家跨国危机管理公司与再保险集团，实施专业化产品订制，保障区域覆盖全球，为中资企业在外人员工作期间遭遇绑架勒索提供全方位保障。以绑架赎金险为核心，为企业解决境外绑架与勒索问题，提供危机管理应对方案。除解决赎金支付之外，更由危机管理专业顾问机构在事前、事中、事后提供危机预防、专家谈判、人质解救、应急救援、心理疏导等全套危机响应解决方案，为企业员工生命安全提供保障
外包服务	从可持续发展的国际视角，围绕企业劳工福利、法律纠纷、健康医疗、安全保障，提供外派劳务人员及当地雇工管理、员工薪酬与福利设计、东道国税收法律等咨询服务，实施最佳实践，化解境外项目各类责任与合规风险
采集系统	利用全球化通信网络，采集风险资讯，为企业提供互联互通的数据化服务，建立具备风险分析、监测监控、预测预警及调度指挥功能的，并与企业日常管理体系相融合的应急管理系统，实现"应急预案可用化""应急资源国际化""应急管理常态化"和"应急渠道多元化"

第四节 文化风险监测数据可视化

一、监测数据可视化的整体构思

基于社会媒体大数据的"一带一路"周边国家文化心理数据库的最后一个环节是可视化的呈现，主要是对文化心理数据库的展示，这既是技术性成果，也是科学研究的成果。如图 10-3 所示，可视化研究从多个角度构建了文化心理指标体系：首先圈定了整个项目应当关注的"一带一路"倡议需求的文化心理内涵，在此基础上，从静态个体的角度和动态群际的角度构建了"一带一路"周边文化心理与文化态度综合指标和周边国家群际文化心理动态指标，并将这两大指标进行整合，建立文化心理指标与网络行为指标的映射，指导社会媒体大数据的挖掘，并最终形成了基于社会媒体大数据的"一带一路"周边国家文化心理数据库。具体到本研究，前述研究对已经构建的文化心理指标进行了验证，并借用国内领先的"一带一路"对外承包商会 iCover 平台案例进行了校正分析，本研究则力图将经过系统、多层检验的文化心理数据库，用可视化的方式呈现出来。在本研究的基础上，后续还可以基于可视化系统开展针对政府部门工作人员、中资企业员工和平台访问用户的培训，以促进本研究的成果更好地为国家政策和社会需求服务。

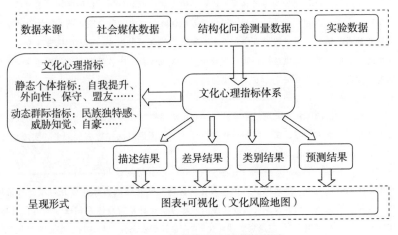

图 10-3 可视化研究的整体思路

二、文化心理指标系统

基于"一带一路"倡议项目本身的地域特色（包含不同地区、不同国家、不同民族），文化心理数据库的可视化呈现将主要通过数据图标和文化心理风险地图的方式实现，其中文化心理风险地图是主要的呈现方式，也是本研究的主要特色之一。文化风险地图以"一带一路"倡议涉及的 65 个国家和地区的地理地图为基础，在此基础上，着重突出资源国家、节点国家、风险国家的文化心理指标表现。文化风险地图囊括了经评估和校验的子课题 2 和子课题 3 所生成的系统的文化心理指标：

1. 静态指标

静态指标包括文化心理和文化态度两个一级指标：文化心理包括世界观、价值观和国民性格三个二级指标，又分别包括世界主义、自我提升、外向性、开放性等众多三级指标；文化态度包括形象认知、情感反应和行为倾向三个二级指标，又分别包括盟友、信任、合作和竞争等众多三级指标。

2. 动态指标

动态指标包括群际知觉、群际情感和群际行为三个一级指标：群际知觉包括本国认知、他国认知和认知比较三个二级指标，群际情感包括积极情感和消极情感两个二级指标，群际行为包括亲社会行为和反社会行为两个二级指标，它们又分别包括民族认同感、包容知觉、国际地位、希望、愤怒、社会遵从和群际贬损等一系列三级指标。

这些指标都会以特定的分数值整合在文化风险地图中，从而使用户在风险地图中可以全面、形象地了解到所有"一带一路"国家在不同文化心理指标上的分值，以及不同国家在某一文化心理指标上的变化趋势。

3. 综合的文化心理指标

由综合的文化心理指标体系所构建的文化心理数据库主要对数据做四种不同类型的结果呈现：

（1）描述性结果。描述性结果是"一带一路"沿线国家文化心理的概览，以国家为单位，平台访问者可以点选某个国家的总体情况，包括人口数、经济发展指数等基本属性数据以及在各个文化心理指标上的得分，此外还可以看到该国在不同时期的差异数据，即以年份为滑动轴，用户可以选取不同年份，查看对应国家文化心理指标的得分情况，以描述其文化心理的发展演变情况。

（2）差异性结果。这部分呈现经过统计分析后的数据结果。以某一具体文化心理指标为例，用户可以点选指标查看不同国家在该指标上的差异结果，可视化地图还会适当给予相应的心理学解释，力求在给予专业的数据分析结果的基础上，同时呈现专业的理论解释，以帮助用户更好地理解数据结果。对于心理学专业研究者而言，本部分差异结果的呈现，可以促进心理学家消除可能的跨文化差异，降低群体独特性、差异性，找到文化的共同符号，以减少群际偏差和潜在的文化冲突。

（3）类别性结果。根据已有的文献将"一带一路"沿线国家划分到不同的亚文化或宗教信仰体系，在此基础上呈现不同亚文化国家在文化心理指标上的表现。通过了解中国和不同亚文化国家之间的相同点和不同点，也可以帮助我们和其他国家民众增加共同内群体认同，从而减少群际偏差。

（4）预测性结果。基于已有的数据，我们还可以在一定程度上对各个国家的其他指标和行为表现做适度的预测，这种预测是在大数据和科学理论的基础上进行的，因此，其所得结果具有相当的意义，能够为"一带一路"倡议需求的文化心理建设提供可靠的报告。

三、文化心理指标的呈现形式

通过对心理指标的量化处理，我们将对媒体数据分析获得的心理特征以多角度、多维度、多层次的图形方式展示，使用户能获得直观的感受。如对图 10-4 的两个新闻事件新闻争议水平的比较以图 10-4 方式呈现。两则新闻的情感分布形状完全一致，唯一不同之处在于：对于新闻 1，大部分的情感都是负面的；对于新闻 2，评论集合的情感得分分布在 0 点的两端。换言之，对于新闻 1 的评论都是负面评论，但是消极的程度差异很大；而新闻 2 的评论则分布在 0 点左右，说明对该新闻的评论意见不光差异性很大，极性差异也很大。所以，我们说基于评论的分析是，新闻 2 的争议度比新闻 1 更大。

以上描述了极性差异度的含义，以下需要说明极性差异的量化方法。在系统数据中，如果评论情感分布的均值更接近中心点，那么，该分布有更大的概率分布于 0 点的两侧，即当评论的极性更平均地分布于 0 点两侧时，该新闻的评论会呈现更多的极性差异。这里需要注意的是平均的问题，实际上

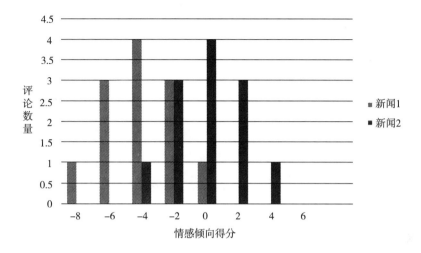

图 10－4　情感倾向分布展示

可以理解为，如果新闻的评论集合是差异明显的，那么，其平均值会趋近于
0，即使：

$$\lambda = \left| \frac{1}{N} \sum SO(comment) \right|$$

越小的新闻集合，其极性差异性越大。对于新闻评论情感得分集合 S，系
统首先计算其内部方差 σ^2，再计算 λ，使用 $-\beta\lambda + \sigma^2$ 作为新闻的争议水平度
量，其中，β 是决定两个差异度相对重要性的权重，在已有的数据中，σ^2 取
值在 [0，10]，λ 取值在 [0，3]，为了平衡两个指标的权重，在系统中，
β=3.3。

更为广阔的空间的可视化呈现，我们有庞大的可视化呈现设备，完全可
以根据需要，在全球范围内来展示研究的成果。我们还可以根据需要，在全
国甚至全球召开可视化会议，呈现一些地区的局势、热点变化。也可以根据
发展需要召开可视化会议，呈现我们的管理决策需要，通过"一带一路"沿
线国家文化心理指标体系获取的内容，进行安全预警预报和其他管理工作通
报。如上分析，我们预期能形成一套完整的可视化系统。比如按照时间轴发
展，可以召开多种形式的电话会议，把需要的信息迅速地转达到需要的地方。
可视化数据库的最终建设成功，可以为国内的宣传服务、"一带一路"周边国家以及我国赴海外企业掌握动态变化提供极大的方便。目前，这方面的完善工作还在继续进行中，相信在各方的努力下，这方面的工作还会不断完善，为国家战略的推进做出更大的贡献。

（顾忆民、胡加、何军、董青岭、罗湘军、王洪一、杨鹏、刘子旻、朱厚强）

第十一章

面向大型活动的社会集群行为研究

第一节 混合网络下社会集群行为的研究概况

一、混合网络下社会集群行为的探索计划

回顾近年来在混合网络下社会集群行为的研究历程，特别是承担国家社会科学基金重大项目之后的探索，确实取得了不小的进展。按照研究计划，我们的研究内容包括：

1. 社会集群行为感知与管理的计算框架及支撑平台

在不断收集、整理网络空间数据，并充分采集来自中国2010年上海世界博览会（以下简称上海世博会）、广州亚运会和北京园博会多方面的数据的基础上，以定性到定量的综合集成系统方法论为指导，构建集表示、汇聚、挖掘、分析、引导、会商、可视化等功能于一身的社会集群行为的计算框架，通过综合集成数据、模型、知识、经验和智慧，形成了具有信息获取和分析、行为感知、可视化模拟与管理、智能决策辅助等功能的、可配置、可重用、可扩展的引擎性社会集群行为感知与管理应用示范平台和评价体系，通过实践—理论之间不断迭代，为社会网络分析等更多领域实际需求提供了更好的服务。针对我们国家混合网络的实际情况，我们选择集群行为表现充分、数据容易获得的应用场景开展实证研究，构建了计算和分布式计算环境，并支持了海量异构数据的高效并行处理，构建了包括案例库、知识库、指标体系和心理偏好等社会学分析工具集合，支持了社会集群行为的复杂网络动态分

析（时勘，2010）。

2. 面向城市大型活动的集群行为感知与引导系统

根据实际应用需求对上述支撑平台进行配置及相应功能取舍增添，针对视频监控网、互联网、移动网等形成的混合网络环境，给出静态/动态及确定性/随机性的具体集群聚合模型、网络舆情的具体分析及预测方法，形成社会集群行为演化的相关全局、动态态势图，并针对重要场地/场馆给出视频监控网下具体的群体活动聚合模型，形成场地/场馆现场集群行为演化态势图，并引入相关应对预案库，实现面向城市大型活动的分布分级式集群行为感知与引导系统。研究方案从大型活动形成的互联网主题数据以及视频网中的特定上下文事件包含的数据入手，在计算引擎和人机交互的基础上，通过挖掘大尺度时空的视频数据和大规模动态社会网络数据及其特征，形成实时人流分布与引导对策。

3. 构建面向重大事件的网络集群行为感知与引导系统

对引发广泛关注和深远影响的重大事件的起因、演化及趋势等进行多视角分析，从信息学、博弈论、社会学和心理学角度对重大事件的发生、发展及趋势进行定量描述；综合多模态数据分析、多视角关联分析，形成网络集群行为发生、发展及趋势的全方位态势图，并引入相关应对预案库，实现面向重大事件的网络集群行为感知与引导系统。我们考虑利用社会关系进行民众的典型集群行为，具有自愿参与、信息较完整和交互性强等特点，手机交互业务模式在实施中可以考虑提供最广大人群的连接方式，研究方案可以从典型的常态集群行为表现的活动入手，通过交互协作方式从志愿者的移动手机终端上采集相关数据，通过模式挖掘和心理问卷调查相结合，形成准确、有效的资源优化配置策略。

二、本研究实施的技术方案

本研究建立了一个可配置、可重用、可扩展的具有引擎功能的集群行为感知与管理的社会计算框架，瞄准大型活动和集群协作等典型集群行为模式，展示混合网络下集群行为的数据整合、行为感知、动态演化、机制设计和决策管理等技术要素。通过技术线路上的相互关联，建成面向两类典型应用场景的动态集群行为分析和社会关系网络分析平台，达到预期研究和验证目标。技术方案具体包括的层次是：

1. 数据层

数据层即海量多源异构数据采集技术集，包括大规模实时在线数据获取技术和历史事件离线数据分析技术。本研究要设计互联网搜索引擎、视频网搜索引擎以及移动数据采集模块，以获得海量多元异构数据，这些数据包括来自互联网的新闻、博客、论坛、社区等文本数据，以及来自视频监控网的人、群体和车辆在特定时间、空间上的行为记录，还有来自媒体互动网络如YouTube上的影像资料、来自关系网如 Yahoo 关系网上的人际关系信息，以及来自移动服务网上的愿意共享信息的人的位置、活动及所记录的媒体数据等。

2. 信息层

信息层即海量异构数据的智能分析技术集，包括实时数据分析技术和离线数据关联的挖掘技术。其中，实时数据分析技术主要针对监控视频网的实时视频数据，借助先进的流计算模型，通过对数据的在线分析，以及语义元数据的流动和聚合，在各智能代理节点形成反映集群行为的低层特征信息；数据关联和挖掘技术主要针对互联网上的异常事件数据，借助先进的分布式计算，通过对异常数据的感知和初级语义聚融，检测出可能的集群行为与异常事件。

3. 知识层

知识层即信息聚融和线索指引下的综合智能分析技术集，包括事件驱动的优化汇聚技术、行为理解和异常推断、集群模式结构挖掘等实时数据高层分析技术，以及结构建模、舆情分析以及热点挖掘等离线数据关联和挖掘技术。

4. 管理层

管理层即综合多种领域知识上的综合关联技术集，包括管理科学相关的应急处理的预案体系、集群行为管理机制和集群行为状态评估等模块，系统科学和社会心理学相关的传播动力学分析、集群演化和优化以及事件关联挖掘等模块。

5. 服务层

服务层即集群行为的综合信息服务技术，包括集群行为状态的在线分析服务和日常及危机状态离线评估与管理服务，形成集成服务平台，向不同的应用提供信息分析服务，借鉴面向服务的软件架构（SOA）的思想，设计集群行为感知与管理信息共享服务接口（时勘和刘晓倩，2011）。

三、混合网络数据的采集与管理

上海世博会是我国继 2008 年北京奥运会之后的又一重大国际盛事，其会期之长（为期六个月）、参会国家和地区之多、参会人数之众（客流总量超过7300万人）、影响范围之广、涉及信息数据之多源化（视频数据、客流票务数据、互联网数据、手机数据等），为我们开展混合网络下集群行为的感知与规律研究提供了非常好的数据获取平台和应用示范平台。本研究围绕上海世博会这一大型活动，通过海量数据的挖掘和分析，进行集群行为的分析建模，实现集群行为的预测与管理（王林、赵杨和时勘，2013）。

（一）海量集群数据采集的基本情况

我们围绕上海世博会这一平台，进行了海量集群行为数据采集，所收集的数据包括：监控视频数据，覆盖整个世博园区五大片区3.28平方千米，约1000路摄像机，涉及超大客流等代表性数据80余天，共计约11000小时，8.3TB数据；200多个场馆、八个片区、12个出入口等候客流以及10个重点演艺广场客流；园区各片区当日用餐总人次，上海市出入客流和票务数据，园区活动信息、天气情况（温度、湿度、风速、风力、风向）的统计和分析。

（二）数据分析和可视化展示

为了更好地展示世博会期间的社会集群行为趋势，分析各类人员的社会行为规律，课题组对所收集的数据进行数据分析和可视化展示，并且开发了一套基于地理位置服务的、高度可视化的信息展示和管理系统。现有的展示管理系统以上海世博会的数据为基础，融合了电子地图、世博会视频监控信息、客流票务信息、轮渡信息、场馆排队人数预测和异常模式检测等功能，加深了对数据的整体特性的了解，以支持进一步的集群行为数据管理与分析，如图11-1所示。

图11-1 世博数据展示管理系统

此外，如图 11－2 所示，我们为在混合网络下研究集群行为，展开手机实时调查系统、电脑"日记"调查系统和纸笔心理行为调查系统三大子系统（时勘和刘晓倩，2011），共同为上海世博会志愿者心理行为调查研究提供平台和数据采集支撑。通过混合网络互动研究系统获得以世博园区服务志愿者为主体的社会集群的大规模数据，借助来自混合网络的多源数据从多个侧面反映社会集群行为的整体面貌。

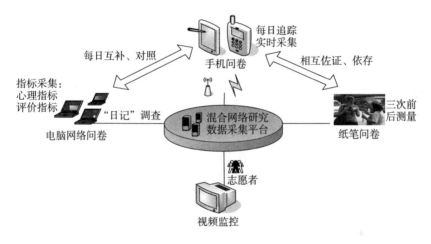

图 11－2　手机、电脑、纸笔测量三种调查方式的相互关系

四、人群集聚和拥挤的预测研究

（一）总客流量的预测和建模

为了准确地预测城市大型集群活动的人群聚集总数，有效地协助应对方案的制定，我们为应对和预警突发集群问题提供了有切实依据的预备型方案。上海世博会的客流量是一个受很多因素影响的可观察量，这一可观测量受到多重的人为与自然的因素影响：人为的因素包括客流控制、票务控制、交通控制等；自然的因素包括天气、温度、风力风向、是否周末等。这些因素综合影响到观博人数。而这些因素与客流的关系不能用简单的模型来描述。观博总人数预测是一个非线性的复杂的动力系统问题。单纯地用线性模型对观博客流进行预测建模，效果往往欠佳。为此，课题小组探索了上海世博会每日入园人数的增长曲线的性质规律，根据入园总人数增长曲线的性质，分段进行拟合。

第一段拟合方程为 a+bx，直线的斜率和直线增长持续时间与当天开园前排队人数的总量有关，与当天入园总人数相关性较大。这一发现为全天入园总人数的预测提供了依据。这样，我们加强了控制和管理，让入园人数的增长出现了合理的变化，即园区入口处不再以最大速度进入。此后第二段曲线拟合方程为 Vapor Pressure Model，即 exp[(a+b/x+c×ln(x)]。从游客凭夜票入园开始，入园总人数曲线呈反曲线增长，拟合方程为 a/[1+b×e^(−cx)]。课题组采用 BP 神经网络加因素分析法对每天每个时刻点累计的入园人数进行预测建模，同时，由于世博会客流历史数据中既有线性趋势，又有非线性趋势，单纯使用 BP 神经网络和 ARIMA 模型都有可能导致误差过大，课题组采用 BP 加 ARIMA 组合的方法来进行时间序列分析。后来得到的基本结论是：BP 神经网络预测比 ARIMA 预测要好，组合模型比单独的 BP 与单独的 ARIMA 预测模型的效果都要好（张崇等，2012）。

（二）基于网络关键词检索数据的可容流量预测

本研究还采用网络关键词检索技术实现实时人流量分析，准确地预测上海世博会每日客流量，并形成应对方案，从而有效地提高服务水平、改善排队问题，并且完善配套设施，更好地促进世博会的顺利开展。该方法首先搜索指数与客流量的协整分析，根据 Engle 和 Granger（1987）提出的两步协整关系检验法，首先建立回归方程 $y_t = c + \beta_1 X_{t-i} + \varepsilon$，对方程的残差进行单位根检验，然后，进行客流量预测，预误差在 3.18% 左右。在此基础之上，发展出多个实证研究方法，包括系统地构建了 Web 搜索与人流量的理论关联模型，提出了 Web 搜索数据与房地产价格指数间的关联关系，进一步通过实证研究证实这一关系存在的统计可靠性。根据预测模型对连续四个月的游客量进行追踪预测。预测结果显示，与传统的自回归 AR 模型相比，该研究的指数模型使预测误差 MAPE 由 6.54% 下降为 1.34%，并且模型拟合率（Goodness of Fit）达到 0.975。运用该模型模拟的预测结果与国家旅游局（CNTA）公布的数据相吻合，表明该模型具有较高的预测效度。

（三）基于容流预测和自适应仿真的拥挤预警

应上海世博会要求，我们研究小组为世博会设计了基于客流预测和自适应仿真的拥挤预警系统架构，包括现场建模模块、测量模块、数据存取模块、客流预测模块、客流自适应仿真模块、拥挤预警模块、实施拥挤预案模块，该架构方案已获专利授权。围绕该框架，我们目前实现了客流仿真功能的开发，如图 11-3 所示。

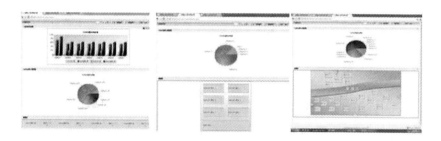

图 11-3　客流仿真演示示例

五、异常分布的检测与排队行为研究

（一）人群的异常分布与检测

课题组以世博会各场馆排队人群分布数据为基础，研究集群行为中的人群分布。采用矩阵分析的方法，首先把若干时间段内的场馆—时间矩阵看作一个模式。模式的划分可以通过自然天、星期来划分，也可以人为进行更小规模划分，每个划分都假设该划分内的模式不变。每个模式有 m_1 维的场馆排队属性、m_2 维的天气属性、m_3 维的其他属性，总体构成了 m 维。当对这 m 维属性进行合理的量化、降维后，这些模式间的距离就可以体现出模式之间的离群度。当某一个或者某几个距离明显和其余大部分相差很大时，可以认为是异常情况。实验中选定每天为一个模式，以当前时刻场馆排队人数占园区人数的百分比为原始数据，以计算 150 余天完整数据下的伴随矩阵的特征值为基础，检测出 9 月 1 日、10 月 16 日为异常分布模式。经过查找资料，9月 1 日是新学期的开学日，同时上海气象台发出了台风预警信号；而 10 月 16日出现了世博会单日客流突破 100 万人的超大客流。

课题组进一步挖掘海量世博数据，采用矩阵分析方法，进行人群分布的分析预测。通过奇异值分解法对场馆—时间的排队矩阵进行分解，计算和观察奇异值的变化趋势，发现多数奇异值接近为 0，因此认为该矩阵是可降维的。然后，从矩阵分析的角度出发，通过计算行列向量之间，即场馆之间、相邻时间段之间的关系，从而判定这 12 个场馆的排队情况并非一定为相互独立的毫无关联的情况，而是可以由几个共同的模式来加以描述，每个场馆可以经过不同的模式权重组合叠加而成。

（二）世博会排队集群行为研究

在上海世博会上，排队问题是最突出的问题之一。本研究试图从物理—事理—人理系统方法论的角度来描述这一问题：从物理层次看，大部分场馆的设计不可能不出现排队，只是队的长短会不一样；从事理层次看，不同排队方式会出现不同的队长和效率；从人理层次看，组织方、场馆和游客思考问题的角度不同，他们对队长的满意程度有着不同的评价标准。此外，人员过度排队可能造成拥挤与踩踏等突发事件。有关排队的问题我们在本章后面还有专门的介绍（顾基发等，2011）。

（三）志愿者的手机、电脑追踪调查

针对上海世博会近 7000 名志愿者，开展自 2010 年 5 月 31 日至 9 月 31 日持续四个月的手机、电脑追踪问卷，研究社会集群活动中客观指标与集群心理指标间的关系。使用以问卷调查和视频监控为渠道的混合网络互动研究系统对志愿者的行为分析，为本次世博会的一个亮点，我们在本章的后一部分还有专门介绍（时勘和刘晓倩，2011）。

六、广州亚运会和北京园博会的研究

（一）广州亚运会的研究

本研究还探讨了亚运会志愿者的奖励形式启动的价值框架效应在调节绩效反馈对绩效提升与行为塑造的效果中发挥的作用。绩效反馈是被许多组织广泛采用的激励干预手段，人们普遍认为，组织对成员既往绩效的正面反馈能够增强成员对完成当前绩效目标的信念（任务效能感），诱发成员的内部动因，进而提升绩效，带来满意感。本研究以广州亚运会的志愿者为被试，历时 20 天，进行两轮问卷调查。采用绩效评定量表、自我效能感量表、PANAS 中的积极情绪分量表以及 JDI 中关于工作本身的评价部分对志愿者的任务绩效、效能感、积极情绪和工作描述五个量表进行分析和评价（戴文婷、时勘、韩晓燕和周欣悦，2013）。关于本研究的详细情况将在本章后面部分介绍。

（二）北京园博会的研究

我们主要探索了北京园博会客流量预测方法学问题。大家知道，在有关

世博会客流量预测研究中，我们曾经应用网络数据为网络搜索数据，研究发现，网络搜索数据中蕴含了网民的兴趣与关注，能反映其行为趋势与规律，这为探索日客流量预测问题提供了必要的微观数据基础。我们在北京园博会的客流量预测研究中，进一步探究了旅游市场的特点及旅游消费者的消费行为规律。我们还发现，旅游作为一种体验性商品，其消费过程可以划分为需求产生、行为决策和情绪互动三个部分。需求产生阶段会引发信息搜索需求，搜索引擎是最常用的信息搜索工具，旅客通过构造不同关键词在搜索引擎上获取旅游的客观信息（景点、衣食住行等价格）和主观信息（口碑、感受、评价），对信息评估后做出旅游决策。在旅游过程中，旅客会积极地分享经历和感受，发表个人观点，同时与他人进行情绪互动，这些情绪信息进一步产生口碑扩散效应，又会影响其他潜在消费者的旅游决策行为。基于此，课题组认为，网络数据对旅游市场具有较好的反映与预测能力，随着以手机为载体的自媒体时代到来，微博成为大众最常使用的即时交流平台。

另外一个值得关注的进展是，微博博文中的情绪互动信息反映了大众对园博会的关注程度，这在一定程度上影响着未来的游客决策行为。所以，搜索数据仅能反映用户关注焦点，但无法反映其情绪倾向的局限性，应该将能够实时反映消费者感受和情绪变化的微博文本数据加入预测模型中。我们针对微博文本分析结果，主要采用了微博情绪分析方法。具体的做法是，通过分词工具将微博博文进行分词处理，对分词处理后得到的若干关键词进行情绪特征的分析判断。此外，值得一提的是，本研究对于预测模型也进行了一些改进，针对园博会受到节假日影响的特点，在预测模型中加入了节假日变量。研究结果表明，加入了微博情绪变量、节假日变量后，预测模型的预测精度得到了显著的提高，能够有效地预测出第二天北京园博会的日客流量。

七、小结

总体来讲，本研究旨在以重大活动（现实集群行为）和热点事件（网络集群行为）为纲，集成各研究成果，示范社会集群行为多学科综合集成的实施效果。项目自启动以来，对混合网络下集群行为分析的理论方法和关键技术进行了系统研究，提出了交叉学科视角下的集群行为研究理论整合模型，实现了混合网络下城市大型活动管理和社交媒体网热点事件感知的应用案例。项目围绕社会集群行为的感知和规律研究，从集群行为的网上网下活动所产生的数据出发，通过对行为主体——人的问卷调查，建立相应的理论模型，结合实证分析的结果验证模型；进一步形成管理应对机制；然后，以国家重大需求为背景，进行面向应用的综合集成，形成社会集群行为的态势预测和决策支持（Wilmar Schaufeli、时勘和 Pieternel Dijkstra，2014）。

特别重要的是，本研究证实了混合网络的优势——可全面感知群体的物理行为、网络行为、心理活动、情绪变化、相互影响等；丰富了集群行为交叉学科研究的理论框架，形成模式导向和传播导向两种集群行为研究范式；通过城市大型活动和网络热点事件代表性案例的集成示范，在实际应用中检验了集群行为感知手段，进一步促进了规律的认知。传播导向的集群行为研究主要研究集群行为中的个体之间的信息传递机制，关注了个体认知、情绪，尤其是心智（指人们感知、预测自己或他人行为的一种心理能力）作用。心智化研究则关注社会心理、理性模型等，主要对应于社会学、心理学的研究。本研究达到了社会科学基金重大项目的实施目的。

第二节　上海世博会排队的集群行为研究

一、引言

（一）世界博览会概况

世界博览会（Word Exposition），又称国际博览会及万国博览会，是一项由主办国政府委托有关部门举办的、有较大影响的国际性博览活动。参展者向世界各国展示当代文化、科技和产业上正面影响各种生活范畴的成果。世博会的起源是中世纪欧洲商人定期的市集，市集起初只涉及经济贸易。1851 年在英国伦敦的海德公园举办了万国工业博览会，这成了全世界第一场世界博览会，展期是 1851 年 5 月 1 日至 10 月 11 日（见图 11—4），从 2000 年开始每五年举办一次。2010 年上海世博会属于注册类世博会；另一类是认可类（也称专业性）世博会，展期通常为三个月，在两届注册类世博会之间举办一次。注册类世界博览会不同于一般的贸易促销和经济招商的展览会，是全球最高级别的博览会。

世博会至今已经历了百余年的历史，由国际展览局负责组织。截至 2010

图 11-4　1851 年第一届伦敦世博会

年 5 月 1 日，国际展览局成员国共有 157 个。国际展览局组织由各成员国自由参加的国际性博览会，并由其中一些成员国出面主办。表 11-1 列举了其中几届世博会的有关参观人数和参展国家数的基本数据。显然，实际参观人数与预测人数不可能一致，但是，提前预测可以为主办方做出提前安排的一个依据。根据统计数据，大阪世博会出现最高参观人数的时刻为 1970 年 9 月 6 日 12:55，当时园区人数为 591408 人；爱知世博会高峰日最高参观人数出现在 2005 年 9 月 18 日 13~14 时，当时人数达到 207754 人。

表 11-1　部分世博会参观人数

年份	城市	参观人数	参展国家
1958	布鲁塞尔	41454412	42
1965	慕尼黑	24518000	31
1967	蒙特利尔	50306648	62
1970	大阪	64218770	75
1971	布达佩斯	19000000	34
1974	斯波坎	48000000	—
1985	筑波	20334727	111
1986	温哥华	22111578	54
1992	塞维利亚	41814571	—
2000	汉诺威	18100000	155
2005	爱知	22049544	121

（二）排队集群现象的提出

排队集群现象是一种部分人群（游客）为了得到某种服务而形成的群体行为，特别是在大型社会活动中，如何研究这种群体行为更显重要。我们要减少过密的排队集群，因为这有可能引起游客长时间的等待，得不到及时的服务，可能由于人群过分拥挤而引起踩踏事件。但是，参加人数太少又会造成游客冷冷清清、服务机构闲置和服务人员反向等待的现象。2010 年上海世博会是第 41 届世界博览会，这是一届规模空前的人类盛会，是由中国政府主办、上海市承办、各省市参与的国家重大项目。这届世博会的主题是"城市，让生活更美好"。从 2010 年 5 月 1 日开幕到 10 月 31 日闭幕，会期 184 天，246 个国家和国际组织参展，共有 138 个展馆。逾 7308 万人次的海内外游客前来参观，单日最大客流出现在 10 月 16 日，当时达到 103.28 万人。在组织者、参展方和广大参观者的共同努力下，上海世博会不仅克服了梅雨、持续高温、台风潮汛等自然因素的影响，还经受住了 103 万人超大客流的考验，园区总体运行平稳、顺利、有序。如何把上海世博会的园区变成一个舒适的环境，能够为几百万、上千万的游客提供舒适便捷的环境，这是一个很大的挑战。上海世博会不仅要做到参展方的数量是最大的，同时还要保证参展的质量也是很高的。

二、上海世博会排队问题面临的挑战

（一）面临的挑战

如图 11-5 所示，上海世博会园区沿黄浦江两岸布局，规划用地范围为 5.28 平方千米。其中围栏区（收取门票）为 3.28 平方千米，上海世博会园区共设置 13 个入口（共有八个地面常规出入口、四个水上出入口、一个轨道交通出入口），围栏区分五个片区（A、B、C、D、E），其中 D、E 在黄浦江西岸，A、B、C 在东岸，各片区中所含主要场馆可参见图 11-5（中国 2010 年上海世博会官方网站，2015）。

历年来，部分世博会参观人数仍可参考表 11-1，其中以大阪世博会的最多，参观者总数为 6421.9 万人，而上海世博会参观者人数超历史，曾预计 7000 万人（实际是 7308.4 万人），创世博会历史新高。抽样调查显示，境外参观者约占入园参观者总人次的 5.8%；在境内参观者中，上海本地参观者约占入园参观者总人次的 27.3%，来自江苏省和浙江省的参观者分别占参观者

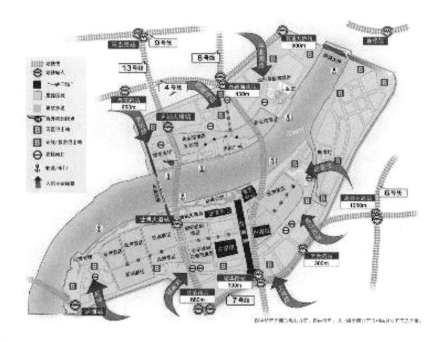

图 11-5 上海世博会园区示意图

总人次的 13.2% 和 12.2%，来自国内其他省区市的参观者约占 41.5%。原先预计日均 40 万人、高峰 60 万人，极端高峰 80 万人（实际园区单日最大客流出现在 10 月 16 日，达到了 103.28 万人）。如果按照人均 6 平方米计算，上海世博会瞬时高峰人数应该在 3.28 平方千米内控制在 55 万人。原来估计排队等待时最长四小时左右，而实际最长的等待时长达到 8~9 小时，个别达到 11 小时。

（二）以人为本的服务对策

上海世博会组织者始终坚持以人为本，不断完善为参观者服务。上海世博会园区共设 56 个参观者服务点，向参观者提供问询接待、物品寄存、失物招领、物品租赁、母婴接待、残障援助、热水供应等一系列服务。组织者共发放 1 亿份世博导览图，其中 8000 万份为园区导览图，2000 万份为园外导览图。园区共接待参观者问询 108.5 万人次。此外，园内和出入口分别设有五个医疗点和 14 个临时医疗点，提供医疗和急救服务。这些服务措施得到参观者的好评。

园内交通构建立体网络，园区内设有四条地面公交线路、五条观光线、一条轨道交通专用线、五条越江轮渡航线、八条水门航线。截至 2010 年 10 月 31 日，园区内交通累计运送游客约 1.83 亿人次，为参观者游园提供了便捷的交通服务。当出现大客流时，园区内外密切联系，上海市交通管理部门及时增加了园区周边道路、停车场的交通管理力量，及时增加地铁、公交、出租车等运能，特别是在晚间离园高峰增加了公交车、出租车和地铁运行班次，以人为本的管理确保了游客顺利地离园。

（三）志愿者服务的特殊作用

上海世博会共有 79965 名园区志愿者，其中包括 1266 名国内其他省区市志愿者和 204 名境外志愿者。这些志愿者分 13 批次，为游客提供了 129 万班次、1000 万小时约 4.6 亿人次的服务。因世博会而累并快乐着的志愿者人群是点缀世博园的朵朵"小白菜""小青菜"。这些青年志愿者们很多都是第一次走上社会岗位，他们用热情的声音、温暖的微笑、贴心的服务，感染着身边每一个人。如果说世博会是一座大型服务机器，那么，志愿者就是不可或缺的润滑油。志愿者是大型活动中游客与服务机构中很好的软界面，世博因他们而精彩，他们因世博而改变。习惯耐心排队、懂得服务他人、学会倾听建议。与 2008 年北京奥运会相比，历时 184 天的上海世博会是一个超大规模、超长周期的活动，志愿者的需求量大，服务时间长，服务内容非常丰富和广泛，来源也非常多样。他们三伏天忍受烈日烘烤，还要保持清醒和微笑。有些岗位平均每 10 秒回答一个问题，而且要重复说上几千次。在长达半年的世博会期间，没有哪一个岗位、哪一个群体像他们这样被频繁求助。他们形成了新的精神特质，不但能吃苦耐劳，而且学会把奉献当成快乐，把志愿工作当成一种时尚文化，把奉献当成了一种收获。

（四）排队组织管理的持续改善

去过世博会的参观者印象最深刻的无疑就是排队。看世博要排队，这是一个带有强制性的管理行为。在大部分场馆，人们逐渐习惯了排队，并养成了良好的排队氛围。从组织者方面看，他们学会了倾听群众呼声，从试运营开始，可以说每天的世博园都是新鲜的，其背后经历过无数细微调整与改变。几乎每次进园都会有一些新的发现：亚洲广场添置了遮阳棚，B 片区增加了长凳，除了广播还有短信提示。事实上，这主要得益于上海世博会组织者善于倾听、观察和总结。开幕初期，城市最佳实践区遇冷。参展方认为，主要原因是交通不便。为此，管理者建议在北面增开了出入口，延长了园区公交线。不久，城市最佳实践区北部区域南车站路出口正式启用，游客从该出口出园乘坐地铁，比从原来最近的出口出园少走 300 米。同时，公交龙华东路线经过调整，也延伸至该区，最佳实践区的参观情况很快得到了改善。可见，世博会组织者建立了一个良好的应急调整机制，不断根据新的情况进行调整和完善（黄应来和谢思佳，2010）。

三、排队问题的管理方法研究

（一）已收集到的数据和影像资料

1. 客流量

课题组在世博会协调局的大力支持下，收集到网上和世博信息中心的与排队研究相关的大量原始数据，其中包括客流数据，200 多个场馆客流、八个片区客流、12 个出入口等候客流、10 个重点演艺广场客流，园区各片区当日用餐总人次、上海市出入客流，以及世博会每日各时段和各入口的入园人数统计数据，如图 11－6 所示。

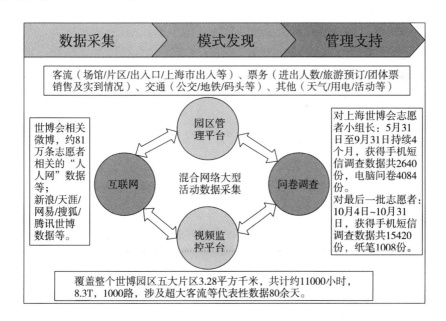

图 11－6 上海世博会数据信息汇集

2．视频数据

课题组最常用的是世博会排队视频数据（部分馆、场地实拍录像），视频网数据采集通过实时高清视频监控研究平台和 16 路高清摄像机覆盖道路、广场、楼道及室内环境。其中，海量大型活动视频监控数据覆盖整个世博园区五大片区 3.28 平方千米，共计约 11000 小时，其数字量级为 8.3T，共有 1000 路，涉及超大客流等代表性数据 80 余天。此外，还建立用于算法比较研究的公开图像/视频数据库、TRECVID 数百小时的典型事件的标注数据集、PASCAL VOC 数十万张分类图像数据集。

3．票务数据

票务数据包括出入口实时进出园人数、出入园区客流量统计、个人团队票销售数据、各票种使用情况统计、旅游团队实到情况统计、旅游团队预约入园计划数据。

4．交通数据

我们从上海市交通部门获得各种客流数据、上海市在途客流、园区公交双向客流、园内码头双向客流、园内地铁 13 号线客流数据。

5．其他相关信息

其他相关信息包括重点场馆能源情况（用电量）、园区活动信息、天气情况（温度、湿度、风速、风力、风向）；当然还包括互联网信息采集，如网页数据的抓取，从 150 个重点网站抓取，每日 20 万条；微博数据，可以每天从 36 万用户微博中获取信息（约 15GB），其中世博会相关微博，约 81 万条，QQ 和 360 微博，约 85 万条，Twitter 2010 年下半年数据，约 4.7 亿条。

（二）数据资料的初步分析

我们对于不同时段的参观人数进行了初步分析，这里仅以 2010 年 10 月 15～25 日为例（见表 11－2）。根据人流的变化，我们都即时采取措施进行调整。特别是对于所取场馆的人数予以即时报道，以便引导参观者调整自己的参观路线。场馆负责人也对于接待工作有事前的准备。

表 11－2　出入口统计的每天参观人数（2010 年 10 月 15～25 日）

单位：人

日期	星期	总数	1 号口	2 号口	3 号口	4 号口	5 号口	6 号口	7 号口	8 号口
10/15	五	627800	61668	56998	34079	39279	77197	110228	101653	100654
10/16	六	1032700	86564	75840	52860	59611	126310	169462	178092	204722
10/17	日	744900	69699	65301	39460	48073	88095	122218	118999	132769
10/18	一	622700	58552	55555	31885	43914	79386	110188	96279	99050
10/19	二	641400	59222	59555	33992	44076	78620	115019	92433	101605
10/20	三	646600	57464	58592	27126	42002	81566	116637	96193	107462
10/21	四	732800	64591	67092	31004	46700	93537	136629	102080	123630
10/22	五	860500	76792	79426	36429	51357	119521	156437	123982	142950
10/23	六	837500	77516	62738	39747	52177	93231	145577	139305	165944
10/24	日	748300	67549	66765	30914	42765	97972	140077	114903	125473
10/25	一	315000	28391	29738	15533	19071	44756	53282	53299	50742

资料来源：上海交通大学内部数据。

（三）上海世博会排队时间的统计

排队时间一直是世博会官方、各参展场馆和参观者十分关心的事，下面先宏观地考察一些参展馆的排队时间。例如，2010 年 8 月 20 日排队长度情况，这些信息可在世博无线官网（wap. expo2010. cn）和世博热线（＋86－21－962010）查询（在展览期间可以查到每天的排队信息，即显示当前排队长度情况），主要考察了 14 时与 18 时一些排队超过 2.5 小时在不同排队时长下的各个馆的情况。排队 2 小时以下的各个馆的情况参见下列数据。例如，8 月 20 日 14：00 的统计情况：排队 2 小时，埃及馆、中国船舶馆、俄罗斯馆、意大利馆；排队 1.5 小时，远大馆、上海企业联合馆、澳门馆、万科馆、国家电网馆、新加坡馆、信息通信馆、瑞士馆、泰国馆、中国馆。8 月 20 日 18：00 的统计情况：排队 2 小时，中国铁路馆、中国人保企业馆、西班牙馆、俄罗斯馆；排队 1.5 小时，世界气象馆、哈萨克斯坦馆、远大馆、上海企业联合馆、民营企业联合馆、新加坡馆、中国船舶馆、瑞士馆、美国馆、泰国馆。表 11－3 所示为 8 月 20 日和 10 月 31 日不同馆的排队时间汇总。

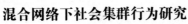

表11-3　8月20日和10月31日不同馆的排队时间汇总

排队时间	8.20, 14：00	8.20, 18：00	10.31, 12：00	10.31, 14：00	10.31, 16：00	10.31, 18：00
6~9小时	日本馆				石油馆	上汽集团—通用汽车馆
5~5.5小时	可口可乐馆		日本馆、可口可乐馆、上汽集团德国馆、国航空馆、瑞士馆	德国馆、可口可乐馆、沙特馆、中国航空馆、瑞士馆	瑞士馆	
4.5小时		石油馆、日本馆、沙特馆	太空家园馆		沙特馆	
4小时	太空家园馆、韩国馆	德国馆	日本产业馆	民营企业联合馆	中国航空馆、德国馆、民营企业联合馆	石油馆、沙特馆、民营企业联合馆
3.5小时	中国航空馆、日本产业馆	可口可乐馆、太空家园馆、韩国馆	韩国馆、阿联酋馆	日本馆、太空家园馆、阿联酋馆、哈萨克斯坦馆	可口可乐馆、日本馆	英国馆、可口可乐馆
3小时	上汽集团—通用汽车馆、思科馆	上汽集团—通用汽车馆、中国航空馆	哈萨克斯坦馆、信息通信馆	韩国馆、俄罗斯馆	阿联酋馆	联合馆、中国航空馆、俄罗斯馆、日本馆、韩国馆
2.5小时	阿联酋馆、中国铁路馆、世界气象馆	阿联酋馆、日本产业馆、意大利馆、英国馆、法国馆		日本产业馆	哈萨克斯坦馆、太空家园馆、英国馆、韩国馆	哈萨克斯坦馆、远大馆、俄罗斯馆、联合馆、意大利馆、太空家园馆

资料来源：上海交通大学内部资料。

四、排队问题的物理—事理—人理研究

(一)物理—事理—人理

由于所涉及的社会集群行为是一个复杂的社会心理活动,这里我们应用了顾基发(2011)所提出的"物理—事理—人理"系统方法论来指导排队研究,一方面允许观众对世博会服务水平进行满意度表达,另一方面也摸清排队问题中的物理、事理和人理的构成内容,探索了相应的排队过程中的时间序列模型、心理模型和拥挤模型。比如,在认知方面要了解排队中所涉及的各方面知识;在感情方面需要考虑游客、馆方乃至世博组委会(包括志愿者)各自的满意标准;在利益方面同样要考虑到这三个方面的利益需求,互相支撑来办好世博会。图11—7所示为上海世博会排队研究的物理—事理—人理三维图。

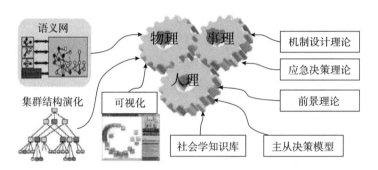

图11—7 上海世博会排队研究的物理—事理—人理三维图

(二)对于排队时间的警示预告

上海世博会是历年来国际上世博会规模最大的一次,随之出现了大量排队的新现象。参展馆之多,各种活动安排之多,其排队队长之长,排队结构之复杂,排队规则之多变,各种服务人员(特别是志愿者)之多,加上各国文化不同,排队时间成了一个难题。对于所有的观众,我们所做的第一项工作,就是要警示各场馆排队时间的差异,以便参观者有充分的排队等候的准备。例如,在沙特馆前由于排队太长,组织方将长队切成方块,每块由武警引导前进或等待。在入口处放置了显示"排队时间需要9小时左右"字样的安民告示。而且由于等待排队者太多,怕温度太高而在入口处上方装有通风、喷雾装置,大会为排队者搭建了遮阳顶篷。尽管在中国馆是预约参观的,但仍然会出现排长队的现象。在入口处我们采用了多种方法来开展排队过程中的交流活动,让大家

从心理上缩短等待的时间，不会因为长期的等待增加心理的烦恼，也劝说部分年龄大的参观者放弃这里的排队，而去其他馆参观。

（三）排队的不同时段及其心理感受

世博会中出现的排队现象，从所有展馆、演出场馆以及馆间空地、其他设施等组成一个极为复杂的排队网络，游客的到达流明显不是平稳流，在同一天内有明显差别，在不同天内同样表现出某些周期性。例如，周六和周日往往会出现高峰现象。至于作为服务机构的场馆内服务设置更为复杂，有沙特馆那样以电影为主，每场服务人数即电影馆的座位，也有像加拿大馆后来改造成流水线式服务。因此，服务效率较高。还有复合式的，如澳大利亚馆既有随机的，也有放广告式电影的表演服务。至于排队规则，同样五花八门。如沙特馆有一段排队采用几百人一块的切块式批量排队，每一块移动时要等前一块撤空才由武警领着往前进。更多的馆是曲折型往前进。同样，加拿大馆采用绕馆一字长蛇形，使人不会感到有等待的感觉，一直在往前走，使游客感觉已开始被服务了。

在片区内游客流动的过程中，空间距离和心理因素也是不可忽视的。比如空间距离，近的场馆比远的场馆要优先进行参观；场馆的特色也是吸引游客的重要因素，比如 B 片区内的中国馆即为特色场馆，全国各地的文化特色各异，这成了吸引国内游客的重要因素。不过，即便如此，重复参观同一场馆的可能性很小。在选择场馆时，排队较短也是选择的因素之一。当游客在展区内逗留的时间超过其意愿的参观时间时，游客将会选择离开展区。图 11－8 所示是中央服务区、世博中心、世博公园和演艺中心在不同时刻的人数，当然这仅是在一定假设下的模拟结果，与实际情况还存在一定的差距。

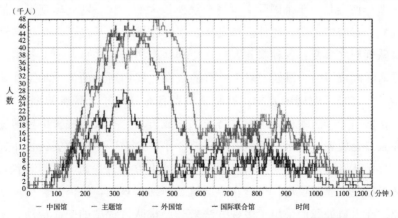

图 11－8　中国馆、主题馆、外国馆、国际联合馆不同时刻馆内人数

（四）游客的影响因素分析

1. 游客的行为特点

游客一般随机到达，场馆服务时间带有随机性。游客往往是自组织，据统计，在开始几天散客参观人数较少，后来经过安排，团组人数大量增加，有时可到四至六成，后来逐渐演变为以散客为主。在各方位的组织下，活动更加有条不紊地进行。

2. 游客的满意度

美国运筹学家 Maister 特别关注排队心理学，他认为，心理感受到的队长比实际的队长要长得多，因此，提供服务方必须好好研究排队心理学来改进排队的质量。他提出了有关排队的心理因素，如公平等待的问题，普通游客与贵宾等待的公平问题会引起游客的关注，预约与随机到来的游客应该存在差异还有舒适感受问题，创建舒适的等待环境、采用叫号机系统保持等待的公平性，世博会亮点场馆还可以采用门口拿号、预约入场时间和按号自动检票，使游客在等待时可以参与其他活动。有些场馆向排队者提供座位、安排排队等候期间的短暂表演，这些都是提高游客满意度的方法。

3. 与游客的交流

没有解释过与解释过的等待完全不同，园方和馆方应该事先告知等待的原因和大约需等待的时间，并通过电子显示牌公告相关信息。一般说来，游客对于进入服务系统前的等待感觉比进入服务系统之后更加不满意，服务系统应尽量减少游客在进入服务系统前的等待时间，还可以采用事先预约的方法来减少等待时间。

4. 游客的其他因素分析

我们发现，独自等待与群体等待的效果是截然不同的，应该尽量减少独自等待时间，主张小团体同行，共同等待并相互照顾。此外，高价值服务与低价值服务的等待也存在差异。比如，游客事先知道一些场馆服务高值，如沙特馆和石油馆，因此，有耐心等上七八个小时甚至更多，出馆后并不后悔等待那么长时间。此外，游客的价值导向也会影响游客的态度。比如，有的游客不愿意花时间等待，听说队长就不肯去参观，当然也有的游客不顾他人利益采取加塞插队，甚至装残疾人或老人的家属等不文明的举动。此外，如何变空闲等待为忙碌等待，变焦急等待为耐心等待，也显得十分重要。

5. 主办方满意度

主办方一方面关心整个博览会的服务质量，还在预展期间做了大量调查对某些设备、设施改进了服务质量；另一方面关心参观的游客数量。在 5 月初期，游客数量远少于原定的每天 40 万人，因此，主办方采取很多措施来提高参观者数量，因此，明显感到团组参观者增多，后来散客才不断增加。到 10 月特别是 10 月 16 日游客达到 103 万人，主办方又担心出现踩踏事故，开始劝阻有些游客不要来世博会，特别宣告中国馆将延展，减少了去中国馆的游客。

6. 场馆方的满意度

一些热门展馆以去他们展馆的队比较长而自傲，媒体也在这方面推波助澜。但是，加拿大馆和土耳其馆等馆主曾对此颇有微词，他们希望，还要看实际被服务到的每天游客数，例如，沙特馆一天也就服务 2 万多人，而加拿大馆每天可服务 4 万多人，甚至有时达到 5 万人。

五、世博会的应急管理问题

（一）如何防止过分拥挤和踩踏事件

2010 年 5 月 30 日，发生"韩迷"追星事件，导致世博会开园以来最严重拥挤事件。此后，组委会认真总结经验，避免类似事件再度发生。通过对 10 月 16 日沙特馆等馆外空间的人群密集程度的观察发现，其实不少地方已经处于将近过饱和状态，如果有意外突发事件发生，后果将不堪设想，因此，有必要通过各种拥挤仿真模型加以仿真演习。

（二）如何进行排队的调控管理

经过理论分析和实践管理的总结，我们提出，世博会期间，最大访客数不应超过 60 万人，最后，我们提出了具体改进产生过度拥挤的建议。我们研究了各种解决排队引起的拥堵的有效措施，特别是排泄心理烦恼的方法。我们通过评价各场馆拥挤度、服务效率和服务质量，结合沙特馆、中国馆、德国馆、加拿大馆、城市馆的入口处的不同特点，分别提出了六种排队模式，这些经验在今后的大型社会活动中都可以发挥作用。

当国家统计局上海调查总队问及被调查的参观者哪个展馆令人印象最为深刻时，参观者选择比例居前的依次是中国馆、日本馆、沙特馆、法国馆和德国馆，有意思的是，这种排序与我们的统计分析存在很高的相关度。

六、上海世博会管理的创新贡献

第一，在上海世博会的管理过程中，我们基于混合网络下的社会集群行为的感知和规律,从不同学科视角观察和研究上海世博会的排队问题,收集到不少有用的数据,发现了一些有关排队研究的新的理论、知识和方法。

第二,将排队问题的研究从物理—事理—人理的角度进行方法论自主创新,特别是开展交叉科学的研究,与运筹学、心理学、社会学、物理学和信息技术进行交叉,通过混合网络(监控网、手机网、互联网)来获取排队及其心理行为,取得了明显的成效。

第三,这些研究模型和方法在大型社会活动中及时转化为实际管理的对策,在改善世博会的管理上发挥了重要的作用,并且可望在今后的其他大型社会活动中应用和发展。

第三节 志愿者服务评估与信息系统平台

志愿者是这次上海世博会的一大亮点,以"90后"大学生为主体的世博会志愿者,以他们的热情、自信与责任意识投入服务工作,媒体毫不吝啬地把"世博一代"的标志赋予了这些"90后"的年轻人。志愿者在服务工作过程中表现出的良好精神风貌、优异工作业绩,得到了社会各方的高度认可,为祖国赢得了荣誉。

一、志愿者服务的手机评估系统

(一)评估工作的及时性要求

园区平均每天有5000多名志愿者,总共有七万多名志愿者进行各种服务,服务领域涵盖园区信息咨询、参观者秩序引导协助、接待协助、语言翻译、残障人士援助、媒体服务、活动及论坛组织协助、志愿者管理协助八大类(见图11-9)。如何管理好志愿者群体,对他们的工作状态进行及时的了解,并根据现场的各类突发情况进行及时的调控,充分发挥其效能,对志愿者管理提出了新的挑战。一个重要的方面是如何及时有效地了解到一线志愿者服务状况并快速做出响应。传统的方法主要是组织内部工作人员自底向上汇报,然后,再由上级部门综合分析后做出决策,因此,信息的到达往往比较滞后,并且经过多个环节的转达,信息往往容易失真,对正确决策造成影响。

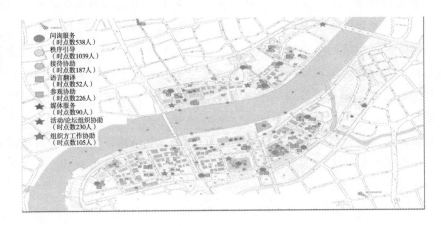

图11－9　上海世博会志愿者服务分布

围绕如何及时、有效地对园区志愿者进行评测，这届世博会志愿者管理部门首次使用了基于移动手机平台的数据采集和基于 Web 服务器的数据分析系统。基于及时获得的大量数据，通过统计分析、文本信息分析等手段，该信息平台能对志愿者服务过程进行多维度评测，进而为志愿者管理和工作决策提供科学依据。研发部门开发了手机活动采集及问卷调查软件，可获得人的物理/心理活动，包括心理活动，如定时回答电子问卷；物理活动，如GPS、加速度传感器等信息；社会活动，如通话日志、蓝牙交互。

（二）园区志愿者服务的手机测评系统

手机作为目前使用最广泛的即时通信工具，提供了最方便快捷的信息接入途径。为此，园区志愿者管理部门结合已有的信息化手段，以志愿者手机为信息载体，进行相关数据的汇聚和信息分析，支持各级志愿者之间进行工作沟通，并接受指挥中心统一管理。通过将合适的电子问卷嵌入手机终端，管理部门可以方便地完成对志愿者情绪、心理状态、园区环境、服务质量等数据的定期采集。通过在服务器端集成短信网关，支持应急管理中以短信通知的方式对志愿者进行调度指示、服务提示等，进一步对志愿者工作期间的各项反馈信息和服务日志进行分析，全面地对志愿者进行工作考核，为大型活动志愿者组织和管理的不断完善提供数据支撑。

手机测评系统分为三个部分：客户端、服务器和管理端。客户端负责采集志愿者服务相关的数据，具体是通过嵌入在手机中的电子问卷实现的；服务器负责存储和分析当前服务期内所有志愿者的反馈信息；管理端则负责电子问卷的更新、工作周期报表的生成以及数据的多维度可视化等。园区志愿者服务的手机评测内容和方法如图11－10所示。该系统能够对志愿者的工作状况进行实时感知，通过数据的实时反馈，及时分析、总结志愿者在岗的各项工作指标，并对志愿者工作期间的服务日志进行分析，更加全面地对志愿者进行工作考核，为志愿者提供个性化的关怀指导，为志愿者组织和管理的不断完善提供数据支撑。

图 11－10　手机收集各种信息用户界面示意图

为此，需要考虑如何对上海世博会志愿者管理信息系统进行辅助支持。上海世博会志愿者管理信息系统提供了招募管理、培训管理、排班管理、上岗管理、考核管理、统计分析以及系统管理等多项面向志愿者日常管理的功能。手机评测系统需要和该系统的排班管理以及考核管理进行接口，志愿者管理系统可以根据每个服务周期的排班情况，向志愿者发送短信，提醒其下载电子问卷，而手机评测系统则将每个服务轮次的考核评估结果汇总到管理信息系统中。

（三）混合网络的技术支持

客户端实现方案采用的是混合网络下的手机自身的开发平台，如Android、Windows Mobile、Symbian 等。由于志愿者手机的多样性，如果针对这些不同型号的手机开发客户端软件，需要大量的人力和时间。为此，我们采用了通用的标准平台，如 WAP 或 J2ME 平台。WAP 客户端是采用手机自身浏览器访问 WAP 网页，在 WAP 网页中嵌入电子问卷。这种方案跨平台性好、技术实现上方便，但前提是网络接入性得到保证，因为每次用户必须要通过手机上网才能访问 WAP 网页，其响应过程取决于用户所处网络的服务质量。更重要的是，每次访问网络都将产生一定的网络流量，会造成客户通信费的额外支出。这一点将直接影响志愿者的参与度，多数志愿者可能因此不愿参与问卷调查。考虑到上述困难，园区志愿者管理部门经过充分调研后，选定基于 J2ME 平台的方案。J2ME 是 JAVA 在手机平台上的运行环境，具有跨平台的特性，几乎所有的手机，包括很多志愿者的低端山寨机都能较好地支持 J2ME，因此，具有"一次开发，广泛部署"的特性（王森，2003）。根据志愿者工作的特点，志愿者只需要下载一次 J2ME 客户端，在每次回答问题时无须访问网络，因此，避免了对网络的依赖和额外的流量费用。图 11—11 所示为基于 J2ME 手机电子问卷的园区志愿者服务测评方案。

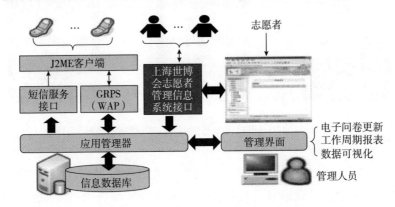

图 11—11　基于 J2ME 手机电子问卷的园区志愿者服务测评方案

设计客户端软件的另外一个重要约束是操作要力求简单、方便。志愿者平时工作非常繁忙，回答问题是在每天工作结束之际或工作间歇完成的。为此，需要设计良好的用户界面和简单的操作模式，尽量使志愿者能在 1 分钟左右时间完成所有的问卷，且以选择题为主。图 11—12 所示为 J2ME 典型的用户操作界面。为了及时、可靠地获得问卷反馈数据，最终的答案是通过短信方式发回到服务器。J2ME 支持直接调用手机短信接口向特定号码发送短信。所有的答案经过格式化处理后能在一个短信（70 个字符）内全部返回。

服务器端完成后台的数据分析、存储和支持服务，采用 Java Servlet 来实现（王森，2003），完成双向业务逻辑，并将相关数据存储到 MySql 开源数据库中，其中问题的答案是通过上海移动企业短信通平台进行回收（上海移动

（a)手机主界面样式 （b）典型问题样式 （c）选择题操作样式 （d）文本题操作样式

图 11－12 J2ME 手机客户端界面

通信有限公司，2004）。通过集成其他模块，服务器可以方便地与外部管理系统连接，并向管理接口提供支持。管理端需要方便管理者使用和随时了解整体情况，采用了 Web 页面实现，负责电子问卷的更新、工作报表的统计和生成、数据可视化等功能。通过和应用服务器配合，管理端可以随时对上述三类数据进行编辑、发布和更换。通过集成数据分析模块和人机交互，完成综合报表输出。图 11－12 所示为管理端通过 Web 方式获得的数据统计结果。图（a）、（b）是不同片区志愿者绩效数据及其图形化展示；图（c）、（d）是按照志愿者不同服务功能获得的绩效数据及其图形化展示。

作为对园区志愿者全面管理的有益补充，这种基于手机电子问卷的服务测评方式具有一些新的特点。首先，传统填表调查、随机采集对象的方式具有同一特性并因此可能导致调查报告中的观点缺失。由于手机的普及率相对较高，在收集信息的时候能够很好地避免这一情况，保证调查的有效性和针对性。这种"全频道"覆盖的信息收集使"及时倾听全体志愿者心声，快速改进突出问题"成为可能。其次，这种手机电子问卷方式对数据采取实时收集的策略，不受时间和空间等因素的限制。在世博会展览期间，可以在任何时刻对信息进行收集和处理，从而缩短决策时间。再次，手机电子问卷系统直接从一线志愿者收集信息及反馈，这意味着信息不需要再经过管理人员的层层收集，可直接到达决策者，避免了信息的流失，并提高了解决问题的速度。最后，通过手机采集信息可以避免传统问卷调查中出现的重复性和对象的单一性问题，能够提高信息的准确性。手机调查在狭义的范围内能够做到人机的一一对应，从而解决了在传统调查中数据重复收集的情况。

二、志愿者评估的调查问卷系统

在手机评测系统的技术基础上，要完成对志愿者服务的评估，需要设计出一份合适的问卷，并通过对这些问卷反馈的分析，获得知识，帮助管理。如前所述，考虑到实际操作约束，志愿者管理部门结合心理学理论的指导，将所有的问题控制在 16 个手机页面内，使多数用户能在 1 分钟之内完成问题的回答。问题的设计主要涵盖志愿者定位、任务安排、工作环境、团队支持调查问卷的结构系统。

1. 服务定位

在志愿者服务定位方面，设计了如下两个问题：

（1）请选择志愿者服务片区。可选项为：A 片区、B 片区、C 片区、D 片区、E 片区、城市最佳实践区、世博轴、世博公园、中国馆、主题馆、世博中心、文化中心、非洲联合馆、出入口、高架步道、票务中心组、新闻中心/礼宾组、订房中心/论坛/党群组 18 个区域。

（2）请选择志愿者服务类型 。可选项为：园区信息咨询、参观者秩序引导协助、接待协助、语言翻译、残障人士援助、媒体服务、活动/论坛组织协助、志愿者管理协助八项服务职能。

2. 工作安排

在志愿者工作安排的感受方面，设计了一个多选复合题目：

在【任务安排】方面，下列情况如何（可多选，不选表示很好，不用改进）：

可选项包括：任务明确性、工作丰富性、工作自主性、分配合理性、沟通与交流、工作任务量、工作的难度、结果的反馈、是否发现小组还有其他值得改进的方面九个方面。对每一个选项分别按照级别 1～5 表示不满意到很满意，通过手机键盘左右键控制。

3. 工作环境

在志愿者对所处工作环境的感受方面，设计了如下多选复合题目：

在【工作环境】方面，下列情况如何（可多选，不选表示很好，不用改进）：

可选项包括：人群流动、空间场所、饮水就餐、天气温度、厕所使用、环境卫生、是否需要其他改进七个方面。

4. 团队支持

在志愿者对所处团队支持的感受方面，多选复合题目为：

在【团队支持】方面，需要改进的是（可多选，不选表示很好，不用改进）：

可选项包括：外部协作、上级指导、后勤支持、安全保卫、医疗救助、是否需要其他改进六个方面。

5. 服务行为

在志愿者服务行为方面，设计一组共六个单选题，分别对应服务行为的六个方面：履行职责、积极主动、热情耐心、工作效率、协调配合、服务创新以及整体服务等。

6. 反馈问题

平台最后包含了一个开放性的反馈问题，以方便志愿者说出其他意见和建议：结合您的观察和评价情况，请提出其他意见及建议（文本）。

7. 典型应用

通过上述问卷的设计，结合相关外围数据及统计分析，该服务平台可获得志愿者服务的综合知识，并提供有效的服务。典型的应用包括：

（1）志愿者服务状况全局感知。通过将志愿者服务状况与园区的 GIS 信息进行集成，可直观和及时地了解志愿者的分布和服务变化等全局信息。图 11-13 所示为世博园区整体服务质量的评估分布参考图。

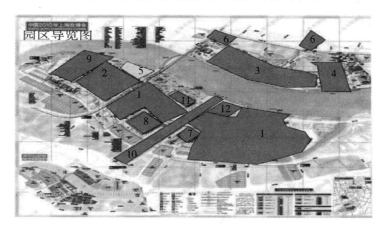

1. A、B片区　2. C片区　3. D、E片区　4. 城市最佳实践区　5. 绿地公园　6. 出入口

7. 中国馆　8. 主题馆　9. 非洲联合馆　10. 世博轴　11. 世博中心　12. 文化中心

注：得分低于 3.0 将标注为"红色"；得分低于 3.5 将标注为"黄色"；得分高于 3.5 将标注为绿色。

图 11-13　世博园区志愿者服务质量分布

（2）志愿者全局、动态管理。根据志愿者服务质量分布图，志愿者管理部门可以综合多方面的信息，并与现场和指挥中心沟通后，根据各片区服务能力的紧迫程度，及时地调整人员和志愿者职能。此外，通过短信平台，可直接将必要的指示信息迅速地传给在现场支持的志愿者小组长。在异常情况、突发事件发生时，这些小组长将起到中坚作用，能根据上级指示，从容有序地应对困难，往往能起到模范带头作用，影响到周围的群众，进而及时地化解危机。

（3）服务片区的情况把握。通过对工作环境以及志愿者文本反馈进行深度分析，结合服务当天汇报文本中的上下文线索，可以捕捉到发生在志愿者自身和周围的社会信息，包括志愿者对自己工作的满意度认可、对服务是否需要改善的建议、对周围群众反映问题的汇总，以及情绪、心理状态等。

（4）志愿者自身的工作考评。在目前已经形成逐级考评方式的基础上，通过分析志愿者的物理、心理活动日志并综合外部数据，如网上评价等多层次、多方面的信息，形成表11－4所示的综合评价模型。而图11－14所示则是各个片区某日绩效考核总体评价的图形化展示图示。

表 11－4　分区志愿者绩效数据

片区	任务安排	工作环境	团队支持	绩效评价
A 片区	4.3	4.1	4.3	4.4
B 片区	4.3	4.1	4.4	4.5
C 片区	4.1	3.8	4.0	4.4
D 片区	4.4	4.2	4.4	4.6
E 片区	4.4	4.2	4.4	4.5
城市最佳实践区	4.3	4.2	4.4	4.5
世博轴	4.2	3.9	4.0	4.1
世博公园	4.6	4.3	4.6	4.5
中国馆	4.3	4.2	4.4	4.5
主题馆	4.4	4.2	4.4	4.5
世博中心	4.5	4.5	4.5	4.5

续表

片区	任务安排	工作环境	团队支持	绩效评价
文化中心	4.1	3.8	4.1	4.3
非洲联合馆	4.5	4.5	4.6	4.7
出入口	4.5	4.1	4.5	4.7
高架步道	4.3	4.3	4.8	4.9
票务中心组	4.6	4.4	4.6	4.7
新闻中心/礼宾组	4.0	3.9	4.0	4.3
订房中心/论坛/党群组	3.5	3.8	4.5	4.3

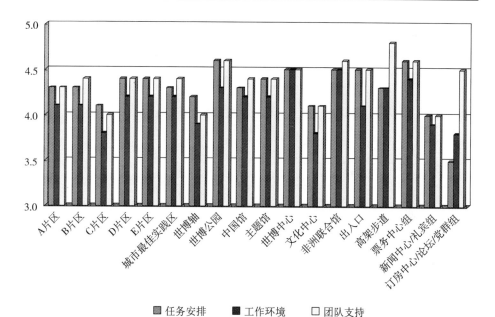

图 11-14　分区志愿者绩效数据图形化展示

三、典型数据的心理分析

在整个世博会期间，志愿者管理部门用此即时信息感知系统对每个服务轮次的各片区志愿者进行了问卷调查，记录了反馈数据，并形成综合评估报告。我们利用心理学和复杂网络理论建构研究模型和框架，并且采用了手机、电脑和纸笔问卷三位一体的混合网络调查方式，对上海世博会近 7000 名园区

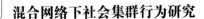

志愿者进行了不同类型的调查。调查时期为 2010 年 5 月 31 日至 10 月 31 日，在这持续五个月的追踪调查中，我们获得了宝贵的资料。其中，获得手机短信调查数据 18060 份，电脑调查数据 4084 份，纸笔问卷 42648 份。限于篇幅，这里仅以 5 月 14 日至 31 日所采集的数据为例，介绍代表性数据的分析结果。

如表 11-5 所示，在此期间，本系统从收到的某一阶段的 264 份有效问卷和 94 条文本建议中获得关键指标数据，各项指标得分最高为 5 分，最低为 1 分；得分低于 3.5 将发出警报。可以看出，这段服务时期内志愿者服务质量总体是令人满意的。

表 11-5 样本的总体评价和关键指标

关键指标数据			
综合评价			
1. 任务明确性	4.18	3. 团队支持	4.26
2. 工作环境	4.00	4. 总体表现	4.49
任务安排			
1. 任务明确性	4.67	5. 沟通与交流	4.69
2. 工作丰富性	4.48	6. 工作任务量	4.71
3. 工作自主性	4.70	7. 工作的难度	4.80
4. 分配合理性	4.55	8. 结果的反馈	4.70
工作环境			
1. 人群秩序	4.48	4. 天气温度	4.78
2. 空间场所	4.66	5. 厕所使用	4.78
3. 饮水就餐	4.54	6. 环境卫生	4.83
团队支持			
1. 外部协作	4.62	4. 安全保卫	4.86
2. 上级指导	4.64	5. 医疗救助	4.86
3. 后勤支持	4.69		
服务行为评价			
1. 积极主动	4.45	4. 协调配合	4.40
2. 热情耐心	4.44	5. 履行职责	4.42
3. 工作效率	4.50	6. 服务创新	4.17

通过对 94 条文本的分析和总结，我们得出图 11－15 所示的急需处理的三条建议和需要重点考虑的四条建议，这些建议对于管理部门的决策非常重要。

急需处理的建议	需重点考虑的建议
1. 德国馆第二栏围栏一定要换成固定栏杆！巡游结束绳子极难控制排队队伍。 2. 游客反映轮椅租借困难，小商品店太少。 3. 世博轴柱子最好标记六号出口方向，很多人都问出口问题。	1. 请给出入口志愿者配送小语种版地图。 2. 建议在亚洲广场上，也就是高架步道楼梯旁边的地图前安置遮阳伞。 3. 工作人员在吸烟，要增加吸烟点，不然大家都随便吸。 4. 内宾接待任务太少，志愿者多。

图 11－15　志愿者建议总结

对世博会志愿者群体进行大规模的混合问卷调研后分析发现：

第一，从总体趋势上看，客观天气温度与志愿者对温度的主观感受相互对应，焦虑情绪的变化态势与温度感受的走势基本对应；同时，生气、失望情绪的变化趋势与焦虑情绪相似。在此基础上，我们在时间序列分析的基础上发现，在多个特殊时间段，焦虑情绪的爆发点出现之前，温度感受都有一个由下降转上升的拐点，且这种温度感受转变对焦虑情绪的影响延迟 1～2 天（见图 11－16）。由此假设该影响存在延迟效应。我们推测，能够进一步通过温度感受转变点的出现预测可能出现的焦虑情绪突发，并可通过探索客观温度变化与温度感受转变的关系进行突发状况预警。

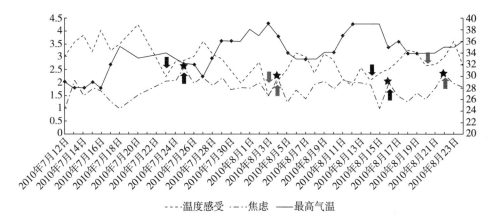

----温度感受　-·-焦虑　——最高气温

图 11－16　温度感受转变对焦虑情绪的影响

第二，我们发现，生气与工作自主性的变化趋势基本是相互对应的。当日的工作自主性预测当日的气愤情绪；生气与分配合理性及工作满意度存在紧密的关系。当分配合理性下降的点到达或接近 3 分警戒的时候，生气的情绪相应地高发，失望的情绪也类似。此外，沟通和交流与满意情绪的关系为满意的情绪随着成员间沟通和交流的顺畅程度而共变。以焦虑与团队支持的变化趋势为例，团队支持与情绪状态的变动趋势基本对应，且同样在一些特殊时间点上存在一定的延迟效应。以工作丰富性与失望的变化趋势为例，研究发现，工作特征与情绪状态的变动趋势基本对应，且存在累积的效应，连续几日感觉到无聊，失望的情绪会暴涨（见图 11—17）。也就是说，如果连续几天感到无聊，失望的情绪就会增加，失望情绪都是在无聊之后两天左右出现增加的。这种情况表明，无聊是有可能预测失望情绪的。

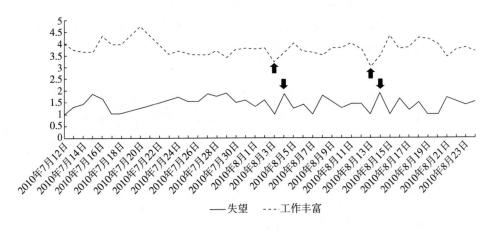

图 11—17　工作丰富性与失望的变化趋势

四、总结与展望

本节介绍的是用于上海世博会的手机电子问卷的信息服务平台，这应该是我们在混合网络下社会集群行为的感知规律研究方面的新的突破。我们把这种技术应用于志愿者手机服务体系之中，采集到 7000 多名志愿者的大量数据。据我们所知，这是基于手机平台电子问卷在大型活动中的首次大规模应用，本项目的实施为志愿者信息化管理提供了新的思路。

在未来的理论研究和实践应用中，我们将进一步对手机客户端软件加以升级和丰富，如集成 GPS、加速度传感和蓝牙通信，使我们服务于中华民族伟大复兴事业的网络服务工作更上一个新的台阶，在混合网络的新背景下，让数据收集工作方式得到新的突破，实现更全面的信息感知和更体贴的服务，也使我们的信息服务工作成果推广到其他的服务领域，取得更大的成就。

第四节　上海世博会志愿者绩效的动态研究

一、引言

志愿主义是指以有组织的方式提供无酬劳也无义务的工作，在过去 30 年受到广泛关注。志愿者为志愿组织和社会活动提供了劳动力来源，在现代社会的有效运作中发挥着重要作用。根据美国国家和社区服务公司 2017 年的报告，2016 年有 6280 万美国人自愿提供 79 亿小时的志愿者服务，创造了价值 1840 亿美元的绩效。然而，不同于受雇员工，志愿者没有获得工作的物质补偿，行为也不会受到权力结构的影响。因此，通常用以激励员工的方式（如正式奖励和晋升）并不适用于志愿者群体。鉴于志愿者绩效对志愿组织维持运作和取得成功的决定性作用，探索到能够激励志愿者达到最佳状态的有关途径是学者和实践者们共同的兴趣。

尽管有关志愿者绩效的研究已有很多，但是多数采用静态的被试之间的视角。被试内绩效的动态性还未在志愿者相关文献中检验过，这是一个重大的疏漏，因为个体在一天中的绩效会变化起伏，而非恒定不变。一项有关服务型员工的研究发现，工作及周边绩效逐日的变异，其中一半来自个体内部动因（Binnewies，Sonnentag & Mojza，2009）。我们有理由相信，志愿者不仅个体之间的绩效不同，而且就个人而言各时段的绩效也有所不同。志愿者绩效的日常变动对绩效管理有重大的影响。特别是，对志愿者动态绩效前因因素的探索可能帮助志愿者们表现更佳，或在特定日期表现出最佳水平。

相比有偿雇员，志愿者参加义务工作更多是出于自我本位的、利他的和亲和的原因。他们的角色和责任比较模糊，行为通常受内部奖赏机制驱动（Bang & Ross，2009）。尽管一些组织者规定了志愿者的核心任务，但是，大多数志愿者还是乐于独立决定如何执行他们的工作。因此，志愿者们往往很大程度上依赖于过往受激励的奖赏性志愿经历（Alfes et al.，2017）。当志愿者享受并受益于帮助他人的过程时，他们更可能表现出更高的工作绩效。不断变化的绩效与积极情绪动态性相对应，而积极情绪动态性是一种志愿者在志愿活动中获得的奖赏体验。有关普通员工的研究已经将时间变化因素（如情绪）作为个体间绩效变化的预测变量。因此，本研究旨在探索随着时间变化，志愿者内部积极情绪是如何（How）以及何时（When）影响绩效发生变化的。

越来越多的研究强调了志愿者的工作投入对实现理想结果的重要性。工作投入是一种以活力、奉献和专注为特点的积极的主动式的工作状态。忙碌的志愿者倾向于将全部的身体上、认知上以及情绪上的能量投注于工作。尽管有一些研究提出呼吁，但是现存的文献对提高志愿者工作投入的因素了解有限。

此外，志愿者的绩效是具有情境独特性的，但是，已有绝大多数现有研究并未考虑这些环境特点。如果情绪资源没有落在志愿工作中，仅靠积极情绪并不足以产生满意的绩效（Beal et al.，2005）。挑战要求是指潜在地推动个人成长、技能精通或未来收益的压力性要求对调节志愿者工作注意力发挥重要作用（Beal et al.，2005），继而影响志愿者工作绩效。因此，本研究试图进一步论证，前一天的积极情绪如何通过工作投入影响志愿者的工作绩效，以及挑战要求是如何调节这一间接联系的。

我们采用在上海世博会工作的 500 名志愿者的每日数据来检验假设关系。本研究试图为现有文献提供以下几点理论贡献：第一，我们首次研究了个体内部框架下的志愿者绩效。在文献中，志愿者工作绩效一直都被认为是稳定的，然而，个体绩效的动态本质被忽视了。因此，我们想通过填补空缺来增进有关志愿者绩效的知识。第二，我们通过发现积极情绪变化水平的影响，来丰富志愿者绩效的前因因素。个体情绪每日波动，并影响着个体对周围环境的反应。尽管现有研究已建立了个体内部积极情绪和工作绩效之间的关系（Beal et al.，2005），但是，这一关系还未在志愿者群体中检验过。第三，我们推断日工作投入是将志愿者前一天的积极情绪转化为第二天工作绩效的内部机制。这个结果不仅可能丰富志愿者工作投入作为前因变量的研究，而且可能增进对每日波动的积极情绪如何影响每日绩效的变化的了解。第四，通过检验挑战要求的调节作用，本研究可望增进积极情绪对工作投入和工作绩效边界效应的探索。定义边界效应是非常切题的，因为这可以帮助我们揭示环境因素可以提高志愿者绩效并促进积极情绪转化为绩效。

二、理论框架和假设论证

在多个组织领域中志愿者构成了大量有价值的、基本的劳动力。很多社会活动（如运动赛事、世博会）的运转都严重依赖于志愿者工作。志愿者出于自由意志工作，奉献服务、物品或金钱来实现期望的结果。志愿者的努力和绩效决定这些社会活动和非盈利组织的生死与成败。不同于雇员在连续长的时间内完成良好掌握的任务，志愿者常常要在比如几小时、几天或几周这样相对短的时间内完成相对未知的新任务。因此，志愿工作本质上是片段式的，而不是连续的（Harrison，1995）。鉴于此，研究志愿者片段绩效的起伏变化以及形成这一动态绩效的前因变量，既有必要也有意义。

志愿者通常分文不取，或者得到很少的工作补助（Cnaan，Handy & Wadsworth，1996）。因此，志愿者绩效几乎完全由内部奖赏驱使。工作中的积极情绪对提高志愿者的工作体验以及工作绩效更是尤为重要。积极情绪是一种能够反映出个体与环境愉快相处水平的情绪，如喜悦、兴奋和幸福。个体每天工作中的积极情绪标志着其当天的工作状态，以及将要采取的行动反应。工作积极情绪水平随着日常工作生活的变化而变化。

（一）前一天工作中的积极情绪和当日工作投入

工作投入是一种积极的、满足的工作状态，特征为活力、奉献和专注（Schaufeli et al.，2002）。活力的特点是在工作中能量充沛（High Energy）和具有较高的心理弹性（Mental Resilience），在艰难的时候也非常愿意投入努力和坚持。奉献意指工作任务中很高的心理参与水平，带着意义感、热情、抱负和挑战。专注是指工作中所有注意力的聚焦和乐于全神贯注的状态。尽管投入通常被认为是不同个体之间相对稳定的特质，但是近期的研究发现，工作投入存在日常的波动。尽管很少有研究探索志愿者内部积极情绪对工作投入的影响，但是，我们有充分的理由来假设志愿者们前一天工作中的积极情绪会影响当日的工作投入。工作中的积极情绪有可能通过意义感体验增加而使工作投入更多。当志愿者在某一天的工作中获得了很好的情绪体验，这可能会使他感知到工作很有价值也值得投入，并对接下来的工作保持主动态度。这些志愿者更倾向于在接下来的第二天投身于志愿者工作。体验到积极情绪的志愿者也更有可能积极地解释工作刺激，包括自己的行为和其他人的行为，对日常事件以及与他人沟通感觉更强烈，可以对工作产生积极的感觉和判断。以上过程也可能会增强接下来一天的工作投入。此外，拓展与建构理论认为，日常积极情绪扩展了个体的思想和活动，因此，带来丰富的个人资源。随着资源增加，志愿者倾向于在工作中投入更多能量。总之，当志愿者在工作前一天体验到更高水平的积极情绪时，他们将会有更高水平的工作投入。据此，我们提出以下假设：

H1：工作中前一天的积极情绪与当日工作投入正相关。

（二）前一天积极情绪和当日工作绩效之间的中介变量——当日工作

我们认为，工作绩效是由任务绩效和周边绩效组成的多维度结构。任务绩效也被认为是角色内绩效，任务是指正式要求和描述的有关员工被分配需完成好的内容。周边绩效涉及一些非正式角色所要求的有益于组织的活动，如自愿加班、帮助同事完成工作任务。

更高水平的每日工作投入意味着志愿者对每一天的工作任务投入更多的努力和资源，对更高的任务绩效十分重要。忙碌的志愿者在追求任务绩效时，工作强度更高也更加坚持（Owens，Baker，Sumpter & Cameron，2016），同时，在完成工作的过程中更加小心和集中注意力。可以确认的是，志愿者每日的工作投入将与日任务绩效正相关。此外，志愿者当日的工作投入也与当日周边绩效正相关。其原因如下：当志愿者当天工作投入更高时，他们当天的工作会更加专注，也更会发挥个人主观性，并能更多地帮助组织和他人去努力（Schmitt et al.，2016）。此外，更多的工作投入可能联系更多的工作进步，因此也具有更多的能量和时间来完成无条件活动，志愿者更有可能找到方法投入额外资源，如帮助同事、自愿加班。事实上，大量针对普通员工的调查表明，工作投入可以增强任务绩效和周边绩效。因此，我们假设：

H2：志愿者的当日工作投入与当日任务绩效和周边绩效正向相关。

大量理论也令我们推测，志愿者前一天工作中的积极情绪与第二天的任务绩效和周边绩效之间存在正向关系。根据情绪事件理论（Weiss & Cropanzano，1996），当志愿者在前一天的工作中体验到了更高水平的积极情绪后，那么，他们更可能享受工作活动，并认为工作是有意义的；他们也更可能体验到被触发、灵敏和热情，拥有更多的积极预期，这将反过来提高他们第二天的工作投入。事实上，对以营利为目的组织的研究结果表明，积极情绪对任务绩效具有一种积极的滞后影响（Rothbard & Wilk，2011）。此外，当志愿者在日常工作中体验到了更高水平的积极情绪时，他们也会倾向于在未来工作中帮助同事。因此，前一天的积极情绪增强了努力帮助同事、无条件为组织做贡献的意愿，这可能会提高周边绩效。以上论据表明，志愿者前一天的积极情绪对第二天的任务绩效和周边绩效有积极影响，并且第二天的工作投入可能作为中介变量联系前一天的积极情绪与第二天的绩效。据此我们假设：

H3：志愿者的当日工作投入中介了个体内部前一天积极情绪和当日工作绩效之间的关系。

H4：志愿者的当日工作投入中介了个体内部前一天积极情绪和当日周边绩效之间的关系。

（三）挑战要求的调节作用

工作要求可以以挑战或者阻碍来评估。挑战要求（Challenge Demands）指可能提高个体的成长、学习和目标获得的要求。尽管挑战要求本身需要精力和努力，但是，它为获益（如成长）提供了机会。以高工作负荷、时间压力以及高工作责任为特点的工作皆是挑战要求的具体例子。当志愿者面临挑战要求时，积极情绪对工作投入的带动作用将会更加突出，因为挑战要求可以刺激志愿者充分地利用已体验到的积极状态。根据资源保存理论（COR）（Hobfoll & Shirom，2000），具有资源的人将会寻找机会去利用这部分增加的资源所得（即获取螺旋）。这表明，如果志愿者相信他们的时间和精力成本是有意义的和值得的，那么，他们将会利用他们的资源。当工作要求初始就被认为是具有挑战性时，个体更可能体验实现后的这种个人成就和需求满足。同时，积极情绪也会给予个体包括情绪的、动机的，甚至能量的资源来战胜挑战，并保持对工作的积极态度。因此，当面对挑战时，积极情绪将更加有益并有助于获得动机潜能，因为，战胜挑战可以产生一个理想结果，如目标完成和需要满足。此外，根据 Hobfoll（2002）所言，在资源损失的情境中（如个体面临高工作要求时），资源获得显得更加重要，这也意味着积极情绪在这种情境中更加重要。在极具挑战的一天，志愿者更可能利用感受到的积极情绪来处理任务，并因此表现出更大的投入。

根据以上证据，在挑战要求较高时，前一天的积极情绪和工作投入之间的关系更强，因为挑战要求激活了志愿者要充分利用积极情绪。因此，我们假设：

H5：志愿者工作的挑战要求调节了个体内部前一天的积极情绪和当日工作投入之间的关系，即挑战要求越高，前一天积极情绪和当日工作投入之间的正向关系越强。

以上论述也表明，面对较高挑战时，前一天的积极情绪也发挥相同的作用。随着挑战要求水平高低的不同，前一天的积极情绪通过第二天工作投入而影响第二天的任务绩效和周边绩效的这一间接效应强度也不同，即是一种有条件的间接效应，也即存在有条件的间接效应是被调节的中介模型的根本。据此，我们提出以下假设：

H6：志愿者工作的挑战要求调节了当日工作投入（在前一天积极情绪和当日工作绩效之间）的中介效应，即挑战要求越高，中介效应越强。

H7：志愿者工作的挑战要求调节了当日工作投入（在前一天积极情绪和当日周边绩效之间）的中介效应，即挑战要求越高，中介效应越强。

为此，我们得到本研究的研究模型，如图11—18所示。

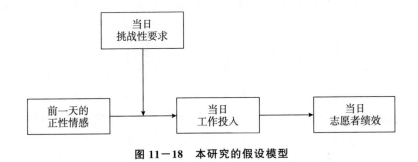

图11—18　本研究的假设模型

三、研究方法

（一）研究背景

我们调查了上海交通大学的世博会志愿者。世博会吸引了246个官方参展者（包括190个国家以及56个国际组织）和730万游客参观。志愿者由世博会官网调度，在129万个轮班作业中提供了1000万小时的服务。

（二）样本和步骤

我们邀请的这组世博会志愿者来自上海交通大学。目标群体数量接近2250人，他们在持续两周的时间内完成了志愿者的多种任务。

首先，我们给所有潜在被试提供了有关此次研究目的和程序的介绍手册，并同步在线发布了信息。我们承诺所有数据仅用于研究目的，严格遵守保密原则。

我们采用了日志研究设计（Diary－based Research Design）以促进被试可以提供每日所有变量的报告。日志研究设计可以让研究者获得志愿者积极情绪、工作投入和工作绩效的日常体验和个体内变化。被试在志愿服务过程中需要每日完成一次调查。在大学助手的帮助下，每天我们送出包含所有问卷题目的调查卡到每位被试。被试需要在每天工作结束时完成调查，带着卡片到所在街道定点处交回给研究助理。我们根据志愿者编号来匹配被试。

最后，我们收到了来自 2233 名被试的共计 11730 个反应（观察点）。在数据收集的最后两天，另一组志愿者意外地加入了工作，引起了工作上的重新安排，也使很多志愿者没能完成最后两天的调研。因此，我们剔除了最后两天的数据，并将最终样本的要求限定为反应率超过 70％ 的被试，即他们在12 天中至少完成了 8 天的调研。最终 500 名志愿者符合标准并提供了 4537 个观察点，相当于 76％ 的整体反应率。每个被试的反应次数从 8 次到 12 次不等，平均为 9 次。

这些世博会志愿者工作于充满变化的环境中，人际互动密切，导致日积极情绪的波动。这一点十分重要，因为短期情绪更可能与工作负荷以及工作互动相关。他们面临的挑战每天也都不同，随着世博会游客的数量起落。每天的工作环境，如天气也有所不同。此外，他们的工作任务以及每天与不同游客所需的互动都相对灵活，甚至是无法预测的。在这种背景下，个体每日的情绪、工作投入以及工作绩效可能差别很大。

（三）测量工具

本研究中我们使用了高效度量表进行测量。量表由两位双语研究者翻译为中文版。同之前的日志研究一样，为了减少被试的工作负担并保证应当的反应率，对一些问卷进行了精简。此外，问卷条目的选择是基于前人研究中因素分析的结果，均达到效度标准。

1. 每日任务和周边绩效

每日任务和周边绩效使用了 Bakker 和 Bal（2010）的四条目问卷。任务绩效的两个样例条目是"今天我完成了工作的全部要求""今天我表现很好"。周边绩效的两个样例条目是"今天我自愿做了工作要求外的事情""今天当同事有太多工作要做时，我帮助了他们"。被试进行五点评分，从 1（非常不同意）到 5（非常同意）。Bakker 和 Bal（2010）的研究表明，当前任务绩效和周边绩效的测量工具均具有较高的信效度，并且自评结果和领导评价结果高相关（r ＝0.46，p＜0.01），这表明了自评绩效结果是源于现实的。在我们的研究中，12 天中任务绩效的 α 系数是 0.83，周边绩效的 α 系数是 0.84。

2. 工作中的每日积极情绪

每日积极情绪使用了工作情绪简版量表的三条目问卷：兴奋的、享受的、快乐的。这三个条目也被包括在了 PANAS－X（正性和负性情绪检核表）中。条目由"在今天的工作中，我感到……"引出。被试在工作时间中主观评估他们的情绪体验，从 1（完全不）到 5（非常）。12 天中积极情绪量表的 α 系数是 0.84。

3. 每日工作投入

每日工作投入使用了三条目的 Schaufeli 和 Bakker（2003）的乌特勒支工作投入量表。一个条目描述活力"今天，我感到充满能量"，另一个描述专注"今天，我感到在工作中全神贯注"，第三个为奉献"今天我的工作启发了我"。被试进行五点评分，从 1（非常不同意）到 5（非常同意）。12 天中工作投入的 α 系数是 0.86。

4. 每日挑战要求

我们将游客数量作为测量挑战要求的客观指标。在 Crawford 等（2010）的元分析中，挑战要求包括了高工作负荷、时间压力和高水平的工作责任心。在本研究的背景中，志愿者的工作是为世博会的游客提供服务。大量的游客会导致对志愿者更高的要求：志愿者负责服务更多人，也需要在既定时间内加快速度。志愿者的工作负荷、时间压力和责任心与游客数量高相关。在我们的调查时间内，志愿者的数量是不固定的。志愿者每日的挑战要求更可能随着游客数量的变化而浮动，对游客数量的测量也帮助我们获取了每日挑战要求的个体内变异。因此，游客数量是一个良好的客观指标。我们从 2010 年世博会管理处获取游客数量的官方数据。12 天内共计 506 万名游客参观了世博园，平均每日游客为 42 万人。调查的 12 天中，游客数量范围为 22 万～66 万人。

（四）分析策略

鉴于数据嵌套于个体内，我们使用多水平分析方法（Multilevel Analysis），即多层线性模型方法（Hierarchical Linear Modelling Approach）。这个方法适用于本研究，因为可以解释每个人内部的每日测量指标的互依性。

与之前对个体内部关系的研究相似，我们使用个人平均（即组均值）中心化的方法，将每个人的数据以自己当天所有预测变量的均值为标准进行中心处理。这种方法关注于个体内变异而不是个体间变异。这种方法从变量中排除了所有个体间变异，并严格反映个体内变异。我们用 Stata 软件进行全部数据的分析。

四、研究结果及分析

（一）描述性统计

为了确定个体之间是否具有差别，我们首先计算了每日积极情绪、工作投入、任务绩效和周边绩效的组内相关（Intra－Class Correlations，ICC）。结果表明，48％任务绩效的变异和49％周边绩效的变异是由个体决定。每日积极情绪（39％）以及每日工作投入（49％）中也有很多个体内变异。结果如表 11－6 所示。表 11－6 也描述了研究变量的平均数、标准差、个体内相关和个体间相关。如同预期一样，前一天（day_{t-1}）体验到的积极情绪与第二天（day_t）的工作投入、第二天（day_t）的任务绩效，以及第二天（day_t）的周边绩效正相关（$r = 0.05$，$p < 0.01$；$r = 0.03$，$p < 0.1$；$r = 0.05$，$p < 0.01$）。有趣的是，每日挑战要求与每日周边绩效正相关（$r = 0.06$，$p < 0.01$），与每日任务绩效负相关（$r = -0.03$，$p < 0.01$）。

表 11－6 变量的均值、标准差和相关系数

变量	均值	个体间标准差	个体内标准差	ICC	1	2	3	4	5
1. 当日任务绩效第t天	4.42	0.46	0.48	0.52	—	0.38**	0.58**	—	0.15**
2. 当日情境绩效第t天	4.10	0.59	0.57	0.51	0.42**		0.34**	—	0.19**
3. 当日工作投入第t天	4.27	0.53	0.51	0.52	0.58**	0.41**	—		0.32**
4. 当日挑战性要求第t天（1单位=1百万参观者）	0.42	0.00	0.11	—	−0.03*	0.06**	−0.01	—	
5. 当日工作正性情感第t-1天	4.01	0.74	0.58	0.61	0.03†	0.05**	0.05**	0.06**	—

注：被试数量为500。即时分析的观察值数量为4531～4532，而滞后分析的观察值数量为3061～3062。对角线以下的相关系数表示个体内相关，对角线以上的相关系数表示个体间相关。ICC 为类别内相关（Intra－Class Correlation）。

†p＜0.1，＊p＜0.05，＊＊p＜0.01。

（二）研究变量的轨迹

为了检查变量的潜在增长趋势，我们首先确认研究变量是否存在线性日常变化。结果表明，研究期间志愿者的每日任务绩效随时间下降（$\gamma = -0.01$，$p < 0.01$），然而周边绩效逐渐上升（$\gamma = 0.03$，$p < 0.01$）。此外，志愿者的每日积极情绪越来越高（$\gamma = 0.01$，$p < 0.01$），但是每日工作投入并没有随着时间出现显著线性变化（$\gamma = 0.00$，n.s.）。接下来，我们探索变量是否存在 U 型或者倒 U 型增长趋势。结果表明，每日周边绩效存在倒 U 型增长趋势（$\gamma_{quadratic\ term} = -0.01$，$p < 0.01$），其他三个变量并没有显著的 U 型或倒 U 型增长趋势。

假设检验如下：

多层线性模型用来检验所有假设模型（Krull & MacKinnon，2001），结果如表 11－7 所示。表 11－7 的模型 5 结果支持了假设 H1，第 t－1 天工作中的正性情感和第 t 天的工作投入之间的个体内相关系数为 0.05，$p < 0.01$。

本研究提出，当日工作投入在积极情绪和任务绩效之间（H2）以及积极情绪和周边绩效之间（H3）起中介作用。我们通过以下程序检验这两个假设：①Baron 和 Kenny（1986）建议的程序；②Krull 和 MacKinnon（2001）提出的中介效应的直接显著性检验。这个方法适用于多水平数据，并且广泛用于之前的研究。

根据 Baron 和 Kenny（1986）的观点，中介效应的存在需满足三个标准：①自变量（前一天的积极情绪）预测中介变量（当日工作投入）；②自变量（前一天的积极情绪）预测结果变量（当日任务绩效和当日周边绩效）；③当中介变量加入方程时，自变量的回归系数降低或者不显著。假设 H1 的结果表明第一条标准被满足。

表 11－7 的模型 1 和模型 3 的结果显示，个体内前一天的积极情绪正向预测第二天的任务绩效（$\gamma = 0.03$，$p = 0.05$）。基于模型 1，我们增加当日工作投入为预测变量。表 11－7 的模型 2 结果显示，志愿者的工作投入正向预测当日任务绩效（$\gamma = 0.51$，$p < 0.01$），但是，前一天的积极情绪对任务绩效的作用变得不显著，从 0.03（$p = 0.05$）降为 0.00（n.s.）。为了直接检验中介效应，我们根据 Krull 和 MacKinnon（2001）的建议方法，使用 β_a 与 β_b 的乘积作为第二种预测中介效应的估计值。

表11—7 前一天工作的正性情感对当日工作投入和工作绩效的滞后个体内效应

变量	当日任务绩效第n天		当日情境绩效第n天			当日工作投入第n天	
	模型1	模型2	模型3	模型4	模型5	模型6	模型7
截距	4.414(0.026)**	4.415(0.025)**	4.166(0.032)**	4.167(0.031)**	4.264(0.029)**	4.280(0.031)**	4.278(0.031)**
时间（即调查周期）	−0.009(0.003)**	−0.006(0.002)**	0.021(0.003)**	0.024(0.003)**	−0.006(0.003)*	−0.010(0.004)*	−0.010(0.001)**
时间平方	0.000(0.001)	0.000(0.001)	−0.003(0.001)**	−0.003(0.001)**	0.000(0.001)	−0.001(0.001)	−0.001(0.001)
当日工作正性情感第n-1天	0.030(0.015)*	0.003(0.013)	0.034(0.018)†	0.010(0.017)	0.051(0.017)**	0.049(0.017)**	0.061(0.018)**
当日工作投入第n天		0.509(0.015)**		0.465(0.019)**			
当日挑战性要求第n天（1单位=1百万参观者）						0.198(0.135)	0.201(0.134)
当日工作正性情感第n-1天 × 当日挑战性要求第n天							0.365(0.171)*
−2 Log Likelihood	4806.454	3878.726	5948.356	5454.104	5313.900	5311.762	5307.222
Δ−2 Log Likelihood		927.728		494.252			4.540

注：被试量 N=499，观察值数量为 3061～3062。全部模型都报告了未标准化的系数和标准误（括号中）。

† p<0.1，* p<0.05，** p<0.01，双尾检验。

如同预期，$\beta_a \beta_b$ 的估计值为 0.026，标准误为 0.009，结果显示有显著的 z 统计量（z=2.99，p<0.01）。结果表明，当日工作投入是前一天积极情绪和当日工作绩效之间的中介变量。综上，假设 H2 得到了支持。

基于模型 3，我们增加当日工作投入为预测变量。表 11-7 的模型 4 结果显示，志愿者的工作投入正向预测当日任务绩效（γ=0.47，p<0.01），但是前一天的积极情绪对任务绩效的作用变得不显著，从 0.03（p=0.06）降为 0.01（n.s.）。此外，直接检验中介效应结果显示，$\beta_a \beta_b$ 的估计值为 0.024，标准误为 0.008，结果显示有显著的 z 统计量（z=2.98，p<0.01）。结果表明，当日工作投入是前一天积极情绪和当日工作绩效之间的中介变量。综上，假设 H3 被支持。

在控制了前一天积极情绪（IV）和当日挑战要求（Moderator）的主效应后，两者的乘积项正向预测当日工作投入（γ=0.37，p<0.05）。因此，假设 H4 被支持。

图 11-19 显示了调节效应。根据 Aiken 和 West（1991）的建议，挑战要求的高低水平分别为其平均值加减一个标准差。图 11-19 显示，当挑战要求更高时（γ=0.1，p<0.01），而不是更低时（γ=0.02，n.s.），前一天工作中的积极情绪与第二天的工作投入关系更强。

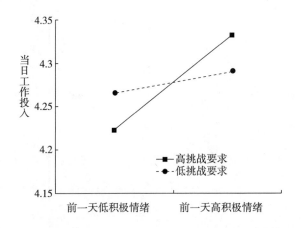

图 11-19　前一天正性情感和当日挑战性要求对当日工作投入的交互效应

我们按照 Preacher 等（2007）的建议程序检验被调节的中介效应。基于假设 H1～H4 的结果，我们进一步确定工作投入的强度是否会随着挑战要求高低有所不同，即前一天的积极情绪与任务绩效、周边绩效之间是否存在有条件的间接效应。如表 11－8 所示，在高挑战要求的情况下（$\gamma=0.051$，$p<0.01$），前一天的积极情绪对第二天任务绩效的间接效应更强，这一间接效应在低挑战要求情况下变得不显著（$\gamma=0.012$，n.s.）。同样，在高挑战要求的情况下（$\gamma=0.046$，$p<0.01$），前一天的积极情绪对当日周边绩效的间接效应更强，这一间接效应在低挑战要求情况下变得不显著（$\gamma=0.012$，n.s.）。因此，假设 H5 和 H6 得到支持。

表 11－8　不同挑战性要求水平下当日任务绩效和情境绩效的有调节的中介效应分析结果

调节因子	水平	当日任务绩效第t天				当日情境绩效第t天			
		条件间接效应	SE	z	p	条件间接效应	SE	z	p
挑战性要求	低	0.012	0.013	0.891	0.373	0.012	0.013	0.891	0.373
	高	0.051	0.013	3.879	0.000	0.046	0.012	3.815	0.000

五、研究结论与研究意义

（一）研究结论

我们的研究结果支持了个体内被调节的中介模型，即志愿者前一天工作中的积极情绪通过影响第二天的工作投入而提升了第二天的任务绩效和周边绩效，这一间接效应的强度随着挑战要求水平的高低而不同。

（二）理论意义

本研究具有以下几点理论意义：

第一，越来越多的研究强调了时间在组织研究中的重要性（Sonnentag，2012）。尽管绩效表现长久以来被认为是一个稳定的概念，但是，当把时间纳入考虑时，个体内变异对绩效表现的冲击是巨大和深远的。日常的一连串行为都可以被划分为若干短期绩效表现单元，瞬时因素产生的变化可以解释随后的绩效质量变化。在营利性背景下，绩效如何随时间发生变化这一问题已促进产生了一系列研究。尽管组织研究中的时间意识已经越来越强，但是聚焦于非营利机构短时绩效的问题还没有得到注意。鉴于正式工作和志愿工作的不同，关于带薪员工的知识不能推广到志愿者群体中。因此，研究志愿者的动态绩效对我们来说很重要。因此，我们主张从时间角度探索志愿者绩效更加切题，本研究通过检查志愿者个体内工作绩效问题填补了已有志愿主义研究空白。

第二，为了响应增进了解志愿者绩效的号召，本研究充实了志愿者绩效前因变量的文献。据析，瞬时情绪状态会对个体绩效产生影响。一些针对带薪员工的实证研究也证实了个体内积极情绪影响绩效。然而，在志愿主义研究中，有关每天的积极情绪如何影响绩效的问题还未被探索。由于志愿者更多受工作体验的激励，而不金钱激励或者等级束缚（Alfes et al.，2017），揭示志愿者绩效随积极情绪体验起伏的变化情况，对志愿者研究来说更为恰当。因此，本研究检查了自然工作情境中，前一天积极情绪如何影响工作绩效，并将研究范围从营利性组织延伸到了志愿背景中。

第三，尽管对于志愿者工作来说投入很重要，但是，在志愿工作背景中投入的前因因素还有很多未知。在为数不多的考虑志愿者工作投入的实证文献中，其中大部分使用了静态个体间方法。近期，有研究已指出工作投入随时间起伏的现象（Reis et al.，2016）。因此，如果个体内视角可以成为志愿者工作投入研究的一部分，那么，这将增进对志愿主义的理解。在本研究中，我们以个体内视角检查了前一天的积极情绪是如何影响工作投入的。因此，我们通过对志愿者任务绩效和周边绩效的变异提供了基于状态的解释，增加志愿主义文献。此外，未来努力的方向应是基于心理机制来解释如何影响绩效的问题。然而，没有研究检查志愿者工作投入在个体内关系中（情绪和工作绩效之间）发挥的中介作用。因此，本研究为解开积极情绪如何转化为工作绩效的内部机制做出了贡献。具体是，个体前一天工作中的积极情绪可以提高第二天的工作投入，继而提高任务绩效和周边绩效。

第四，阶段内绩效被认为是依赖于资源水平和资源分配的共同作用。当工作相关的因素（如挑战要求）可以将志愿者的注意拉进工作时，积极情绪可能发挥更大的增益作用。此外，在个体积极工作评价的同时伴随挑战要求，工作投入将会更大。据此，我们提出，挑战要求在工作投入连接起积极情绪和绩效的间接关系中起到调节作用。Englert 和 Helmig（2017）指出，未来研究的一条重要和富有成果的途径是在志愿者绩效研究加入调节效应。因此，本研究阐释了个体内关系新的边界效应。特别是当挑战要求较高时中介效应更强，当挑战要求较低时中介效应不显著。如研究结果所示，积极情绪通过工作投入对绩效起作用的这一间接关系并不像最初看起来那样直观。积极情绪并非工作投入的一个充分条件，对工作投入和工作环境没有决定性的重要作用。

（三）管理意义

本研究为志愿者管理实践提供了重要意义。第一，研究结果表明，志愿者绩效很可能随时间起伏变化。不同于之前过度关注谁表现更好，我们回答了什么时候志愿者表现更好和志愿者如何表现更好。因此，管理者和组织者应明白绩效是动态的，并且努力在志愿者表现不错时找到潜藏于其中的原因。我们的研究揭示了志愿者每天的表现是随着积极情绪的变化而变化的。为了提高志愿者绩效，管理者应努力营造能够增加积极情绪的工作氛围，如增强志愿者自主工作动机、促进他们找到更多的工作意义和价值。

第二，本研究发现，志愿者每天的工作投入是高绩效的驱动器。在志愿者高度投入工作的那天，他们完成任务的方式也会倾向于更加高效，并自愿做出更多贡献。因此，为了提高志愿者绩效，管理者可以通过理清、确认相关因素来提高工作投入。比如，我们的研究就启示可以通过唤起积极情绪来增加工作投入。

第三，本研究强调了积极情绪对工作投入的作用依赖于每天挑战要求的水平。当前一天的积极情绪较高加上当天挑战要求较高时，工作投入达到最高水平；当前一天的积极情绪较低而当天挑战要求较高时，工作投入最少；当挑战要求较低时，积极情绪对工作投入没有影响。以上结果对管理者分配志愿任务具有启示意义：一方面，在考虑任务是否适当时，管理者需要考虑核心员工的情绪状态。比如，当其他条件相当时，具有挑战性的任务应该分配给情绪状态较积极的志愿者，不太具有挑战性的任务分配给情绪低迷的人。另一方面，针对某些极具挑战和极需优异表现的任务，组织者应提前采取干预措施来调动志愿者的积极情绪。

六、研究局限和未来方向

本研究具有以下一些局限性：

第一，除了挑战要求变量外，其余所有变量均是自我报告，因此，可能引起共同方法偏差（即研究变量之间相关度更高）。由于方法的局限性，包括被试的人口统计学在内的信息都可能效度不高。但是，本研究所采用的重复测量方法以及个体内效应分析，都可以降低共同方法偏差以及反应偏差的问题。尤其是我们将预测变量以个人平均值为准进行中心化处理，有效地解决了自我报告数据的潜在问题（如人格混乱、反应一致和社会赞许）。同其他研究一样（Ilies et al.，2006），我们也很难持续地测量积极情绪、工作投入和绩效。志愿者的工作范围较大，每名志愿者可能要向数百位游客提供服务，因此，其他人（如领导、同事和游客）都没有足够的观察机会来评价他们每天的情绪、投入和绩效情况。因此，在我们的研究中，让志愿者自评工作绩效和工作状态的方法更加可行。尽管如此，我们还是建议未来研究能够收集多来源的数据，或者通过更先进的方法（如绩效录影）提供更准确的评价。

第二，将志愿者接待的游客数量作为挑战要求的客观指标可能会招致批评，因为只获取了个体内变量。在 12 天内，志愿者的数量是不变的，而游客的数量变化巨大（从 22 万人/天到 66 万人/天不等），因此，挑战要求水平变化也很大。这为我们研究个体内部水平的挑战要求的调节效应（本研究重点）提供了便利。然而，我们并没有理论上的测量个体之间挑战要求水平的方法。由于每个人感受到的挑战要求可能很不同，因此，我们建议未来研究检查个体之间挑战要求是否可能在积极情绪和工作投入之间起调节作用。

第三，尽管我们的研究样本量已经足够多来探索变化，但是，当前研究没有包括不同的组织背景。因此，我们的结论能否推广到其他组织环境中去还有待检验。此外，我们只探索了工作中积极情绪的影响作用，而没有检验非工作时间中积极情绪的影响作用。工作中的积极情绪通常源于工作体验。当被工作激励，积极情绪可能帮助个体集中注意力于工作，并带来态度上和行为上的反应。我们认为，工作中的积极情绪，相比非工作时的积极情绪，更可能影响一个人第二天的工作体验。因此，我们建议未来研究检查与工作无关的积极情绪是否提高工作投入进而影响第二天的绩效。

第四，简洁起见，我们没有纳入消极情绪的预测变量。根据 Bledow 等（2011）的工作投入的情绪转换模型（The Affective Shift Model of Work Engagement）建议，只要当天的情绪是积极的，那么，哪怕前一天工作中情绪是消极的，也可能对第二天的工作投入有积极而不是消极的影响。因此，消极情绪可能与工作投入有不同的连接机制。同时，对消极情绪和工作投入的正向关系提出挑战要求的调节作用目前还缺乏理论依据，加入消极情绪作为预测变量,将会丰富调节机制集合的内容,也会使当前研究的理论论据和模型检验更加完善。

总体来说,本研究对志愿者工作中积极情绪与第二天的任务绩效和周边绩效之间关系的动态状况提供了新的理解,并探索了工作投入的中介效应和挑战要求的边界效应。在志愿者背景下,有关积极情绪时间波动以及个体内绩效变化的研究向前迈进了重要一步。着眼于以上研究结果,我们希望可以激发更多有价值的志愿者绩效动态性的研究,也希望可以促进志愿者研究能在日志研究法的基础上获得持续性成果。

第五节　价值导向对亚运会志愿者绩效反馈的影响

一、引言

绩效反馈是被许多组织广泛采用的激励手段。人们普遍认为,组织对成员绩效的正面反馈能够提高成员的绩效水平,改善行为表现。然而,DeNisi和Kluger(2000)的研究表明,反馈的有效性存在限制条件,包括个体差异、反馈信息特征,以及任务特征等。然而,以往对限制条件的讨论忽视了组织情境中奖励体系的潜在影响,组织采用金钱/荣誉的奖励形式(Incentive Style)会唤起与之相应的价值情境,而与价值情境相一致的反馈才能够更有效地对成员的绩效提升与行为塑造产生积极影响。

(一)奖励形式唤起的价值情境

最常见的奖励形式是金钱与荣誉。根据Heyman和Ariely(2004)的研究,金钱是以市场规范(Money Market)为核心的价值情境的代表符号。Vohs等(2008)通过九项系列实验发现,金钱概念的激活会将人们引入市场规范的思维,重视平等、独立,遵循利益的交换原则,追求价值最大化,更使人们关注自我和个人目标的实现。荣誉是社会对人们履行社会义务的道德行为的肯定和褒奖,它是社会规范(Social Market)体系中的社会报酬的代表。中国"伦理本位"的社会价值体系(廉如谦,2010)倡导控制个体的自我主张,讲究人际和谐与共同命运,而非利益的争夺。在这样的格局下,人们更关注和谐关系,而人的经济属性则难以最大限度地得到彰显。一些研究还表明，金钱与荣誉背后的价值情境中，人际互动有着不同的内涵：在荣誉的价值情境下，合作是个体基于发展友好人际关系的情感需求，为了维系团队和谐所进行的情感互动。而在金钱的价值情境下，合作是利益互动，是实现短期成就与财富收益的工具（黄光国，1988）。沈毅（2007）认为，这种合作蕴藏着由"无我"而"有我"的辩证思维。

（二）奖励形式对绩效反馈与自我效能感关系的影响

在上述两种价值情境下，个体分别对任务情境形成"情义"或是"交换"的假设，并且以不同的"关系特征"来认识"自我"。根据多位学者对于中国人"自我"概念的研究（杨红升和黄希庭，2007；杨宜音，2008；费孝通，1947），中国人的"自我"边界富有伸缩性和变化性，情境对"自我"具有激活和建构的作用。根据研究，荣誉背后的价值情境强调维系和谐关系的道德责任感，使个体以充满关系包裹的"我们"作为自我评价的锚。而在金钱背后的价值情境中，个体则以更为独立的"我"作为自我评价的锚。自我效能感是自我评价体系的重要成分，根据社会学习理论，自我效能感的建构受一系列情境因素的制约，包括情境中的自我评价锚定的影响。因此，结合前面的分析，尽管正向的绩效反馈是提升个体效能感的重要途径，但自我评价锚定在两种价值情境中的差异可能制约反馈对效能感的积极贡献。Earley（1994）的一项实验研究就探讨了在组织通过针对个人能力/团体能力的培训来提升成员自我效能感的过程中，个体—集体主义的组织文化的影响。结果显示，来自集体主义倾向组织的成员接受针对团体能力的培训后产生了更高的效能感，而来自个人主义倾向组织的成员更能从针对个人能力的培训中获益。Earley（1994）认为，组织的价值情境影响了成员对培训信息的利用，因为个体对符合自我评价锚定的信息更敏感、更偏好，也更易接受。因此，若绩效反馈的对象不能与特定价值情境中的自我评价锚保持一致，反馈信息被利用的有效性就会降低，反馈对效能感的强化也会受到限制；相反，则能够有效地强化被反馈者的自我效能感。因此，本研究的假设是：

H1：采取金钱奖励时，个人绩效反馈组的自我效能感高于集体绩效反馈组；采取荣誉奖励时，集体绩效反馈组的自我效能感高于个人绩效反馈组。

（三）奖励形式对绩效反馈与任务绩效及合作行为关系的影响

自我效能感是个体行为及任务绩效表现最重要的、基本的决定成分。在特定的奖励形式下，受到绩效反馈强化的效能感能够影响个体的认知过程、动机过程、情感过程和选择过程来影响个体对行为活动的选择、目标的设定、行为的努力程度和坚持性，进而提升成员在完成任务方面的绩效水平。另外，效能感的提升也能够促使成员增加对互动的投入。个体的效能感是其对自己在符合任务要求基础上，通过努力来完成目标的信念程度。在专业化分工较高的组织或团队中，目标的实现离不开成员之间的协作和信息共享，尤其是在项目团队这种逐渐兴起的组织形式中更注重合作。因此，不论是在荣誉的价值情境下，个体以集体和谐为最终诉求进行情感互动，还是在金钱的价值情境下，个体通过合作来交换他需要的支持与信息，提升个体对完成任务的效能感都有助于人们在这些活动中表现出更积极的互动行为。综上所述，我们认为，绩效反馈与奖励形式相匹配，能够在强化个体效能感的基础上，进一步提升个体任务绩效、激发合作行为（见图11-20）。为此，本研究提出以下假设：

H2：采取金钱奖励时，个人绩效反馈组的任务绩效、合作行为水平高于集体绩效反馈组；采取荣誉奖励时，集体绩效反馈组的任务绩效、合作行为水平高于个人绩效反馈组。

H3：奖励形式与绩效反馈的交互作用，通过效能感的中介，影响任务绩效与合作行为。

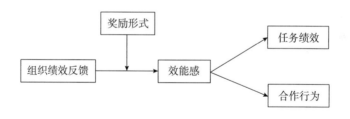

图11-20　本研究理论模型

二、研究方法

（一）调查问卷

1. 合作行为

本研究以信息分享行为和后援行为来衡量合作行为水平。

（1）信息分享行为：采用郑仁伟和黎士群（2001）编制的知识分享行为问卷，以三个条目测量分享个人知识、分享学习机会和鼓励他人学习等内涵。

要求被试依据"1＝没有""2＝偶尔""3＝有时""4＝经常""5＝很频繁"的标准评价过去一周工作中与他人信息分享行为的频率。该量表前后两次测量的内部一致性系数分别为 0.692 和 0.749。

（2）后援行为：采用 Porter 等（2003）对后援行为的测量，以三个条目测量被试帮助同伴完成任务的行为。要求被试依据"1＝没有""2＝偶尔""3＝有时""4＝经常""5＝很频繁"的标准评价过去一周工作中相应行为的频率。该量表前后两次测量的内部一致性系数分别为 0.726 和 0.828。

2. 任务绩效

本研究采用 Egan 和 Song（2008）的绩效评定量表。量表的四个条目测量了被试完成任务符合工作要求的程度。采用李克特七点量表，被试依据"1＝完全不同意"到"7＝完全同意"进行评价。该量表前后两次测量的内部一致性系数分别为 0.913 和 0.92。

3. 效能感

本研究采用 Jex 和 Bliese（1999）的自我效能感量表。量表的四个条目测量了被试对完成志愿者工作的效能感信念。采用李克特五点量表，被试依据"1＝很不同意"到"5＝很同意"进行评价。该量表后测的内部一致性系数为 0.794。

4. 积极情绪

本研究采用 Watson、Clark 和 Tellegen（1988）编制的积极与消极情绪量表（PANAS）中的积极情绪分量表。量表选择了兴奋、快乐、高兴、幸福四种积极情绪，要求被试依据"1＝一点也没有""2＝有一点""3＝中等程度""4＝有些强烈""5＝非常强烈"的标准评判过去一周工作中的整体情绪基调。该量表前后两次测量的内部一致性系数分别为 0.953 和 0.943。

5. 工作描述

本研究采用 Roznowski（1989）修订的工作描述指数（JDI）量表中关于工作本身的评价部分，并编制了测量有关被试工作的任务量、难度、时间压力、挑战性、吸引力等方面的工作描述问卷。采用李克特七点量表，被试依据"1＝完全不同意"到"7＝完全同意"进行评价。该量表作为检验被试分组同质性的依据之一，前测的内部一致性系数为 0.899。

（二）研究方法

以广州亚运会中高等学校的志愿者为被试。研究者作为活动组织方的合作伙伴，提供志愿者服务质量评估，并借此机会开展了为期 20 天的现场实验研究。志愿者按职能被分配在大型活动的各片区，以小队的形式开展服务工作，每一小队的志愿服务包括观众服务、交通指引、语言翻译、医疗服务、技术统计、应急协调和场馆保障等方面。在志愿者开始服务工作前，实验者进行了志愿者基本信息资料的采集。400 名志愿者完成资料采集后，被分配进各组工作。服务历时 20 天，在此期间进行了两轮问卷调查。第一阶段历时 7 天，结束时实施前测并进行了实验干预，获得有效问卷 328 份；第二阶段历时 13 天，结束时实施后测，获得有效问卷 274 份。根据志愿者编号对问卷进行匹配，并筛除缺失数据较多（答题少于 85%）的问卷和无法通过实验干预有效性验证的问卷，最终获得 231 个有效样本。问卷中男生 118 人，女生 113 人；最小年龄 19 岁，最大 27 岁，平均年龄 21.37 岁（SD=1.47）。经检验，有效被试与未能完成全部调查的被试的人口统计学变量无显著差异。按照实验干预要求将志愿者划分成四种类型：个人反馈/荣誉奖励组 62 人、个人反馈/金钱奖励组 42 人、集体反馈/荣誉奖励组 79 人和集体反馈/金钱奖励组 48 人。

（三）实验程序

应用现场实验的研究方法，采用 2（绩效反馈：个人反馈/集体反馈）×2（奖励形式：金钱奖励/荣誉奖励）被试间设计进行实验干预。根据被试在效能感、后援行为、信息分享行为、任务绩效及积极情绪等后测问卷上的得分（控制前测问卷各变量水平）考察实验干预的效果。

1. 基本资料采集及分组

在活动开幕的三天前，采用团体测试的办法在志愿者集中培训会议上采集志愿者的基本信息，包括志愿者编号、人口统计学信息、服务赛区、工作类型和职能等。志愿者以小队形式在该大型活动的四个赛区提供服务，各小队在工作类型和工作强度上基本一致，且四个赛区的志愿者在日常工作时仅在负责的范围内活动，基本不需要与其他赛区的志愿者互动。研究者根据志愿者基本资料采集的结果，以小队为单位分别随机选取了四个赛区的志愿者各 100 人，作为四个实验组。

2. 前测（T1）

在结束第一阶段工作当晚，召集被试实施前测。要求被试填答工作描述量表，以检验组间同质性；同时获得各因变量的基线水平。

3. 实验干预

在前测问卷末尾通过文字通知的形式进行实验干预,包括金钱或荣誉的奖励办法以及对个人或集体在第一阶段服务表现的正面反馈。

4. 奖励形式

我们以活动组织方的名义,告知被试将设立一项奖励计划。有两组被试(金钱奖励组)被告知能够得到一定数额的奖金,另两组被试(荣誉奖励组)则被告知能被授予"志愿者之星"的荣誉称号。

5. 反馈

对志愿者在第一阶段的服务表现给予正面反馈。在金钱组和荣誉组分别有一半被试得到个人反馈——"根据我们对全体志愿者服务状况的客观、公平的评估,你在上一周的工作当中表现优秀。"另一半得到集体反馈——"根据我们对全体志愿者服务状况的客观、公平的评估,你们团队在上一周的工作当中表现优秀。"

为确保实验干预被有效感知,我们在问卷末尾询问被试"现在我们将征询你的意见,你是否愿意加入这一项奖励计划?"请志愿者选择"愿意参加"或"不愿意参加"。若被试勾选"不愿意参加"或未填答则问卷作废。该问卷由志愿者在当晚自行独立填写,并在第二天早上由实验助手统一回收。

6. 后测(T2)

在志愿者完成20天工作当日,召集被试实施后测。要求被试根据第二阶段服务的情况进行自评。该问卷于第二日早上由实验助手统一回收。问卷设一道操作检验题:"我知道若我在第二阶段的工作中表现出色,我将有可能:1. 被评为'志愿者之星' 2. 得到一笔奖金 3. 不知道"。如果被试的选择与其接受的干预类型不符或回答不知道,则问卷作废。在整个过程中,共有23份问卷做了不合格处理。

三、研究结果及分析

运用后测所获得的数据对任务绩效、效能感、信息分享行为、后援行为和积极情绪五个量表的结构进行验证。从表11-9的验证性因素分析结果可以看出,五因素模型得到了数据的支持。因此,本研究所用量表具有较好的效度。

表 11－9 本研究所用量表的验证性因素分析结果（n＝231）

模型	χ²	df	CMIN/DF	GFI	IFI	CFI	NFI	RMSEA
一因素模型	1557.91	90	17.31	0.313	0.500	0.494	0.485	0.236
五因素模型	224.69	80	2.81	0.910	0.951	0.950	0.926	0.079
虚模型	3023.49	120	25.196					

采用多元方差分析检验前测中四个实验组在人口统计学、各项工作描述，以及各因变量上的差异后，未发现显著效应［Wikis' LambdaF(11，214)＝0.87，p＝0.57］，对各变量单独进行的多因素方差分析也无显著差异。

结果如表 11－10 所示，实验分组保证了组间同质性，也说明在接受实验干预前，四组被试在各因变量水平上无显著差异。

表 11－10 研究关键变量的相关系数矩阵（包括 T1 与 T2 两次测量）

变量	信息分享行为	后援行为	任务绩效	积极情绪	年龄	性别
信息分享行为	0.020	0.510 **	0.258 **	0.401 **	0.011	0.083
后援行为	0.517 **	0.062	0.289 **	0.422 **	0.008	0.012
任务绩效	0.380 **	0.356 **	0.050	0.270 **	0.012	−0.012
积极情绪	0.367 **	0.460 **	0.373 **	0.004	0.031	−0.015
效能感	0.478 **	0.423 **	0.500 **	0.430 **	0.020	0.010
年龄						0.022
性别						

注：** $p < 0.01$；性别为哑变量（0＝男性，1＝女性）；对角线上为前后两次测量的相关系数，对角线右上方的上三角区为前测中各变量间的相关系数，对角线左下方的下三角区为后测中各变量的相关系数。

为检验假设 H1 和 H2，首先，进行多次一元协方差分析来检验奖励形式与绩效反馈对效能感、任务绩效及合作行为的实验效应，该方法相比多元协方差分析具有更强的统计检验力，并节省自由度。我们分别以后测（T2）的效能感、信息分享行为、后援行为和任务绩效等为因变量，以绩效反馈和奖励形式的哑变量为固定因子，以前测（T1）中结果变量的基线水平为协变量。结果如表 11－11 所示，实验干预对各变量的交互效应均显著。此外，研究考察了实验干预对积极情绪的影响，结果显示，交互作用显著。

表 11－11　实验效应的协方差分析（ANCOVA）结果

变异来源	因变量									
	信息分享行为		后援行为		任务绩效		积极情绪		效能感	
	F	η^2	F	η^2	F	η^2	F	η^2	F	η^2
协变量	0.01a	0.000	0.17b	0.001	0.38c	0.002	0.50d	0.002		
奖励	0.95	0.006	1.35	0.006	0.36	0.002	0.06	0.000	0.021	0.000
反馈	0.11	0.001	1.14	0.005	0.01	0.000	0.28	0.001	0.01	0.000
奖励×反馈	16.66 ***	0.071	12.52 ***	0.055	4.35 *	0.020	8.09 **	0.036	8.93 **	0.038

注：* $p < 0.05$，** $p < 0.01$，*** $p < 0.001$；a. T1 的信息分享行为；b. T1 的后援行为；c. T1 的任务绩效；d. T1 的积极情绪。

然后，我们针对两种奖励形式分别考察了个人绩效反馈组与集体绩效反馈组在各结果变量上的差异。表 11－12 所示的简单效应分析表明，在金钱奖励形式下，个人反馈组的效能感、后援行为和信息分享行为均高于集体反馈组；个人反馈组的任务绩效和积极情绪高于集体反馈组，但未达到显著水平。在荣誉奖励形式下，集体反馈组的效能感、任务绩效、后援行为、信息分享行为和积极情绪均显著高于个人反馈组。因此，假设 H1 得到了验证，假设 H2 部分得到了验证。

表 11－12　交互效应简单效应检验结果

因变量	奖励形式	反馈对象		F	P
		个人	集体		
效能感	金钱	4.22 (0.10)	3.95 (0.09)	3.88 *	0.050
	荣誉	3.95 (0.08)	4.20 (0.07)	5.40 *	0.021
后援行为	金钱	3.77 (0.10)	3.36 (0.10)	8.23 **	0.005
	荣誉	3.34 (0.08)	3.58 (0.07)	4.37 *	0.038
信息分享	金钱	3.80 (0.10)	3.42 (0.09)	8.13 **	0.005
	荣誉	3.36 (0.08)	3.69 (0.07)	9.67 **	0.002

续表

因变量	奖励形式	反馈对象		F	P
		个人	集体		
任务绩效	金钱	5.72 (0.16)	5.47 (0.15)	1.30	0.255
	荣誉	5.49 (0.13)	5.84 (0.12)	4.03*	0.046
积极情绪	金钱	3.70 (0.14)	3.40 (0.13)	2.38	0.124
	荣誉	3.31 (0.12)	3.73 (0.11)	7.26**	0.008

注：M＝Estimated Marginal Means；（SE）＝Std. Error；* p＜0.05，** p＜0.01，*** p＜0.001。

本研究假设（H3），奖励形式与绩效反馈对任务绩效及合作行为的交互效应，是通过效能感的传递发生作用的。Baron 和 Kenny（1986）将这种机制定义为带中介的调节效应（Mediated Moderation）。Preacher、Rucker 和 Hayes（2007）进一步提出并细化了检验此类效应的分析方法，并且成了当前主流的分析方法。本研究采用这一方法来检验带中介的调节效应的显著性。

表 11－13 中的模型 1 以效能感为因变量，以反馈、奖励及奖励×反馈为自变量；模型 2 以四个结果变量为因变量，以效能感、反馈、奖励及奖励×反馈为自变量。根据 Preacher、Rucker 和 Hayes（2007）的分析，该类模型中介效应的显著性以 $\hat{b}_1(\hat{a}_1 + \hat{a}_3 W)$ 系数是否显著为判断标准（W 代表调节变量的两个水平）。如表 11－13 所示，在以四个结果变量为因变量的四个模型中，这一系数在金钱奖励和荣誉奖励两个水平上均显著，说明效能感中介了奖励形式与绩效反馈对四个结果变量的交互作用。具体而言，模型 2 的结果显示，奖励×反馈对任务绩效与积极情绪的效应不显著，这说明效能感完全中介了奖励形式与绩效反馈对任务绩效与积极情绪的交互作用。同时，奖励×反馈对后援行为的效应仍显著（B＝0.38，p＜0.05），这说明效能感部分中介了奖励形式与绩效反馈对后援行为的交互作用（金钱奖励下，中介效应/总效应＝27.68%；荣誉奖励下，中介效应/总效应＝57.72%）。另外，奖励×反馈对信息分享行为的效应仍显著（B＝0.43，p＜0.01），这一结果说明，效能感部分中介了奖励形式与绩效反馈对信息分享行为的交互作用（金钱奖励下，中介效应/总效应＝31.58%；荣誉奖励下，中介效应/总效应＝41.38%）。根据以上结果，效能感部分中介了奖励×反馈对后援行为及信息分享行为的交互作用，完全中介了对任务绩效和积极情绪的作用。假设 H3 得到了验证。

表11—13　带中介的调节效应检验结果

变异来源	信息分享行为				后援行为				任务绩效				积极情绪			
	模型1		模型2		模型1		模型2		模型1		模型2		模型1		模型2	
	B	t	B	t	B	t	B	t	B	t	B	t	B	t	B	t
Constant	16.09	10.24***	2.75	4.81***	15.49	10.31***	2.82	4.82***	16.39	9.75***	7.94	2.19*	16.08	10.99***	5.66	2.33*
控制变量	-0.06a	-0.35	0.03a	0.50	0.12b	0.80	0.05b	0.94	-0.02c	-0.54	-0.03c	-0.44	-0.03d	-0.70	0.03d	0.54
效能感			0.15	7.57***			0.14	6.46***			1.25	10.30***			0.59	6.50***
奖励	-2.39	-2.80**	-0.71	-2.73**	-2.43	-2.84**	-0.68	-2.42*	-2.44	-2.88**	0.07	0.05	-2.44	-2.89**	-1.91	-1.91
反馈	-2.38	-2.68**	-0.69	-2.57*	-2.42	-2.73**	-0.68	-2.34*	-2.42	-2.74**	-0.61	-0.38	-2.35	-2.66**	-1.59	-1.33
奖励×反馈	1.57	2.98**	0.43	2.65**	1.60	3.04**	0.38	2.22*	1.61	3.07**	0.30	0.31	1.62	3.11**	1.20	1.69
金钱奖励 $\hat{b}_1(\hat{a}_1+\hat{a}_3W)$	-0.12				-0.11				-1.01				-0.42			
金钱奖励 z	-1.96*				-1.95*				-1.90†				-1.71†			
金钱奖励 Bootstrap(95%)e	{-0.24, -0.02}				{-0.23, -0.02}				{-1.95, -0.19}				{-0.90, -0.02}			
荣誉奖励 $\hat{b}_1(\hat{a}_1+\hat{a}_3W)$	0.12				0.11				1.01				0.53			
荣誉奖励 z	2.21*				2.22*				2.39*				2.56*			
荣誉奖励 Bootstrap(95%)e	{0.02, 0.28}				{0.02, 0.26}				{0.19, 2.29}				{0.13, 1.10}			

注：模型1，效能感 $= a_0 + a_1$反馈 $+ a_2$奖励 $+ a_3$奖励×反馈 $+ r$；模型2，因变量 $= b_0 + b_1$效能感 $+ c_1'$奖励 $+ c_2'$反馈 $+ c_3'$奖励×反馈 $+ r$；a. T1的信息分享行为；b. T1的后援行为；c. T1的任务绩效；d. T1的积极情绪；e. 95% Confidence Intervals for Conditional Indirect Effect。

*** $p<0.01$，**** $p<0.001$，* $p<0.05$，† $p<0.10$，W=奖励形式的二分变量的取值，1代表金钱奖励，2代表荣誉奖励；B=Unstandardized Coefficient；Number of bootstrap samples=5000；

四、讨论与结论

（一）讨论

本研究发现，奖励形式与组织绩效反馈对效能感的交互效应显著：当采用金钱奖励时，个人绩效反馈组较集体绩效反馈组有更高的效能感；而采用荣誉奖励时，集体绩效反馈组的效能感高于个人绩效反馈组。这一结果与Earley（1994）的实验研究结论一致。与他们不同的是，我们在此基础上进一步检验了奖励形式与绩效反馈通过效能感的中介作用对个体的任务绩效和互动行为表现的影响，研究结果支持了效能感是奖励形式与绩效反馈对任务绩效、合作行为与积极情绪产生影响的中介这一假设。具体而言，采用金钱奖励时，个人绩效反馈组较集体绩效反馈组表现出更多的后援行为和信息分享行为，且差异显著；个人绩效反馈组的任务绩效也高于集体绩效反馈组，但未达到显著水平。而采用荣誉奖励时，集体绩效反馈组的任务绩效、后援行为和信息分享行为水平均高于个人绩效反馈组，且差异显著。本研究还尝试探索了实验干预对积极情绪的影响，结果表明，在奖励形式与绩效反馈相匹配的条件下，个体有更积极的情绪体验。

本研究从以往研究关注的个体差异、任务特征和反馈特征之外的另一个新的角度探讨了影响绩效反馈对组织及其成员产生积极促进的因素。作为重要的情境因素，由奖励形式设定的价值背景对绩效反馈在激发组织成员效能感、鼓励成员的相互协作和提高组织的工作效率和质量方面的效果，因较为隐蔽而容易被管理者忽视。本研究在综合了前人理论及研究结果的基础上，重点验证了奖励形式对绩效反馈效果的潜在影响。本研究的结果说明，组织在最初明确任务报酬方案时，选择强调金钱形式或荣誉形式的奖励，可能已在潜移默化中引导了成员对于工作情境价值观的认识。接受金钱奖励为主的成员倾向于根据按劳取酬的原则，追求更高的个人成就，他们更关注与自己表现有关的信息，因而对组织提供的个人绩效反馈更敏感，却不太在意集体绩效的反馈信息；而针对个人绩效的正面反馈能被他们选择性地注意并加以利用，增强他们完成任务的信心，促进他们通过更多的互动努力来达成目标，并最终产生较高的任务绩效。然而，接受荣誉奖励为主的成员感到有维系团队和谐的需要，他们的目标不仅仅是完成任务，塑造一个稳固、凝聚的集体成为彼此共同的使命，因而，相对于个人的表现，他们更在意有关集体绩效的信息反馈，正面的集体绩效反馈能够有效提升他们的效能感，并激发更多的合作行为与工作努力，也为组织带来更积极的结果。

需要注意的是，本研究采用纵向研究设计检验了奖励形式对于组织绩效反馈效果的调节作用，研究对象是以临时团队为组织形式，在时间限制内实现既定目标的项目团队。这种团队已经成为当下各类社会机构（包括政府、企业、非营利机构等）为应对复杂任务而广泛采用的战略，它们有着更强的适应性，也整合了更多优势的人力资源（Smith－Jentsch，Mathieu & Kraiger，2005）。然而，有关如何激励这类团队成员的动机、提升个人绩效表现和互动合作却是管理者面临的挑战，因此，对这一议题的探讨具有重要意义。基于这类团队的时限特征，本研究前后两次测量的时间间隔以活动起止为标准，而未考察奖励形式在一般的正式群体或组织中是否在更长的时间内对绩效反馈效果发生持续作用，这可能在一定程度上产生了研究外部效度的局限性。因此，本研究基于现场研究的结论对于短程的项目团队的建设及管理实践具有一定的解释力和借鉴作用，而在将本研究结论推广到与项目团队性质差异较大的组织情境时需更为谨慎，也需要进一步的研究。

此外，本研究尚存在以下不足：在现场研究中，复杂的环境因素对实验效应产生干扰在一定程度上难以避免，但我们尽可能通过对实验分组同质性的处理、研究环境的控制，以及通过事后统计检验的方式来确保实验组间的差异最大限度地反映实验处理的效应。然而，仍有必要在实验室环境下，在对更多的影响因素进行控制的基础上进一步验证本研究的结论。

本研究对于项目团队管理实践的启示在于：倘若组织对成员强调工作的使命感和荣誉感等精神财富，而淡化物质报酬的重要性，那么，投入过多精力强调成员的个人表现可能杯水车薪；但若组织从一开始就向成员明确了工作的交换本质，可能没必要专注在为成员塑造模糊不清的团队形象上来打造"人情"关系。不管组织是否有意通过奖励体系来塑造内部文化氛围，在日常管理和规范成员行为时，应尽可能保持管理方式与奖励体系背后的价值情境的一致性。这不仅是为得到一个理想的激励管理实效，也是为组织维持一个协调的、一以贯之的价值原则，更加有利于组织的健康发展。

（二）研究结论

第一，当采用金钱奖励时，组织向成员反馈个人绩效信息较反馈集体绩效信息更有利于促进组织成员的效能感、后援行为和信息分享行为，而接受个人绩效反馈也能比接受集体绩效反馈产生更高的任务绩效。

第二，当采用荣誉奖励时，组织向成员反馈集体绩效信息较反馈个人绩效信息更能显著提升组织成员的效能感和绩效表现，并增加后援行为和信息分享行为。

第三，奖励形式与绩效反馈对任务绩效、合作行为的影响是以效能感为中介发生作用的。

（时勘、戴文婷、祝金龙、顾基发、宋照礼、宋利、徐山鹰、韩晓燕、房勇、王波、解蓉、赵轶然、冼可欢）

参考文献

[1] 白朔天、朱廷劭：《基于微博行为的公众社会心态感知》，中国科学院大学内部讲座，2015 年。

[2] 雷雳、杨洋、柳铭心：《青少年神经质人格、互联网服务偏好与网络成瘾的关系》，《心理学报》2006 年第 3 期，第 375—381 页。

[3] 曹仰锋、吴春波、宋继文：《高绩效团队领导者的行为结构与测量：中国本土文化背景下的研究》，《中国软科学》2011 年第 7 期，第 131—144 页。

[4] 陈娟：《企业跨文化冲突管理——基于国际工程承包国有企业》，武汉理工大学博士学位论文，2008 年。

[5] 陈渊、林磊、孙承杰等：《一种面向微博用户的标签推荐方法》，《智能计算机与应用》2011 年第 3 期，第 21—26 页。

[6] 陈永艳：《大学生迷信心理研究》，西南大学硕士学位论文，2008 年。

[7] 戴维·波普诺：《社会学》，李强等译，中国人民大学出版社 1999 年版。

[8] 戴文婷、时勘、韩晓燕、周欣悦等：《奖励的价值导向对组织绩效反馈效果的影响》，《心理科学》2013 年第 6 期。

[9] 邓云峰、郑双忠、刘铁民：《突发灾害应急能力评估及应急特点》，《中国安全生产科学技术》2005 年第 5 期，第 55—57 页。

[10] 董磊、刘淑华、常斌：《国际工程承包联营体的文化建设》，《河南建材》2010 年第 5 期，第 160—161 页。

[11] 杜骏飞、魏娟：《网络集群的政治社会学：本质、类型与效用》，《东南大学学报》（社会科学版）2010 年第 1 期，第 43—50 页。

[12] 费孝通：《乡土中国》，生活·读书·新知三联书店 1985 年版。

[13] 范维澄、刘奕、翁文国：《公共安全科技的"三角形"框架与"4＋1"方法学》，《科技导报》2009 年第 6 期。

[14] 顾基发：《物理事理人理系统方法论的实践》，《管理学报》2011 年第 3 期，第 317－322 页。

[15] 顾基发、徐山鹰、房勇等：《世博会排队集群行为研究》，《上海理工大学学报》2011 年第 4 期，第 312－320 页。

[16] 顾基发等：《运筹学》，科学出版社 2011 年版。

[17] 黄光国、胡先缙：《人情与面子：中国人的权力游戏》，中国人民大学出版社 2010 年版。

[18] 胡辉：《认知偏差影响下的企业家机会识别模式研究》，暨南大学硕士学位论文，2009 年。

[19] 郭增建、秦保燕：《灾害物理学简论》，《灾害学》1987 年第 2 期，第 25－33 页。

[20] 黄红霞、章成志：《中文微博用户标签的调查分析——以新浪微博为例》，《现代图书情报技术》2012 年第 10 期，第 49－54 页。

[21] 黄应来、谢思佳：《世博留下的另类财富》，《 南方日报》，http：// epaper．southcn．com/nfdaily/html/2010 － 10/27/content ＿ 6890515．htm 2010－10－27。

[22] 简丹丹、段锦云、朱月龙：《创业意向的构思测量、影响因素及理论模型》，《心理科学进展》2010 年第 1 期，第 162－169 页。

[23] 梁勇、陈剑、王飞：《国际承包工程的多元文化环境与文化风险管理》，《重庆建筑大学学报》2000 年第 4 期，第 77－80 页。

[24] 廉如谦：《 "差序格局"概念中三个有待澄清的疑问》，《开放时代》2010 年第 7 期，第 46－57 页。

[25] 李金珍、李纾、许洁虹：《灾难事件后继风险决策》，《中国安全科学学报》2008 年第 4 期，第 4，37－43 页。

[26] 李纾：《确定、不确定及风险状态下选择反转："齐当别"选择方式的解释》，《心理学报》2005 年第 4 期，第 427－433 页。

[27] 李媛、汪伟、苗埁：《基于 ICRG 数据的中国海外投资国家风险评价分析》，《沈阳工业大学学报（社会科学版）》2015 年第 4 期。

[28] 刘佳、马世超：《大学生心理健康观问卷编制的验证性因素研讨》，《黑龙江高教研究》2008 年第 5 期，第 150－152 页。

［29］刘晓菁：《科研人员个体人力资本与社会资本对组织绩效影响实证研究》，上海交通大学博士学位论文，2009 年。

［30］刘雪峰、张志学、梁钧平：《认知闭合需要、框架效应与决策偏好》，《心理学报》2007 年第 4 期，第 611—618 页。

［31］刘易斯·科塞：《社会冲突的功能》，孙亚平等译，华夏出版社 1989 年版。

［32］刘永芳、毕玉芳、王怀勇：《情绪和任务框架对自我和预期他人决策时风险偏好的影响》，《心理学报》2010 年第 3 期，第 317—324 页。

［33］罗忠良：《企业跨国经营的文化风险及防范对策》，《学术论坛》2007 年第 5 期，第 88—90、96 页。

［34］戚陈炯：《集体意向分析——一种集体意向性状态的整体主义与个体主义进路》，浙江大学硕士学位论文，2008 年。

［35］钱永波、唐川：《城市灾害应急能力评价指标体系建构》，《城市问题》2005 年第 6 期，第 33—38 页。

［36］沈毅：《"差序格局"的不同阐释与再定位——"义""利"混合之"人情"实践》，《开放时代》2007 年第 4 期，第 105—115 页。

［37］时勘等：《灾难心理学》，科学出版社 2011 年版。

［38］时勘、刘晓倩、江南等：《给我们加满能量——上海世博会志愿者服务心理指南》，上海人民出版社 2011 年版。

［39］时勘、李旭培、刘晓倩等：《抗逆力在企业应对危机事件中的作用机制探索》，《人力资源管理评论》2010 年第 10 期，第 51—66 页。

［40］时勘：《我国灾难事件和重大事件的社会心理预警系统研究思考》，《管理评论》2003 年第 4 期，第 18—22 页。

［41］史培军：《中国自然灾害风险地图集》，科学出版社 2011 年版。

［42］史培军：《五论灾害研究的理论与实践》，《自然灾害学报》2009 年第 5 期，第 1—9 页。

［43］宋利、时勘：《信息平台与志愿者管理视角——2010 年世博会排队分析》，《工作报告》，上海交通大学、中国科学院大学，2013 年 9 月 25 日。

［44］孙国庆、于妍、罗正里等：《中学生手机网络成瘾与网络使用自控力的研究》，《中国健康心理学杂志》2011 年第 9 期，第 1078—1080 页。

［45］王波：《中国上海世博会参观人流网络与控制分析》，《上海理工大学学报》2013 年第 4 期。

［46］王光武：《执行意向对前瞻记忆影响的发展研究》，河南大学硕士学位论文，2010 年。

［47］王静爱、史培军、王平等：《中国自然灾害时空格局》，科学出版社2006 年版。

［48］王林、赵杨、时勘：《网络集群行为执行意向的维度研究》，《管理评论》2013 年第 2 期。

［49］王林、赵杨、时勘：《集群行为的价值性执行意向微博实验研究》，《情报学报》2013 年第 5 期，第 105－112 页。

［50］王林、赵杨、时勘：《微博舆论传播的集群行为执行意向规律感知比较实验》，《现代图书情报技术》2013 年第 5 期，第 73－79 页。

［51］王尚雪：《国际工程承包项目中的文化因素分析》，天津财经大学硕士学位论文，2009 年。

［52］王森：《Java 手机程序设计入门与应用》，中国铁道出版社 2003年版。

［53］温忠麟、侯杰泰、马什赫伯特：《结构方程模型检验：拟合指数与卡方准则》，《心理学报》2004 年第 36 期，第 186－194 页。

［54］Wilmar Schaufeli、时勘、Pieternel Dijkstra：《活力·专注·奉献——工作投入的心理奥秘》，机械工业出版社 2014 年版。

［55］武琼：《对海外工程项目跨文化管理问题的探讨》，《国际经济合作》2008 年第 6 期，第 65－70 页。

［56］谢晓非、李洁、于清源：《怎样会让我们感觉更危险——风险沟通渠道分析》，《心理学报》2008 年第 4 期，第 456－465 页。

［57］新浪、北京大学市场与媒介研究中心、第一象限公司：《Weibo 商业化潜力》，2012 年 10 月。

［58］邢千里、刘列、刘奕群等：《微博中用户标签的研究》，《软件学报》2015 年第 7 期，第 6 页。

［59］徐瑞华、李璇、高鹏：《上海世博会主入口广场客流集散仿真研究》，《同济大学学报自然科学版》2010 年第 11 期。

［60］杨红升、黄希庭：《中国人的群体参照记忆效应》，《心理学报》2007年第 2 期，第 235－241 页。

［61］杨善林、王佳佳、代宝、李旭军、姜元春、刘业政：《在线社交网络用户行为研究现状与展望》，《中国科学院院刊》2015 年第 2 期，第 200－

215 页。

[62] 杨远：《城市地下空间多灾种危险性模糊综合评价》，《科协论坛》2009 年第 5 期，第 145 页。

[63] 杨宜音：《关系化还是类别化：中国人"我们"概念形成的社会心理机制探讨》，《中国社会科学》2008 年第 4 期，第 148－159 页。

[64] 尹恩·罗伯逊：《现代西方社会学》，河南人民出版社 1988 年版。

[65] 姚琦、马华维、阎欢、陈琦：《心理学视角下社交网络用户个体行为分析》，《心理科学进展》2014 年第 10 期，第 1647－1659 页。

[66] 于丹、董大海、刘瑞明等：《理性行为理论及其拓展研究的现状与展望》，《心理科学进展》2008 年第 5 期，第 796－802 页。

[67] 于窈、李纾：《"过分自信"的研究及其跨文化差异》，《心理科学进展》2006 年第 3 期，第 468－474 页。

[68] 张崇、彭赓、吕本富等：《网络搜索数据与 CPI 的相关性研究》，《管理科学学报》2012 年第 7 期。

[69] 张俊香、黄崇福：《四川地震灾害致灾因子风险分析》，《热带地理》2009 年第 3 期，第 280－284 页。

[70] 张卫东、刁静、Constance S. J.：《正、负性情绪的跨文化心理测量：PANAS 维度结构检验》，《心理科学》2004 年第 1 期，第 77－79 页。

[71] 张忠伟、张京红、赵志忠等：《基于 GIS 的海南岛台风灾害致灾因子危险性分析》，《安徽农业科学》2011 年第 11 期，第 6587－6590 页。

[72] 张青松、刘金兰、赵国敏：《大型公共场所人群拥挤踩踏事故机理初探》，《自然灾害学报》2009 年第 6 期。

[73] 赵艳林、杨绿峰、吕海波、韦树英：《不确定信息条件下的灰色模式识别》，《控制与决策》2003 年第 5 期，第 593－596 页。

[74] 周阳、王雪菲、白朔天等：《基于网络平台的群体和个体的社会态度研究》，《中国科学院院刊》2017 年第 2 期，第 188－195 页。

[75] 郑仁伟、黎士群：《组织公平，信任与知识分享行为之关系性研究》，《人力资源管理学报》2001 年第 2 期，第 69－93 页。

[76] Adams, R. E., & Boscarino, J. A. (2005). Stress and well－being in the aftermath of the world trade center attack: the continuing effects of a community wide disaster. Journal of Community Psychology, 33 (2): 175－190.

[77] Alfes, K., Antunes, B., & Shantz, A. D. (2017). The management of volunteers—what can human resources do? A review and research agenda, The International Journal of Human Resource Management, 28: 62 —97.

[78] Agichtein, E., Brill, E. and Dumais, S. T. (2006). Improving web search ranking by incorporating user behavior information. In Proc. of the 29th annual international ACM SIGIR conference on Research and development in information retrieval. ACM, New York, NY: 19—26.

[79] Ajzen I., Madden T. J. (1986). Prediction of Goal—Directed Behavior: Attitudes, Intentions, and Perceived Behavioral Contro. Journal of Experimental Social Psychology, 22 (5): 453—474.

[80] Ajzen, I., & Fishbein, M. (1980). Understanding attitudes and predicting social behavior. Upper Saddle River, NJ: Prentice—Hall.

[81] Amichai—Hamburger Y; Kaynar O. (2008). The effects of Need for Cognition on Internet use revisited. Computers in Human Behavior, 24: 361—371.

[82] Arning, K., & Ziefle, M. (2007). Understanding age differences in PDA acceptance and performance. Computers in Human Behavior, 23: 2904—2927.

[83] Bagozzi R. P, Moore D. J, Leone L. (2004). Self—control and the self—regulation of dieting decisions: The role of prefactual attitudes, subjective norms, and resistance to temptation. Basic and Applied Social Psychology, 26: 199—213.

[84] Baldwin D. A., Baird J. A. (2001). Discerning intentions in dynamic human action. Trends in Cognitive Sciences, 5 (4): 171—178.

[85] Baldwin D. A., & Baird, J. A. (2001). Trends in cognitive sciences, 5 (4): 171—177.

[86] Bakker, A. B., & Bal, M. (2010). Weekly work engagement and performance: A study among starting teachers. Journal of Occupational and Organizational Psychology: 83: 189—206.

[87] Bang, H., & Ross, S. D. (2009). Volunteer motivation and satisfaction. Journal of Venue and Event Management, 1: 61—77.

[88] Baron, R. M., & Kenny, D. A. (1986). The moderator—mediator variable distinction in social psychological research: Conceptual, strategic, and statis-

tical considerations. Journal of Personality and Social Psychology，51：1173－1182.

[89] Baron，R. M.，& Kenny，D. A. (1986). The moderator－mediator variable distinction in social psychological research：Conceptual，strategic，and statistical considerations. Journal of personality and social psychology，51 (6)：1173.

[90] Beal，D.，Weiss，H.，Barros，E.，& MacDermid，S. (2005). An episodic process model of affective influences on performance. Journal of Applied Psychology，90：1054－1068.

[91] Bhattacharya，P.，Zafar，M. B.，Ganguly，N.，Ghosh，S.，& Gummadi，K. P. (2014). Inferring user interests in the Twitter social network. In Proceedings of the 8th ACM Conference on Recommender systems. ACM：357－360.

[92] Bhattacherjee，A. (2001). Understanding information systems continuance：an expectation confirmation model，MIS Quarterly，25 (3)：351－370.

[93] Binnewies，C.，Sonnentag，S.，& Mojza，E. J. (2009). Daily performance at work：feeling recovered in the morning as a predictor of day - level job performance. Journal of Organizational Behavior，30：67－93.

[94] Bishop，C. (2006). Bishop，C. M.：Pattern Recognition and Machine Learning. Springer. Journal of Electronic Imaging，16：140－155.

[95] Bledow，R.，Schmitt，A.，Frese，M.，& Kühnel，J. (2011). The affective shift model of work engagement. Journal of Applied Psychology，96：1246－1257.

[96] Blei D. M.，Ng A. Y.，Jordan M I. (2003). Latent dirichlet allocation [J]. Journal of machine Learning research，3 (1)：993－1022.

[97] Borgatti S. P.，Everett M. G.，Freeman L. C. (2012). Ucinet 6 for Windows：software for social network analysis.

[98] Bruneau M.，Chang S. EguchiR，et al. (2003). A framework to quantitatively assess and enhance seismic resilience of communities. Earthquake Spectra，19 (4)：733－752.

[99] Camille，N.，Corieelli，G.，Sallet，J.，Pradat Diehl，P.，Duhamel，J.，& Sirigu，A. (2004). The involvement of the orbitofrontal

cortex in the experience of regret. Science, 304: 1167—1170.

[100] Carver C. S, Scheier M. F. (1982). Control Theory: A Useful Conceptual Framework for Personality—Social, Clinical, and Health Psy—chology Psychological Bulletin, 92 (7): 111—135.

[101] Choi I, Choi J. A, Norenzayan A. (2008). Culture and decisions. Blackwell Publishing Ltd. 504—524.

[102] Chuang, S. C., Kung, C. Y., & Sun, Y. C. (2008). The effects of emotions on variety—seeking behavior. Social Behavior and Person-ality, 36 (3): 425—432.

[103] Clore, G. L., & Schwarz, N. (1983). Mood, misattribution, and judgments of well being: informative and directive functions of affective states. Journal of Personality and Social Psychology, 45: 513—523.

[104] Cnaan, R. A., Handy, F., & Wadsworth, M. (1996). Defining who is a volunteer: Conceptual and empirical considerations. Nonprofit and Volun-tary Sector Quarterly, 25: 364—383.

[105] Coffey B., Woolworth S. (2004). Destroy the scum, and then neuter their families: The web forum as a vehicle for community discourse? . Social Science Journal, 41: 1—14.

[106] Crawford, E. R., LePine, J. A., & Rich, B. L. (2010). Linking job demands and resources to employee engagement and burnout: a theoretical exten-sion and meta—analytic test. Journal of Applied Psychology, 95: 834—848.

[107] Daft R. L; Lengel R. H. (1986). Organizational information re-quirements, media richness and structural design. Management Science, 32: 554—571.

[108] DeNisi, A. S., & Kluger, A. N. (2000). Feedback effective-ness: can 360 — degree appraisals be improved? . The Academy of Management Executive, 14 (1): 129—139.

[109] Detert, J. R., & Burris, E. R. (2007). Leadership behavior and employee voice: Is the door really open? . Academy of Management Jour-nal, 50 (4): 869—884.

[110] Dishaw, M., & Strong, D. (1999). Extending the technology acceptance model with Task — Technology Fit constructs. Information and

Management，36（1）：9—21.

[111] Druckman，J. N.，& McDermott，R.（2008）. Emotion and the framing of risky choice. Political Behavior，30：297—321.

[112] Earley，P. C.（1994）. Self or group? Cultural effects of training on self—efficacy and performance. Administrative Science Quarterly：89—117.

[113] Egan，T. M.，& Song，Z.（2008）. Are facilitated mentoring programs beneficial?. A randomized experimental field study. Journal of Vocational Behavior，72（3）：351—362.

[114] Eichstaedt，J. C.，Schwartz，H. A.，Kern，M. L.，et al.（2015）. Psychological Language on Twitter Predicts County—Level Heart Disease Portality. Psychological Science.

[115] Eisenberg，A. E.，Baron，J.，& Seligman，M. E. P.（1998）. Individual difference in risk aversion and anxiety. Psychological Bulletin，87：245—251.

[116] Eisenhardt K M.（1989）. Building theories from case study research. Academy of Management Review，14（4）：532—550.

[117] Englert，B.，& Helmig，B.（2017）. Volunteer performance in the light of organizational success：A systematic literature review. Voluntas：International Journal of Voluntary and Nonprofit Organizations. Advance online publication.

[118] Erhard Rahm and Philip A. Bernstein.（2001）. A survey of approaches to automatic schema matching. VLDB J.，10（4）：334—350.

[119] Fishbein M，Ajzen I.（1975）. Belief，attitude，intention，and behavior：An introduction to theory and research". Philosophy & Rhetoric，41：8842—844.

[120] Glaser B. G.，Strauss A L.（1967）. The discovery of grounded theory—strategies for qualitative research. New York：Aldine.

[121] Gervais，S.，Heaton，J. B.，& Odean T.（2003）. Overconfidence，investment policy and executive stock options. Working Paper. University of Pennsylvania . http：//papers. ssrn. com/sol3/papers. cfm? abstract _ id=361200.

[122] Gigerenzer，G.，Todd，P. M.，& the ABC Research Group.（1999）. Simple heuristics that make us smart. New York：Oxford University Press.

[123] Glodberg, N. D. , Oki, D. B. M. and Terry, D. (1992) . U-sing collaborative filtering to weave an information tapestry. In Communications of the ACM — Special issue on information filtering. Volume 35 Issue 12, ACM, New York, NY: 61—70.

[124] Gollwitzer P. M. , Schaal B. (1998) . Metacognition in action: The importance of implementation intentions. Personality and Social Psychology Review, 2 (2) : 124—136.

[125] Gollwitzer P. M. , Sheeran P. (2006) . Implementation intentions and goal achievement: A meta—analysis of effects and processes. Advances in Experimental Social Psychology, 38 (6) : 69—119.

[126] Gollwitzer P. M. , Sheeran P. (2009) . Self—regulation of consumer decision making and behavior: The Role of Implementation Inten—tions. Journal of Consumer Psychology, 19 (4) : 593—607.

[127] Greenwood, S. , Perrin, A. , & Duggan, M. (2016) . Social media update 2016. Gauta 2016 m. lapkriČio 12 d. , http://www.pewinternet.org/2016/11/11/social—media—update—2016/♯ fn—17239—1.

[128] Gu J. F. , Xu S. Y. , Shi K. , Wang B. , Song L. , Xie R. , Wuli—Shili—Renli system approach to the queuing problems in shanghai world expo, ISSS2011& KSS2011 plenary speech, 2011—7—21, Hull, UK.

[129] Guangwardena, C. N. , & McIsaac, M. S. (2003) . Distance education. In: Jonassen D. Handbook for research on educational communications and technology, Mahwah, NJ: Lawrence Erlbaum Associates, 355—396.

[130] Guizhen Yang, I. V. Ramakrishnan, Michael Kifer. (2003) . On the complexity of schema inference from web pages in the presence of nullable data attributes. In Proceedings of the 2003 ACM CIKM International Conference on Information and Knowledge Management, New Orleans, Louisiana, USA, November 2 — 8: 224—231.

[131] Gutnik L. A. , Hakimzada A. F. , Yoskowitz N. A. , Patel V. L. (2006) . The role of emotion in decision — making: A cognitive neuroeconomic approach towards understanding sexual risk behavior. Journal of Biomedical Informatics, 39: 720—736.

[132] Harlow, L. L. , & Oswald, F. L. (2016) . Big data in psy-

chology: Introduction to the special issue. Psychological Methods, Volume 21, 447—457. Available at: http://dx. doi. org/10. 1037/met0000120.

[133] Hermans, D., Houwer, J. D., & Eelen, P. A. (2001). A time course analysis of the affective priming effect. Cognition and Emotion, 15 (2): 143—165.

[134] Hewitt, 1998. Excluded Perspectives in the Social Construction of disaster. London, E. L. Quarantelli: 75—91.

[135] Heyman, J., & Ariely, D. (2004). Effort for payment a tale of two markets. Psychological Science, 15 (11): 787—793.

[136] Hirose Y, Taresawa Y, Okuda T. (2005). Collective action and subordinate group identity in a simulated society game. Japanese Psychological Research, 47: 12—22.

[137] Hobfoll, S. E. & Shirom, A. (2000). Conservation of resources theory: applications to stress and management in the workplace, in Golembiewski, R. T. (Ed.), Handbook of Organization Behavior, 2nd ed., Dekker, New York, NY: 57—81.

[138] Hobfoll, S. E. (2002). Social and psychological resources and adaptation, Review of General Psychology, 6: 307—24.

[139] Kahn W. A. (1990). Psychological conditions of personal engagement and disengagement at work. Academy of Management Journal, 33: 692—724.

[140] Katz, J., & Gartner, W. B. (1988). Properties of emerging organizations. Academy of Management Review, 13: 429—441.

[141] Kiesler S. (1984). Social psychological aspects of computer—mediated communication. American Psychologist, 39: 1123—1134.

[142] Kim, H. R., Chan, P. K. (2003). Learning Implicit User Interest Hierarchy for Context in Personalization. In Proceedings of the 8th international conference on Intelligent user interfaces, IUI' 03, ACM, New York, NY: 101—108.

[143] Koo D. M (2009). The moderating role of locus of control on the links between experiential motives and intention to play online games. Computers in Human Behavior, 25: 466—474.

[144] Krueger, N. F. (1993). The impact of prior entrepreneurial ex-

posure on perceptions of new Venture feasibility and desirability. Entrepreneurship Theory and Practice, 181: 1042—2587.

[145] Kuhl J. , kazen — Saad M. (1989) . Volition and Self — Regulation: Memory Mechanisms Mediating the Maintenance of Intentions. Advances in Psychology, 62: 387—407.

[146] IEEE. (2011). International Conference on Computer Communications. INFOCOM: 2291—2299.

[147] Ilies, R. , Scott, B. , & Judge, T. (2006) . The interactive effects of personal traits and experienced states on intraindividual patterns of citizenship behavior. Academy of Management Journal, 49: 561—575.

[148] Inman , J. , & Zeelenberg, M. (2002) . Regret in repeat purchase versus switching decisions: the attenuating role of decision justifiability. Journal of Consumer Research, 29, 116—128.

[149] ISDR. (2009) . Living with Risk: A Global Review of Disaster Reduction Intiatives.

[150] Isen A. M. , Patrick R. (1983) . The influence of positive feelings on risk taking: when the chips are down. Organizational Behavior and Human Performance, 31: 194—202.

[151] Jelenchick, L. A. , Eickhoff, J. C. , & Moreno, M. A. (2013) . Facebook depression? Social networking site use and depression in older adolescents. Journal of Adolescent Health (T. 52) . Gauta http://www. sciencedirect. com/science/article/pii/S1054139X12002091.

[152] Jex, S. M. , & Bliese, P. D. (1999) . Efficacy beliefs as a moderator of the impact of work — related stressors: A multilevel study. Journal of Applied Psychology, 84 (3): 349.

[153] Johnson E. J, Tversky A. (1983) . Affect generalization and the perception of risk. Journal of Personality and Social Psychology, 45: 20—31.

[154] Jollant, F. , Lawrence, N. S. , Olie, E. , O ' Daly, O. , Malafosse, A. , Courtet, P. et al. (2010) . Decreased activation of lateral orbitofrontal cortex during risky choices under uncertainty is associated with disadvantageous decision — making and suicidal behavior. Neuroimage, 51 (3): 1275—1281.

[155] Juan Pablo Lozoya, Rafael Sarda, Jose'A. Jime'nez. (2011). A methodological framework for multi — hazard risk assessment in beaches. Environmental Science & Policy, 14 (6): 685—696.

[156] Kelly C, Breinlinger S. (1996). The Social Psychology of Collective Action: Identity, Injustice and Gender. Taylor & Francis, 77: 1675.

[157] Kern, M. , Sap, M. (2016). Finding Psychological Signal in a Billion Tweets: Measurement Through the Language of Social Media, at the Society for Personality and Social Psychology (SPSP) 16th Annual Convention in Long Beach, California.

[158] Kirchler E. , Davis J. H. (1986). The influence of member status differences and task type on group consensus and member position change. Journal of Personality and Social Psychology, 51: 83—91.

[159] Krackhardt D. (1992). The strength of strong ties: The importance of philosin organizations. Networks and Organizations, 216—239.

[160] Krain, A. L. , Gotimer, K. , Hefton, S. , Ernst, M. , Castellanos, X. F. , Pine, D. S. , & Milham, M. P. (2008). A functional magnetic resonance imaging investigation of uncertainty in adolescents with anxiety disorders. Biological Psychiatry, 63 (6): 563—568.

[161] Krull, J. L. , & MacKinnon, D. P. (2001). Multilevel modeling of individual and group level mediated effects. Multivariate Behavioral Research, 36: 249—277.

[162] Lerner, J. S. , & Keltner, D. (2001). Fear, anger, and risk. Journal of Personality and Social Psychology, 81: 146—159.

[163] Lichtenstein Sarah, Fischhoff B. , Phillips L. D. (1982). Calibration of probabilities: The state of the art to 1980. Judgment under Uncertainty: Heuristics and Biases, 275—324.

[164] Liss M. , Crawford M. , & Popp, D. (2004). Predictors and Correlates of Collective Action. Sex Roles, 50 (11—12): 771—779.

[165] Liu, B. Lv, G. Peng, and C. Zhang. (2012). Relationship between Internet Search Data and Stock Return: Empirical Evidence from Chinese Stock Market, Lecture Notes in Electrical Engineering, Volume 157: 25—30.

[166] Loewenstein, G. , Weber, U. E. , & Hsee, K. C. (2001) . Risk as feelings. Psychological Bulletin, 127: 267—286.

[167] Loomes, G. , & Sugden, R. (1982) . Regret theory: Analternative theory of rational choice under uncertainty. The EconomicJournal, 92: 805—824.

[168] Lorenzo Blanco and Nilesh N. Dalvi and Ashwin Machanavajjhala. (2011) . Highly efficient algorithms for structural clustering of large websites. In Proceedings of the 20th International Conference on World Wide Web, WWW 2011, Hyderabad, India, March 28 — April 1: 437—446.

[169] Louis Anthony. (2012) . Community resilience and decision theory challenge for catastrophic events. risk analysis, 11 (32): 1919—1934.

[170] Luo, W. & Strong, D. (2000) . Perceived critical mass effect on groupware acceptance, European Journal of Information Systems, 9 (2): 91—103.

[171] Ma W, Zhang M, Liu Y, et al. (2015) . Beyond Your Interests: Exploring the Information Behind User Tags [M] //Natural Language Processing and Chinese Computing. Springer International Publishing, 257—269.

[172] Malmendier, U. , & Tate, G. (2008) . Who makes acquisitions? CEO overconfidence and the market's reaction. Journal of Finance Economics, 89: 20—43.

[173] Mathieson, K. (1991) . Predicting user intentions: comparing the technology acceptance model with the theory of planned behavior. Information Systems Research, 2 (3): 173—191.

[174] May D. R. , Gilson R. L, Harter L. M. (2004) . The psychological conditions of meaningfulness, safety and availability and the engagement of the human spirit at work. Journal of Occupational & Organizational Psychology, 77: 11—37.

[175] MCEER. (2005) . White paper on the SDR grand challenge for disaster reduction. NY: Buffalo.

[176] Mendoza S. A. , Gollwitzer P. M. , Amodio M. (1999) . Reducing the Expression of Implicit Part RE, Burgess EW. Introduction to the Science of Sociology.

[177] Mohiyeddini, C. , Pauli, A. R. , & Bauer S. (2009) . The role

of emotion in bridging the intention－behaviour gap：The case of sports participation. Psychology of Sport and Exercise，10：226－234.

［178］Nallapati R. M.，Ahmed A.，Xing E. P.，et al.（2008）.Joint latent topic models for text and citations ［C］//Proceedings of the 14th ACM SIGKDD international conference on Knowledge discovery and data mining. ACM：542－550.

［179］Nan Feng, Xue Yu.（2012）.A data－driven assessment model for information systems security risk management. Journal of Computers，7（12）：3103－3109.

［180］Norris，Stevens，Pfefferbaum et al.（2008）.Community Resilience as a Metaphor，Theory，Set of Capacities，and Strategy for Disaster Readiness. American journal of community psychology Am J Community Psychol，41：127－150.

［181］Oliver－Smith A；Hoffman S.（2011）.Introduction：Why anthropologists should study disasters. Journal of Ethnology，2：3－22.

［182］Oskamp，S.（1965）.Overcondence in case－study judgments. Journal of Consulting Psychology，29：261－265.

［183］Ottoni，R.，Las Casas，D.，Pesce，J. P.，et al.（2014）.Of Pins and Tweets：Investigating how users behave across image－and text－based social networks. AAAI ICWSM.

［184］Quercia，D.，Askham，H.，& Crowcroft，J.（2012）.Tweet LDA：supervised topic classification and link prediction in Twitter. In Proceedings of the 4th Annual ACM Web Science Conference. ACM：247－250.

［185］Owens，B. P.，Baker，W. E.，Sumpter，D. M.，& Cameron，K. S.（2016）.Relational energy at work：Implications for job engagement and job performance. Journal of Applied Psychology，101：35－49.

［186］Pan S. Y；Jordan－Marsh M.（2010）.Internet use intention and adoption among Chinese older adults：From the expanded technology acceptance model perspective. Computers in Human Behavior，26：1111－1119.

［187］Picazo－Vela S，Chou S. Y，Meicher A. J，Pearson J. M.（2010）. Why provide an online review？.An extended theory of planned behavior and the role of Big－Five personality traits，Computers in Human Behavior，26：685－696.

［188］Plouffe，C. J.，Hulland，M.（2001）.Vandenbosch，Richness

versus parsimony in modeling technology adoption decisions: understanding merchant adoption of a smart cart—based payment system, Information Systems Research, 12 (2): 208—222.

［189］Polezzi, D. , Sartori, G. , Rumiati, R. , Vidotto, G. , & Daum, I. (2010) . Brain correlates of risky decision—making. Neuroimage, 49 (2): 1886—1894.

［190］Porter, C. O. L. H. , Hollenbeck, J. R. , Ilgen, D. R. , Ellis, A. P. J. , West, B. J. , & Moon, H. (2003) . Backing up behaviors in teams: the role of personality and legitimacy of need. Journal of Applied Psychology, 88 (3): 391.

［191］Preacher, K. J. , Rucker, D. D. , & Hayes, A. F. (2007) . Addressing moderated mediation hypotheses: Theory, methods, and pre-scriptions. Multivariate Behavioral Research, 42 (1): 185—227.

［192］Raad, E. , Chbeir, R. , Dipanda, A. (2013) . Discovering re-lationship types between users using profiles and shared photos in a social net-work. Multimedia Tools Appl, 64 (1): 141—170.

［193］Raghunathan, R. , & Pham, M. T. (1999) . All negative moods are not equal: motivational influences of anxiety and sadness on decision making. Organizational Behavior and Human Decision Processes, 79 (1): 56—77.

［194］Reis, D. , Arndt, C. , Lischetzke, T. , & Hoppe, A. (2016) . State work engagement and state affect: Similar yet distinct concepts. Jour-nal of Vocational Behavior, 93: 1—10.

［195］Robin S. Cox, Karen—Marie Elah Perry. (2011) . Like a fish out of water: reconsidering disaster recovery and the role of place and social capital in community disaster resilience. American Journal of Community Psychology, 48: 395—411.

［196］Rothbard, N. P. , & Wilk, S. L. (2011) . Waking Up on the Right or Wrong Side of the Bed: Start—of—Workday Mood, Work Events, Employee Affect, and Performance. Academy of Management Journal, 54: 959—980.

［197］Roznowski, M. (1989) . Examination of the measurement prop-erties of the Job Descriptive Index with experimental items. Journal of

Applied Psychology，74（5）：805.

[198] Russo，J. E.，& Schoemaker，P. J. H.（1992）. Managing overconfidence. Sloan Management Review，33：7—17.

[199] Salmeron JL.（2012）. Fuzzy Cognitive Maps for Artificial Emotions Forecasting. Applied Soft Computing，12：3704—3710.

[200] Satterfield，T. A.，Mertz，C. K.，& Slovic，P.（2004）. Discrimination，vulnerability，and justice in the face of risk. Risk Analysis，24（1）：115—129.

[201] Schaufeli，W. B.，& Bakker，A. B.（2003）. UWES：Utrecht work engagement scale. Preliminary manual. Occupational Health Psychology Unit，University of Utrecht：Utrecht.

[202]Schaufeli，W. B.，Salanova，M.，Gonzalez－Roma，V.，& Bakker，A. B.（2002）. The measurement of engagement and burnout：A two sample confirmatory factor analytic approach. Journal of Happiness Studies，3：71—92.

[203] Schmitt，A.，Den Hartog，D. N.，& Belschak，F. D.（2016）. Transformational leadership and proactive work behaviour：A moderated mediation model including work engagement and job strain. Journal of Occupational and Organizational Psychology，89：588—610.

[204] Schwartz，H. A.，Eichstaedt，J. C.，Kern，M. L.，Dziurzynski，L.，Ramones，S. M.，Agrawal，M.，Shah，A.，Kosinski，M.，Stillwell，D.，Seligman，M. E. P.，UngarL. H.（2013）. Personality，Gender，and Age in the Language of Social Media：The Open－Vocabulary Approach. PLOS One，September 25，8（9）.

[205] Si，X.，& Sun，M.（2009）. Tag－LDA for scalable real－time tag recommendation. Journal of Computational Information Systems，6（1）：23—31.

[206] Sitkin，S. B.，& Weingart，L. R.（1995）. Determinants of risky decisionmaking behavior：A test of the mediating role of percept ions and propensity. Academy of Management Journal，38：1573—1592.

[207] Sitkin，S.，& Pablo，A.（1992）. Reconceptualizing the determinants of risk behavior. Academy of Management Review，17：9—38.

[208] Slovic Pual.（1993）. Perceived risk，trust，and democracy. Risk Analysis，13：675—682.

[209] Smith — Jentsch, K. A., J. E. Mathieu, et al. （2005）. Investigating linear and interactive effects of shared mental models on safety and efficiency in a field setting. Journal of Applied Psychology, 90 （3）: 523.

[210] Steyvers, M. and Griffiths, T. （2007）. Probabilistic topic models. In T. Landauer, D. McNamara, S. Dennis, and W. Kintsch （Eds.）, Latent Semantic Analysis: A Road to Meaning. Laurence Erlbaum.

[211] Sonnentag, S. （2012）. Time in organizational research: Catching up on a long neglected topic in order to improve theory. Organizational Psychology Review, 2: 361—368.

[212] Sunil Prashar, Rajib Shaw, Yukiko Takeuchi. （2012）. Assessing the resilience of Delhi to climate — related disasters: a comprehensive approach. Natural Hazards, 64: 1609—1624.

[213] Tang S, Yuan J, Mao X, et al. （2011）. Relationship classification in large scale online social networks and its impact on information propagation. In Proceedings of the 30th.

[214] Terje Aven. （2011）. Quantitative risk assessment: the scientific platform. Cambridge University Press.

[215] UNDP. （2004）. Reducing Disaster Risk a Challenge for development. United Nations Development Programme Bureau for Crisis Prevention and Recovery.

[216] Venkatesh V., Morris M. G., Davis G. B., Davis F. D. （2003）. User acceptance of information technology: Toward a unified view. MIS Quarterly, 27: 425—478.

[217] Vohs, K. D., Mead, N. L., & Goode, M. R. （2008）. Merely activating the concept of money changes personal and interpersonal behavior. Current Directions in Psychological Science, 17 （3）: 208—212.

[218] Wang X, Yu X, Zhou B, et al. （2015）. Mining Personal Interests of Microbloggers Based on Free Tags in SINA Weibo [M] //Web—Age Information Management. Springer International Publishing: 79—87.

[219] Wang X, Zhai C, Roth D. （2013）. Understanding evolution of research themes: a probabilistic generative model for citations [C] //Proceedings of the 19th ACM SIGKDD international conference on Knowledge

discovery and data mining. ACM：1115－1123.

[220] Wang, Y., & Fesenmaier, D. R. (2004). Towards under-standing members' general participation in and active contribution to an online travel community. Tourism Management，25 (6)：709－722.

[221] Watson, D., Clark, L. A., & Tellegen, A. (1988). Development and validation of brief measures of positive and negative affect：the PANAS scales. Journal of personality and social psychology，54 (6)：1063.

[222] Weiss, H. M., & Cropanzano, R. (1996). Affective events theory：A theoretical discussion of the structure, causes and consequences of affective experiences at work. In B. M. Staw & L. L. Cummings (Eds.), Research in Organizational Behavior，Vol. 18：1－74. Greenwich, CT：JAI.

[223] Wen, Z., Lin, C.－Y. (2010). On the quality of inferring interests from social neighbors. In Proceedings of the 16th ACM SIGKDD international conference on Knowledge discovery and data mining. KDD' 10, ACM, New York, NY：373－382.

[224] Weng, J., Lim, E.－P., Jiang, J. and He, Q. (2010). TwitterRank：Finding topic－sensitive influential twitterers. In Proceedings of the third International ACM Conference on Web Search and Data Mining：261－270.

[225] White, R. W., Bailey, P., Chen, L. (2009). Predicting user interests from contextual information. In Proceedings of the 32nd international ACM SIGIR conference on Research and development in information retrieval. SIGIR' 09. ACM, New York, NY：363－370.

[226] Wu Y, Yao Y, Xu F, et al. (2016). Tag2Word：Using Tags to Generate Words for Content Based Tag Recommendation [C] //Proceedings of the 25th ACM International on Conference on Information and Knowledge Management. ACM：2287－2292.

[227] Xiaoli Li and Bing Liu. (2003). Learning to classify texts using positive and unlabeled data. In IJCAI：587－594.

[228] Xu H, Wang J, Hua X S, et al. (2009). Tag refinement by regularized LDA [C] //Proceedings of the 17th ACM international conference on Multimedia. ACM：573－576.

［229］ Xu，Z．，Lu，R．，Xiang，L．，& Yang，Q. （2011）. Discovering user interest on twitter with a modified author—topic model. In Web Intelligence and Intelligent Agent Technology （WI—IAT），2011 IEEE/WIC/ACM International Conference on. IEEE，1：422—429.

［230］Xue B，Fu C，Shaobin Z．（2014）. A new clustering model based on Word2vec mining on Sina Weibo users' tags.

［231］Yacov Y. Haimes. On the definition of resilience in systems. Risk Analysis，2009，29：498—501Murphy，Sean C．（2017）. A Hands—On Guide to Conducting Psychological Research on Twitter. Social Psychological and Personality Science，Volume 8 （3）. Doi：10. 1177/1948550617697178.

［232］Yuen，K. S. L.，& Lee，T. M. C．（2003）. Could mood state affect risk—taking decisions? Journal of Affective Disorders，75：11—18.

［233］Zeelenberg，M.，& Pieters，R．（2007）. A Theory of Regret Regulation1. 0. Journal of Consumer Psychology，17 （1）：3—18.

［234］ Zhang Y. X.，Fang Y. L，Wei K. K.，Chen H. P. （2010）. Exploring the role of psychological safety in promoting the intention to continue sharing knowledge in virtual communities. International Journal of Information Management，30：425—436.

［235］Zhao，X.，& Jiang，J．（2011）. An empirical comparison of topics in twitter and traditional media. Singapore Management University School of Information Systems Technical paper series. Retrieved November，10.

　　《混合网络下社会集群行为研究》作为国家社会科学基金重大项目 (13&ZD155) 和国家 973 重大项目 (2010CB731400) 的联合成果，在大家的帮助下，终于顺利完稿。由于两个项目时间延续近八年之久，本书应该是对以混合网络为背景的社会集群行为规律的时间较久的系统探索。

　　在第一部分，我们对社会网络分析等基础问题进行了介绍，这主要是本书作者之一何军的研究成果，何军是中国人民大学信息学院教授、数据工程与知识工程教育部重点实验室研究员，他在数据挖掘、Web 数据管理、个性化推荐与社交网络等方面开展了很多探索，特别是所开发的基于搜索引擎日志发现事件及其事件演化的 StoryTeller 系统，作为国内唯一入选的代表在微软 2011 年全球教育高峰会上进行了演示，随后还开发了基于 Web 数据发现热点事件和话题的 EventTeller 系统。另外，就是我的两位博士研究生石密、王林对互联网集群行为意向的研究，他们一直致力于混合网络下集群行为意向和基于微博舆论传播的集群行为的探索，书中特别介绍了他们在探索混合网络下的社会集群行为方面取得的一些新的突破。

　　第二部分系统地介绍了应对非常规突发事件的群际行为研究的理论研究成果，特别介绍了应用范维澄教授的危机管理的三角型模型理论，从危险性识别、脆弱性分析和抗逆力评估的最新角度，提出的面对非常规突发事件的研究模型。在此基础上，本书介绍了我的博士后研究人员、山东师范大学心理学院的王大伟教授的博士后研究成果，主要是探索应对非常规突发事件背景下，认知与情绪对灾难事件后继风险决策的影响机制，特别是特质焦虑与过度自信的影响因素，此外，还详细地介绍了先前情绪和过度自信对后继风险决策的研究成果，这些成果对于非常规突发事件的应对方法均提出了有价值的建议。

在后续的第三部分，何军教授介绍了社会网络大数据背景下，基于"一带一路"周边国家的文化心理指标系统的建立这一新的课题，主要包括多源异构社会网络媒体大数据的高效获取、运用机器学习实现文化心理的特征抽取与表示、文化心理内容的分析与挖掘等问题，并且介绍了面向周边国家文化心理的数据的可视化开发技术。在此基础上，来自中国国际贸易促进委员会iCover发展平台的顾忆民、胡加等应用技术专家具体地介绍了如何利用这些理论和技术，来开发基于文化心理数据库的风险管理系统和展示平台。他们具体地介绍了"一带一路"周边国家如何进行文化心理指标的循环校验、如何建立文化风险管控体系以及如何实现文化风险检测数据的可视化服务。

第四部分虽然只有第十一章这一章，但是内容相当丰富，主要介绍了国家973项目七年来的主要成果。我们在上海交通大学张文军教授的指导下，系统地探索了混合网络下的社会集群行为的感知规律及示范性应用。首先，我们介绍了顾基发、时勘等开展的世博会排队的集群行为研究，应用顾先生的物理、事理和人理的系统分析方法，剖析了像世博会、亚运会和园博会这样大型活动的集群行为规律，从人员到场的数量预测，到排队过程中人们的心理行为反应，再到排队突发事件的应急管理，摸索出一整套规律和对策。其次，我们介绍了宋照礼等开发的志愿者服务评估与信息系统平台，并开发出志愿者的手机调查系统，能够利用混合网络的优势，来全面感知志愿者群体的物理行为、网络行为、心理活动、情绪变化及其相互影响，并形成了模式导向和传播导向的两种集群行为的管理范式。由于志愿者服务不同于通常的其他行业的绩效管理服务，我们在参照国际研究中志愿者绩效的动态研究反馈的影响机制方面展开研究，不仅在研究范畴、研究规模方面远远超过国外同类研究的成果，而且形成了城市大型活动和网络热点事件两方面代表性案例的集成示范成果，并且在实际应用中检验了混合网络下社会集群行为。

综上，我们可以看到，混合网络下社会集群行为研究成果确实是一个集体智慧的结晶。我们要特别感谢在长达七年的时间里来自中国科学院大学、中国人民大学、上海交通大学、中国科学院系统科学研究所、清华大学、国立新加坡大学、中国国际贸易促进委员会、天津工业大学的大力支持！在对科

学的持续探索中，我们还有很多未知领域需要共同探索，对于本书的不足之
处，也希望读者们阅读后提出宝贵意见，以便我们再版时改进，共同为促进
中华民族的伟大复兴而努力奋斗！

时勘

2018 年 6 月 7 日